PETER SCHÄFER

RIVALITÄT ZWISCHEN ENGELN UND MENSCHEN

STUDIA JUDAICA

FORSCHUNGEN ZUR WISSENSCHAFT DES JUDENTUMS

HERAUSGEGEBEN VON
E. L. EHRLICH
BASEL

BAND VIII

WALTER DE GRUYTER · BERLIN · NEW YORK
1975

RIVALITÄT ZWISCHEN ENGELN UND MENSCHEN

UNTERSUCHUNGEN
ZUR RABBINISCHEN ENGELVORSTELLUNG

VON
PETER SCHÄFER

WALTER DE GRUYTER · BERLIN · NEW YORK
1975

ISBN 3 11 004632 6

Printed in Yugoslavia
Satz und Druck: Časopisno in grafično podjetje Delo, Ljubljana
Einband: Lüderitz & Bauer, Berlin

VORWORT

Die vorliegende Arbeit wurde im Sommer 1972 abgeschlossen und im Winter-Semester 1972/73 vom Fachbereich Ost- und Aussereuropäische Sprach- und Kulturwissenschaften der Johann-Wolfgang-Goethe-Universität in Frankfurt a. M. als Habilitationsschrift für das Fach Judaistik angenommen; sie wurde vor der Drucklegung nur geringfügig überarbeitet und um einige neuere Literaturhinweise ergänzt.
Denen, die zur Entstehung der Arbeit beigetragen haben, sei auch an dieser Stelle gedankt. Mein besonderer Dank gilt Herrn Professor Dr. A. Goldberg (Frankfurt) für zahlreiche weiterführende Anregungen und Hinweise, Herrn Professor D. O. Michel (Tübingen) für sein förderndes Interesse am Fortgang der Arbeit und Herrn Professor Dr. H. P. Rüger (Tübingen) für seinen Rat bei einigen sprachlichen Problemen. Zu Dank verpflichtet bin ich auch Herrn Dr. E. L. Ehrlich und dem Verlag für die Aufnahme der Arbeit in die Reihe „Studia Judaica".

Tübingen, Dezember 1973 Peter Schäfer

UMSCHRIFT

א	ͻ	ל	l
ב	b	מ	m
ג	g	נ	n
ד	d	ס	s
ה	h	ע	c
ו	w	פ	p/ph
ז	z	צ	ṣ
ח	ḥ	ק	q
ט	ṭ	ר	r
י	i/j	שׁ	š
כ	k/kh	שׂ	ś

ת t.

Eingedeutschte Wörter und Namen
(auch Rabbinennamen)
werden in vereinfachter Schreibweise wiedergegeben.

INHALT

ABKÜRZUNGEN

1. *Altes Testament*

Gen	Genesis	Ps	Psalmen
Ex	Exodus	Spr	Sprüche
Lev	Leviticus	HL	Hohes Lied
Nu	Numeri	Koh	Kohelet
Dt	Deuteronomium	Sir	b. Sira
Jos	Josua	Jes	Jesaja
Ri	Richter	Jer	Jeremia
1 Sa	1. Buch Samuel	Ez	Ezechiel
2 Sa	2. Buch Samuel	Dan	Daniel
1 Kö	1. Buch Könige	Hos	Hosea
2 Kö	2. Buch Könige	Hab	Habakuk
1 Chr	1. Buch Chronik	Zeph	Zephanja
2 Chr	2. Buch Chronik	Hag	Haggai
Neh	Nehemia	Sach	Sacharja
Tob	Tobit	Mal	Maleachi

2. *Apokryphen/Pseudepigraphen*

Apok. Abr.	Apokalypse Abrahams	Hen.	äthiopisches oder 1. Henochbuch
Apok. Mos.	Apokalypsis Mosis		
Ass. Mos.	Assumptio Mosis	slav. Hen.	slavisches Henochbuch
gr. Bar.	griechische Baruch-Apokalypse	Jub.	Jubiläenbuch
		4 Makk.	4. Makkabäerbuch
syr. Bar.	syrische Baruch-Apokalypse	Test. Abr.	Testament des Abraham
		Vita	Vita Adae et Evae

3. *Qumran*

Die Texte aus Qumran werden nach den in der Konkordanz und in den Nachträgen zur Konkordanz von K. G. Kuhn verwendeten Abkürzungen zitiert, s. im Literaturverzeichnis Nr. 7: Lexika und Konkordanzen. Außerdem werden die Siglen 4 QPseudLit, 4 QD^b und Gen. Apocr. verwendet (s. dazu im Literaturverzeichnis Nr. 3: Qumran).

4. *Mischna-, Tosephta-, Talmudtraktate*

Ab	Abot	Meg	Megillah
AbZa	Abodah Sarah	Men	Menachot
Ar	Arakhin	Ned	Nedarim
BBa	Baba Batra	Nid	Niddah
Ber	Berakhot	Pes	Pesachim
BMe	Baba Mezija	Qid	Qidduschin
BQa	Baba Qamma	RoHasch	Rosch Haschanah
Chag	Chagigah	San	Sanhedrin
Chul	Chullin	Schab	Schabbat
Git	Gittin	Scheq	Scheqalim
Jeb	Jebamot	Sot	Sotah
Jom	Joma	Suk	Sukkah
Ket	Ketubot	Taan	Taanit
Mak	Makkot		

5. *Neues Testament*

Mt	Matthäus	Apk Joh	Apokalypse des Johannes
Gal	Brief an die Galater		
Hebr	Brief an die Hebräer	2 Petr	2. Petrusbrief
Apg	Apostelgeschichte	Jud	Judasbrief

6. *Zeitschriften, Reihen, Sammelwerke*

AGAJU	Arbeiten zur Geschichte des Antiken Judentums und des Urchristentums
AGSU	Arbeiten zur Geschichte des Spätjudentums und des Urchristentums
ALUOS	Annual of Leeds University Oriental Society
BBB	Bonner Biblische Beiträge
BZ	Biblische Zeitschrift
BZAW	Beihefte zur Zeitschrift für die alttestamentliche Wissenschaft
BZNW	Beihefte zur Zeitschrift für die neutestamentliche Wissenschaft und die Kunde der älteren Kirche
FRLANT	Forschungen zur Religion und Literatur des Alten und Neuen Testaments
HNT	Handbuch zum Neuen Testament
HThR	Harvard Theological Review
JBL	Journal of Biblical Literature
JJS	Journal of Jewish Studies
JQR	Jewish Quarterly Review

JSJ	Journal for the Study of Judaism
NTSt	New Testament Studies
OTSt	Oudtestamentische Studiën
RAC	Reallexikon für Antike und Christentum
Rech. Bibl.	Recherches Bibliques
RechSR	Recherches de Science Religieuse
RÉJ	Revue des Études Juives
RGG	Die Religion in Geschichte und Gegenwart, Tübingen [3]1957 ff.
RHPhR	Revue d'Histoire et de Philosophie Religieuses
RHR	Revue de l'Histoire des Religions
RQ	Revue de Qumran
StANT	Studien zum Alten und Neuen Testament
StUNT	Studien zur Umwelt des Neuen Testaments
SVTP	Studia in Veteris Testamenti Pseudepigrapha
ThB	Theologische Bücherei
ThWBNT	Theologisches Wörterbuch zum Neuen Testament
TICP	Travaux de l'Institut Catholique de Paris
VT	Vetus Testamentum
WUNT	Wissenschaftliche Untersuchungen zum Neuen Testament
ZAW	Zeitschrift für die alttestamentliche Wissenschaft
ZNW	Zeitschrift für die neutestamentliche Wissenschaft und die Kunde der älteren Kirche

7. *Sonstige Abkürzungen*

AT	Altes Testament
b.	ben bzw. bar (Sohn des ...)
bA	babylonischer Amoräer (die nachfolgende Zahl bezeichnet die Generation, z. B. bA 1 = babylonischer Amoräer der ersten Generation.)
Ed.; ed.	Editio; edidit
Ed. pr.	Editio princeps
Hs; Hss	Handschrift; Handschriften
i. N.	im Namen
La; Laa	Lesart; Lesarten
MT	Masoretischer Text
P.	Paraschah
pA	palästinischer Amoräer (die nachfolgende Zahl bezeichnet die Generation.)
par.; parr.	Parallele; Parallelen
Pet.	Petichah
R.	Rabbi bzw. Rab
T	Tannait (die nachfolgende Zahl bezeichnet die Generation.)

Die übrigen Abkürzungen finden sich im Literaturverzeichnis.

EINLEITUNG

Die Beschäftigung mit der Engelvorstellung des rabbinischen Judentums, dem Gegenstand der vorliegenden Arbeit, reicht bereits bis weit in das 19. Jahrhundert zurück. Die erste Fragestellung, unter der unser Thema erörtert wurde, war bezeichnenderweise die Frage nach dem Ursprung der jüdischen Angelologie. A. Kohut hat in seinem berühmten, heute nahezu klassischen Buch über „Die jüdische Angelologie und Dämonologie in ihrer Abhängigkeit vom Parsismus"[1] den Nachweis versucht, daß die gegenüber dem Alten Testament so ausgeprägte Engelvorstellung des nachexilischen und insbesondere des rabbinischen Judentums auf iranische Einflüsse zurückzuführen sei. Diese These Kohuts wird, zumindest in ihrer radikalen Form, heute kaum noch von einem Forscher akzeptiert. Neuere Untersuchungen auf verwandten Gebieten haben gezeigt[2], daß sehr viel mehr Vorstellungen, als lange angenommen wurde, aus innerjüdischen bzw. kanaanäischen Voraussetzungen zu erklären sind. Vermutlich wird eine (noch ausstehende) Zusammenfassung der nachexilisch-frühjüdischen Angelologie – statt allzu eilig nach „Fremdeinflüssen" zu fragen – sich verstärkt den kanaanäisch-altisraelitischen Wurzeln zuwenden müssen.

Ungefähr fünfzehn Jahre nach Kohut unternahm F. Weber im Rahmen seiner Abhandlung über die „Jüdische Theologie auf Grund des Talmud und verwandter Schriften" den ersten Versuch einer Gesamtdarstellung der rabbinischen Engellehre[3]. Weber behandelt die Angelologie ausschließlich unter dem Gesichtspunkt der Gottesvorstellung und versteht die Engellehre als Auswirkung des zwischen abstraktem Transzendentismus und Judaisierung[4] schwankenden jüdischen Gottesbegriffes: „In dem Verhältnisse der Geisterwelt zu Gott tritt naturgemäß der in dem jüdischen Gottesbegriffe liegende Dualismus hervor, insofern einerseits eine absolute Ferne zwischen Gott und der Geisterwelt, andererseits eine gewisse Gemeinschaft Gottes mit der Geisterwelt ausgesprochen wird. Die Aussagen letzterer Art neigen sogar dahin, die Schranken

---

[1] Leipzig 1866.

[2] Vgl. etwa J. Maier, Vom Kultus zur Gnosis, Salzburg 1964.

[3] Das Buch erschien zunächst (1. Auflage Leipzig 1880) unter dem Titel „System der altsynagogalen Theologie" und erst seit der 2. verbesserten Auflage (Leipzig 1897) unter dem oben genannten Titel.

[4] Unter „Judaisierung" versteht Weber das Hinabziehen des Gottesbegriffes in die Endlichkeit, vgl. a. a. O. S. 150; 175.

zwischen Gott und der Geisterwelt aufzuheben und Gott in diese hereinzuziehen."[5] Da der „ältere und reinere" Gottesbegriff sich vor allem in den alle Anthropomorphismen ängstlich vermeidenden Targumim findet, ist dort auch die Engellehre in ihrer „reinsten Ausprägung" erhalten, nämlich in der Vorstellung der Gott absolut untergeordneten und sogar vergänglichen Diener-Engel. „Wie nun aber dieser Gottesbegriff selber sich nicht rein erhalten hat, so vermochte sich auch die Vorstellung von dem Verhältnis der Ferne zwischen Gott und den Engeln nicht in dieser ursprünglichen Reinheit zu erhalten. Wie dort die Gottheit in die Gemeinschaft des jüdischen Wesens hineingezogen wird, so daß sie zuletzt judaisiert erscheint, so sehen wir Gott auch wieder in einer Gemeinschaft mit den Engeln ..."[6], und diese Vorstellung findet sich, führt Weber weiter aus, als Vorstellung von der himmlischen Familie oder dem oberen Gerichtshof, mit dem Gott sich berät, insbesondere im Talmud und in den Midraschim[7].

Nach diesen sehr grundsätzlichen Erwägungen Webers sind zunächst zahlreiche Spezialuntersuchungen zu bestimmten Aspekten der Engelvorstellung zu nennen. 1897 veröffentlichte M. Schwab sein „Vocabulaire de l'Angélologie d'après les Manuscrits Hébreux de la Bibliothèque Nationale"[8], und ein Jahr später erschien die erste Monographie über eine einzelne Engelgestalt, den Erzengel Michael[9]. Eine Reihe von Abhandlungen befaßte sich mit dem Mythos vom „Fall der Engel", der allerdings vor allem in den Apokryphen/Pseudepigraphen seinen Niederschlag fand und nur am Rande in der rabbinischen Literatur erwähnt wird[10].

---

[5] A. a.O. S. 174.

[6] A. a.O. S. 175.

[7] Im Ansatz des ursprünglich reinen Gottesbegriffes, der (unter anderem) durch einen zunehmenden „Engelglauben" entstellt wurde, sind zweifellos W. Bousset-H. Gressmann (Die Religion des Judentums im späthellenistischen Zeitalter, Tübingen ³1926, S. 319 ff.; die erste Auflage erschien 1903 unter dem Titel „Die Religion des Judentums im neutestamentlichen Zeitalter") von Weber abhängig. Allerdings beziehen sich ihre Bemerkungen zur Angelologie im Unterschied zu Weber (auch nach der Bearbeitung des Werkes durch Gressmann in der 3. Auflage) fast ausschließlich auf die Apokryphen/Pseudepigraphen.

[8] Paris 1897; Supplement 1899. Rezensiert von L. Blau, Zeitschr. f. Hebr. Bibliographie 2, 1897, S. 82–85; 118–20 und von W. Bacher, MGWJ 42 N. F. 6, 1898, S. 525–28; 570–72.

[9] W. Lueken, Michael. Eine Darstellung und Vergleichung der jüdischen und der morgenländisch-christlichen Tradition vom Erzengel Michael, Göttingen 1898. Die Arbeit stützt sich sowohl auf rabbinische als auch auf frühjüdische Quellen (Apokryphen/Pseudepigraphen). Leider werden die einzelnen Traditionen sehr stark systematisiert und ohne Rücksicht auf historische Differenzierungen miteinander vermischt.

[10] V. Aptowitzer, „Sur la légende de la chute de Satan et des anges", RÉJ 54, 1907, S. 59–63; B. Heller, „La Chute des Anges. Schemhazai, Ouzza et Azael", RÉJ 60, 1910, S. 202–12; L. Jung, „Fallen Angels in Jewish, Christian and Mohammedan

Mit seinem Aufsatz „Anges et Hommes dans l'Agada“[11] wandte sich A. Marmorstein erstmals einem bis dahin nahezu völlig übersehenen Teilaspekt der Engelvorstellung zu, dem Verhältnis von Engeln und Menschen. Er erkannte, daß die rabbinische Engelvorstellung primär in den Kontext des Verhältnisses zwischen Gott und Israel einzuordnen und von daher zu interpretieren ist: „La valeur attribuée aux anges et la place de l'homme par rapport à ceux-ci reflète le rapport de l'homme avec Dieu“[12]. Zu einem ähnlichen Ergebnis kommt, offenbar unabhängig von Marmorstein, M. Kadushin: „We have ... shown how the angels serve as background to bring out the more prominently, in concrete fashion, God's active love for mankind and for the world; how they enhance the vividness with which God's justice is apprehended, both in reward and in punishment; how they serve to underline the vast importance of Torah; how they bring into relief God's concern for Israel; and how they dramatize an aspect of *Kiddush Ha-Shem.*“[13]

Leider blieb dieser Ansatz von Marmorstein und insbesondere Kadushin, soweit ich sehe, nahezu völlig unbeachtet und ohne Einfluß auf die weitere Erörterung der rabbinischen Engelvorstellung. A. Altmann[14], Marmorstein selbst[15] und zuletzt J. Schultz[16] befaßten sich mit den Midraschim von der Opposition der Engel gegen den Menschen und bemühten sich um den Nachweis, daß dieses Motiv auf gnostische Einflüsse zurückzuführen sei. Die Lexikonartikel von G. Kittel im Theologischen Wörterbuch zum Neuen Testa-

---

Literature“, JQR N. S. 15, 1924/25, S. 467–502; 16, 1925/26, S. 45–88; 171–205; 287–336 (erschien als Buch unter demselben Titel Philadelphia 1926; vgl. die Besprechungen von B. Heller, MGWJ 70 N. F. 34, 1926, S. 489–90; A. Lods, Archiv f. Orientforschung 5, 1928, S. 170–78); A. Lods, „La Chute des Anges“, Revue d'Histoire et de Philosophie Religieuses 7, 1927, S. 295–315; in neuerer Zeit befaßten sich mit dem Thema B. J. Bamberger, Fallen Angels, Philadelphia 1952 und F. Dexinger, Sturz der Göttersöhne oder Engel vor der Sintflut? Versuch eines Neuverständnisses von Gen 6, 2–4 unter Berücksichtigung der religionsvergleichenden und exegesegeschichtlichen Methode, Wien 1966. Vgl. jetzt auch P. S. Alexander, „The Targumim and Early Exegesis of 'Sons of God' in Genesis 6“, JJS 23, 1972, S. 60–71.

[11] RÉJ 84, 1927, S. 37–50; 138–40.

[12] A. a. O. S. 37.

[13] The Rabbinic Mind, New York 1952, S. 186 f. Kadushin faßt hier sehr prägnant das Ergebnis seiner früheren und etwas ausführlicheren Untersuchung in „The Theology of Seder Eliahu“, New York 1932, S. 88–98 zusammen.

[14] „The Gnostic Background of the Rabbinic Adam Legends“, JQR N. S. 35, 1944/45, S. 371–91.

[15] In seinem posthum erschienenen Aufsatz „*Wikkûḥê ham-mal'ākhîm 'im habbôre'*“, Melila III–IV, 1950, S. 93–102. Den Aufsatz Altmanns hat Marmorstein offenbar nicht mehr zu Gesicht bekommen (er starb 1946).

[16] „Angelic Opposition to the Ascension of Mosis and the Revelation of the Law“, JQR 61, 1970/71, S. 282–307.

ment[17] und von J. Michl in der Realenzyklopädie für Antike und Christentum[18] tragen nicht viel zum Thema bei, da sie sich auf die bloße (und im Falle Kittels auch recht zufällige) Aufzählung und Anordnung des Materials nach thematischen Gesichtspunkten beschränken[19]. Dasselbe gilt für das großangelegte Werk von R. Margalioth, „*Malʾakhê ʿäljôn*", eine anhand der Engelnamen alphabetisch geordnete Sammlung (nach der Intention des Verfassers) sämtlicher Stellen in der rabbinischen Literatur und im Sohar, in denen Engel erwähnt werden[20]. Leider ist dieses Werk auch als Materialsammlung für unser Thema unbrauchbar, da der Verfasser nur mit Namen benannte Engel einbezogen hat und so wichtige Stichworte wie *malʾākhîm* und vor allem *malʾakhê haš-šāret* fehlen.

In neuester Zeit hat E. E. Urbach in seinem umfassenden Werk „*ḤZ"L. Pirqê ʾămûnôt wedeʿôt*" auch der rabbinischen Engelvorstellung ein ausführliches Kapitel gewidmet[21]. Urbach ist bestrebt, das in der rabbinischen Literatur verstreute Material über die Engel einigermaßen vollständig darzubieten. Er kommt so zu verschiedenen Themenkreisen, die er lose aneinanderreiht und die sich eher assoziativ einer aus dem anderen ergeben. Der einzige erkennbare systematische Gesichtspunkt, unter dem Urbach die rabbinische Engelvorstellung subsumiert, ist das Problem des Anthropomorphismus bzw. der Vermeidung von Anthropomorphismen[22]: Die Einstellung der Rabbinen den Engeln gegenüber ist abhängig von ihrem Gottesbegriff. Scheuen sie vor Anthropomorphismen zurück, dann sind sie leicht geneigt, bestimmte Handlungen Gottes auf die Engel zu übertragen; sind sie jedoch anthropomorphen Aussagen über Gott gegenüber unbefangen, besteht kein Bedürfnis nach einer ausgeprägten Angelologie. Dieses Schema läßt sich nach Urbach historisch gesehen folgendermaßen verifizieren: Da die Tannaiten noch nicht vor anthropomorphen Ausdrücken zurückschreckten, findet sich bei ihnen auch keine sehr ausgeprägte Engelvorstellung[23]. Erst die zunehmende Scheu der Amoräer vor Anthropomor-

---

[17] Art. ἄγγελος, C: Die Engellehre des Judentums, ThWBNT I, Stuttgart 1933, S. 79–81.

[18] Art. Engel II (jüdisch), C: Rabbinen, RAC V, Stuttgart 1962, Sp. 84–97.

[19] Vgl. auch H. Bietenhard, Die himmlische Welt im Urchristentum und Spätjudentum, Tübingen 1951, S. 101 ff. und die Artikel Angelology, JE I, New York 1901, Sp. 583–97 (L. Blau, K. Kohler u. a.); Engel, EJ VI, Berlin 1930, Sp. 626–48 (J. Gutmann, A. Marmorstein u. a.) und Angels, EJ II, Jerusalem 1971, Sp. 956–77 (J. Gutmann, A. Marmorstein u. a.).

[20] 2. verb. Auflage Jerusalem 1964. Im Vorwort kündigt Margalioth einen zweiten Band mit einer ausführlichen Einleitung über die rabbinische Engelvorstellung an, der meines Wissens noch nicht erschienen ist.

[21] Jerusalem 1969, S. 115–60.

[22] Genau auf diesen Punkt hat auch G. Vajda in seiner Besprechung des Buches als Hauptergebnis dieses Kapitels hingewiesen, vgl. RÉJ 129, 1970, S. 103.

[23] Vgl. vor allem S. 125.

phismen führt zu einem stetigen Prozeß der Ausweitung und Entfaltung der Engelvorstellung[24], der allerdings im 4. Jh. in einer Reaktion auf die christliche Polemik gegen die Engel zum Stillstand kommt[25].

Es ist offenkundig, daß diese Darstellung Urbachs von demselben „reinen und abstrakten" Gottesbegriff des 19. Jh.s abhängig ist, der etwa auch für die Arbeit Webers kennzeichnend war[26]. Wie wenig der Gesichtspunkt des reinen Gottesbegriffs und der Vermeidung von Anthropomorphismen sich in Wirklichkeit zum „Leitfaden" für eine Darstellung der jüdischen Engellehre eignet, zeigt die Tatsache, daß auch Urbach eine entscheidende Einschränkung vornimmt: In bezug auf das Verhältnis Gottes zu Israel und zu den Engeln besteht kein Unterschied zwischen tannaitischen und amoräischen Quellen. Tannaiten wie Amoräer sind sich einig, daß Gott Israel den Engeln vorzieht; „wenn vom Volk Israel die Rede ist, verschwindet fast völlig bei vielen der Rabbinen die Zurückhaltung im Gebrauch von Anthropomorphismen"[27].

Die vorliegende Untersuchung geht davon aus, daß abstrakte Kategorien wie die des „reinen Gottesbegriffes", der „Transzendenz Gottes" oder der „Vermeidung von Anthropomorphismen" von außen an die rabbinischen Texte herangetragen werden und nicht geeignet sind, diese zu erhellen. Denkformen, unter denen eine bestimmte Vorstellung zu subsumieren und von denen her sie zu interpretieren ist, können sich nur aus der rabbinischen Literatur selbst ergeben. Der Ausgangspunkt der Arbeit war daher die Sammlung und Sichtung sämtlicher Stellen in der rabbinischen Literatur[28], in denen die Engel erwähnt werden. Die Auswertung des gesamten Materials ließ als vorläufiges Ergebnis erkennen, daß die Aussagen der Rabbinen über die Engel thematisch im wesentlichen in zwei Gruppen zusammengefaßt werden können, einem Komplex von Aussagen nämlich, der sich vorwiegend mit dem Verhältnis zwischen Gott und den Engeln beschäftigt, und einem weiteren Komplex, der von der Frage nach dem Verhältnis zwischen Engeln und Menschen bestimmt ist. Es ergab sich ferner bei diesen Vorarbeiten, daß die zweite Fragestellung dominierend und bei weitem zentraler ist als die erste und daß der fast alle Texte dieses Themen-

---

[24] Vgl. S. 128; 133.

[25] Vgl. S. 131.

[26] Ein hervorragendes Beispiel für diese Denkweise ist die Untersuchung von S. Maybaum, Die Anthropomorphien und Anthropopatien bei Onkelos und den späteren Targumim mit besonderer Berücksichtigung der Ausdrücke Memra, Jekara und Schekhinta, Breslau 1870.

[27] A. a. O. S. 131.

[28] Mit der (eher selbstverständlichen) Einschränkung, daß eine gewisse „Fehlerquote" nicht auszuschließen ist. Man wird immer die eine oder andere Stelle finden können, die übersehen wurde; dennoch enthebt diese Einsicht nicht der Notwendigkeit einer mühevollen Durchsicht der gesamten rabbinischen Literatur, um das Material zusammenzutragen (da es in der Tat noch keine oder nur sehr unzureichende Konkordanzen gibt; vgl. F. Dexinger, BZ N. F. 18, 1974, S. 154).

kreises leitende Gesichtspunkt sich konkret als „Rivalitätsverhältnis“ zwischen Engeln und Menschen charakterisieren läßt. Eine Begrenzung der Untersuchung auf diesen Aspekt der „Rivalität zwischen Engeln und Menschen“ schien daher nicht nur aus äußeren – die Auswertung sämtlicher Texte zur rabbinischen Engelvorstellung wäre schon umfangmäßig kaum zu bewältigen –, sondern auch aus sachlichen Gründen gerechtfertigt.

Das Ziel der Arbeit ist mit der Themenstellung bereits genannt: Aufgabe der Untersuchung ist es, alle erreichbaren Texte zum Verhältnis zwischen Engeln und Menschen daraufhin zu befragen, welche besonderen Vorstellungen über die Engel sich ihnen entnehmen lassen und welches der genaue „Ort“ der Engelvorstellung im Rahmen der rabbinischen Theologie ist oder das „Bezugssystem“, innerhalb dessen die verschiedenen Aussagen über die Engel ihre Relevanz gewinnen.

Die Untersuchung gliedert sich in zwei Teile. Im zweiten und eigentlichen Hauptteil der Arbeit werden sämtliche Texte zum Thema „Rivalität zwischen Engeln und Menschen“ übersetzt, analysiert und interpretiert (2. Teil, A); die Ergebnisse dieser Textinterpretationen sind in einem abschließenden Kapitel zusammengefaßt (2. Teil, B). Dem Hauptteil vorangestellt ist ein einführender Teil, in dem ein kurzer Überblick über die Angelologie des Frühjudentums (1. Teil, A und B) und über die Aspekte der rabbinischen Engelvorstellung, die im Hauptteil nicht zur Sprache kommen (1. Teil, C), versucht wird. Ein solcher (wenn auch nur summarischer und vorläufiger) Überblick schien notwendig, um die Eigenart der im Hauptteil behandelten Texte und den Neuansatz der rabbinischen Engelvorstellung gegenüber der Angelologie des Frühjudentums deutlicher hervortreten zu lassen.

Die Analyse der Texte im Hauptteil beschränkt sich im wesentlichen auf die rabbinische Literatur im engeren Sinne (Talmud, Midrasch, Targum) und bezieht die mystische und liturgisch-poetische Literatur nur am Rande mit ein. Dies bedeutet, daß die Ergebnisse auch ausschließlich das rabbinische Judentum im engeren Sinne betreffen und nicht das gesamte Judentum der talmudischen Zeit[29]. Wenn also im folgenden vereinfachend und in Ermangelung einer besseren Terminologie (Begriffe wie „normatives“, „talmudisches“, „klassisches“ oder gar „orthodoxes“ Judentum sind allesamt fragwürdig) von der „rabbinischen“ Literatur und vom „rabbinischen“ Judentum die Rede ist, ist immer dieses durch Talmud, Midrasch und Targum repräsentierte Judentum gemeint. Auf eine systematische Auswertung auch der esoterischen und der liturgisch-poetischen Überlieferungen wurde verzichtet, weil dies nur im Rahmen einer Gesamtdarstellung der jüdischen Engel„lehre“ geschehen könnte. Ebenso wurde davon abgesehen, das Thema über den durch die Endredaktion des babylonischen Talmuds markierten Abschluß der rabbinischen Literatur hinaus zu verfolgen.

---

[29] Vgl. die Bemerkungen von J. Maier im Freiburger Rundbrief 22, 1970, S. 125 f.

Die Methode der Untersuchung ergibt sich aus der Eigenart der rabbinischen Literatur[30]: Da die verschiedenen Traditionen und Aussprüche lange Zeit mündlich überliefert und erst relativ spät schriftlich fixiert und in verschiedenen (oft sekundären) Kontexten zusammengefaßt wurden, ist es notwendig, jede einzelne Tradition für sich zu analysieren und zu interpretieren. Bei den (in der Regel) zusammengesetzten homiletischen Midraschim bedeutet dies, daß die Interpretation sowohl auf der Ebene der jeweiligen Einzelüberlieferung zu erfolgen hat als auch auf der Ebene der Redaktion, also der Homilie als Ganzer, die selbstverständlich andere Intentionen verfolgt als die Einzelüberlieferungen, aus denen sie zusammengesetzt ist. Dieses meist sehr komplizierte Verfahren ist nur so durchzuführen und vor allem auch (für den Leser) nachzuvollziehen, daß den Analysen und Interpretationen jeweils die verschiedenen Versionen des Textes in Übersetzung vorangestellt werden. Dies erspart auch dem Fachmann das mühsame Nachschlagen in den Quellen; überdies wären die Interpretationen ohne die Übersetzung (die ja gerade beim aggadischen Midrasch schon ein wichtiger Teil der Interpretation ist) kaum verständlich.

Die Anordnung der Texte richtet sich ausschließlich nach inhaltlichen – und somit notwendigerweise subjektiven – Gesichtspunkten. Obwohl diese Lösung keineswegs ideal ist und manchmal Quellen durcheinanderwürfelt, die wenig oder auch nichts miteinander zu tun haben[31], sehe ich vorläufig keine andere Möglichkeit. Die schlechteste aller denkbaren Lösungen ist jedenfalls nach wie vor eine angeblich chronologische Anordnung der Texte, weil eine solche Chronologie dem Charakter der rabbinischen Literatur zuwiderläuft und zu groben Verzerrungen führen muß.

Die eigentliche Auswertung der Texte gliedert sich in der Regel in drei Teile. Der erste Abschnitt (A.) befaßt sich mit der Überlieferung des Textes in seinen verschiedenen Versionen. Die wichtigste Aufgabe dieses Abschnittes ist es, zusammengesetzte Midraschim aufzulösen, das literarische Wachstum der zugrundeliegenden Traditionen zu verfolgen und diese (wenn möglich) auf ihren ursprünglichen bzw. frühest greifbaren „Kern" zurückzuführen. Textkritische Probleme wurden ganz zurückgestellt, weil die kritische Erstellung des jeweils besten hebräischen bzw. aramäischen Textes nicht Aufgabe dieser Untersuchung ist und auch beim gegenwärtigen Stand der Midrasch-Forschung ein fast aussichtsloses Unterfangen wäre. Der zweite Abschnitt (B.) versucht die Interpretation des Midraschs bzw. der verschiedenen (aufgewiesenen) Traditionen im Blick auf den unmittelbaren Gedankengang und die homiletische Absicht des Autors oder der Autoren. Der dritte Abschnitt (C.) schließlich fragt

---

[30] Vgl. dazu ausführlich A. M. Goldberg, Untersuchungen über die Vorstellung von der Schekhinah in der frühen rabbinischen Literatur, Berlin 1969, S. 8 ff. Das dort Gesagte braucht hier nicht wiederholt zu werden; ich beschränke mich auf einige wesentliche Punkte, die zum Verständnis der Arbeit notwendig sind.

[31] Vgl. J. Heinemann, Qirjat Sefer 48, 1972/73, S. 437.

nach dem Ergebnis der Interpretation hinsichtlich der uns leitenden Fragestellung, dem Verhältnis zwischen Engeln und Menschen. Da diese Frage bei unserem Thema häufig mit der Intention des Midraschs identisch ist, konnte der dritte Abschnitt oft wegfallen.

1. TEIL

ÜBERBLICK ÜBER DIE NACHEXILISCHE ENGELVORSTELLUNG

Dieser einleitende erste Teil der Arbeit gibt einen Überblick über die Engelvorstellung des nachexilischen Judentums vom Ausgang des Alten Testaments[1] bis in die rabbinische Zeit. Der Überblick wurde in die drei literarischen Komplexe Apokryphen/Pseudepigraphen, Texte von Qumran und rabbinische Literatur aufgeteilt, obwohl insbesondere die Apokryphen/Pseudepigraphen alles andere als eine homogene Gruppe von Schriften umfassen und auch die frühjüdische Engelvorstellung keineswegs einheitlich ist. Doch schien es im Rahmen dieser Arbeit nicht sinnvoll, den Überblick nach anderen Gesichtspunkten aufzugliedern (etwa nach der Zugehörigkeit der Quellen zu apokalyptischen, pharisäischen oder der Gemeinde von Qumran nahestehenden Kreisen), einmal, weil dies zum Teil sachlich sehr schwierig sein dürfte und zum anderen, weil dies Aufgabe einer (dringend notwendigen) Spezialuntersuchung wäre. Dasselbe gilt für die Frage nach der religionsgeschichtlichen Herkunft der nachexilischen Engelvorstellung, die bewußt ausgeklammert wird. Ohne Anspruch auf Vollständigkeit zu erheben, soll das folgende Kapitel lediglich einige wesentliche Linien der frühjüdischen und rabbinischen Engelvorstellung herausarbeiten, die für das Verständnis der im Hauptteil dargebotenen Texte von Bedeutung sind.

---

[1] Zu den Engeln im Alten Testament vgl. W. G. Heidt, Angelology of the Old Testament, Washington 1949; F. Stier, Gott und sein Engel im Alten Testament, Münster 1934 und zuletzt A. Rofe, Israelite Belief in Angels in the Pre-exilic Period as Evidenced by Biblical Traditions [Hebr.], Masch. schriftl. Diss. Jerusalem 1969. Eine zusammenfassende Darstellung der frühjüdischen Angelologie fehlt bisher (der Artikel von J. Michl über die Angelologie der Apokryphen/Pseudepigraphen, RAC V, Sp. 64–84 bietet nicht viel mehr als eine Materialsammlung; zur Engelvorstellung in Qumran s. unten S. 33 Anm. 1).

A. APOKRYPHEN/PSEUDEPIGRAPHEN

I. Angelus interpres

1. Äthiopischer Henoch

In ganz besonderer Weise charakteristisch für die Engelvorstellung des nachexilischen Judentums ist der sog. angelus interpres (Deuteengel) oder Engel der Offenbarung. Er findet sich als „Engel, der zu mir redet" *(ham-mal'ākh had-dober bî)* zum ersten Mal bei Sacharja (d. h. in der Zeit direkt nach dem Exil), wo er dem Propheten verschiedene Visionen zeigt und erklärt (1, 9 ff.; 2, 1 ff.; 3, 1; 4, 1 ff.; 5, 1–5. 5–11 6, 4–8)[2]. Auch Daniel hat eine Traumvision (7, 1 ff.), die ihm von „einem der Umstehenden" gedeutet wird (7, 16.23 ff.), womit nur ein Engel gemeint sein kann (vgl. 7, 10). Eine weitere Vision (8, 1 ff.) erklärt ihm einer, „der aussieht wie ein Mann" (8, 15) und der dann mit dem Namen Gabriel angeredet wird (V. 16). Später erscheint ihm „der Mann Gabriel, den ich früher im Gesicht geschaut hatte" (9, 21) und erklärt ihm die 70 Jahrwochen: „Daniel, jetzt komme ich, um dir die rechte Einsicht zu bringen" (V. 22); schließlich sieht er einer Vision einen „Mann, mit Linnen bekleidet" (10, 5), wohl wieder Gabriel, der ihm Offenbarungen vermittelt.

Das klassische Buch der durch Engel vermittelten Offenbarungen ist jedoch das 1. (äthiopische) Henochbuch[3]. Bereits in seinem ältesten Teil, der Zehnwochenapokalypse (93, 1–10 und 91, 12–17)[4], wird die Offenbarung Henochs charakterisiert als das, „was mir in dem himmlischen Gesicht gezeigt worden ist und was ich durch das Wort der heiligen Engel weiß und aus den himmlischen Tafeln gelernt habe" (93, 2)[5]. Diese drei Benennungen – Gesicht, Wort der Engel, himmlische Tafeln – stehen für verschiedene Formen der Offenbarung, die alle von den Engeln vermittelt werden (vgl. 1, 2: „er schaute ein heiliges und himmlisches Gesicht, das mir die Engel zeigten"; 81, 1 werden die „himmlischen Tafeln"[6] Henoch vom Engel gezeigt).

Auch das sog. angelologische Buch (12–36), in dem sich die meisten Aussagen über Engel finden, gehört zu den ältesten Teilen des Henochbuches und

---

[2] Vgl. schon den deutenden „Menschen" *('îš)* in Ez 40, 3 ff.

[3] Das 1. Henochbuch ist kein einheitliches Buch, sondern ein „apokalyptisches Sammelwerk" (Eissfeldt, Einleitung, S. 837), dessen einzelne Teile sehr verschiedenen Zeiten angehören; s. dazu im einzelnen unten. Übersetzung der Zitate nach Beer, in: Kautzsch II, S. 236–310.

[4] Dieser Teil stammt wahrscheinlich aus der Zeit unmittelbar vor oder zu Beginn des makkabäischen Aufstandes, vgl. Eissfeldt, Einleitung, S. 838 (um 170 v. Chr.); Hengel, Judentum und Hellenismus, S. 320 (vormakkabäisch?); Rost, Einleitung, S. 104.

[5] Es ist allerdings auch zu erwägen, ob 93, 2 nicht ein Einschub ist; vgl. V. 1 und die Einleitung in V. 3.

[6] Die „himmlischen Tafeln" oder auch das „Buch der Heiligen" (103, 2; 108, 3) sind himmlische Aufzeichnungen über das Schicksal jedes einzelnen Menschen und

dürfte noch vor 150 v. Chr. verfaßt worden sein[7]. Hier wird gleich zu Anfang hervorgehoben, daß grundsätzlich „alles, was [Henoch] während seines Lebens unternahm, mit den Wächtern[8] und mit den Heiligen [geschah]" (12, 2). Im ersten Reisebericht (17–19) nehmen ihn die Engel fort (17, 1), führen ihn an den Ort des Sturmwinds (17, 2), versetzen ihn an die lebendigen Wasser (V. 4) etc. und zeigen ihm das Gefängnis für die gefallenen Sterne bzw. Engel (18, 14; 19, 1[9]). Der zweite Reisebericht führt Henoch in alle vier Himmelsrichtungen und in die Mitte der Erde. Seine Begleiter sind die Engel Uriel, Raphael, Raguel und Michael, vier der in Kap. 20 aufgezählten sechs bzw. sieben[10] Erzengel[11]. Ihre Erklärung des von Henoch Geschauten wird jeweils mit der fest geprägten Formel: „Da antwortete mir NN, einer von den heiligen Engeln, der bei mir war..." eingeleitet (21, 5.9; 22, 3; 22, 6 ff.; 23, 4; 24, 6; 27, 2; 32, 6). Uriel – nach 20, 2 der über den Tartarus gesetzte Engel – zeigt Henoch den Strafort der gefallenen Sterne und Engel (21, 6.10); Raphael – nach 20, 3 der über die Geister der Menschen gesetzte Engel – zeigt ihm die Aufenthaltsräume für die Seelen der Verstorbenen (22, 3 ff.) und den Geist des erschlagenen Abel (22, 7); durch Raguel, der nach 20, 4 „Rache übt[12] an der Welt der Lichter", lernt er das Feuer kennen, „das alle Lichter des Himmels in Bewegung setzt" (23, 4); Michael, der über die Güter des Volkes Israel gesetzte Engel (20, 5)[13], gibt ihm über den Baum des Lebens Auskunft, der den Auserwählten zur Speise dienen wird (24, 6; 25, 1 ff.). Der fünfte Engel ist nach 27, 2 wieder Uriel, der ihm die heiligen Berge und „die verfluchte Schlucht... für die bis in Ewigkeit Verfluchten" zeigt; möglicherweise ist hier statt Uriel „Suriel" (*ṣwrj'l*) zu lesen, womit der Name Sariel (transkribiert von *ṣrj'l*?) in 20, 6 zusammenhängen könnte[14]. 32, 3 ff. zeigt ihm wieder Raphael das Paradies und den Baum der

den Ablauf der Geschichte, vgl. 81, 2; 93, 2; 106, 19; 108, 7. Davon zu unterscheiden sind die himmlischen Bücher, in denen die Taten der Menschen aufgeschrieben werden, vgl. unten S. 30 f.

[7] Möglicherweise wird im um 100 v. Chr. entstandenen Jubiläenbuch (4, 17–19) auf diesen Teil des Henochbuches angespielt, vgl. Eissfeldt, Einleitung, S. 839; Hengel, Judentum und Hellenismus, S. 321 Anm. 444 rechnet es zu den „voressenisch-chasidischen" Schriften.

[8] Zu *'îr* = Wächter, Engel vgl. Dan 4, 10.14.20.

[9] Hier wird zum ersten Mal im Henochbuch und ganz überraschend der Engel Uriel genannt. Wahrscheinlich gehört Kap. 19 nicht ursprünglich mit Kap. 18 zusammen, vgl. Beer, in: Kautzsch II, S. 226.

[10] Siehe dazu unten S. 22 Anm. 66.

[11] Die zwei anderen Erzengel sind Sariel (Saraqael) und Gabriel. Zum Verhältnis zwischen Kap. 20 und dem Reisebericht vgl. Beer, in: Kautzsch II, S. 226 f.; Kuhn, Beiträge, S. 255 ff.; Kaplan, Angels, S. 428 ff.

[12] Ernährt? Vgl. Kuhn, Beiträge, S. 257.

[13] Vgl. schon Dan 12, 1.

[14] Nach 20, 6 ist Sariel (Suriel) über die Geister gesetzt, „die gegen den Geist (?) sündigen". Kuhn, Beiträge, S. 258 schlägt vor, statt πνευματι: ονοματι zu lesen. Gemeint wären dann vielleicht die Gotteslästerer.

Weisheit, von dem Adam und Eva gegessen haben; vielleicht ist im Anschluß an 20, 7 (Gabriel ist der sechste der heiligen Engel, „der über das Paradies, die Seraphen[15] und die Kerube [gesetzt ist]") auch hier Raphael in „Gabriel" zu verbessern. Schließlich ist ein drittes Mal Uriel erwähnt, der ihm über die Tore, Zahl, Zeiten etc. der Sterne Auskunft gibt: „Er zeigte mir alles und schrieb es auf; auch ihre Namen schrieb er für mich auf, ebenso ihre Gesetze und Verrichtungen" (33, 4)[16]. Am Schluß der Reise bringen ihn seine Reisebegleiter und Interpreten, „jene sieben Heiligen", wieder auf die Erde zurück und tragen ihm auf, das Geschaute seinem Sohn Methusalah und allen seinen Kindern zu verkünden (81, 5 ff.). „In jenen Tagen hörten sie auf, mit mir zu sprechen, und ich kam zu meinen Leuten ..." (81, 10?).

Etwa gleichzeitig mit dem angelologischen Buch wird das sog. astronomische Buch (72–82) entstanden sein[17]. Hier ist es nur der Engel Uriel, der Henoch begleitet und ihm die Gesetze von Sonne, Mond, Sternen, Schalttagen etc. zeigt und erläutert. Die Überschrift (72, 1) faßt den Inhalt des Buches programmatisch zusammen: „Das Buch vom Umlauf der Himmelslichter, wie es sich mit einem jeden verhält, nach ihren Klassen, ihrer Herrschaft und Zeit, nach ihren Namen, Ursprungsorten und Monaten, die mir ihr Führer, der heilige Engel Uriel, der bei mir war, zeigte; er zeigte mir, wie es sich mit all ihren Gesetzen, mit allen Jahren der Welt und bis in Ewigkeit verhält, bis die neue, ewig dauernde Schöpfung geschaffen wird". Im Unterschied zum angelologischen Buch (33, 4) schreibt Henoch selbst die Erklärungen Uriels auf: „Der heilige Engel Uriel ... zeigte mir alles, und ich schrieb ihre Stellungen auf, wie er sie mir zeigte ..." (74, 2).

Ein weiterer selbständiger Komplex des Henochbuches sind die sog. Bilderreden (Kap. 37–71; mit Ergänzungen, unter anderem mit Teilen des älteren Noahbuches), die vielleicht noch aus der ersten Hälfte des 1. Jh. v. Chr. stammen[18]. Auch das in den Bilderreden Geschaute (in der Hauptsache die Geheim-

---

[15] So wohl statt „Schlangen". Die Übersetzung των δρακοντων dürfte eine Fehlübersetzung des hebräischen *śerāphîm* sein, vgl. Kuhn, Beiträge, S. 258.

[16] Nach 20, 2 ist Uriel nicht nur über den Tartarus, sondern auch über das Heer (επι του κοσμου) gesetzt. Wahrscheinlich liegt das hebräische *ṣebā' (haš-šāmajim)* zugrunde, das Himmelsheer, das sich sowohl auf die Sterne als auch auf die Engel beziehen kann (vgl. die beiden Berichte vom Strafort für die gefallenen Engel und Sterne; 18, 11–19, 3; 21, 1–10). Vielleicht ist überhaupt die Angabe, daß Uriel über den Tartarus herrscht, eine sekundäre Hinzufügung des griechischen Textes, die aus 21, 6.10 erschlossen wurde; vgl. Kuhn, Beiträge, S. 256.

[17] Vgl. Eissfeldt, Einleitung, S. 839; Hengel, Judentum und Hellenismus, S. 321 Anm. 444 und S. 427 Anm. 739; Rost, Einleitung, S. 104.

[18] Vgl. Eissfeldt, Einleitung, S. 839 (1. Viertel des 1. Jh. v. Chr.); Hengel, Judentum und Hellenismus, S. 321 Anm. 444 (2. Hälfte des 1. Jh.); Rost, Einleitung, S. 104

nisse der messianischen Zeit) wird Henoch von einem Engel – genauer: von wenigstens zwei (konkurrierenden) angeli interpretes – erklärt. Es ist nämlich sowohl die Rede von einem „Engel des Friedens, der mit mir ging [und] mir alles Verborgene zeigte" (40, 8; vgl. auch 52, 5; 53, 4; 54, 4; 56, 2; 60, 24) als auch von einem anonymen „Engel, der mit mir ging" (43, 3; 46, 2; 52, 3; 61,2.3) bzw. „jenem anderen Engel, der mit mir ging" (60, 9; 60, 11)[19]. 71, 3 f. ist noch der „Engel Michael, einer von den Erzengeln" erwähnt, der Henoch „alle Geheimnisse der Enden des Himmels und alle Behälter aller Sterne und Lichter" zeigt.

Die redaktionellen Kapitel 1–5 und das Schlußkapitel 108 sind die jüngsten Teile des Henochbuches und wurden wahrscheinlich ebenfalls noch im 1. Jh. v. Chr. hinzugefügt[20]. Kap. 108 (die letzte Mahnrede Henochs) schildert u. a. noch eine letzte Vision vom Strafort für die Geister der Sünder, die wieder „einer der heiligen Engel, die bei mir waren" (108, 5) erklärt[21].

2. Jubiläenbuch

Das um 100 v. Chr. verfaßte[22] und eng mit den essenischen Schriften verwandte[23] Jubiläenbuch ist nahezu vollständig als Offenbarung eines Engels konzipiert. Nach einer kurzen Ansprache Gottes an Moses auf dem Sinai (1, 1–26) beauftragt Gott den „Engel des Angesichts, der vor den Heerscharen

(in der heutigen Zusammenfassung frühestens 1. Jh. v. Chr.). Da mit Ausnahme der Bilderreden von allen Teilen des 1. Henochbuches Fragmente in Qumran gefunden wurden (vgl. Burchard, Bibliographie II, S. 333 f.) möchte Milik, Ten Years, S. 33 die Bilderreden erst im 1. oder 2. Jh. n. Chr. ansetzen.

[19] Vielleicht ist es möglich, anhand der beiden angeli interpretes und anderer inhaltlicher und formaler Kriterien eine Textscheidung vorzunehmen. Der Beobachtung Beers (in: Kautzsch II, S. 227) allerdings: „Es scheint, als ob ‚der Engel, der mit mir ging', mit der Interpretation der Bedeutung des Menschensohns ... und ‚der Engel des Friedens, der mit mir ging', mit der Erklärung des Wesens des Auserwählten betraut ist ..." kann man kaum zustimmen, da sie sich nur auf die (auch anders interpretierbaren) Belege 46, 2 und 52, 5 ff. stützt.

[20] Rost, Einleitung, S. 105.

[21] Zu 1, 2 siehe oben S. 10.

[22] Eissfeldt, Einleitung, S. 824; Hengel, Judentum und Hellenismus, S. 321 Anm. 444 mit weiteren Verweisen; Rost, Einleitung, S. 100. Übersetzung nach Littmann, in: Kautzsch II, S. 39–119.

[23] Wenn es nicht überhaupt von einem Essener stammt; Eissfeldt, Einleitung, S. 823; Hengel, Judentum und Hellenismus, S. 321 Anm. 444; Rost, Einleitung, S. 100. Zu den Fragmenten in Qumran vgl. Burchard, Bibliographie II, S. 333 und Eissfeldt, a. a. O., Anm. 2.

Israels einherging“ (1, 29), für Moses die Geschichte „von Anfang der Schöpfung bis mein Heiligtum unter ihnen gebaut wird für alle Ewigkeit“ (1, 27) aufzuschreiben. Im Hauptteil des Buches (Kap. 2–50) erzählt dann (oder besser: diktiert[24]) der Engel des Angesichts Moses die Geschichte vom Anfang der Schöpfung bis zur vorausgesetzten Gegenwart, der Gesetzgebung auf dem Sinai. Die Offenbarung an Moses auf dem Sinai ist somit von Gott an den Engel delegiert; nicht Gott selbst offenbart mehr die Geheimnisse der Geschichte (obwohl es noch 1, 26 heißt: „Und du, schreib dir alle diese Worte auf, die i c h dir auf diesem Berg kund tue“)[25], sondern der Engel des Angesichts. Der Engel ist als Offenbarungsmittler an die Stelle Gottes getreten.

Diese theologische Konzeption hat zur Folge, daß im Verlauf des Buches nicht immer deutlich zwischen Gott und seinem Engel unterschieden wird. Der Engel (es ist immer der zu Anfang eingeführte „Engel des Angesichts“, manchmal allerdings zusammen mit anderen Engeln) übernimmt hin und wieder Aufgaben, die weit über die Funktion des angelus interpres hinausgehen und eigentlich nur Gott selbst zukommen. So heißt es 18, 10 f. im Zusammenhang mit der Opferung Isaaks: „Und i c h (Subjekt ist der „Engel des Angesichts“, der zu Moses spricht) rief ihn vom Himmel her und sprach: Abraham, Abraham! ... Und i c h sagte zu ihm: Lege dein Hand nicht an den Knaben ..., denn jetzt habe ich erkannt, daß du gottesfürchtig bist und mir deinen erstgeborenen Sohn nicht verweigert hast“. Diese Stelle ist eine Paraphrase von Gen 22, 11 f. Wenn auch im biblischen Text der „Engel Jahwes“ der Sprechende ist und die Identifikation mit dem Engel des Angesichts sich somit vom Wortlaut her nahelegt, ist doch die Tatsache bemerkenswert, daß der Verfasser des Jubiläenbuches unter dem „Engel Jahwes“ nicht mehr Gott, sondern den „Engel des Angesichts“ verstehen konnte. 18, 14 läßt dagegen Gott selbst Abraham rufen und versucht auf etwas umständliche Weise, gleichzeitig auch die Engel zu beteiligen: „Und Gott rief den Abraham ... zum zweiten Male vom Himmel her, dadurch daß wir erschienen, um im Namen Gottes mit ihm zu reden“[26].

In Ägypten ist es der Engel, der Moses aus der Hand Mastemas, seines Widersachers, gerettet hat: „Du weißt, ... was der Fürst Mastema mit dir hat tun wollen, als du nach Ägypten zurückkehrtest ... Ich habe dich aus seiner

[24] „Und der Engel des Angesichts sprach zu Moses ...: Schreibe die ganze Geschichte der Schöpfung auf ...“ (2, 1). Die im Auftrag Gottes zunächst vom Engel niedergeschriebene Geschichte wird Moses also vorgelesen und von Moses ein zweites Mal aufgeschrieben.

[25] Überhaupt bestehen zwischen 1, 1–26 und dem übrigen Teil des Jubiläenbuches einige deutliche Unterschiede. Die Rolle des Engels ist in diesem einleitenden Teil sehr viel weniger ausgeprägt (vgl. vor allem 1, 25) als im Hauptteil des Buches. Möglicherweise ist damit zu rechnen, daß 1, 1–26 einer anderen Tradition angehört als der Hauptteil.

[26] Der Text ist allerdings umstritten, vgl. Littmann, in: Kautzsch II, S. 72 Anm. a und b; Charles II, S. 40.

Hand errettet" (48, 2 ff.)[27]. Als Mastema die Ägypter veranlaßt, Israel zu verfolgen, stellt der Engel sich zwischen die Ägypter und Israel „und rettete Israel aus seiner Hand" (48, 13); danach heißt es dann allerdings: „Und Gott führte sie hinaus mitten durch das Meer wie durch trockenes [Land]" (ebd.). Beim Auszug aus Ägypten binden die Engel Mastema, „daß er die Kinder Israels nicht anklage an dem Tage, wo sie Geräte und Kleider von den Ägyptern erbaten..." (V. 18), und so können sie zum Schluß von sich sagen: „Und wir haben die Kinder Israel nicht leer aus Ägypten herausgeführt" (V. 19).

Im letzten Kapitel (50) ist die Identifikation Gottes mit seinem Engel vollends durchgeführt. Während es 49, 1 noch heißt: „Gedenke des Gebotes, das Gott dir geboten hat in betreff des Passah...", sagt der Engel 50, 1 ff.: „Und nach diesem Gesetz (nämlich des Passah) habe ich dir die Sabbattage kundgetan in der Wüste Sinai ... Und auch die Sabbate des Landes habe ich dir auf dem Berge Sinai gesagt und auch die Jubiläenjahre habe ich dir gesagt..."[28]. Erst ganz zum Schluß wird wieder deutlich, daß der Engel der von Gott beauftragte Mittler der Offenbarung ist, dem Gott die himmlischen Tafeln gegeben hat, „damit ich dir die Ordnungen der Zeit und die Zeit je nach der Einteilung ihrer Tage aufschreibe" (50, 13).

3. Testamente der Zwölf Patriarchen

Von den Testamenten der 12 Patriarchen ist nur das Testament Levis in unserem Zusammenhang von Bedeutung. Es ist (neben dem Testament Naphtalis, in dem aber der angelus interpres nicht vorkommt) das einzige Testament, das ganz in apokalyptischem Stil geschrieben ist und in dessen Mittelpunkt Träume und Visionen stehen; mit Sicherheit ist es auch das älteste Testament und dürfte noch in die makkabäische Zeit zurückgehen[29].

---

[27] Diese Stelle ist deswegen besonders interessant, weil nach dem zugrundeliegenden biblischen Bericht (Ex 4, 24) Gott selbst Moses töten will. Es ist hier also nicht nur Gott durch Mastema ersetzt (vgl. dazu auch 48, 17), sondern zugleich auch der Engel Gottes (anstelle Gottes) als Retter eingeführt. Das ganze Geschehen ist auf die Ebene der Engel verlagert.

[28] Dieser bemerkenswerte Sprachgebrauch ist sicher nicht nur darauf zurückzuführen, daß Gott in Ex 16, 29 von sich selbst spricht: „Seht, der Herr hat euch ja den Sabbat gegeben ..." (statt: Ich habe ... gegeben), daß diese „Inkonsequenz" des biblischen Textes also durch einen Subjektswechsel aufgelöst werden sollte.

[29] Vgl. Eissfeldt, Einleitung, S. 862; Hengel, Judentum und Hellenismus, S. 346 und 373 nennt es „chasidisch oder frühessenisch"; Rost, Einleitung, S. 109. Sowohl vom Testament Levis als auch vom Testament Naphtalis wurden in Qumran Fragmente gefunden, vgl. Burchard, Bibliographie II, S. 334. Zu den Testamenten der 12 Patriarchen insgesamt vgl. auch M. De Jonge, The Testaments of the Twelve Patriarchs, Assen 1953; C. Burchard-J. Jervell-J. Thomas, Studien zu den Testamenten der Zwölf Patriarchen, Berlin 1969; J. Becker, Untersuchungen zur Entstehungsgeschichte der Testamente der Zwölf Patriarchen, Leiden 1970.

Kap. 2 sieht Levi im Schlaf, wie sich der Himmel öffnet und ein Engel Gottes ihn auffordert, hineinzugehen. Der Engel begleitet ihn durch alle sieben Himmel und zeigt ihm, was sich in den einzelnen Himmeln befindet (Kap. 3). Er klärt ihn auf über das zukünftige Gericht (Kap. 4), öffnet ihm die Tore des Himmels und zeigt ihm schließlich „den heiligen Tempel und auf dem Thron der Herrlichkeit den Höchsten" (5, 1). Danach führt er ihn auf die Erde zurück und gibt sich zu erkennen als „der Engel, der das Geschlecht Israels losbittet, daß er sie nicht völlig zertrete" (5, 6). Als Levi wach wird, preist er nicht nur Gott, sondern auch „den Engel, der das Geschlecht Israels und aller Gerechten losbittet" (5, 7). In einer zweiten Vision (Kap. 8) fordern ihn sieben Männer in weißem Gewand – vermutlich die sieben Erzengel – auf, das priesterliche Amt zu übernehmen und kleiden ihn als Priester ein. Sein Vater Isaak erfährt dies in einem Gesicht und ermahnt ihn, dem Wunsch der Engel nachzukommen: „Und Isaak rief mich beständig, mich an das Gesetz des Herrn zu erinnern, wie mir der Engel Gottes zeigte" (9, 6).

4. Slavischer Henoch

Obwohl das slavische Henochbuch nur in später christlicher Überarbeitung vorliegt, dürfte es in seiner ursprünglichen Gestalt noch in das 1. Jh. n. Chr. (1. Hälfte des 1. Jh.) zurückreichen. Dafür spricht die Tatsache, daß an keiner Stelle von der Zerstörung des Tempels die Rede ist, sondern im Gegenteil die Opfer als bestehende Sitte vorausgesetzt sind (vgl. 41, 4; 59, 2; 61, 4; 62, 1)[30].

Das Buch gliedert sich in drei Hauptteile. Im ersten Abschnitt (Kap. 1–21) berichtet Henoch von seiner Reise durch die sieben Himmel. Hier spielt naturgemäß der angelus interpres, der das Geschaute deutet und erklärt, eine große Rolle. Im slavischen Henochbuch sind es „zwei überaus sehr große Männer, wie ich sie niemals auf der Erde gesehen hatte" (1, 4), also zwei anonyme Engel. Diese beiden „Männer" bringen Henoch „auf ihren Flügeln" in jeden einzelnen Himmel (3, 1; 7, 1; 8, 1; 11, 1; 18, 1; 19, 1; 20, 1), zeigen ihm alles, was sich in den Himmeln befindet (u. a. das Paradies und die Hölle im dritten Himmel; 8, 1 ff.; 10, 1 ff.) und erklären ihm auch – wie schon im äthiopischen Henoch – den Lauf der Sonne (Kap. 13 und 14) und des Mondes (Kap. 16). Nachdem sie ihm im 7. Himmel Gott selbst „von ferne, sitzend auf einem sehr hohen Thron" (20, 3) gezeigt haben, ist ihre Aufgabe beendet. Sie treten erst später wieder in Erscheinung, als Gott ihnen befiehlt, Henoch auf die Erde zurückzubringen (38, 1; vgl. auch 33, 5[31] und 36, 2).

Im zweiten Abschnitt spricht Henoch – mit einem himmlischen Gewand bekleidet „wie einer von seinen Herrlichen, und nicht war ein Unterschied des

---

[30] Vgl. Schürer III, S. 292; Eissfeldt, Einleitung, S. 844; Rost, Einleitung, S. 84. Übersetzung nach Bonwetsch, Die Bücher der Geheimnisse Henochs. Das sog. Slavische Henochbuch, Leipzig 1922.

[31] Hier sind sie mit Namen bezeichnet: Samuel und Raguel.

Anblicks" (22, 8–10) – unmittelbar mit Gott. Nicht mehr ein Engel, sondern Gott selbst offenbart ihm die Schöpfung und den Verlauf der Geschichte bis zur Zeit Henochs[32].

Der letzte Abschnitt (Kap. 39–66) enthält Mahnreden Henochs an seine Kinder. Die Engel werden – bis auf 67, 2, wo sie ihn in den „höchsten Himmel" tragen – nicht mehr erwähnt.

5. 4 Esra, Syrischer und Griechischer Baruch

Diesen drei Apokalypsen ist die relativ späte Entstehung gemeinsam: Das 4. Esrabuch steht ganz unter dem Eindruck der Zerstörung Jerusalems und des Tempels (vgl. vor allem 10, 21) und dürfte bald nach 70 n. Chr. verfaßt sein[33]; die syrische Baruchapokalypse wird meist um 90 n. Chr. angesetzt und ist möglicherweise vom 4. Esrabuch abhängig[34]; die (christlich überarbeitete) griechische Baruchapokalypse schließlich ist vom syr. Baruch und wohl auch vom slav. Henochbuch abhängig[35] und dürfte nicht vor dem 2./3. Jh. n. Chr. entstanden sein[36]. Die drei Bücher gehören somit alle einer Zeit an, in der das rabbinische Judentum sich formierte, und sind deswegen für unseren Zusammenhang von besonderem Interesse.

Das 4. Esrabuch besteht aus sieben Visionen (von denen allerdings die drei ersten und die letzte keine Visionen im eigentlichen Sinne des Wortes sind). Die ersten drei „Visionen" sind eher Zwiegespräche[37] über bestimmte Probleme (Ursprung der Sünde; Israel und der göttliche Weltplan; das Schicksal der Sünder; Weltgericht etc.) zwischen Esra und dem Engel Uriel. Bemerkenswert an diesen Gesprächen ist die Tatsache, daß Esra mit seinen Fragen immer Gott direkt anredet, die Antworten aber vom Engel Uriel erhält (vgl. 4, 1; 5, 15; 5, 20; 5, 31; 7, 1 f.). Die Identifikation Uriels mit Gott geht so weit, daß der Engel sogar zu Esra sagen kann: „So wenig du von alledem, was gesagt wurde, auch nur eines zu tun vermagst, so wenig vermagst du mein Urteil zu ergründen oder das Ziel der Liebe, das ich meinem Volke verheißen habe" (5, 40). Auch in Kap. 7 findet ohne Übergang und ohne Erläuterung plötzlich ein Subjekts-

---

[32] Kap. 22, 11.12 und 23 ist noch einmal von einem Engel (dem Erzengel Vrevoel) die Rede, der Henoch 30 Tage lang „alle Werke des Himmels und der Erde und des Meeres und aller Elemente" etc. diktiert. Entweder ist dies das Resümee der vorangegangenen Himmelsreise (und gehört somit noch zum ersten Hauptteil) oder aber dieser Teil ist ein hier eingearbeitetes (ursprünglich selbständiges) Stück.

[33] Gunkel, in: Kautzsch II, S. 352; Eissfeldt, Einleitung, S. 849; Rost, Einleitung, S. 93 f.

[34] Zum Verhältnis von 4 Esra und syr. Baruch vgl. zuletzt Harnisch, Verhängnis und Verheißung, S. 11 mit Anm. 1.

[35] Rost, Einleitung, S. 88; Eissfeldt, Einleitung, S. 855; zum Ganzen vgl. die Einleitung von James, Apocrypha Anecdota II, S. LI ff.

[36] Eissfeldt, Einleitung, S. 854.

[37] Vgl. Rost, Einleitung, S. 92.

wechsel statt: Während zunächst der Engel mit Esra spricht (7, 1 ff.), richtet Esra seine Antwort direkt an Gott: „Ich antwortete und sprach: Herr, Herr, ..." (7, 17). Dieser ständige Wechsel zwischen Gott und dem Engel ist für das ganze Buch charakteristisch und wohl nicht nur darauf zurückzuführen, daß „der Verfasser vergißt, daß nicht Gott, sondern nur ein Engel spricht ..."[38].

Kap. 9, 38–13, 5 sind echte Visionen (4.–6. Vision) geschildert (über Zion, den Adler und den Menschen). Hier erklärt der Engel Uriel nur die 4. Vision (10, 28 ff.); die 5. und 6. Vision deutet Gott selbst (12, 7 ff.; 13, 14 ff.). In der 7. „Vision" schließlich wird Henoch ebenfalls von Gott beauftragt, 94 (24 kanonische und 70 geheime) Bücher niederzuschreiben.

In der syrischen Baruchapokalypse spricht fast immer Gott selbst mit Baruch und deutet auch die Vision vom Weinstock (39, 1 ff.). Nur an einer Stelle (Vision von der aus dem Meer aufsteigenden Wolke; 53, 1 ff.) tritt der Engel Ramael auf, „der über den wahren Gesichten steht" (= über die wahren Gesichte gesetzt ist) (55, 3).

Die griechische Baruchapokalypse schließlich schildert wieder eine „klassische" Himmelsreise, in der dem begleitenden und deutenden Engel eine wichtige Funktion zukommt. Der meist anonyme Engel – nur 2, 5 heißt er Phanuel[39]; zweimal (Kap. 1 und 2) wird er „Engel der Kraft" genannt und einmal (Kap. 10) „Erzengel" – bringt Baruch in fünf Himmel[40] und zeigt und erklärt ihm die Geheimnisse ihrer Bewohner (u. a. auch den Lauf der Sonne und des Mondes; vgl. slav. Hen. 13 f.; 16); am Schluß der Himmelsreise geleitet er ihn wieder auf die Erde zurück. Gott selbst spricht in diesem Buch – im Gegensatz zum 4. Esra und syr. Baruch – überhaupt nicht zu Baruch.

II. Engelklassen

1. Kerubim, Seraphim, Ophannim

Die Vorstellung von den Kerubim, den geflügelten Mischwesen[41], stammt aus dem alten Orient und hat schon in die vorexilische Literatur des Alten

---

[38] Gunkel, in: Kautzsch II, S. 362 Anm. o.

[39] Φαμαηλ; im slav. Text Phanuel. Vielleicht ist wie syr. Baruch 55, 3 „Ramiel" zu lesen; vgl. James, Apocrypha Anecdota II, S. 85 Anm. zu Zeile 21; Ryssel, in: Kautzsch II, S. 449 Anm. g.

[40] Statt der gewöhnlichen sieben Himmel ist nur von fünf Himmeln die Rede. Wahrscheinlich wurde der ursprüngliche Schluß des Buches durch den Bericht über Michael verdrängt; vgl. Eissfeldt, Einleitung, S. 854; Rost, Einleitung, S. 88.

[41] Ursprünglich in Menschengestalt (Schutzgeister, die den Beter vor das Angesicht der Gottheit führen), später Mischwesen, vgl. Bibel-Lexikon, Sp. 939 (A. van den Born); ausführlich Maier, Vom Kultus zur Gnosis, S. 64 ff. (Exkurs: Die Keruben).

Testamentes Eingang gefunden[42]. Insbesondere ihre in Kanaan gut bezeugte Funktion als Träger des königlichen Thrones[43] ist in der Gottesbezeichnung „der über den Keruben thront“ (Ps 80, 2; 99, 1; Jes 37, 16; 2 Kö 19, 15; im Zusammenhang mit der Lade: 1 Sa 6, 2; 1 Chr 13, 6) unschwer wiederzuerkennen. Im salomonischen Tempel stehen sie über der Lade, die die Gegenwart Gottes im Heiligtum symbolisiert (1 Kö 6, 23–28; 8, 6 f.).

Diese alten Vorstellungen finden sich auch in den Apokryphen und Pseudepigraphen (Gebet Asarjas 32 [55]: Gott, der auf den Keruben thront; Hen. 14, 18: Um den Thron herum „war etwas, das der leuchtenden Sonne glich und das Aussehen von Keruben hatte“; syr. Bar. 51, 11: „die Schönheit der lebenden Wesen[44], die unterhalb des Thrones sind; Apok. Mos. Kap. 22: Gott fuhr auf dem „Kerubwagen“ zum Paradies[45]), doch werden dort – im Unterschied zum Alten Testament – die Kerubim ausdrücklich als Engel verstanden und gehören mit den Seraphim[46] und Ophannim[47] zu den höchsten Engelklassen, die sich in allernächster Nähe des göttlichen Thrones aufhalten. Kerubim, Seraphim und Ophannim sind die „nimmer Schlafenden, die den Thron seiner Herrlichkeit bewachen“ (Hen. 71, 7). Gott ruft „das ganze Heer der Himmel, alle Heiligen der Höhe, das Heer Gottes, die Kerubim, Seraphim und Ophannim, alle Engel der Gewalt, alle Engel der Herrschaften, die Auserwählten und die anderen Mächte[48]..., und alle werden mit einer Stimme sprechen: Preis ihm, und der Name des Herrn der Geister werde bis in alle Ewigkeit gepriesen!“ (Hen. 61, 10 f.). Ebenso slav. Henoch 21, 1: „Aber die Herrlichen, die ihm dienen, treten nicht hinweg des Nachts, noch gehen sie fort des Tags, stehend vor dem Angesicht des Herrn und vollbringend seinen Willen; die Kerubim und Seraphim um den Thron stehend, und die Sechsflügeligen[49] bedecken seinen Thron singend mit leiser Stimme vor dem Angesicht des Herrn“. Apok. Mos. Kap. 32 bekennt Eva sogar ihre Schuld vor Gott und den höchsten Engeln: „Gesündigt habe ich, Gott... an dir, gesündigt gegen deine auserwählten Engel, gesündigt gegen die

---

[42] Ältester Beleg ist Gen 3, 24. Ihre ursprüngliche Funktion war wohl, Eingänge zu bewachen (in Mesopotamien finden sie sich häufig neben dem Lebensbaum), vgl. Bibel-Lexikon, Sp. 1029 ff. (H. Haag).

[43] Vgl. Biblisch-Historisches Handwörterbuch I, Sp. 298 f. (K.-H. Bernhardt); II, Sp. 927 f. (Abb.); III, Tafel 52 c.

[44] = Kerubim, vgl. Ez 1, 5.

[45] Weitere Belege bei Michl, Art. Engel, Sp. 78.

[46] Im AT nur Jes 6, 2–7.

[47] Eine Weiterentwicklung der „Räder“ des Thronwagens bei Ezechiel, vgl. Ez 1, 15–21; 10, 6–13.

[48] Eine frühe Engelliste? Vgl. dazu (und zu Test. Levi Kap. 3; slav. Hen 10, 1) Michl, Art. Engel, Sp. 79 f.

[49] Die „Sechsflügeligen“ dürften mit den vorher genannten Seraphim identisch sein (nach Jes 6, 2 haben die Seraphim sechs Flügel); gegen Michl, Art. Engel, Sp. 79. Vgl. auch slav. Hen. 19, 6; Apok. Mos. Kap. 37 (einer der „sechsflügeligen Seraphe“ wäscht den toten Adam im Acherusischen See).

Kerube und Seraphe, gesündigt gegen deinen unerschütterlichen Thron...". Nur an einer (vermutlich relativ späten) Stelle wird die Zahl der Kerubim und Seraphim auf sieben begrenzt[50]: „Und in ihrer Mitte sieben Phönixe[51] und sieben Kerubim, sieben Sechsflügelige[52], die Einer Stimme sind, und nicht ist möglich, ihren Gesang zu erzählen, und es freut sich der Herr an seinem Fußschemel" (slav. Hen. 19, 6)[53].

2. Vier Engelfürsten (Engel des Angesichts)

Schon in den ältesten Teilen des äth. Henochbuches wird eine Gruppe von vier Engeln genannt, die zweifellos als eigene Engelklasse zu verstehen ist. Hen. 9, 1 sehen Michael, Uriel, Raphael und Gabriel vom Himmel aus „all das Unrecht, das auf Erden geschah" und werden von Gott ausgeschickt, gegen die gefallenen Engel vorzugehen (10, 1.4.9.11)[54]. Auf diese vier Engel ist mit Sicherheit in der Tiersymbolapokalypse (Kap. 85–90)[55] Bezug genommen. Dort sieht Henoch „im Gesicht, wie aus dem Himmel Wesen, die weißen Menschen glichen[56], hervorkamen; einer von ihnen kam aus jenem Ort hervor und drei mit ihm" (87, 2)[57]. Im folgenden wird – analog zu 10, 1 ff. – geschildert, wie einer der vier Engel (= Raphael in 10, 4 ff.) den vom Himmel gefallenen Stern (= Asasel) fesselt und in den Abgrund wirft; ein anderer (= Gabriel in 10, 9 f.) gibt den Elefanten, Kamelen und Eseln (= den Nachkommen der gefallenen

[50] Unter dem Einfluß der sieben Erzengel?

[51] Ein Vogel Phönix, der vor der Sonne herläuft, ist auch griech. Bar. Kap. 6–8 erwähnt. Zum Phönix vgl. J. Hubaux-M. Leroy, Le mythe du phénix dans les littératures greque et latine, 1939.

[52] = Seraphim.

[53] Zu einer eigenen Gruppe von zwei Seraphim vgl. J. Michl, „Duo Seraphim clamabant alter ad alterum", Theologie und Glaube 29, 1937, S. 440–46.

[54] Dieser Text gehört zu den älteren Teilen des Noahbuches, das Jub. 10, 13; 21, 10 u. ö. vorausgesetzt wird und wohl noch vor der Makkabäerzeit entstanden ist; vgl. Eissfeldt, Einleitung, S. 838; Rost, Einleitung, S. 103 f.; Hengel, Judentum und Hellenismus, S. 321 Anm. 444 zählt es zu den voressenisch-chasidischen Stücken des äth. Henoch.

[55] Die Datierung der Tiersymbolapokalypse hängt davon ab, ob mit dem „großen Horn" (90, 1) Judas Makkabäus oder Johannes Hyrkan oder sogar erst Alexander Jannai gemeint ist. Vgl. Eissfeldt, Einleitung, S. 839; Rost, Einleitung, S. 104; C. C. Torrey, „Alexander Jannaeus and the Archangel Michael", VT 4, 1954, S. 208–11; Hengel, Judentum und Hellenismus, S. 320 Anm. 442 (mit weiteren Literaturverweisen) datiert die Visionen in die Makkabäerzeit, „denn zur Zeit Hyrkans I. hätten die Frommen die Makkabäer nicht mehr in dieser Weise verherrlicht".

[56] Vgl. Dan 8, 15.

[57] Einer der Engel ist offenbar der Führer der Gruppe. Ob damit Michael (dazu paßt Hen. 24, 6; Ass. Mos. 10, 2; slav. Hen. 22, 6; Test. Abr. 4, 5) gemeint ist oder Uriel (vgl. Hen. 21, 5; 74, 2), wird kaum noch zu entscheiden sein. Immerhin ist Uriel der Herr der Sterne und somit auch der über die Sterne gesetzen Engel, s. unten S. 23.

Engel) Waffen, damit sie sich gegenseitig vernichten; der dritte (= Michael in 10, 11 ff.) fesselt die übrigen gefallenen Sterne (= Semjasa und seine Genossen) und wirft sie in den Abgrund; und der vierte schließlich (= Uriel in 10, 1 ff.) lehrt den weißen Farren (= Noah) das Geheimnis der Rettung vor der Sintflut.

Erst in den später entstandenen Bilderreden[58] werden die vier Engel die „vier Gesichter" (πρόσωπα = *pānîm)*[59] genannt, die „zu den vier Seiten des Herrn der Geister" stehen und vor ihm lobsingen (Hen. 40, 2 ff.). Die Namen dieser „vier Gesichter" sind: Michael, Raphael, Gabriel und Phanuel (40, 9; vgl. auch 71, 9 f. 13, wo diese vier Engel den „Betagten", d. h. Gott, umgeben und begleiten). Zweifellos handelt es sich hier um dieselben Engel wie im Noahbuch und in der Tiersymbolapokalypse, mit dem einen Unterschied nur, daß der Verfasser der Bilderreden Uriel durch Phanuel ersetzt hat. Diese Namensänderung kann nur sekundär sein, da nach 54, 6 Michael, Gabriel, Raphael und Phanuel auch die vier Engel sein sollen, die in der Endzeit Asael und seine Scharen dem Gericht übergeben werden. Hier wissen wir aber aus dem Noahbuch und der Tiersymbolapokalypse, daß die ältere Überlieferung statt Phanuel Uriel zu diesen vier Engeln zählte. Entweder hat der Verfasser der Bilderreden also einen der (vorgegebenen) vier Engel „Phanuel" genannt (um die Funktion dieser Gruppe zum Ausdruck zu bringen?) oder aber die vier Angesichtsengel waren ursprünglich anonym und wurden erst später mit den vier aus dem Noahbuch und der Tiersymbolapokalypse bekannten Engeln identifiziert (mit der besagten sekundären Änderung). Letzteres würde eine sehr alte Tradition voraussetzen, die vielleicht durch die vier Kerubim Ezechiels (Ez 1, 5) beeinflußt wurde[60].

Das Jubiläenbuch kennt sowohl den „Engel des Angesichts" (im Singular: 1, 27; 1, 29: „der Engel des Angesichts, der vor den Heerscharen Israels einherging[61]; 2, 1) als auch die „Engel des Angesichts" (im Plural) als eine zahlenmäßig nicht näher bestimmte Engelgruppe (meist zusammen mit den „Engeln der Heiligung" genannt: 2, 2; 2, 18: „allen Engeln des Angesichts und allen Engeln der Heiligung, den beiden Geschlechtern ..."; 15, 27). Im Test. Levi sind sie im 5. Himmel lokalisiert und „flehen zum Herrn für alle Versehen der Gerechten" (Kap. 3)[62]. Vielleicht ist schließlich auch mit dem Erzengel Michael und den anonymen „drei großen Engeln"[63], die Adams, Abels und Evas Bestattung vor-

---

[58] S. oben S. 12 f. mit Anm. 18.

[59] Vgl. Jes 63, 9.

[60] Kuhn, Beiträge, S. 263 vermutet sogar, daß die Ophannim in 61, 10 und 71, 7 in Wirklichkeit unsere Panim seien, daß also die Ophannim nichts anderes sind „als eine durch Mißverständnis entstandene Abänderung des Namens Phanim". Dagegen spricht allerdings, daß die beiden Stellen ebenfalls zu den Bilderreden gehören.

[61] Damit dürfte Michael gemeint sein.

[62] Vgl. auch Test. Juda Kap. 25: der Engel des Angesichts (sing.).

[63] Wenn Michael nicht schon bei den drei Engeln mitgezählt ist.

bereiten (Apok. Mos. Kap. 40 und 43; Vita Kap. 48 sind es die Engel Michael und Uriel), die Gruppe der vier Angesichtsengel gemeint.

3. Sieben Erzengel

Eine Gruppe von sieben Engeln ist schon im noch vor der makkabäischen Erhebung entstandenen Tobitbuch[64] erwähnt. Hier gibt Raphael sich zu erkennen als „einer von den sieben heiligen Engeln, die die Gebete der Heiligen darbringen und zur Herrlichkeit des Heiligen Zutritt haben" (Tob. 12, 15). Auch im angelologischen Teil des 1. Henochbuches (Kap. 20) nennt die griechische Version der sog. Gizeh-Fragmente eine Gruppe von sieben Engeln[65], nämlich Uriel, Raphael, Raguel, Michael, Sariel (= Suriel?), Gabriel und Remiel[66]; ebenso erwähnt die Tiersymbolapokalypse „sieben weiße [Menschen = Engel]" (90, 21 ff.)[67], und im astronomischen Buch ist von „jenen sieben Heiligen" die Rede, die Henoch auf die Erde zurückbringen (81, 5). Schließlich kennt noch das Test. Levi „sieben Männer in weißem Kleide", die Levi die priesterlichen Gewänder anlegen (Kap. 8).

Ein besonderer Titel für diese Engelgruppe findet sich erstmals in den beiden griechischen Gizeh-Fragmenten des 1. Henochbuches. Beide Fragmente bezeichnen in einer Notiz am Ende des Kap. 20 die sieben Engel als „Erzengel" (ἀρχάγγελοι)[68]. Auffallenderweise erwähnen die übrigen Quellen nur eine anonyme und nicht näher beschriebene Gruppe von Erzengeln (und dies sehr selten, vgl. slav. Hen. 20, 1: „dort sah ich ... alle feurigen Scharen der körperlosen Erzengel"; syr. Bar. 59, 11: „die Klassen der Erzengel") und bezeichnen außer Michael keinen der Engel mit diesem Titel[69]. Michael allerdings ist der Erzengel schlechthin[70]. Am Schluß der Bilderreden des äth. Henochbuches zeigt „der Engel Michael, einer von den Erzengeln" Henoch „alle Geheimnisse der Barmherzigkeit und Gerechtigkeit" (71, 3), und in der griech. Baruchapokalypse kniet der

---

[64] Vgl. dazu Eissfeldt, Einleitung, S. 793; Rost, Einleitung, S. 46.

[65] So ausdrücklich die „Unterschrift" am Schluß des Kapitels (20, 7) in beiden Fragmenten, vgl. Black, Apocalypsis Henochi Graece, S. 32.

[66] Remiel findet sich nur in dem kurzen Fragment. Daß aus den im äth. Text des Henochbuches bezeugten sechs Engeln (vgl. auch die allerdings ganz andere Namen umfassende Liste TPsJ Dt 34, 6) auf eine eigene Sechser-Gruppe zu schließen sei (so Michl, Art. Engel, Sp. 77; vgl. auch Beer, in: Kautzsch II, S. 250 f. Anm. dd), ist unwahrscheinlich.

[67] Vgl. 87, 2 (wo aber nur von Vieren die Rede ist); 20, 1 ff.

[68] Black, Apocalypsis Henochi Graece, ebd.; vgl. auch Beer, in: Kautzsch II, S. 250 Anm. s. Zu den griechischen Fragmenten des Henochbuches vgl. Denis, Introduction, S. 15 ff., besonders S. 18.

[69] Die einzige Ausnahme ist, soweit ich sehe, slav. Hen. 22, 11. Der hier erwähnte Engel Vrevoel (?) ist sonst nicht belegt (vgl. aber 3 Henoch 27, 1 mit Anm. 1 und Einleitung, S. 151).

[70] Schon im Danielbuch wird er *śar* (Fürst) und sogar haś-śar hag-gādôl (der große Fürst) genannt (10, 13.21; 12, 1).

Engel, der Baruch begleitet, vor Michael nieder und begrüßt ihn: „Sei gegrüßt, du mein Erzengel und der unserer ganzen Abteilung!“ (Kap. 11)[71]. Eine besondere Vorliebe für den Erzengel Michael scheinen die Moses-Apokalypse und das Leben Adams und Evas zu haben (Apok. Mos. Kap. 3; Vita Kap. 25: Gott schickt den Erzengel Michael zu Adam; Apok. Mos. Kap. 22: Er bläst die Trompete zum Gericht; Vita Kap. 28: Er treibt Adam aus dem Paradies; Vita Kap. 41; 45: Sagt den Tod Adams voraus; Apok. Mos. Kap. 38: Bittet Gott wegen der Beerdigung Adams).

III. Engel und Kosmos

1. Gestirne und Kalender

Das Interesse der jüdischen Apokalyptik gilt nicht so sehr der Schau Gottes und der Versenkung in Gott, sondern vor allem der Einsicht in den (vergangenen und insbesondere zukünftigen) Ablauf der Geschichte und (damit eng verbunden) in die Ordnung und Harmonie der Gestirne[72]. Schon das zum ältesten Bestand des äth. Henoch gehörende astronomische Buch (Kap. 72–82)[73] ist ganz der Deutung der himmlischen Geheimnisse (Bahnen und Gesetzmäßigkeit der Gestirne, Schalttage, Jahreszeiten etc.) gewidmet. Die Gestirne sind hier verschiedenen Engeln unterstellt, „die [darüber] wachen, daß sie zu ihren [festgesetzten] Zeiten eintreten, die sie führen an ihren Orten, in ihren Ordnungen, Zeiten, Monaten, Herrschaftsperioden und in ihren Stationen“ (82, 10):

a) Der Führer sämtlicher Gestirne ist Uriel (72, 1; 74, 2; 79, 6), „den der ewige Herr der Herrlichkeit über alle Lichter des Himmels, am Himmel und in der Welt, gesetzt hat“ (75, 3; 82, 7).

b) Die vier Toparchen, „die die vier Teile des Jahres zerteilen“ (82, 11), sind über die Jahreszeiten und die vier Schalttage gesetzt (vgl. auch 75, 1). Ihre Namen sind: Melkeel[74], Helemmelech[75], Melejal[76] und Narel[77].

---

[71] Vgl. dagegen Kap. 10, wo der Baruch begleitende anonyme Engel „Erzengel“ genannt wird; er kann an dieser Stelle nicht mit Michael identisch sein.

[72] Vgl. Hengel, Judentum und Hellenismus, S. 428: Die Gestirne sind „Ausdruck des ordnungsmäßigen Ablaufs der Geschichte, die ihrem von Gottes Plan bestimmten Ziel zusteuert“.

[73] S. oben S. 12. Wegen der astronomischen Vorstellungen vermutet Hengel, Judentum und Hellenismus, S. 429 einen essenischen Ursprung von 1 Henoch 72–82.

[74] *mlkj'l* (= mein König ist Gott), der Toparch des Frühlings; vgl. Schwab, Vocabulaire, S. 173.

[75] *'ljmlk*, eine Umkehrung von *mlkj'l* (Kuhn, Beiträge, S. 275: *ḥêlî mim-mäläkh*), der Toparch des Sommers; vgl. Schwab, Vocabulaire, S. 57.

[76] *ml'j'l* (= meine Fülle ist Gott?), der Toparch des Herbstes; vgl. Schwab, Vocabulaire, S. 172.

[77] *nr'l* (= mein Licht ist Gott), der Toparch des Winters; vgl. Schwab, Vocabulaire, S. 191.

c) Es folgen die 12 Taxiarchen, „die die Monate einteilen" (82, 11), die Engel der zwölf Monate also. Sie sind in Gruppen zu jeweils Dreien den Toparchen unterstellt[78].

d) Die unterste Gruppe ist die der Chiliarchen, die das Jahr in 360 Tage einteilen (82, 11). Ihre Namen werden nicht genannt.

Die Engel beherrschen und ordnen somit den Ablauf des ganzen Jahres und sind insbesondere für die Festsetzung des Kalenders (Sonnenjahr von 364 Tagen!)[79] verantwortlich.

Auch der Mythos vom Fall der Engel[80] ist eng mit kosmologisch-astronomischen Vorstellungen verknüpft. Schon der Doppelbericht über den Strafort der gefallenen Sterne bzw. Engel (18, 11–19, 3 und 21, 1–10) läßt vermuten, daß zwischen dem Mythos vom Fall der Engel und dem vom Fall der sieben Sterne ein enger Zusammenhang besteht (wie überhaupt nicht immer ganz zu unterscheiden ist, ob mit *ṣ^e^bāʾ haš-šamajim* das Heer der Sterne oder der Engel gemeint ist[81]. Betrachtet man dann die Namen der Anführer dieser Engel in Kap. 6/8 und 69[82], so fällt auf, daß erstaunlich viele Namen aus dem Bereich der Gestirne genommen sind[83]. Zu dieser Beobachtung paßt die Bemerkung in

---

[78] Zu den (nicht vollständig überlieferten) Namen vgl. Kuhn, Beiträge, S. 275. Wie schon die Namen der Toparchen sind sie fast alle mit *-'el* zusammengesetzt.

[79] Zur Diskussion über den essenischen Kalender vgl. die kurze Zusammenfassung bei Hengel, Judentum und Hellenismus, S. 429 f. Anm. 745 und 746 und zuletzt Limbeck, Ordnung des Heils, S. 134 ff.

[80] Vgl. insbesondere Kap. 6–11; 69, 2–25 (Noahbuch); 12–16; 18, 11–21, 10 (angelologisches Buch). Zum Thema s. die in der Einleitung, Anm. 10 angegebene Literatur.

[81] Vgl. im AT etwa 1 Kö 22, 19; 2 Kö 17, 16; Jes 24, 21; Dan 8, 10; 2 Chr 18, 18; Neh 9, 6; Job 38, 7. Dazu Bousset-Gressmann, Religion des Judentums, S. 322 f.

[82] Wir besitzen vier Versionen dieser Namenliste, nämlich die äth. Übersetzung in Kap. 6 und 69 sowie die beiden griech. Versionen des Syncellus und des Gizeh-Papyrus zu Kap. 6 (vgl. dazu Denis, Introduction, S. 17 f.). Zu den verschiedenen Versionen vgl. die Übersicht bei Charles, Ethiopic Enoch, S. 227 f. (Appendix zu 6, 7); ders., Enoch, S. 17 und die Erklärungen von Kuhn, Beiträge, S. 241 ff. 270 ff.

[83] Mit Kuhn verwende ich im folgenden die Abkürzungen A 1 und A 2 für die Namenlisten in der äth. Übersetzung Kap. 6 und 69, P für die Version des Gizeh-Papyrus und S für Syncellus. Die Deutung der Namen folgt im wesentlichen den Erklärungen von Beer, Charles und Kuhn z. St. 1. σαμμανή (P), von *šmjʾl* = Himmelsengel?; 2. Kokabiel (A 1) = Kokabeel (A 2) = χωχαριήλ (P) = χωχαβιήλ (S), von *kwkbjʾl* = Sternenengel; vgl. dazu 8, 3 P (χωχιήλ); 3. ὀραμμαμή (S), mit *'ûrîm* zusammenhängend?, also der Engel der Lichter des Himmels? Zu den anderen Namen für diesen Engel in P, A 1 und A 2 vgl. Kuhn, Beiträge, S. 244 f.; 4. Samsapeel (A 1) = Simipesiel (A 2) = σεμιήλ (P)? = σαμιήλ (S)?, vermutlich von *šmšjʾl* = Sonnenengel (vgl. dagegen Scholem, EJ 14, 1971, Sp. 719); 5. σαριήλ (S) = σεριήλ (P zu 8, 3), von *shrjʾl* = Mondengel; vgl. dazu 8, 3 A 1: „Asderel (Asdarel; nach Charles, Ethiopic Enoch z. St. alles korrupte Formen für Sariel) lehrte den Lauf des Mondes". Kuhn, Beiträge, S. 247 ff. vermutet, daß sich hinter den letzten sieben Namen der Liste die Engel der sieben Planeten verbergen.

Jub. 8, 3, die vermutlich auf die Lehre der gefallenen Engel anspielt: Kainam „fand eine Schrift, welche die Vorväter in einen Felsen gegraben hatten... Und er ersah aus ihr, daß in ihr die Lehre der Wächter war, durch die sie die Zauberlehre von der Sonne und dem Mond und den Sternen in allen Zeichen des Himmels machten". Hier scheint die Hauptschuld der gefallenen Engel darin zu bestehen, daß sie die Menschen in unrechter Weise (im Gegensatz zur Schau des vom Engel geleiteten „Mystikers"?) über den Lauf der Gestirne aufklärten und sie lehrten, sich ihrer durch Zauberei zu bedienen[84].

Schließlich sei noch auf eine Stelle in den Bilderreden[85] des äth. Henoch hingewiesen, wo Henoch den „Umlauf [der Sterne] nach der Zahl der Engel" beobachtet (43, 2). Hier sind die Engel also maßgebend für den geordneten Lauf der Sterne, gewissermaßen das innere „Prinzip", auf dem das Gleichgewicht und die Harmonie der Gestirne beruht.

Auch im slav. Henochbuch[86] spielen die Engel als Herrscher und Regenten der Gestirne eine wichtige Rolle. Gleich zu Anfang wird Henoch vor die „Obersten und Herrscher der Ordnung der Sterne" geführt, die ihm „200 Engel [zeigen], welche Macht haben über die Sterne und die Kompositionen der Himmel" (Kap. 4). Insbesondere Sonne und Mond werden in ihrem vorgeschriebenen Weg von den Engeln geleitet: „Und es führen sie (= die Sonne) am Tage 15 Myriaden Engel, in der Nacht aber 1000 Engel – ein jeder Engel hat je sechs Flügel –, welche gehen vor dem Wagen, und Feuer geben ihr 100 Engel" (11, 4). Zwei besondere „Geister" (Phönix und Chalkedrius) „– ihre Flügel die der Engel, und ein jeder von ihnen hat je 12 Flügel – ... treiben den Wagen der Sonne, tragend Tau und Hitze"[87] (12, 2). Am Abend „nehmen 400 Engel ihre Krone und tragen sie zum Herrn" (14, 2) [88], und vor Sonnenaufgang, „in der 8. Stunde der Nacht bringen 400 Engel die Krone und krönen sie" (14, 3). Dasselbe gilt für den Mond, dessen Wagen „fliegende Geister [ziehen], sechs Flügel einem jeden Engel" (16, 7, kürzere Rezension)[89].

---

[84] S. dazu unten Text 13 und 15. Vgl. auch den geheimnisvollen Eid, den Kesbeel von Michael erfährt und offenbar den Menschen verrät (Hen. 69, 14 ff.).

[85] S. dazu oben S. 12 f.

[86] S. dazu oben S. 16 mit Anm. 30. Die Schilderung in der griech. Baruchapokalypse (Kap. 6–9) dürfte vom slav. Henoch abhängig sein.

[87] In der kürzeren Rezension: „tragend Tau und Hitze, wenn der Herr befiehlt, herabzusteigen auf die Erde mit den Strahlen der Sonne". – Vgl. gr. Bar. Kap. 6: „Der [Sonnen-]Wagen wurde von 40 Engeln in Bewegung gesetzt"; Kap. 7: Baruch sieht „die Sonne hervorblitzen und mit ihr die Engel, wie sie zogen, und eine Krone auf ihrem Haupte".

[88] Vgl. gr. Bar. Kap. 8: „Die Krone der Sonne nehmen vier Engel in Empfang und tragen sie in den Himmel hinauf und erneuern sie ...".

[89] Vgl. gr. Bar. Kap. 9: Rinder und Lämmer = Engel begleiten den Mond.

Ein Engelhymnus faßt die wahrhaft kosmische Funktion der Engel zusammen (19, 1 ff.)[90]:

„Dort sah ich sieben Chöre leuchtender, herrlicher Engel;
ihr Antlitz glänzte wie die Sonne;
. . . . .
Diese sorgen für gute Ordnung in der Welt,
und den Gang der Sterne, der Sonne und des Mondes.
Engel, Engel, diese himmlischen Engel
bringen das ganze himmlische Leben in Einklang;
sie sorgen für die Gebote, Lehren und Wohlklang
und Gesang und jeden Lobpreis.
Die einen Engel herrschen über die Zeiten und Jahre,
die anderen über die Flüsse und Meere,
wieder andere über die Frucht, das Gras und jedes Gewächs,
und andere sorgen für das Leben aller Menschen
und schreiben vor dem Angesicht des Herrn auf.“

2. Naturerscheinungen

Wie der zitierte Hymnus zeigt, sind die Engel nicht nur über die Gestirne (und damit über den Kalender), sondern auch über sämtliche Naturerscheinungen gesetzt. Neben den von den Gestirnen genommenen Namen der gefallenen Engel in 1 Henoch 6/8 und 69[91] hängt ein weiterer Teil der Namen offensichtlich mit Naturerscheinungen zusammen[92]. Das Noahbuch zählt eine Reihe von Engeln bzw. Geistern auf, die über bestimmte Naturgewalten gesetzt sind (60, 16 ff.): den Geist des Meeres, des Reifs[93], des Hagels[94], des Schnees, des Nebels, des Taus und des Regens[95]; 66, 2 sind noch besondere Engel erwähnt, die „über die Kräfte der Wasser“ herrschen.

---

[90] Kürzere Rezension, in der Übersetzung von Rießler, die den hymnischen Charakter des Textes besser zum Ausdruck bringt.

[91] Oben S. 24 mit Anm. 83.

[92] Vgl. Beer, Charles z. St.; Kuhn, Beiträge, S. 245 f. 1. ῥαμιήλ (P, S; A 1: Ramiel; A 2: Rumjal), vermutlich von *rʿmjʾl* = Donnerengel; 2. δανειήλ (P; A 1: Danel; A 2: Danjal), von *tnnjʾl* = Rauchengel?; 3. ζακιήλ (S; P: ἐζεκιήλ; A 1: Ezeqeel; A 2: Neqael), von *śḥqjʾl* = Wolkenengel; vgl. auch 8, 3; 4. βαρακιήλ (P; S: βαλκιήλ; A 1: Baraqijal; A 2: Baraqel), von *brqjʾl* = Blitzengel; 5. βατριήλ (P; S: ἀμαριήλ; A 1: Batarel; A 2: Batarjal), von *mṭrjʾl* = Regenengel oder *brdjʾl* = Hagelengel?; 6. Ananel (A 1; A 2: Chananel), von *ʿnnjʾl* = Wolkenengel. Vgl. auch ἀρακιήλ (S; A 1: Arameel; A 2: Armen), von *ʾrqjʾl* = Erdengel.

[93] Hier heißt es ausdrücklich, daß er ein „besonderer Engel“ ist (60, 17).

[94] Er ist ein „guter Engel“ (ebd.).

[95] „Wenn sich der Geist des Regens aus seinem Behälter herausbewegt, kommen die Engel und öffnen den Behälter und lassen ihn heraus ...“ (60, 21).

Diese Tradition findet sich auch im Jubiläenbuch, das eine lange Liste der verschiedenen Naturengel überliefert: „Am ersten Tage schuf er ... alle Geister, die vor ihm dienen: Die Engel des Angesichts und die Engel der Heiligung[96] und die Engel [des Feuergeistes und die Engel] des Windgeistes und die Engel der Geister der Wolken der Finsternis [und des Schnees] und des Hagels und des Reifs und die Engel der Stimmen und der Donnerschläge und der Blitze und die Engel der Geister der Kälte und der Hitze und des Winters und des Frühjahrs und der Erntezeit und des Sommers ..." (2, 2). Das slav. Henochbuch schließlich kennt Engel, die Kammern des Schnees, Eises, der Wolken und des Taus bewachen (Kap. 5 und 6; vgl. auch 40, 10 f.).

IV. *Engel und Menschen*

Das Verhältnis zwischen Menschen und Engeln und die Bedeutung der Engel für den Menschen ergibt sich aus der beherrschenden Stellung der Engel im Kosmos: Wie die Gestirne und die gesamte Natur ist auch der Mensch der Macht der Engel unterworfen[97]. Diese Macht kann sich sowohl positiv als auch negativ auswirken, positiv als Schutz- und Fürsprecherengel, negativ als Anklage- und Strafengel.

1. Schutzengel

Die Vorstellung von den Geleit- und Schutzengeln des Menschen findet sich schon im Alten Testament; zu vergleichen ist insbesondere Ps 91, 11 f.: „Denn seinen Engeln hat er geboten, dich zu beschützen auf all deinen Wegen; auf Händen tragen sie dich, daß dein Fuß sich nicht an einem Stein stoße"[98]. In den Apokryphen und Pseudepigraphen ist der Schutzengel allerdings nur selten erwähnt. Der Brief des Jeremia[99] kennt einen Engel, der bedacht ist, „euer Leben zu wahren" (V. 6). Nach den Mahnreden des äth. Henochbuches[100] wird

---

[96] S. dazu oben S. 21.

[97] Vgl. Hen. 20, 3: Raphael, der über die Geister der Menschen gesetzte Engel; Apok. Mos. Kap. 13: Michael ist über den menschlichen Leib gesetzt; Apok. Mos. Kap. 32: „der Engel der Menschheit"; slav. Hen. 19, 4 (oben S. 26): die Engel sorgen für das Leben aller Menschen; Hen. 40, 9: von den vier Angesichtsengeln ist Raphael über alle Krankheiten und Phanuel über „Buße und Hoffnung derer gesetzt, die das ewige Leben ererben"; syr. Bar. 21, 23 (vgl. auch Test. Abr. 9, 10 f.) kennt einen „Engel des Todes" (zum „Todesengel" im AT vgl. Job 33, 22; Spr 16, 14).

[98] Vgl. auch das Zitat Mt 4, 6. – Zur Frage des babylonischen und persischen Einflusses auf die Vorstellung vom Schutzengel vgl. vor allem Mowinckel, Hl. Geist als Fürsprecher, S. 111 ff.

[99] Zur Datierung in die persische Zeit bzw. in das 1./2. Jh. v. Chr. vgl. Eissfeldt, Einleitung, S. 806; Rost, Einleitung, S. 54.

[100] S. dazu Rost, Einleitung, S. 105.

Gott beim Endgericht „über alle Gerechten und Heiligen ... heilige Engel zu Wächtern einsetzen, daß sie sie wie einen Augapfel bewachen, bis aller Schlechtigkeit und aller Sünde ein Ende gemacht ist“ (100, 5)[101]. Adam und Eva im Paradies wurden von zwei Engeln bewacht und sind, als diese „hinaufgingen und den Herrn anbeteten“, der Gewalt des Feindes (= Satans) ausgeliefert (Apok. Mos. Kap. 7; Vita Kap. 33). Die griech. Baruchapokalypse unterscheidet zwischen den Engeln, „die bei den Gerechten sind“[102] (Kap. 12) und solchen, die schlechten Menschen zugewiesen wurden (Kap. 13); letzteren verbietet Michael, sich von den Frevlern zurückzuziehen, „damit nicht schließlich der Feind die Oberhand gewinne“ (ebd.)[103].

2. Fürsprecherengel

Mit der Aufgabe des Schutzes und der Bewachung hängt die Funktion der Engel als Fürsprecher eng zusammen. Der Mensch bedarf als sündiger Mensch eines Fürsprechers sowohl vor Gott als auch vor bedrohenden Mächten und Dämonen. Auch diese Vorstellung ist im Alten Testament bezeugt (Job 33, 22 ff.)[104]:

> Wenn der Mensch gesündigt hat, erkrankt er,
> „und es naht seine Seele der Grube,
> und sein Leben den Mördern[105].
> Wenn dann ein Engel über ihm ist,
> ein Mittler[106], einer aus tausend[107],
> um zugunsten des Menschen dessen Rechtschaffenheit zu künden[108],
> wenn dieser sich seiner erbarmt und spricht:
> Erlaß es ihm[109], in die Grube hinabzusteigen, ich hab' ein Lösegeld [für sein Leben] gefunden,
> dann blüht sein Fleisch wieder auf, mehr als zur Jugendzeit ...“.

---

[101] Vielleicht sind auch unter den „Hütern“ in Jub. 35, 17 individuelle Schutzengel zu verstehen.

[102] So mit dem slav. Text, vgl. Morfill, S. 101 und Ryssel, in: Kautzsch II, S. 456 Anm. b.

[103] Zur christlichen Überarbeitung dieser Stelle s. unten S. 30 Anm. 115.

[104] Vgl. auch Job 5, 1: „An wen von den Heiligen (= Engeln?, LXX z. St.) wolltest du dich wenden?“.

[105] = Würgeengeln bzw. -dämonen?

[106] *melîṣ* (vgl. auch 16, 20). Gemeint ist zweifellos ein Fürsprecherengel; das Targum übersetzt in beiden Fällen: *peraqlîṭā* – Fürsprecher.

[107] Aus tausend Engeln. Vielleicht auch konkret (vgl. das Targum): einer aus tausend Anklägern.

[108] Vgl. dagegen die Übersetzung von Mowinckel, Hl. Geist als Fürsprecher, S. 109.

[109] Der Angeredete dürfte Gott sein und nicht einer der „Mörder“.

Die hier bereits voll ausgebildete Vorstellung des Fürsprecherengels, der sich des Menschen „erbarmt" und vor Gott für ihn eintritt, findet sich auch in den Apokryphen/Pseudepigraphen[110]. In den Bilderreden des äth. Henoch hört Henoch den Angesichtsengel Gabriel „bitten und beten für die Bewohner des Festlandes und Fürbitte einlegen im Namen des Herrn der Geister" (40, 6), und Phanuel, der vierte Angesichtsengel, wehrt die Satane ab und gestattet ihnen nicht, „vor den Herrn der Geister zu treten, um die Bewohner des Festlandes anzuklagen" (ebd. V. 7)[111]. Allgemein heißt es von den „Heiligen, die oben in den Himmeln wohnen" – damit dürften hier die zu Engeln gewordenen Gerechten gemeint sein[112] –, daß sie „einstimmig fürbitten, beten, loben, danken und preisen den Namen des Herrn der Geister wegen des Bluts der Gerechten . . ." (47, 2). Das Test. Levi[113] lokalisiert die Engel des Angesichts, „die da dienen und flehen zum Herrn für alle Versehen der Gerechten" im 5. Himmel und kennt sogar eine eigene Engelgruppe, die diesen Fürsprecherengeln die Antworten Gottes auf ihr Bittgebet bringt (Kap. 3). Kap. 5, 6 ist ein besonderer Engel erwähnt (Michael?), „der das Geschlecht Israels losbittet, daß er sie nicht völlig zertrete"; dieser „Engel, der für euch bittet" wird Test. Dan 6, 2 „Mittler zwischen Gott und den Menschen zum Frieden Israels" genannt. In der Apok. Mosis sieht Eva in einer Vision, wie alle Engel Gott um Verzeihung für Adam bitten: „Und die Engel fielen nieder und beteten Gott an, schrieen und sprachen: Heiliger Jael, verzeih [ihm], denn er ist dein Ebenbild und deiner heiligen Hände Geschöpf!" (Kap. 33 und 35)[114].

Mit der Vorstellung vom Fürsprecherengel verwandt ist der – sehr viel weniger bezeugte – Gedanke, daß die Engel die Gebete der Menschen vor Gott bringen. Er findet sich nur Tob. 12, 15 (Raphael ist „einer von den sieben heiligen Engeln, die die Gebete der Heiligen darbringen . . ."), Hen. 99, 3 („In jenen Tagen macht euch bereit, ihr Gerechten, eure Gedenkgebete zu erheben, und ihr werdet sie den Engeln als Zeugnis vorlegen . . .") und griech. Baruch-

[110] Zum Ganzen vgl. vor allem Lueken, Michael, S. 9 f.; Mowinckel, Hl. Geist als Fürsprecher, S. 109 ff.; N. Johansson, Parakletoi. Vorstellungen von Fürsprechern für die Menschen vor Gott in der alttestamentlichen Religion, im Spätjudentum und im Urchristentum, Lund 1940, S. 75 ff. 96 ff.; R. le Déaut, „Aspects de l'intercession dans le Judaïsme ancien", JSJ 1, 1970, S. 38 f.

[111] Vgl. auch Hen. 15, 2 (die Engel sollten eigentlich für die Menschen bitten und nicht die Menschen für die Engel); ebd. 68, 4 (Michael weigert sich, für die gefallenen Engel vor Gott einzutreten).

[112] Zur Kontroverse über den Terminus „Heilige" bei Daniel, in den Apokryphen/Pseudepigraphen und in Qumran s. unten S. 34 Anm. 5.

[113] S. dazu oben S. 15 mit Anm. 29.

[114] Vgl. auch Kap. 29 (die Engel bitten Gott um Räucherwerk aus dem Paradies für den vertriebenen Adam) und Vita Kap. 9.

apokalypse 11, 4 („Jetzt steigt der oberste Heerführer Michael hinab, um die Gebete der Menschen entgegenzunehmen")[115].

Der besondere Schutz- und Fürsprecherengel des ganzen Volkes Israel ist – erstmalig in der Danielapokalypse – der Erzengel Michael, „der große Fürst, der über den Söhnen deines Volkes steht" (Dan 12, 1; vgl. auch 10, 13.21)[116]. Im angelologischen Teil des 1. Henochbuches wird er ausdrücklich „der über die Güter des Volkes Israel (gesetzte) Engel" genannt (20, 5), und wahrscheinlich ist auch mit dem „Fürbitter für Israels Geschlecht" (Test. Levi 5, 6; Test. Dan 6, 2) und dem „Engel des Angesichts, der vor den Heerscharen Israels einherging" (Jub. 1, 29) der Erzengel Michael gemeint[117].

3. Engel als himmlische Buchführer und Ankläger

Auch die Vorstellung von himmlischen Schriften, in denen (vor allem im Hinblick auf das zukünftige Gericht) das Verhalten der Menschen festgehalten wird, ist bereits im Alten Testament bezeugt[118]. Die Apokryphen/Pseudepigraphen führen diesen Gedanken weiter und übertragen den Engeln die Aufgabe der himmlischen Buchführung. So wird Michael in der Tiersymbolapokalypse des äth. Henochbuches[119] beauftragt, die Taten der 70 Hirten (= 70 Völkerengel) aufzuschreiben: „Schreibe von jedem einzelnen die Verrichtung auf, die die Hirten, ein jeder zu seiner Stunde, anrichten, und lege mir alles vor!" (89, 61 ff. 64.70 f. 76 f.). Beim Gericht bringt Michael die versiegelten Bücher und öffnet sie vor dem „Herrn der Schafe" (= Gott)[120]. In den Mahnreden[121]

---

[115] Im folgenden ist allerdings nicht mehr von den Gebeten die Rede, sondern von den Tugenden, die Michael vor Gott bringt. Dieser den Rahmen der Apokalypse sprengende Bericht von Michael als Mittler der Tugenden (Kap. 11–16) geht vermutlich auf eine jüngere (christliche) Bearbeitung der griech. Baruchapokalypse zurück, vgl. Charles II, S. 530; Eissfeldt, Einleitung, S. 854; Rost, Einleitung, S. 88; Bietenhard, Himmlische Welt, S. 133 f.

[116] Zu Michael als Engel Israels vgl. die zusammenfassende Darstellung bei Lueken, Michael, S. 13 ff.

[117] Dem Engel Israels korrespondieren schon bei Daniel die Völkerengel (Dan 10. 13.20: die Engelfürsten von Persien und Griechenland). Die übrigen Belege: LXX Dt 32, 8; Sir 17, 17 (?); Hen. 89, 59 ff. (hier findet sich zum ersten Mal die Vorstellung von 70 Völkern und den ihnen zugeordneten Engeln); Jub. 15, 30 ff.; Hebr. Test. Naphtali 8 f. Zum Ganzen vgl. Hengel, Judentum und Hellenismus, S. 342 Anm. 503; Bietenhard, Himmlische Welt, S. 108 ff.

[118] Vgl. Jes 65, 6; Mal 3, 16; Dan 7, 10; zum Ganzen: Bousset-Gressmann, Religion des Judentums, S. 258; Volz, Eschatologie, S. 303 f.; F. Nötscher, „Himmlische Bücher und Schicksalsglaube in Qumran", RQ 1, 1959, S. 405–11 = Vom Alten zum Neuen Testament, Bonn 1962, S. 72–79.

[119] S. dazu oben S. 20 Anm. 55.

[120] Hen. 90, 14.17.20.22.

[121] S. dazu oben S. 27 Anm. 100.

sind es anonyme Engel, die über die Taten der Menschen genau Buch führen: „Wisset nun, daß die Engel im Himmel von der Sonne, dem Mond und den Sternen [aus][122] eure Taten hinsichtlich eurer Sünden durchforschen..." (100, 10), „sie (die Engel) schreiben doch alle eure Sünden jeden Tag auf" (104, 7; vgl. auch 98, 7 f.)[123]; auch die guten Taten sind im Himmel verzeichnet: „Ich schwöre euch, ihr Gerechten, daß die Engel im Himmel vor der Herrlichkeit des Großen euer zum Guten gedenken; eure Namen sind vor der Herrlichkeit des Großen aufgeschrieben" (104, 1).

Weitere Belege für diese Vorstellung finden sich im Jubiläenbuch und im slav. Henochbuch. Im Jubiläenbuch sagt der angelus interpres zu Moses: „Und deswegen kommen wir und tun vor dem Herrn, unserem Gott, alle Sünde kund, die im Himmel und [auf] der Erde und die im Licht und in der Finsternis und die überall geschieht" (Jub. 4, 6)[124]. Hier ist also nur von der „Aufsichtsfunktion" der Engel die Rede und nicht von einem Buch, in dem die Taten der Menschen verzeichnet werden. Jub. 30, 20.22 dagegen scheinen die „himmlischen Tafeln", die im Jubiläenbuch in der Regel Gesetzes- und Schicksalsbücher bezeichnen[125], als eben die Bücher verstanden zu sein, in denen die Engel die Taten der Menschen (zum Guten und Bösen) aufschreiben: „Und wir (= die Engel) gedenken der Gerechtigkeit, die ein Mensch in seinem Leben geübt hat. Zu allen Zeiten des Jahres berichten sie [es], und [demgemäß] wird ihm und seinen Geschlechtern nach ihm geschehen[126], und er ist als Freund und Gerechter auf den himmlischen Tafeln aufgeschrieben. ... Wenn sie [den Bund] aber überschreiten und auf lauter Wegen der Unreinheit wandeln, werden sie auf den himmlischen Tafeln als Feinde aufgeschrieben und aus dem Buche des Lebens getilgt ... werden". Das slav. Henochbuch (19, 5: „andere ... schreiben vor dem Angesicht des Herrn auf") kennt ebenfalls das Motiv der himmlischen Buchführung.

4. Straf- und Gerichtsengel

Wie schon das Alte Testament (vgl. 2 Kö 19, 35 parr.; 2 Sa 24, 16 par.) kennt das Frühjudentum schließlich auch besondere Strafengel, die die Strafgerichte Gottes am Menschen ausführen und ihn dem Gericht überantworten. Der vermutlich älteste Beleg findet sich im Noahbuch[127] des äth. Henoch

---

[122] Zu den hellenistischen Parallelen vgl. Hengel, Judentum und Hellenismus, S. 366 f.; L. Koep, Das himmlische Buch in Antike und Christentum, Bonn 1952, S. 6 ff.

[123] Beim Gericht „werden alle eure ungerechten Reden ... vor dem großen Heiligen vorgelesen werden" (97, 6). Vgl. auch das „Buch der Ungerechtigkeit" (81, 4).

[124] Vgl. auch Jub. 28, 6.

[125] Vgl. Jub. 3, 31; 4, 5.32; 5, 13; 6, 17.35; 15, 25; 16, 3.9.29; 18, 19; 23, 32; 28, 6; 30, 9.19. (20.22.23); 31, 32; 32, 10.15.21; 33, 10; 39, 6; 49, 8.

[126] Hier klingt das Motiv des Schicksalsbuches noch an. Die beiden Motive des Schicksalsbuches und der himmlischen Buchführung über die Taten des Menschen sind an dieser Stelle also offenbar vermischt.

[127] Vgl. dazu oben S. 20 Anm. 54.

(66, 1): „Danach zeigte er (= Henoch) mir die Strafengel, die bereit sind zu kommen und alle Kräfte des unterirdischen Wassers loszulassen, um Gericht und Verderben über alle zu bringen, die auf dem Festlande weilen und wohnen". Die Bilderreden erwähnen ebenfalls Plage- bzw. Strafengel, die für die Könige und Mächtigen der Ende „alle[rlei Marter-]Werkzeuge dem Satan zurechtmachten" (53, 3 ff.; vgl. auch 62, 9 ff.) und „Peitschen und Ketten von Eisen und Erz halten", um die von den gefallenen Engeln verführten Menschen[128] „in den tiefsten Abgrund" zu stoßen (56, 1 ff.); dieselbe Vorstellung findet sich auch im slav. Henochbuch, wo Henoch in der Hölle „grausame, mitleidlose Engel" sieht, die Waffen tragen und unbarmherzig peinigen (10, 1 ff.)[129]. Beim Endgericht „werden die Engel in Verstecke herabsteigen und alle Helfer der Sünde an einen Ort zusammenbringen[130]; der Höchste wird sich an jenem Tage des Gerichts aufmachen, um das große Gericht unter den Sündern zu halten" (Hen. 100, 4).

5. Gemeinschaft mit den Engeln

Die Vorstellung von den Engeln ist für das theologische Denken des nachexilischen Judentums so beherrschend, daß man sich auch das Leben nach dem Tode mit Vorliebe als Gemeinschaft mit den Engeln (und nicht so sehr mit Gott) ausmalt[131]. Henoch schaut im Himmel die Wohnungen der Gerechten „bei den Engeln und ihre Lagerstätte bei den Heiligen" (Hen. 39, 5). In der Endzeit werden alle Gerechten „Engel im Himmel werden" (51, 4) und „große Freude wie die Engel des Himmels haben" (104, 4); denen, die sich von den Sündern fernhalten, ist es bestimmt, „Genossen der himmlischen Heerscharen [zu] werden" (104, 6). Derselbe Gedanke findet sich in der Weisheit Salomos (5, 5: „Wie ist er (= der Gerechte) nun zu den Gottessöhnen gerechnet, und ist sein

[128] Möglicherweise sind auch die gefallenen Engel selbst gemeint, vgl. Beer, in: Kautzsch II, S. 267 Anm. h; Charles II, S. 221.

[129] Vgl. auch die Schilderung der Strafen in der (christlich überarbeiteten) griech. Baruchapokalypse, die die Engel über die sündigen Menschen verhängen sollen, wenn sie keine Buße tun (Kap. 16).

[130] Auch hier ist nicht ganz klar, ob die sündigen Menschen oder die gefallenen Engel gemeint sind, vgl. Beer, in: Kautzsch II, S. 305 Anm. d; Charles II, S. 271. Nach 54, 6; 55, 3 werfen die vier Angesichtsengel Asasel und seine Anhänger in den brennenden Feuerofen. Vgl. auch Test. Levi 3, 3 („Im 3. [Himmel] sind die Mächte der Heerlager, die verordnet sind auf den Tag des Gerichts, Rache zu üben unter den Geistern des Irrtums und Beliars").

[131] Zu Lebzeiten wird – außer den Priestern (vgl. Jub. 31, 14; Test. Levi 2–5; 18; Test. Isaak 5, 3–10) – nur Moses mit den Engeln verglichen (Ass. Mos. 11, 17), weil er die Gebete Israels vor Gott brachte; seine Funktion entspricht also der des Fürsprecherengels. Vgl. auch slav. Hen. 22, 10 (Henoch wird seiner irdischen Gewänder entkleidet und sieht aus „wie einer von seinen Herrlichen, und nicht war ein Unterschied des Anblicks").

Los unter den Heiligen") und im syr. Baruchbuch (51, 10: „denn in den [Himmels-]Höhen jener Welt werden sie wohnen und den Engeln gleichen und den Sternen vergleichbar sein[132]; V. 12: „Die Herrlichkeit aber wird alsdann bei den Gerechten größer sein als bei den Engeln"). Von Adam heißt es sogar, daß er einst auf dem Thron des Teufels, der ihn verführte, sitzen werde (Vita Kap. 47).

B. QUMRAN

Ein Hauptmerkmal der essenischen Engelvorstellung[1] ist das Bewußtsein, daß die Engel mit den Angehörigen der Gemeinde verbunden und in der Gemeinde gegenwärtig sind. Drei Vorstellungszusammenhänge einer solchen Gemeinschaft zwischen Engeln und Menschen – die freilich, wie sich zeigen wird, nicht grundsätzlich zu trennen, sondern miteinander verzahnt sind[2] – lassen sich unterscheiden.

1. Gemeinschaft im heiligen Krieg

Der endzeitliche heilige Krieg, auf den sich die Gemeinde von Qumran vorbereitet, ist nicht nur ein Kampf der Söhne des Lichts (= Gottesvolk) gegen die Söhne der Finsternis (= Heiden und Abtrünnige), sondern auch ein Kampf zwischen dem Fürsten der Lichter (= Michael) mit seinem Heer und dem Engel der Finsternis (= Belial) mit seinen Scharen. Zahlreiche Stellen in der Kriegsrolle bezeugen, daß die Gemeinde im entscheidenden Kampf auf die Hilfe des himmlischen Heeres rechnet. Die wichtigsten Belege sind:

---

[132] Zur Beziehung Engel-Sterne s. oben S. 24 mit Anm. 81; zur Beziehung Gerechte-Sterne vgl. etwa Dan 12, 3; Hen. 104, 2 (dazu Volz, Eschatologie, S. 399–401; Hengel, Judentum und Hellenismus, S. 358 f.).

[1] Zur essenischen Angelologie vgl. F. Nötscher, „Geist und Geister in den Texten von Qumran", Mélanges bibliques, Festschrift A. Robert (TICP, 4), Paris 1957, S. 305–15 = Vom Alten zum Neuen Testament, Gesammelte Aufsätze (BBB, 17), Bonn 1962, S. 175–87; J. A. Fitzmyer, „A Feature of Qumrân Angelology and the Angels of I Cor. XI. 10", NTSt 4, 1957/58, S. 48–58; Kuhn, Enderwartung, S. 66 ff.; von der Osten-Sacken, Gott und Belial, S. 222 ff.; Hengel, Judentum und Hellenismus, S. 404 f. 422 ff.; zuletzt Klinzing, Umdeutung des Kultus, S. 125 ff. – Daß die Engel bei den Essenern eine wichtige Rolle gespielt haben, zeigt auch die Notiz bei Josephus, Bell. II, 142: Jeder, der der Gemeinde beitritt, muß schwören, „die Namen der Engel sorgfältig zu bewahren". Vgl. auch die von Strugnell edierte sog. Engelliturgie („The Angelic Liturgy at Qumrân – 4 Q Serek Šîrôt ʿOlat Haššabbāt", Suppl. VT 7, 1960, S. 318–45).

[2] Vgl. dazu Kuhn, Enderwartung, S. 66 ff. und die Kritik v. d. Osten-Sackens, Gott und Belial, S. 222 ff.

1 QM 1, 10 f.: Am Tag des Vernichtungskrieges gegen die Söhne der Finsternis „kämpfen zu einem großen Gemetzel die Gemeinde der Göttlichen[3] und die Versammlung der Menschen".
1 QM 1, 16: „[Die Gemeinde][4] der Heiligen[5] erscheint mit [ewiger][4] Hilfe [... der] Wahrheit zur Vernichtung der Söhne der Finsternis."

Die im Quadrat aufgestellten Langschildträger (die vier „Türme", die dem eigentlichen Heer vorgeordnet sind[6]) tragen auf ihren Schilden die Namen von vier Engeln:
1 QM 9, 14 f.: „Und auf alle Schilde der Türme soll man schreiben: auf den ersten: Mi[chae]l, [auf den zweiten: Gabriel, auf den dritten:] Sariel, auf den vierten: Raphael."[7]

1 QM 12, 1–4: „Denn die Menge der Heiligen ist [bei dir] im Himmel und der Engel Heere in deiner heiligen Wohnstatt, um deinen [Namen zu preisen]. Und die Erwählten des heiligen Volkes (2) hast du dir gesetzt [... Bu]ch (?) der Namen. Ihr ganzes Heer ist mit dir an deiner heiligen Stätte und die Z[ahl der Heilig]en in der Wohnstatt deiner Herrlichkeit. (3) Die segensreich[en] Gnadenerweise [...] und den Bund deines Heils hast du ihnen eingegraben mit dem Griffel des Lebens, zu herrschen [über sie?] in alle ewigen Zeiten (4) und zu mustern die He[erscharen] deiner [Erwähl]ten nach ihren Tausendschaften und Zehntausendschaften, zusammen mit deinen Heiligen [und mit] deinen Engeln für die Machtentfaltung der Hand im Kriege ...".

Diese Stelle ist besonders interessant, weil hier die Vorstellung der (eschatologischen) Kriegsgemeinschaft zwischen Engeln und Menschen im endzeitlichen Kampf mit der Vorstellung einer (kultischen) Gemeinschaft zwischen Engeln und Menschen an der Wohnstätte Gottes (d. h. im Tempel) verbunden ist[8].

---

[3] *'elîm.* Der Terminus bezeichnet in den Qumran-Schriften häufig die Engel.

[4] Ergänzung nach 1 QM 12, 7 mit Maier, Texte vom Toten Meer z. St.

[5] *qedôšîm,* kann hier nur die Engel meinen. Es ist in den Schriften der Qumran-Gemeinde häufig nicht sicher zu entscheiden, ob der Terminus „Heilige" Engel oder Menschen (im Sinne von „heilige Gemeinde", „heiliges Volk" etc.) bezeichnet. Diese Beobachtung gilt im übrigen auch für die Apokryphen/Pseudepigraphen, vgl. dazu ausführlich M. Noth, „Die Heiligen des Höchsten", Festschrift S. Mowinckel, Oslo 1955, S. 146–61 = Gesammelte Studien zum Alten Testament (ThB, 6), München 1957, S. 274–90; F. Nötscher, „Heiligkeit in den Qumranschriften", RQ 2, 1960, S. 163–81; 315–44 = Vom Alten zum Neuen Testament (BBB, 17), Bonn 1962, S. 126–74, besonders S. 151 ff.; C. Brekelmans, „The Saints of the Most High and their Kingdom", OTSt 14, 1965, S. 305–29; R. Hanhart, „Die Heiligen des Höchsten", Hebräische Wortforschung, Festschrift W. Baumgartner, Suppl. VT 16, 1967, S. 90–101.

[6] Vgl. dazu Yadin, *Megillat ham-milḥāmāh,* S. 171 ff.

[7] Zu diesen vier Engeln vgl. die Parallelen bei Yadin, *Megillat ham-milḥāmāh,* S. 216 ff.

[8] Vgl. zu diesem Text auch die Interpretation von Yadin, *Megillat ham-milḥāmāh,* S. 219 und v. d. Osten-Sacken, Gott und Belial, S. 231.

Während nämlich V. 1 f. davon die Rede ist, daß sowohl die Heere der Engel als auch die Erwählten des heiligen Volkes (d. h. die Mitglieder der Gemeinde) zusammen in der himmlischen Wohnstatt sind, wird diese Gemeinschaft in V. 4 als Miteinander von Menschen (Erwählten) und Engeln im endzeitlichen Krieg beschrieben. 1 QM 12, 1–4 ist somit ein deutlicher Beleg dafür, daß die beiden Aspekte der Kriegsgemeinschaft und der liturgischen Gemeinschaft im Heiligtum (s. dazu unter 3.) eng zusammengehören[9].

1 QM 12, 7–9: „Und du, Gott, bist fur[chtbar] in der Herrlichkeit deiner Königsherrschaft, und die Gemeinde deiner Heiligen ist in unserer Mitte zu ewige[r] Hilfe. ... Das Volk der heiligen Hel[den und] das Heer der Engel ist in unserer Mannschaft. Der Held des Krie[ges][10] ist in unserer Gemeinde und das Heer seiner Geister mit unseren Schritten."
1 QM 15, 14: „Die göttlichen [H]elden gürten sich zum Kamp[f und] die Abteilung[en der Hei]ligen [rüsten sich] zum Tag [der Rache...]."
1 QM 19, 1: ... „der König der Ehre ist mit uns, und das H[eer seiner Geister ist mit unseren Schritten...]."[11]
4 QM[a]: ... „denn die heiligen Engel sind in ihren Schlachtreihen."

2. Reinheit des Lagers

Eng verbunden mit der Vorstellung der Kriegsgemeinschaft zwischen Engeln und Menschen sind die Anweisungen für die Reinheit des Lagers (gemeint ist das Kriegslager) in 1 QM 7, 1–7. Es heißt dort:

1 QM 7, 1–7: „(3) Kein Knabe, Jüngling und Weib soll in ihre Lager kommen, wenn sie ausrücken (4) aus Jerusalem, um zum Krieg auszuziehen, bis zu ihrer Rückkehr. Kein Hinkender oder Blinder oder Lahmer oder jemand, der ein dauerndes Gebrechen an seinem Fleische hat, oder jemand, der geschlagen ist mit einer Unreinheit (5) seines Fleisches – alle diese sollen nicht mit ihnen in den Krieg ziehen. Alle sollen kampfwillige Männer sein, makellos an Geist und Fleisch und bereit zum Tag der Rache. Jeder (6) Mann, der nicht rein

[9] Ob angesichts dieses Textes die historische Differenzierung zwischen einer „ursprünglichen Form" der Vorstellung einer Gemeinschaft von Engeln und Menschen im „Kreis der Träger der Kriegsrolle" und einer von der Tempelsymbolik her bestimmten liturgischen Vorstellung, wie sie v. d. Osten-Sacken versucht hat (Gott und Belial, S. 231 f.), aufrecht zu halten ist, scheint doch sehr fraglich. Träfe diese Differenzierung zu, müßte 1 QM 12, 1 f. ein jüngeres Stadium der Entwicklung widerspiegeln; der Beweis, daß 1 QM 12, 1 f. einer späteren Schicht innerhalb der Kriegsrolle angehört, wäre aber noch zu führen.

[10] = Gott.

[11] Ergänzung nach 1 QM 12, 9.

ist von seiner Quelle her[12] am Tag des Krieges, soll nicht mit ihnen hinabziehen, denn die heiligen Engel sind zusammen mit ihren Heerscharen. Ein Abstand soll sein (7) zwischen all ihren Lagern zum Ort der Hand[13] von etwa 2000 Ellen. Keinerlei schädliche, böse Sache soll rings um all ihre Lager gesehen werden."

Dieser Bericht geht zweifellos auf die Vorschriften für das Kriegslager in Dt 23, 10–15 zurück. Im Unterschied zum Bibeltext fällt auf, daß der Begriff der Unreinheit (und damit der Untauglichkeit zum heiligen Krieg) auch auf mit körperlichen Fehlern Behaftete bezogen ist[14] und daß vor allem die Begründung für die strengen Reinheitsvorschriften geändert wurde. Während es Dt 23, 15 heißt: „Denn *der Herr, dein Gott,* geht inmitten deines Lagers, dich zu retten und deine Feinde vor dich hin zu geben; darum soll dein Lager heilig sein, daß er nicht eine Blöße an dir sehe und sich von dir wende", sind nach 1 QM die *Engel* inmitten des Kriegslagers. Die Gegenwart Gottes im Lager ist also durch die Anwesenheit der Engel ersetzt.

Ohne Bezug zur Kriegssituation, aber sehr wahrscheinlich ebenfalls in eschatologischem Zusammenhang[15], findet sich dieselbe Vorschrift auch 1 QSa 2, 3 ff. Hier sind mit körperlichen Gebrechen Behaftete (Gelähmte, Hinkende, Blinde, Taube, Stumme, Alte) von der Vollmitgliedschaft in der „Gemeinschaft der Männer mit Namen"[16] ausgeschlossen, „denn die heiligen Engel sind [in] ihrer [Gemei]nde" (2, 8 f.)[17].

3. Liturgische Gemeinschaft

Der dritte Vorstellungskreis, die liturgische oder kultische Gemeinschaft zwischen Engeln und Menschen, findet sich vor allem in den Hodajot (1 QH) und im Sektenkanon (1 QS). Wie insbesondere 1 QM 12, 1–4 (s. o.) gezeigt hat,

---

[12] Gemeint ist geschlechtliche Unreinheit, vgl. Dt 23, 11 (*mimmeqôrô* eine Deutung von *miqqereh?*).

[13] Zweifellos ein Ort zur Verrichtung der Notdurft, vgl. Dt 23, 13 f. Auch Josephus (Bell. II, 147 ff.) berichtet, daß die Essener zur Verrichtung ihrer Notdurft „die abgelegensten Plätze aussuchen".

[14] Eine biblische Parallele (allerdings nicht im Zusammenhang mit dem heiligen Krieg) ist vielleicht Nu 5, 1–4.

[15] 1 QSa ist eine Satzung der Endgemeinde, vgl. v. d. Osten-Sacken, Gott und Belial, S. 234 ff.; Maier, Texte vom Toten Meer II, S. 154 (mit weiteren Literaturverweisen).

[16] Die angesehenen Männer der Gemeinde.

[17] So auch in dem Fragment 4 QD[b] (vgl. CD 15, 15–17): „denn die heiligen Engel sind in ihren Schlachtreihen"; vgl. Milik, Ten Years, S. 114; Fitzmyer, Qumrân Angelology, S. 58. Zu vergleichen ist auch 4 QFl 1, 4: Mit Gebrechen Behaftete, Ammoniter, Moabiter, Bastarde, Ausländer, Fremdlinge (?) dürfen das eschatologische Heiligtum wegen der Anwesenheit der „Heiligen" (= Engel und endzeitliche Gemeinde?) nicht betreten; dazu Klinzing, Umdeutung des Kultus, S. 80 ff., 85, 129 f.

ist auch diese Vorstellung nicht als völlig selbständiger Traditionskomplex vom Gedanken der Kriegsgemeinschaft zu trennen. Die wichtigsten Belege:

1 QH 3, 19–23: „Ich preise dich, Herr, denn du hast meine Seele aus der Grube erlöst, aus der Unterwelt Abgrund (20) hast du mich erhoben zu ewiger Höhe. So will ich nun auf ebener Fläche wandeln, die keine Grenze hat und kann wissen, daß es Hoffnung gibt für den, (21) den du aus Staub gebildet hast für den ewigen Rat. Den verkehrten Geist hast du gereinigt von großer Verschuldung, daß er sich hinstelle an den Standort mit (22) dem Heer der Heiligen und in die Einung eintrete mit der Gemeinde der Himmelssöhne. Du warfst dem Mann ein ewiges Los mit den Geistern (23) des Wissens, deinen Namen zu preisen in gemeinsamem Ju[be]l und zu erzählen deine Wundertaten vor all deinen Werken.“[18]

Dieser Text enthält einige für die Vorstellung von der Gemeinschaft zwischen Engeln und Menschen charakteristische Wendungen:

1. *l^{e}hitjaṣṣeb b^{e}ma^{ʿa}mād* (V. 21/22): Der Sinn dieser Wendung ist umstritten. Nach Kuhn geht sie „wahrscheinlich auf priesterliche Terminologie zurück“ und hat „keinesfalls ... militärischen Sinn“[19]; der Beweis sei das in der Parallelstelle 1 QH 11, 13 hinzugefügte *l^{e}phānạ̄khāh* („vor dir“ = Gott), das einen priesterlich-kultischen Zusammenhang sicherstelle. Dieser Argumentation hat mit Entschiedenheit P. von der Osten-Sacken widersprochen[20]. Von der Osten-Sacken versteht *l^{e}hitjaṣṣeb b^{e}(ʿal) ma^{ʿa}mād* als terminus technicus „für die Rückkehr zum Standort in der Schlachtreihe nach dem Kampfeinsatz“[21], möchte die Wendung also der Kriegsterminologie zuweisen[22]. Die Frage ist wahrscheinlich nicht alternativ in dem einen oder anderen Sinne zu beantworten, sondern man wird davon ausgehen müssen, daß die Wendung sowohl in militärischer als auch in kultischer Bedeutung vorkommen kann und daß diese beiden Vorstellungsbereiche nicht immer säuberlich zu trennen sind. Zweifellos hat dies seinen Grund darin, daß auch in Texten außerhalb der Kriegsrolle „die Gemeinschaft mit den Engeln durchgehend eschatologisch verstanden ist“[23].

---

[18] Vgl. zu diesem Text die ausführliche Analyse bei Kuhn, Enderwartung, S. 44 ff. Eine direkte Parallele (wenn nicht sogar von 1 QH 3 abhängig, vgl. Kuhn, Enderwartung, S. 80 ff.) ist 1 QH 11, 10–14.

[19] Enderwartung, S. 46; vgl. auch S. 70 ff.

[20] Gott und Belial, S. 227.

[21] A. a. O. S. 226 f.

[22] Und deswegen mit K. G. Kuhn (RGG^{3} V, Sp. 750) übersetzen: „in der Mannschaft mit dem Heer der Heiligen“.

[23] v. d. Osten-Sacken, Gott und Belial, S. 228 f. Gerade wegen dieser gemeinsamen Wurzel von kriegerischer und kultischer Gemeinschaft leuchtet es nicht ein, wenn v. d. Osten-Sacken „die Vereinigung von himmlischer und irdischer Gemeinde ... zum gemeinsamen Lobpreis Gottes“ in unserem Text als Umdeutung der primär

2. *labô' b^e^jaḥad ʿim* (V. 22): Die Verwendung des Wortes *jaḥad* (als Adverb, Substantiv und Verb) zusammen mit der Präposition *ʿim*[24] ist für den Traditionskomplex der Gemeinschaft zwischen Engeln und Menschen ganz besonders charakteristisch. Von der Osten-Sacken hat deswegen erwogen, „ob der technische Gebrauch von *jaḥad* (Subst.) als Bezeichnung für die Gemeinde von Qumran ... nicht aus dieser Vorstellung einer Gemeinschaft zwischen Engeln und Menschen stammt"[25]. Angesichts der zahlreichen Belege hat diese Vermutung in der Tat einiges für sich[26].

3. *gôral ʿôlām* (V. 22): Auch der Begriff des „Loses" findet sich häufig in Texten, die die Gemeinschaft zwischen Engeln und Menschen erwähnen[27]. Kuhn hat darauf hingewiesen, daß diese Vorstellung eines gemeinsamen bzw. ewigen Loses mit den Engeln („Los" ohne Zweifel im Sinne von „Erbe", „Heilsanteilhabe"[28]) sowohl eine priesterliche[29] als auch eine eschatologische Komponente[30] hat und vermutet, daß in der Vorstellung der Gemeinschaft mit den Engeln als Anteilhabe am ewigen Los „nicht nur eine Übertragung priesterlichen

---

in der Kriegsrolle beheimateten Vorstellung von der Kriegsgemeinschaft auffaßt (Gott und Belial, S. 227). Er muß selbst sogleich darauf hinweisen, daß es sich bei dieser „Umdeutung" eigentlich nur „um die Aufnahme und Ausbildung bereits im Bereich der Kriegsrolle vorhandener Elemente (handelt)" (S. 228); vgl. auch oben Anm. 9.

[24] Vgl. 1 QM 7, 6; 12, 4; 1 QH 3, 22 f.; 6, 13; 11, 11.14.25 f. (?); 1 QHf 2, 10; 10, 6 f.; 1 QS 11, 8; 1 QSb 4, 25 f. Nur die Präp. *ʿim* findet sich (z. T. in Fragmenten, in denen *jaḥad* durchaus gestanden haben kann): 1 QM 12, 9; 1 QH 3, 21 f.; 11, 13; 1 QHf 2, 6.14; 5, 3; 7, 11 (?); 1 Q36 I, 3; 1 QSb 3, 6; 4 QPseudLit II, 1, 4. Zu diesen Stellen vgl. ausführlich Kuhn, Enderwartung, S. 66 ff.; v. d. Osten-Sacken, Gott und Belial, S. 223 ff.

[25] Gott und Belial, S. 224 Anm. 5. – Eine solche Deutung der *jaḥad* – Vorstellung widerlegt allerdings keineswegs die von Maier („Zum Begriff *jaḥad* in den Texten von Qumran", ZAW 72, 1960, S. 148 ff.) versuchte Ableitung des Begriffes aus priesterlicher Tradition (gegen v. d. Osten-Sacken, Gott und Belial, S. 225 Anm. 5).

[26] Vgl. auch D. Barthélemy, „La sainteté selon la communauté de Qumran et selon l'Évangile", La Secte de Qumrân et les Origines du Christianisme (Rech. Bibl., 4), Bruges 1959, S. 210: „L'idéal essénien est pleinement défini par a leitmotiv: ‚entrer en communion avec les anges'".

[27] Vgl. 1 QH 3, 22 (ewiges Los); 6, 13 (gemeinsames Los); 11, 11 (hier vermutet Kuhn, Enderwartung, S. 83 allerdings, daß die „Heiligen" nicht die Engel, sondern die „Qumran-Frommen" seien); 1 QS 11, 7 (Anteil am Los); 1 Q36 I, 3 (?); 4 QPseudLit II, 1, 4.

[28] So v. d. Osten-Sacken, Gott und Belial, S. 228.

[29] Enderwartung, S. 72 (Verweis auf Ps 142, 6; 16, 5 f.; 73, 26 und von Rad, Gesammelte Studien, S. 241 ff.; Theologie I, S. 416 f.).

[30] Enderwartung, S. 46 f., 72 ff.

Selbstverständnisses auf alle Gemeindemitglieder vor(liegt), sondern eine durch den Begriff des ‚ewigen Loses' ins Eschatologische gewendete Aussage"[31].

4. *jaḥad rinnāh* (V. 23): Ein wesentliches Ziel der Gemeinschaft zwischen Engeln und Menschen ist der gemeinsame Lobgesang[32]. Neben 1 QH 3, 23 und 11, 14 findet sich diese Vorstellung noch in 1 QH 11, 25 f.: „Sie preisen dich nach [ihrer] Einsicht [und mit den Söhnen des Him]mels[33] lassen sie gemeinsam die Stimme des Jubels erklingen"[34]. Der Gedanke des gemeinsamen Jubels gehört zweifellos primär in den Kontext der Kultgemeinschaft zwischen Engeln und Menschen[35].

1 Q S b 4, 22–26 : . . . „er hat dich erwählt [. . .] (23) und an der Spitze der Heiligen zu stehen und dein Volk zu seg[nen] [. . .] durch deine Hand (24) die Männer des Rates Gottes. . . . Du (25) [mögest dienen] wie ein Angesichtsengel an der heiligen Wohnstatt, zur Ehre des Gottes der Heerscha[ren in Ewigkeit. Und] ringsum mögest du sein ein Diener im Palast (26) des Königtums und das Los werfend mit den Angesichtsengeln. Ein gemeinsamer Rat [mit den Heiligen] für ewige Zeit . . .".

Der Text gehört zu einer Reihe von Segenssprüchen über die Gläubigen, den Hohenpriester, die Priester und den Fürsten der Gemeinde (= königlicher Messias). Insbesondere die Erwähnung des königlichen Messias (5, 20 ff.) macht deutlich, daß es sich um einen Entwurf für die endzeitliche Gemeinde handelt. Die Priester der Endzeit werden wie Angesichtsengel[36] im himmlischen Heiligtum dienen und das Los mit den Angesichtsengeln werfen (= bei der Urteilsfällung im Endgericht mitwirken?[37]). Die Gemeinschaft zwischen Engeln und Priestern ist an dieser Stelle also eindeutig eine Kultgemeinschaft[38].

---

[31] Enderwartung, S. 47. v. d. Osten-Sacken, Gott und Belial, S. 228 verweist darüber hinaus auf den räumlichen Aspekt des Wortes *gôrāl*, der vor allem in der Kriegsrolle begegnet. Vielleicht ist wie bei der Wendung *lehitjaṣṣeb bema'amād* sowohl ein militärischer als auch ein kultischer Sinn zu berücksichtigen.

[32] Hengel, Judentum und Hellenismus, S. 404: „Die himmlischen Liturgien oder die Beschreibungen des himmlischen Jerusalem sind Ausdruck einer vergegenwärtigenden, proleptischen Epiphanie des eschatologischen Heils".

[33] Ergänzung mit Kuhn, Enderwartung, S. 96 Anm. 3.

[34] Vgl Jes 48, 20. Zur Wendung *jaḥad rinnāh* vgl. auch das *rân-jaḥad* in Job 38, 7.

[35] Doch bezeugen 1 QM 12, 1 ff. (s. o.) und vielleicht 4 QSl 40 24, 9, daß auch in diesem Punkt Kultgemeinschaft und Kriegsgemeinschaft nicht ohne weiteres zu trennen sind.

[36] Vgl. dazu oben S. 20 ff. Jub. 31, 14 wird Levi und seinen Nachkommen verheißen, daß sie in Gottes Heiligtum dienen und „wie die Engel des Angesichts und wie die Heiligen" sein werden.

[37] So Lohse, Texte aus Qumran z. St. (S. 287 Anm. 5).

[38] Vgl. auch 1 QSb 3, 5 f. (Gemeinschaft des eschatologischen Hohenpriesters

1 QS 11, 7 ff.: „Denen, die Gott erwählt hat, hat er sie[39] zu ewigem Besitz gegeben, und er gab ihnen (so) Anteil am Los (8) der Heiligen, und mit den Söhnen des Himmels verband er ihren Kreis *(sôdām)* zu einem Rat der Einung *(ʿaṣat jaḥad)* und Kreis des heiligen Gebäudes *(sôd mabnît qôdäš)*, zur ewigen Pflanzung *(maṭṭaʿat ʿôlām)* für alle (9) kommende Zeit."

Diese Stelle ist deswegen von besonderer Bedeutung, weil hier die in 1 QSb 4, 22 ff. den Priestern zugeschriebene liturgische Gemeinschaft mit den Engeln auf die ganze Gemeinde der Erwählten in der Gegenwart[40] übertragen ist. Auch das sonst bezeugte Motiv von der Gemeinde als Tempel[41] ist ausdrücklich mit dem Motiv der (priesterlichen) Gemeinschaft mit den Engeln verbunden.

Dazu kommt noch ein weiterer Aspekt: Die (liturgische) Gemeinschaft mit den Engeln bedeutet zugleich Teilhabe an der den Engeln vorbehaltenen Erkenntnis *(durch die Erkenntnis* erhält die Gemeinde „Anteil am Los der Heiligen", V. 7 f.). Die, die Gott „in ein gemeinsames Los mit den Angesichtsengeln" gebracht hat (1 QH 6, 13 f.) – gemeint sind hier die als Priester verstandenen Gemeindemitglieder – bedürfen keines „Mittlerdolmetsch" *(melîṣ benajim)*, da sie unmittelbare Erkenntnis besitzen[42]. Diese Betonung der mit den Engeln gemeinsamen Erkenntnis läßt die eschatologische Komponente stark in den Hintergrund treten und begibt sich, wie J. Maier mit Recht festgestellt hat[43], deutlich in die Nähe der Gnosis.

---

mit den Engeln); ob 3, 25 f. sich ebenfalls auf die Gemeinschaft mit den Engeln bezieht, ist nicht ganz sicher. Zum Ganzen vgl. O. Betz, „The Eschatological Interpretation of eine Sinai-Tradition in Qumran and in the New Testament", RQ 6, 1967, S. 91, der im Zusammenhang mit unserem Text auf Dt 32, 2 f. als atl. Hintergrund für die Vorstellung einer eschatologischen Gemeinschaft zwischen den himmlischen Heiligen und Gottes heiligem Volk auf der Erde verweist.

[39] Gemeint sind die V. 6 genannten esoterischen Erkenntnisse.

[40] Vgl. auch Klinzing, Umdeutung des Kultus, S. 75.

[41] Vgl. 1 QS 5, 6; 8, 5 ff. (neben dem Tempel auch das Bild von der Pflanzung, vgl. dazu den Exkurs bei Maier, Texte vom Toten Meer II, S. 89 ff.); 9, 6. Zum Ganzen vgl. B. Gärtner, The Tempel and the Community in Qumran and the New Testament, Cambridge 1965; Klinzing, Umdeutung des Kultus, S. 50–93.

[42] Vgl. auch 1 QS 4, 22 und die Engelbezeichnungen „Geister des Wissens" (1 QH 3, 22 f.), „Dolmetscher des Wissens" (1 QHf 2, 6), „die Wissenden" (1 QH 11, 14).

[43] Maier, Zum Begriff *jaḥad*, S. 165: „Freilich entsteht durch diese Verlagerung des Interesses vom Bereich des Geschichtlich-Eschatologischen auf das Räumlich-Kosmologische ... die Gefahr der Gnosis ...". Kuhn, Enderwartung, S. 186 räumt diese Möglichkeit ein, möchte die Erkenntnis in unserem Text aber als gegenwärtig-eschatologisches Heilsgut verstanden wissen (S. 172).

C. RABBINISCHE LITERATUR: KONTINUITÄT UND NEUANSATZ

I. Gott und die Engel

1. Beratung mit den Engeln

Eine nur in der rabbinischen Literatur nachgewiesene Engelbezeichnung sind die verwandten Termini „obere Familie" *(pāmaljāʾ šäl maʿlāh)* und „oberer Gerichtshof" *(bêt dîn šäl maʿlāh)*[1]. Die klassische Hofstaatvorstellung wird in der diesen Engelbezeichnungen zugrundeliegenden Anschauung dahingehend erweitert, daß die Engel aktiv an den Entscheidungen Gottes beteiligt sind. So berät Gott sich mit ihnen vor der Erschaffung der ersten Menschen[2] und wegen der Bestrafung der Ägypter[3] und befragt sie über die Trauerbräuche der Menschen[4]. Ein relativ früher Midrasch scheint sie sogar über die Aufgabe der bloßen Beratung hinaus an der Erschaffung des Menschen zu beteiligen[5]:

„R. Schimon b. Jochai sagt: Ein Gleichnis von einem König aus Fleisch und Blut, der einen Palast baute. Die Leute gingen hinein und sagten: Wenn die Säulen und die Wände und die Decken höher wären, dann wäre er schön. Vielleicht kommt so auch ein Mensch und spricht: Hätte ich doch bloß drei Augen oder drei Füsse! – ‚Wie e r ihn gemacht hat *(ʿāśāhû)*' steht hier[6] nicht geschrieben, sondern ‚wie s i e ihn gemacht haben *(ʿāśûhû)*' (Koh 2, 12): Wenn man so sagen dürfte *(kibjākhôl)*, haben der König aller Könige und sein Gerichtshof über ein jedes deiner Glieder bestimmt *(m^emannîm)*[7], und so schuf er dich nach deinem Plan[8]: Er hat dich gemacht und dich bereitet (Dt 32, 6)".

Das abschließende Bibelzitat aus Dt 32, 6 stellt zwar die alleinige Schöpfertat Gottes sicher (zu beachten ist auch der Wechsel vom Plur. *m^emannîm* zum

---

[1] Vgl. dazu ausführlich Urbach, *ḤZ"L*, S. 155 ff.

[2] Vgl. WaR 29, 1; ARN Vers. B Kap. 1 S. 8; ebd. Kap. 41 S. 116; TanBu Gen § 25; ebd. *š^emînî* § 13; MHG Gen S. 58; PRK S. 334; PesR S. 187 b und Text 6 f.; 9.

[3] TanBu *bo'* § 1; Tan ebd.

[4] PRK S. 250 f.; EchR 1, 1; ebd. 3, 10 (zu V. 28); EchRBu S. 42.

[5] BerR 12, 1.

[6] In dem ausgelegten Vers Koh 2, 12. Der Vers ist im Sinne des Midraschs umgedeutet.

[7] Die Bedeutung ist schwierig. Albeck z. St. möchte *m^emunnîm* (sie wurden gesetzt über ...) lesen, doch entspricht dies nicht dem Kontext. Eine solche Aussage wäre zwar über die Engel möglich, nicht aber über Gott und seinen Gerichtshof und bedürfte auch nicht der Einleitung durch *kibjākhôl*. Es scheint deswegen in diesem Zusammenhang konkret gemeint zu sein, daß Gott vor der Erschaffung des Menschen mit den Engeln über jedes einzelne Glied des Menschen beraten und einen Beschluß gefaßt hat.

[8] *maʿ^amîd^ekha ʿal tîkhonkhā*. Der Ausdruck ist nur schwer zu deuten. Vielleicht ist auch mit einigen Hss und Drucken statt *tîkhonkhā*: *m^ekhônkhā* zu lesen.

Sing. *ma'amîdkhā*), doch ist die Auslegung von Koh 2, 12 immerhin so gewagt, daß sie mit *kibjākhôl* eingeleitet werden muß[9].

Die beratende Funktion der Engel wird von R. Jochanan (b. Nappacha), einem Amoräer der 2. Generation, mit der Bemerkung generalisiert: „Niemals tut der Heilige, er sei gepriesen, etwas in seiner Welt, ehe er sich nicht mit dem oberen Gerichtshof beraten hat. Was ist der Beweis?: Wahr ist das Wort und groß das Heer (Dan 10, 1)[10]. Wann ist das Siegel des Heiligen, er sei gepriesen, wahr?[11] Wenn er sich mit dem oberen Gerichtshof beraten hat."[12] R. Laasar (gemeint ist R. Elasar b. Pedat, pA3), der Schüler R. Jochanans, faßt diese Anschauung in die Formel: „Überall, wo es heißt: ‚Und Gott', ist er und sein Gerichtshof gemeint."[13]

Auf den ersten Blick dokumentieren insbesondere die beiden letzten Aussprüche (R. Jochanan und R. Elasar) Bedeutung und Einfluß der Engel auch in den theologischen Vorstellungen der Rabbinen. Freilich sollte man diese Aussprüche nicht zu sehr verallgemeinern. Der Kontext macht nämlich deutlich, daß die Dicta R. Jochanans und R. Elasars nicht primär als theologische Aussagen über die Engel zu werten sind, sondern in den konkreten Zusammenhang des Gerichtsverfahrens gehören. Beide Rabbinen verschärfen den aus Ab 4, 8 bekannten Grundsatz R. Jischmael b. Joses (T 4): „Niemand richte allein[14], denn es gibt nur einen, der alleine richtet (nämlich Gott)", indem sie auch Gott nur nach Beratung mit seinem himmlischen Gerichtshof Recht sprechen lassen. Im Vordergrund steht also eine homiletisch-ethische Absicht des Midraschs (wenn schon Gott nicht alleine richtet, um wieviel weniger darf dies dann der Mensch!). Man wird die Dicta R. Jochanans und R. Elasars deswegen nur mit

---

[9] Die Parallele KohR 2, 11 (12) betont denn auch, daß deswegen nicht von „zwei Mächten" *(šetê rešûjjôt)* die Rede sein könne. – Daß die Beteiligung der Engel zu dem Zweck erfolgte, um – gegen gnostische Einflüsse – die mit der Erschaffung des Menschen verbundene echte „Arbeit" zu betonen (so Urbach, *ḤZ"L*, S. 156), ist nicht sehr wahrscheinlich. R. Schimon b. Jochai hätte sich mit der Abwehr dieses gnostischen Gedankens in gefährliche Nähe der ebenfalls gnostischen Vorstellung von den zwei Mächten begeben.

[10] Wort Gottes und Heer (der Engel; so im Sinne des Midraschs) gehören zusammen.

[11] D. h. gültig.

[12] j San K 1 H 1 S. 18 a unten; b San 38 b; MHG Gen S. 55.

[13] j San ebd. Eine Auslegung entsprechend der Regel R. Aqibas, daß jeder Buchstabe der Torah seinen besonderen Sinn hat (eine Art erweiterter *ribbûj*, vgl. Strack, Einleitung, S. 101): Das *w* (und) vor „Gott" weist auf den Gerichtshof hin. Parallelen (fast alle im Namen R. Laasars): j Ber K 9 H 7; BerR 51, 2; SchemR 12, 4; WaR 24, 2; SchirR 9, 1 § 1; PesR S. 175 b; TanBu *wajjerā'* § 19 und § 34; TanBu *wā'erā'* § 21; TanBu *bo'* § 17; Tan *wā'erā'* § 16; Jalq Kö § 222 S. 760 bo; Jalq Job § 893 S. 1004 bu; BerR 55, 4 *('ălohîm we'lohîm);* BamR 3, 4 *(wa'anî).*

[14] D. h.: Ein ordentliches Gerichtsverfahren kann nur in einem Richterkollegium abgewickelt werden.

Vorbehalt unter dem Aspekt einer kontinuierlichen Erweiterung der alttestamentlichen Engelvorstellung interpretieren können.

2. Herabkunft auf den Sinai

Ein charakteristisches Beispiel für die auch in der rabbinischen Literatur festzustellende Tendenz, die Engel sekundär in biblische Erzählungen einzufügen[15], ist die Schilderung von der Herabkunft Gottes auf den Sinai. Da die Engel im klassischen Bericht von der Offenbarung am Sinai (Ex 19f.) nicht erwähnt werden, stützt sich die Auslegung der Rabbinen vor allem auf Dt 33, 1–3[16] und Ps 68, 9 ff. (besonders V. 13 und 18)[17]:

„Ich bin der Herr, dein Gott, der dich aus dem Lande Ägypten geführt hat (Ex 20, 2). Das ist es, was geschrieben steht: ... (Ps 68, 18)[18]. R. Abdimi aus Haifa sagt: Ich habe in meiner Mischna gelernt, daß mit dem Heiligen, er sei gepriesen, 22.000 Dienstengel[19] auf den Sinai herabkamen. ... R. Tanchum b. R. Chanilai sagt: So viele, wie nicht[20] einmal der Sophist zählen kann: Tausende über Tausende, Myriaden über Myriaden[21]."

Ein tannaitischer Midrasch vergleicht die Offenbarungen am Schilfmeer und am Sinai. Die Rolle der Engel ist hier eher dekorativ:

„Der Herr kam in einer Wolkensäule herab und stand am Eingang des Zeltes (Nu 12, 5). Nicht nach der Weise von Fleisch und Blut handelt der Heilige, er sei gepriesen. Die Weise des Menschen ist es, wenn er in den Krieg zieht, mit vielen Begleitern hinauszuziehen, wenn er aber in den Frieden zieht, nur mit wenigen Begleitern. Doch der, der gesprochen hat, und die Welt ward, handelt nicht so. Vielmehr, wenn er in den Krieg zieht, zieht er allein, wie es heißt: Der Herr ist ein Kriegsmann[22], Herr ist sein Name (Ex 15, 3)[23]. Wenn er aber in Frieden kommt, kommt er mit Tausenden und Zehntausenden, wie es heißt: ... (Ps 68, 18)"[24].

---

[15] Vgl. dazu auch die Stellenangaben bei Michl, Art. Engel, Sp. 84.

[16] Vgl dazu LXX Dt 33, 2: ἐκ δεξιῶν αὐτοῦ ἄγγελοι μετ' αὐτοῦ; TO z. St.: *weʿimmeh ribbebat qaddîšîn;* TPsJ: *weʿimmêh rîbbô rîbbewān malʾakhîn qaddîšîn;* CN: *weʿimmêh ribbewān demalʾakhîn qaddîšîn.*

[17] PRK S. 219 f.; PesR S. 102 b ff. (vgl. die von Friedmann ausführlich zitierten Parallelen).

[18] Der Vers ist im MT nahezu unverständlich und wird im folgenden ausgelegt.

[19] R. Abdimi addiert *ribbotajim* (2 Myriaden = 20.000) und *'alphê šin'ān* (2000) zu 22.000 Engeln.

[20] So mit PesR S. 103 b.

[21] *kljj' kljj 'dwn mjdj 'dwn.* Zu lesen ist (vgl. auch PesR z. St.): *kljj' kljj'dwn mjrjj' mjrj'dwn* = χίλιαι χιλιάδων μύριαι μυριάδων. Vgl. dazu LXX Dan 7, 10.

[22] Sing. *'îš milḥāmāh.*

[23] Dies bezieht sich auf den Durchzug durch das Rote Meer.

[24] SiphNu S. 100 § 102; SiphZ S. 249; PesR S. 104 a.

Zahlreiche Midraschim jedoch schreiben den Engeln bei der Offenbarung am Sinai bestimmte (und z. T. sehr verschiedene) Funktionen zu. Die für diesen Zusammenhang wichtigsten Stellen sind[25]:

PRK S. 266 f.[26]: „Wie richte ich dich auf (Echa 2, 13), [das bedeutet:] Mit welchem Schmuck habe ich euch geschmückt[27]. Denn R. Jochanan hat gesagt: An dem Tage, da der Heilige, er sei gepriesen, auf den Sinai herabkam, um Israel die Torah zu geben, kamen 60 Myriaden Dienstengel mit ihm herab und ein jeder hatte eine Krone in der Hand, um Israel zu krönen[28]. R. Abba b. Kahana i. N. R. Jochanans [sagt]: 120 Myriaden – einer, um ihm die Krone aufzusetzen und einer, um ihn mit Waffen zu versehen."[29]
SchirR 1, 2 § 2[30]: „Er küsse mich mit den Küssen seines Mundes (HL 1, 2). R. Jochanan sagt: Ein Engel brachte jedes einzelne Wort[31] heraus vom Heiligen, er sei gepriesen,[32] und ging herum damit zu jedem einzelnen von Israel und fragte ihn: Nimmst du dieses Wort an? So und so viele Rechtssätze enthält es, so und so viele Strafen, so und so viele Verordnungen, so und so viele leichte und schwere Gebote, so und so viele Belohnungen. Wenn der Israelit mit Ja antwortete, frage [der Engel]: Erkennst du die Gottheit des Heiligen, er sei gepriesen, an? Und wenn er auch dies bejahte, küßte er ihn sogleich auf seinen Mund. Das ist es, was geschrieben steht: Du wurdest sehend gemacht zu erkennen, [daß der Herr der Gott ist, keiner sonst außer ihm] (Dt 4, 35) – durch einen Boten!"

Insbesondere im zweiten Midrasch R. Jochanans[33] sind die Engel aktiv an der Offenbarung beteiligt[34]. Die Anerkenntnis der alleinigen Herrschaft Gottes

---

25 Vgl. dazu auch Billerbeck III, S. 554 ff.

26 Vgl. die Parallelen bei Mandelbaum z. St.

27 Leitet *'a'idekh* ab von *'adî* (Schmuck).

28 Die Zahl von 60 Myriaden ergibt sich aus der Anzahl Israels am Sinai.

29 Der Midrasch vermischt die vermutlich zunächst getrennten Motive von der Krone und dem Schwert (auf dem der Gottesname eingegraben war), vgl. zu letzterem TanBu *wā'erā'* § 9; ebd. *teṣawwäh* § 7; EchRBu Pet. 24 S. 24; SchirR 1, 3 § 2; ebd. 4, 12 § 2; ebd. 5, 7 § 1; ebd. 8, 5 § 1; vgl. auch MidrTeh 36, 8.

30 Vgl. auch Jalq HL § 981 S. 1064 bm.

31 Der Text ist an dieser Stelle nicht ganz sicher. Die Parallele Jalq HL („Ein Engel ging heraus vor jedem einzelnen Wort und ging herum bei jedem einzelnen von Israel") hat den schwierigen Text offensichtlich „vereinfacht".

32 Wörtlich: von vor dem Heiligen, er sei gepriesen.

33 Es fällt auf, daß beide Midraschim i. N. R. Jochanans (b. Nappacha, pA 2) überliefert werden.

34 Das Bild könnte dabei vom juristischen Akt der *hatrā'āh* (Verwarnung) genommen sein, doch geht es hier um die Spezifizierung und Erläuterung der Torah durch die Engel und die Annahme durch Israel und nicht so sehr um die Verwarnung vor einer beabsichtigten Übertretung.

(mit dem Zitat Dt 4, 35) und die Betonung der Botenrolle der Engel stellt zwar sicher, daß die Offenbarung allein von Gott ausgeht; dennoch zeigt die folgende Auslegung der Rabbinen („Die Rabbinen sagen: Das Wort selbst ging herum bei jedem einzelnen von Israel ..."), daß die Interpretation R. Jochanans sehr gewagt war und zu Mißverständnissen Anlaß geben konnte.

Die im Midrasch R. Jochanans implizierte und von den Rabbinen abgelehnte Beteiligung der Engel an der Offenbarung rückt in deutliche Nähe einiger Aussagen der frühjüdischen Literatur und des Neuen Testaments[35]. Im Jubiläenbuch ist, wie oben (S. 13 ff.) gezeigt wurde, der Engel des Angesichts als Offenbarungsmittler an die Stelle Gottes getreten. Philo bezieht die Bitte des Volkes, Moses möge an Gottes Stelle mit ihnen reden, weil sie die Stimme Gottes nicht ertragen können, auf die Engel: „Darum läßt er sie (= die Engel) auch hinauf- und herabsteigen, ... weil es uns hinfälligen Menschen frommt, uns der vermittelnden und schlichtenden Logoi[36] zu bedienen. ... Wenn wir ihn (= Gott) zu Gesicht bekämen, dann brauchten wir wohl einen der Mittler und würden sagen: Rede du mit uns, Gott aber möge nicht mit uns reden, damit wir nicht sterben (vgl. Ex 20, 19)"[37]. Auch Josephus setzt die Mittlerschaft der Engel bei der Gabe der Torah voraus: „Wir aber haben unsere hervorragendsten Satzungen und den heiligsten Teil unserer Gesetze durch von Gott gesandte Engel erhalten"[38]. Das Neue Testament schließlich reflektiert zweifellos jüdische Tradition, wenn es Stephanus zu seinen Gegnern sagen läßt: „Ihr habt das Gesetz auf Anweisung von Engeln empfangen, aber es nicht gehalten!"[39]. Paulus greift eben diese Tradition auf und benutzt sie als Argument, um die Zweitrangigkeit des Gesetzes und seine Unterordnung unter die Verheißung zu be-

---

[35] Vgl. dazu auch J. Schultz, „Angelic Opposition to the Ascension of Mosis and the Revelation of the Law", JQR 61, 1970/71, S. 282 ff.

[36] Philo identifiziert die Engel mit dem Logos, vgl. dazu Michl, Art. Engel, Sp. 83.

[37] De somniis I, 142 f.

[38] Ant. XV, 136 (Rede des Herodes). Es ist allerdings (aufgrund der bekannten Doppeldeutigkeit von *mal'ākh* – ἄγγελος = Bote, Engel; vgl. in der rabbinischen Literatur z. B. WaR 1, 1, unten S. 227) auch denkbar, daß Josephus hier nicht an Engel, sondern an Propheten denkt; so vor allem L. Ginzberg, Eine unbekannte jüdische Sekte, New York 1922, S. 246 ff. Anm. 2; W. D. Davies, „A Note on Josephus, Antiquities 15 : 136", HThR 47, 1954, S. 135–40; R. Marcus, Jewish Antiquities, Bd. VIII, London–Cambridge (Mass.) 1963, S. 66 f. Anm. a; zuletzt L. H. Silbermann, „Prophets and Angels: A Qumranic Note on the Epistle to the Hebrews, Chapters I and II", Vortrag gehalten auf dem 102. Kongreß der „Society of Biblical Literature", New York, Dezember 1966 (Herr Prof. Silbermann hat mir freundlicherweise das überarbeitete Manuskript des Vortrags zur Verfügung gestellt). Die übrigen Belege und auch ein ungezwungenes Verständnis der Josephusstelle scheinen mir allerdings – gegen Silbermann und mit der Mehrheit der Forscher – die Übersetzung „Engel" nahe zu legen.

[39] Apg 7, 53; vgl. auch V. 38.

weisen[40]: „Wozu nun das Gesetz? Der Übertretungen wegen wurde es hinzugefügt, bis der Same (= Christus) käme, auf den sich die Verheißung bezieht; angeordnet wurde es durch Engel, durch die Hand eines Mittlers".

Wie sehr die frühjüdische Tradition von der Teilnahme und Mittlerschaft der Engel bei der Offenbarung am Sinai auch im rabbinischen Judentum noch lebendig war, wird gerade in dem Bemühen der Rabbinen deutlich, die Einzigartigkeit Gottes innerhalb der ihn begleitenden Engel zu betonen:

Mech S. 120[41]: „Ich will dem Herrn singen (Ex 15, 1), denn er ist schön, er ist geschmückt, er ist preiswürdig und nichts ist ihm gleich, wie es heißt: Denn wer unter den Wolken ist dem Herrn vergleichbar, ähnlich dem Herrn unter den Göttersöhnen[42] (Ps 89, 7). Und es heißt: Gott, gefürchtet im Rate der Heiligen (ebd. V. 8). Und es heißt: Herr, Gott der Heerscharen, wer ist wie du, starker Gott (ebd. V. 9). Was bedeutet *ṣ^{e}bā'ôt*?: ein Zeichen *('ôt)*[43] ist er in seinem Heer[44]. So heißt es auch: Der da kommt *('ātā)* aus den Tausendschaften der Heiligen (Dt 33, 2)[45]: ein Zeichen *('ôt)* ist er unter den Tausendschaften der Heiligen. So sagt auch David: Keiner unter den Göttern ist wie du, Herr, nichts wie deine Werke (Ps 86, 8). Und ebenso heißt es: Mein Geliebter ist hell und rötlich [herausragend aus der Tausendschaft[46]] (HL 5, 10)."

Thema dieses Midraschs ist die Größe und Erhabenheit Gottes, bezogen auf seine direkte Umgebung, die Engel. Der Hofstaat Gottes ist zwar herrlich und mächtig (nicht von ungefähr heißen die Engel „Götter" oder „Göttersöhne"), doch können die Engel nicht mit der Macht und Größe Gottes konkurrieren. Daß dies im Zusammenhang mit Dt 33, 2 hervorgehoben werden muß, zeigt die Bedeutung, die man auch im rabbinischen Judentum den Engeln bei der Offenbarung am Sinai zugemessen hat.

---

[40] Gal 3, 19 (dazu H. Schlier, Der Brief an die Galater, Göttingen 1962, S. 155 ff.); vgl. auch Hebr 2, 2: „... wenn schon das durch Engel verkündete Wort verpflichtend war ...".

[41] Parallelen: Mech S. 142; PRE Kap. 42 S. 100 a; b Chag 16a; eine ähnliche Auslegung von Dt 33, 2 findet sich SiphDt § 343 S. 398; PRK S. 449; MidrTann S. 210 f.; Jalq *b^{e}rākhāh* § 951 S. 681 bm; Tan *b^{e}rākhāh* § 5; TanBu ebd. § 3.

[42] *b^{e}nê 'elîm* = Engel im Sinne des Midraschs.

[43] Zerlegt *ṣ^{e}bā'ôt* in *ṣābā'* und *'ôt*.

[44] Im Sinne von „ausgezeichnet".

[45] So ist der Vers im Sinne des Midraschs zu verstehen. Gemeint sind mit den „Tausendschaften der Heiligen" die Engel.

[46] D. h. unter der Tausendschaft (= den Engeln) zu erkennen. Dieser entscheidende Teil des Verses, ohne den der Midrasch unverständlich ist, wird (wie so häufig) nicht zitiert.

P R K S. 200[47]: „R. Elasar b. Pedat sagt: Was bedeutet *'alphê šin'ān* in Ps 68, 18?: Die Schönsten *(han-nā'în)* und die Herrlichsten *(ham-m^{e}šûbbāḥîm)* unter ihnen. Dennoch ist er (= Gott) Herr über sie (Ps ebd.)[48] – gekennzeichnet *(m^{e}sûjjām)*[49] unter ihnen. Die Versammlung Israels spricht: ... (HL 5, 10). Zieht ein König aus Fleisch und Blut zum Campus[50], so gibt es da Schöne *(nā'în)*, Helden, Lockige[51] gleich ihm[52]. Nicht so der Heilige, er sei gepriesen. Vielmehr, in der Stunde, als er auf den Sinai kam, nahm er [von den] Dienstengeln die Schönsten und Herrlichsten, die es unter ihnen gibt, mit sich [und doch war ihm keiner gleich]"[53].

Der Midrasch erweitert die Aussage des vorangehenden Textes um zwei neue Elemente: 1. Die Überlegenheit Gottes wird – im Anschluß an die Auslegung von R. Elasar b. Pedat (pA 3, um 270) – dadurch verstärkt, daß Gott sich nicht unter den Engeln allgemein, sondern sogar unter „den Schönsten und Herrlichsten" als der Größere erweist. 2. Durch die Einleitung „Die Versammlung Israels spricht" erkennt Israel ausdrücklich die Überlegenheit Gottes über die Engel an, d. h. die Relation Gott-Engel wird expressis verbis zu Israel in Beziehung gesetzt, gewinnt also eine homiletische Dimension: Israel entscheidet sich bewußt für Gott.

D e b R L S. 68[54]: „Als der Heilige, er sei gepriesen, auf den Sinai herabkam, da stiegen – so sagt R. Ammi aus Jaffo[55] – 22.000 Dienstengel mit ihm herab, wie es heißt: ... (Ps 68, 18). Was bedeutet *šin'ān*? Die Schönsten und die Herrlichsten unter ihnen, Michael mit seiner Gruppe und Gabriel mit seiner Gruppe. Israel aber blickte sie an, sah, wie herrlich und schön sie waren, und erschrak. Als der Heilige, er sei gepriesen, dies[56] sah, sprach er zu ihnen: Geht nicht in die Irre nach einem von diesen Engeln, die mit mir herabgestiegen sind. Sie alle sind meine Diener, ich bin der Herr, euer Gott: Ich bin der Herr, dein Gott (Ex 20, 2 u. ö.)! Von dieser Stunde an erkannten sie das Königtum des Heiligen, er sei gepriesen, über sich an *(jiḥ^{a}dû)* und sprachen zueinander: Höre Israel: [Der Herr ist unser Gott, der Herr ist Einer] (Dt 6, 4)."

---

[47] Parallelen: PesR S. 103 b; TanBu Jitro § 14; Jalq Jitro § 286 S. 171 bu; Jalq Ps § 796 S. 927 bu.

[48] Eine Auslegung des *'^{a}donāj bām* im Psalmvers.

[49] Im Sinne von: zu erkennen.

[50] *qwmpwn* = κάμπος – campus. Platz für militärische und sportliche Übungen, Jastrow s. v.

[51] *q^{e}wûṣṣîm*, vgl. HL 5, 11.

[52] Das folgende „Schönere als ihn" dürfte eine Glosse sein.

[53] So ist sinngemäß zu ergänzen.

[54] Vgl. auch JalqMa Ps 44, 11 (im Namen des Tanchuma).

[55] Der Name ist mit den Parallelen in „R. Abdimi aus Haifa" zu verbessern.

[56] Wörtlich: sie.

Dieser Text, der mit dem vorherigen Midrasch eng zusammenhängt, verlagert die Thematik in einem entscheidenden Punkt. Zunächst werden als die „Schönsten und Herrlichsten" unter den Engeln konkret Michael und Gabriel genannt; da Michael und Gabriel die bevorzugten Engel Israels sind, verschärft diese Konkretisierung die Problematik. Dann vor allem entscheidet sich Israel nicht mehr spontan für Gott – durch den Wegfall des Gleichnisses ist die Überlegenheit Gottes über die Engel nicht mehr offenkundig –, sondern wird von der Schönheit und Macht der Engel geblendet. Gott selbst muß eingreifen und Israel ermahnen, „nicht in die Irre zu gehen nach einem von diesen Engeln". Das Schma, das Israel schließlich – von Gott überzeugt – spricht, ist in dieser bemerkenswerten Auslegung nicht nur die Anerkennung des Königtums und der Souveränität Gottes über Israel, sondern auch über die Engel. Israel bekennt Gott hier nicht (wie gewöhnlich) vor den Göttern der Heidenvölker, sondern vor den Engeln.

Zweifellos hängt auch die in der rabbinischen Literatur häufig vorkommende stereotype Formel „nicht durch einen Engel und nicht durch einen Gesandten" mit dem Bestreben zusammen, die Mittlerschaft der Engel bei der Gabe der Torah abzuwehren. Auch hier dokumentiert die Abwehr die zugrundeliegende Neigung, die Rolle der Engel so sehr zu betonen, daß der Glaube an den einen und einzigen Gott in Gefahr geriet. Der weitverzweigte Midraschkomplex (der über den Themenkreis der Offenbarung am Sinai bereits hinausgeht) sei abschließend seiner grundsätzlichen Bedeutung wegen in allen Versionen analysiert und interpretiert[57]:

I. ARN Vers. B Kap. 1 S. 2: „Moses empfing die Torah vom Sinai, nicht durch den Mund eines Engels und nicht durch den Mund eines Seraphen, sondern durch den Mund des Königs aller Könige, des Heiligen, er sei gepriesen, wie es heißt: Dies sind die Gesetze und die Rechte und die Lehren, [die der Herr zwischen sich und den Söhnen Israels gab, auf dem Berg Sinai, in die Hand des Moses] (Lev 26, 46)."

II a. Mech S. 340: „Und der Herr sprach zu Moses (Ex 31, 12) – nicht durch einen Engel und nicht durch einen Gesandten!"

II b. MekhRS S. 221: „Und der Herr sprach zu Moses: Rede du zu den Söhnen Israels (Ex 31, 12 f.) – nicht durch einen Engel und nicht durch einen Gesandten!"

MHG Ex S. 668 (wörtlich).

II c. SiphZ S. 276: „Von Mund zu Mund rede ich mit ihm (Nu 12, 8). Dies lehrt, daß seine Prophetie nicht von einem Engel stammte."

---

[57] Vgl. auch J. Goldin, „Not by Means of an Angel and not by Means of a Messenger", in: Religions in Antiquity, Leiden 1968, S. 412–24.

MHG Nu S. 190 f. (wörtlich).

III. Mech S. 43: „Und der Herr schlug alle Erstgeburt im Lande Ägypten (Ex 12, 29). Da höre ich: Durch einen Engel oder durch einen Gesandten? Die Schrift sagt: Und *ich* schlage alle Erstgeburt (Ex 12, 12) – nicht durch einen Engel und nicht durch einen Gesandten!"

Mech S. 23 (wörtlich, aber mit vertauschten Bibelversen).

IV. MidrTann S. 173: „Und der Herr führte uns aus Ägypten (Dt 26, 8) – nicht durch einen Engel, nicht durch einen Seraphen und nicht durch einen Gesandten, sondern der Heilige, er sei gepriesen, selbst!"

Pesach-Haggadah, Ed. Goldschmidt S. 122 (fast wörtlich; mit dem Schriftbeweis Ex 12, 12 [vgl. III], der anschließend Stück für Stück auf die dreiteilige Formel bezogen wird[58]).

V. SiphDt § 42 S. 88: „Ich werde geben [den Regen eures Landes zu seiner Zeit] (Dt 11, 14) – ich selbst, nicht durch einen Engel und nicht durch einen Gesandten!"

MidrTann S. 35 (wörtlich).

VI. SiphDt § 325 S. 376: „Mein ist Rache und Vergeltung (Dt 32, 35) – ich selbst fordere von ihnen ein, nicht durch einen Engel und nicht durch einen Gesandten, wie es heißt: Jetzt aber geh, ich schicke dich zum Pharao (Ex 3, 10); ferner: Und der Engel des Herrn zog aus und schlug im Lager Assurs (2 Kö 19, 35).

MidrTann S. 201 (... nicht, wie geschrieben steht in Bezug auf den Pharao ...).

A. Allen übersetzten Texten gemeinsam ist die – leicht variierte – Formel: *lo' 'al j^e^dê mal'ākh w^e^lo' 'al j^e^dê šālî^a^ḥ* (II, III, V, VI; IV ist nur durch das Wort *śārāph* erweitert; I hat statt *'al j^e^dê*: *'al pî*; II c hat nur *'al j^e^dê mal'ākh*). Diese Formel ist, da sie sich ausschließlich in tannaitischen Midraschim findet, schon als Formel sehr alt und dürfte das Ergebnis einer langen mündlichen Diskussion sein.

Problematisch ist vor allem Text II, da nicht mehr eindeutig zu erkennen ist, ob die Formel sich auf das Sprechen Gottes zu Moses bezieht (wie in II a; vgl. II c) oder ob Ex 31, 12 und 13 zusammengehören (wie in II b) und somit das Sprechen Moses' zu Israel gemeint ist. Letzteres würde bedeuten, daß *mal'ākh* hier als profaner Sprachgebrauch zu verstehen und mit *šālî^a^ḥ* identisch wäre; die Formel würde in diesem Fall in uneigentlichem Sinne gebraucht und wäre als Redewendung bereits erstarrt. Diese Auffassung vertreten Winter-

[58] Dieser Teil gehört sicher nicht zum ursprünglichen Midrasch, während der erste – mit MidrTann gemeinsame – Teil auch in den Genizafragmenten bezeugt ist, vgl. Goldschmidt, Pesach-Haggadah, S. 44 f.

Wünsche in ihrer Mech-Übersetzung[59] und auch Horovitz-Rabin scheinen ihr zuzuneigen[60]. Dennoch ist die Annahme wahrscheinlicher, daß sich die Auslegung auf das Reden Gottes zu Moses bezieht. Die Mech pflegt in der Regel den Vers oder Versteil, den sie auslegt, korrekt zu zitieren, und es ist nicht einzusehen, warum der entscheidende Teil des Verses fehlen sollte[61].

Schwierig sind auch in VI auf den ersten Blick die Schriftbeweise, da sie genau das Gegenteil dessen zu belegen scheinen, was der Midrasch mit der Formel „nicht durch einen Engel und nicht durch einen Gesandten" sagen will: Nach Ex 3, 10 wird Moses gerade als der Gesandte Gottes zum Pharao geschickt, und nach 2 Kö 19, 35 übt der Engel des Herrn Vergeltung an Sanherib[62]. Wie die Textvariante in MidrTann aber deutlich erkennen läßt, beziehen sich die Bibelverse nicht auf die Formel (sie sind also keine Schriftbeweise zur Auslegung des Midraschs), sondern geben Beispiele für die Vergangenheit, in der Gott – im Gegensatz zur für die Zukunft angedrohten Rache und Vergeltung – durch einen Gesandten und Engel gehandelt hat. Die sehr verkürzte Fassung in SiphDt wäre also etwas erweitert zu übersetzen: „... nicht durch einen Engel und nicht durch einen Gesandten, wie es im Falle Pharaos ... (Ex 3, 10) und im Falle Sanheribs ... (2 Kö 19, 35) war".

B. Thema der Midraschim ist die Aussage, daß Gott selbst bei bestimmten Ereignissen in die Geschichte Israels eingegriffen hat bzw. eingreifen wird und sich nicht etwa der Vermittlung eines Engels bedient. Diese Ereignisse sind (in der Reihenfolge der übersetzten Texte): die Gabe der Torah; das Sprechen zu Moses (dies gehört zur Gabe der Torah, denn im folgenden ist vom Schabbatgebot die Rede); das Schlagen der Erstgeburt in Ägypten; die Errettung aus Ägypten; die Gabe des Regens; die (endzeitliche?) Vergeltung. Bis auf die Gabe des Regens betreffen also alle diese Ereignisse heilsgeschichtlich außerordentlich bedeutsame „Stationen" in der Geschichte Israels und sind die Grundpfeiler des Bekenntnisses Israels zu seinem Gott. Die Gabe des Regens paßt insofern ohne weiteres in die Reihe hinein, als der Regen zu den lebensnotwendigen Bedürfnissen des Volkes gehört und das Bekenntnis zu Gott als dem Spender des Regens ebenfalls Bestandteil des Glaubens ist (vgl. Dt 11, 13–17). Wenn nun nach einer längeren historischen Entwicklung die Notwendigkeit entstand, das direkte Eingreifen Gottes – ohne Vermittlung eines Engels – zu betonen, so läßt dies auf eine sehr grundsätzliche Diskussion über die Rolle der Engel in der Geschichte (und somit im Glauben) Israels schließen. Es muß auch im

---

[59] S. 335 Anm. 1. L. Blau in seinen „Nachträgen und Berichtigungen" möchte nach Mech Ed. Hoffmann z. St. *mal'ākh* in *melîṣ* (= Dolmetscher) verbessern.

[60] S. 340 Anm. zu Zeile 2 (mit Verweis auf MekhRS).

[61] Dies geschieht zwar häufig bei Schriftbeweisen, aber nicht bei dem auszulegenden Vers im Auslegungsmidrasch.

[62] Der „Engel des Herrn" ist nach rabbinischer Auffassung natürlich ein Engel und nicht etwa – wie häufig im AT – Gott selbst.

rabbinischen Judentum Kreise gegeben haben, die die Rolle der Engel so sehr hervorhoben, daß dadurch das Bewußtsein einer direkten Beziehung zu Gott als dem Urheber der Offenbarung und der Heilsereignisse und dem unmittelbaren Partner seines Volkes verloren zu gehen drohte. Die Rabbinen haben in dieser Auseinandersetzung mit ihrer Formel „Gott selbst – nicht durch einen Engel und nicht durch einen Gesandten“ eindeutig Stellung bezogen.

II. Erschaffung und Wesen der Engel

1. Ebenso wie das Frühjudentum[63] ist das rabbinische Judentum davon überzeugt, daß die Engel die vollkommensten der Geschöpfe Gottes sind und sich wesentlich von den Menschen unterscheiden. Faßt man die in der rabbinischen Literatur verstreuten Bemerkungen über die Eigenart der Engel zusammen, ergibt sich ein „Idealbild“, das in allen wesentlichen Punkten als Gegensatz zum Menschen (gewissermaßen als positives Gegenstück) entworfen ist. So haben die Engel keinen vergänglichen Leib aus Fleisch und Blut, sondern bestehen aus Feuer[64] und leben deswegen ewig[65]. Ihre Vollkommenheit ist insbesondere dadurch charakterisiert, daß sie – im Gegensatz zum Menschen – keinen bösen Trieb besitzen und folglich auch nicht sündigen können:

„Rede zur ganzen Gemeinde der Söhne Israels: Seid heilig! (Lev 19, 2). ... R. Abin[66] sagt: Das gleicht einem König, der einen Weinkeller hatte und in den er Wächter setzte, teils Nasiräer, teils Trunkenbolde. Als er am Abend kam, um ihnen den Lohn zu zahlen, gab er den Trunkenbolden doppelten und den Nasiräern nur einfachen Lohn[67]. Da sprachen [die Nasiräer] zu ihm: Unser Herr König, haben wir nicht alle gemeinsam gewacht? Warum gibst du jenen doppelten und uns nur einfachen Lohn?! Der König antwortete ihnen: Jene sind Trunkenbolde und pflegen Wein zu trinken, ihr aber seid Nasiräer und pflegt keinen Wein zu trinken. Deswegen gebe ich jenen doppelten und euch nur

---

[63] Vgl. dazu den zusammenfassenden Überblick bei Michl, Art. Engel, Sp. 68 f.

[64] BerR 78, 1; SchemR 15, 6; BamR 21, 16; DebR 11, 4; SchirR 3, 11 § 1; PRK S. 5 f.; ebd. S. 110 (krit. Apparat); PesR S. 80 a; ebd. S. 155 b („... denn die Engel sind aus dem Feuer von unterhalb des Thrones der Herrlichkeit [geschaffen], aus eben dem Fluß, den Daniel gesehen hat: Ein Feuerstrom ergoß sich und kam heraus von vor ihm [Dan 7, 10].“); PRE Kap. 22 S. 51 a; b Chag 14 a. Nach einer anderen Tradition bestehen die Engel zur Hälfte aus Wasser und zur Hälfte aus Feuer (und dennoch herrscht Friede unter ihnen): j RoHasch K 2 H 4 S. 58 a; PRK S. 5 f; DebR 5, 12; SchirR 3, 11 § 1; MHG Lev S. 180.

[65] BerR 8, 11; ebd. 14, 3; b Chag 16 a (leben ewig und vermehren sich nicht); BerR 53, 2; BamR 14, 22 (vgl. auch Text 69); ebd. 16, 24 (vgl. Text 39, II); ARN Vers. A Kap. 37 S. 109; ebd. Vers. B Kap. 43 S. 120; PesR S. 179 b; MHG Gen Einl. S. 31.

[66] pA 4 bzw. (der Sohn) pA 5.

[67] Wörtlich: gab er den Trunkenbolden zwei Teile und den Nasiräern nur einen Teil.

einfachen Lohn![68] So verhält es sich auch mit den Oberen[69]. Weil bei ihnen kein böser Trieb gefunden wird, steht das Wort ‚Heiligkeit' nur einmal: Das Wort der Heiligen ist dieses Gebot (Dan 4, 14)[70]. Die Unteren jedoch, bei denen der böse Trieb gefunden wird – hoffentlich genügt bei ihnen die zweimalige Ermahnung zur Heiligkeit![71] Deswegen steht geschrieben: Rede zur ganzen Gemeinde der Söhne Israels: Seid heilig! (Lev 19, 2); heiligt euch, daß ihr heilig werdet (ebd. 20, 7)"[72].

Aus der Natur der Engel ergibt sich folgerichtig, daß sie auch nicht auf Nahrung (im menschlichen Sinne) angewiesen sind:

„R. Jizchaq sagt: Es steht geschrieben: Mein Opfer, mein Brot (Nu 28, 2). – Gibt es denn Essen und Trinken vor mir?! Wenn du der Meinung bist, daß ich Essen und Trinken benötige, lerne von meinen Engeln, lerne von meinen Dienern! Es steht nämlich [über sie] geschrieben: Seine Diener sind flammendes Feuer (Ps 104, 4). Wovon werden sie ernährt? R. Judan sagt i. N. R. Jizchaqs: Vom Glanz der Schekhinah, wie geschrieben steht: Im Lichte des Angesichts des Königs ist Leben (Spr 16, 15)"[73].

2. In der Frage der Erschaffung der Engel zeigt sich im rabbinischen Judentum eine deutliche (und im Vergleich zum Frühjudentum verstärkte) Tendenz, die Inferiorität der Engel zu betonen. Während noch das Jubiläenbuch von einer Erschaffung am 1. Schöpfungstag reden konnte, verlegen die Rabbinen die Erschaffung der Engel auf den 2. oder sogar 5. Tag:

„Wann wurden die Engel erschaffen? R. Jochanan[74] sagt: Am 2. Tag wurden sie erschaffen. Das ist es, was geschrieben steht: Der in den Wassern seine Söller bälkt usw. (Ps 104, 3); und [danach] heißt es: Der seine Engel aus

---

[68] Weil die Bewachung des Weinkellers (!) für die Trunkenbolde doppelt schwer war, erhalten sie auch doppelten Lohn.

[69] = Engeln.

[70] Bei den Engeln ist nur einmal von „Heiligkeit" die Rede, weil sie – in Ermangelung eines bösen Triebes – nicht ausdrücklich dazu ermahnt werden müssen.

[71] Wörtlich: Möchten sie doch bei zwei „Heiligkeiten" (d. h. bei zweimaliger Ermahnung zur Heiligkeit) bestehen!

[72] WaR 24, 8; ebd. 26, 5. Vgl. auch BerR 48, 11: „R. Acha sagt: Ihr labt euer Herz (Gen 18, 5; dies sagt Abraham zu den Engeln). *l^ebabkhäm* steht nicht geschrieben, sondern *libb^ekhäm* – dies lehrt, daß der böse Trieb in den Engeln nicht herrscht". Der Midrasch deutet also die beiden *b* in *lbbkm* auf die zwei Triebe und schließt aus dem Fehlen des einen *b* in *lbkm,* daß der böse Trieb über die Engel keine Gewalt hat. Zur Sündenlosigkeit der Engel vgl. ferner TanBu Noah § 4.

[73] PesR S. 80 a; BamR 21, 16; PRK S. 110; Tan Pinchas § 12; MHG Nu S. 487. Vgl. auch die allgemeinen Aussagen ARN Vers. B Kap. 43 S. 120; PesR S. 179 b; MHG Ex S. 554; ferner: b Jom 75 b; BerR 48, 14 parr.

[74] b. Nappacha?, pA 2.

Wind macht, [seine Diener aus brennendem Feuer] (ebd. V. 4)[75]. R. Chanina[76] sagt: Am 5. Tag wurden die Engel erschaffen, wie geschrieben steht: Geflügel fliege über der Erde (Gen. 1, 20); und es heißt: Mit zweien fliegt er (Jes 6, 2)[77]. R. Luljani b. Tabri[78] sagt i. N. R. Jizchaqs[79]: Sei es, man stimmt R. Chanina, sei es, man stimmt R. Jochanan zu, so sind doch alle einig, daß die Engel am 1. Tag nicht erschaffen wurden[80], damit man nicht sagen kann: Michael spannte [das Firmament] im Süden, Gabriel im Norden und der Heilige, er sei gepriesen, dehnte es[81] in der Mitte. Vielmehr: Ich, der Herr, erschaffe alles, spanne die Himmel alleine aus, breite die Erde aus *me'ittî* (Jes 44, 24) – ‚wer mit mir' *(mî 'ittî)* steht geschrieben: *Wer* beteiligte sich *mit mir* an der Erschaffung der Welt!"[82]

Welche Problematik hinter der Kontroverse zwischen R. Jochanan und R. Chanina steht, läßt sich aus dem Midrasch in seiner vorliegenden Form nicht mehr mit Sicherheit erschließen, da ein Grund für die kontroverse Meinung nicht genannt wird. Dagegen ist die Auslegung R. Jizchaqs eindeutig: Wann immer die Engel erschaffen wurden (sei es am 2., 5. oder irgendeinem anderen Schöpfungstag), wichtig ist nur, festzuhalten, daß dies nicht am 1. Tag geschah, denn eine solche Hypothese rückt in gefährliche Nähe der Behauptung, daß die Engel Gott bei der Erschaffung der Welt geholfen haben und verstößt somit gegen den Grundsatz der absoluten Schöpfungsallmacht Gottes.

Ebenso ist nicht mehr mit Bestimmtheit zu sagen, gegen wen sich die Polemik R. Jizchaqs richtet. Der Text („damit man nicht sagen kann") läßt sowohl die Vermutung zu, daß er sich gegen jüdische Glaubensgenossen wendet

---

[75] So ist der Vers im Sinne des Midraschs zu verstehen. Der sehr verkürzte Beweisgang lautet folgendermaßen: Am 2. Tag wurde das Firmament erschaffen; dies ist hier vorausgesetzt und an einigen Parallelstellen ausdrücklich gesagt. Da nun direkt nach dem Bericht von der Erschaffung des Firmaments (Ps 104, 3: *'alijjôtāw* = *rāqîa'*; außerdem Wortspiel *qerāh* – *rāqa')* von den Engeln die Rede ist (Ps 104, 4), beweist dies, daß die Engel am selben Tag erschaffen wurden wie das Firmament, nämlich am 2. Tag.

[76] b. Chama?, pA 1, Lehrer R. Jochanans.

[77] *gezerāh šāwāh*. Das *je'ôpheph* in Jes 6, 2 bezieht sich auf die Engel, folglich auch das *je'ôpheph* in Gen 1, 20.

[78] pA 4.

[79] pA 3, um 300.

[80] Wörtlich: daß am 1. Tag nichts [von den Engeln] erschaffen wurde.

[81] *memadded;* vielleicht auch: maß es in der Mitte.

[82] BerR 1, 3 S. 5. Parallelen: BerR 3, 8; MidrTeh 24, 4; Jalq Gen § 5 S. 5 bo; Jalq Ps § 836 S. 940 au; Jalq Jes § 460 S. 796 bu; MHG Gen S. 25 f. (fast wörtlich); TanBu Gen § 1 (... daß die Minäer nicht sagen können ...); ebd. § 12 (da lernst du, daß die Dienstengel erst geschaffen wurden, nachdem der Heilige, er sei gepriesen, seine Welt erschaffen hatte ...); MidrTeh 86, 4 (verkürzt); BerR 11, 9; ebd. 21, 9; SchemR 15, 22; ebd. 17, 1; MidrTeh 104, 7; PRE Kap. 4 S. 9 a und b; TanBu Gen § 17; TPsJ Gen 1, 26 (nur die Feststellung, daß die Engel am 2. Tag erschaffen wurden).

als auch die Annahme, daß „Minäer" (Gnostiker?) die angesprochenen Gegner sind (so explizit die Variante in TanBu Gen § 1). Wahrscheinlich ist diese Alternative aber nicht sehr glücklich gewählt, denn auch die Polemik gegen nichtjüdische „Minäer" schließt die an die eigenen Glaubensgenossen gerichtete Mahnung mit ein. Es kann zwar kein Zweifel daran bestehen, daß die von R. Jizchaq bekämpfte Vorstellung nicht genuin jüdisch ist; ebensowenig kann aber bezweifelt werden, daß eine solche Auffassung auch in jüdischen Kreisen ihre Anhänger fand. Der übersetzte Text ist also ein weiterer Beleg dafür[83], daß die Rabbinen sich mit Vorstellungen auseinandersetzen mußten, die den Engeln (bzw. ganz konkret: Michael und Gabriel) weit mehr Macht und Einfluß einräumten, als die „orthodoxe" jüdische Theologie zugestehen konnte.

Auch die Tradition von der creatio continua der Engel dürfte aus der Absicht heraus entstanden sein, die Bedeutung der Engel herabzumindern:

„Neu an jedem Morgen (Echa 3, 23) ... R. Schmuel b. Nachman sagt i. N. R. Jonatans[84]: Niemals wiederholt eine Schar oben (= eine Engelschar) den Lobpreis. R. Chelbo[85] sagt: Jeden Tag erschafft der Heilige, er sei gepriesen, eine neue Engelschar. Diese sprechen ein neues Lied und gehen wieder fort"[86].

Auf dem Hintergrund der bekannten Überlieferung, daß die Engel ewig leben (s. o.), liegt in dieser Auslegung zweifellos eine „Depotenzierung" der Engel. Ihre Funktion ist nicht nur auf den immerwährenden Lobpreis, die „klassische" Aufgabe der Engel, reduziert, sondern sogar auf ein einziges Lied; danach werden sie wieder zu dem Feuer, aus dem sie geschaffen wurden und machen einer neuen Engelschar Platz[87]. Es ist denkbar, daß dieser Midrasch sich gegen mystische Kreise richtet, denn gerade der Merkabah-Mystiker ist auf die Engel und insbesondere die Kenntnis der Engelnamen angewiesen, um Zugang zu den himmlischen Hallen zu erlangen. Wie sehr jedenfalls die im Midrasch R. Jonatans bzw. Rabs implizierte Herabsetzung der Engel einem weitverbreiteten Engelbild widersprach, zeigt der Einwand R. Berekhjas, durch den R. Chelbo gezwungen wird, die Erzengel Michael und Gabriel ausdrücklich von der

---

[83] Die hier bekämpfte Vorstellung einer Beteiligung der Engel an der Schöpfung dürfte auf der gleichen Linie liegen wie die ebenfalls abgelehnte Mittlerschaft der Engel bei der Offenbarung am Sinai (s. oben S. 46 ff.).

[84] R. Jonatan (pA 1) ist der Lehrer R. Schmuel b. Nachmans (pA 3).

[85] R. Chelbo (pA 4) ist der Schüler R. Schmuel b. Nachmans.

[86] BerR 78, 1; Jalq *wajjišlaḥ* § 133 S. 81 au (R. Schmuel b. Nachman i. N. R. Jochanans); EchR 3, 8. Dieselbe Ansicht vertritt nach Chag 14 a Rab (bA 1). R. Schmuel b. Nachman i. N. R. Jochanans wird in b Chag dagegen die Meinung zugeschrieben: „Aus jedem Wort, das aus dem Mund des Heiligen, er sei gepriesen, kommt, wird ein Engel geschaffen". Nach BerR a. a. O. hat schon R. Jehoschua b. Chananja (= Chanina?, T 2) vor dem Kaiser Hadrian die creatio continua der Engel aus dem Feuerstrom vertreten, der aus dem Schweiß der heiligen Tiere entsteht.

[87] Eine Beziehung zu Israel ist hier nicht explizit ausgesagt. Dennoch liegt es nahe, den Grund für die Depotenzierung der Engel im Lobgesang Israels zu sehen, vgl. unten vor allem Text 46, II; 48 und S. 230 ff.

creatio continua auszunehmen: „Michael und Gabriel sind die himmlischen Fürsten. Alle wechseln, sie aber wechseln nicht“[88].

III. Naturengel

Ein enger Zusammenhang zwischen den Apokryphen/Pseudepigraphen und der rabbinischen Literatur zeigt sich beim Vorstellungsbereich der über die Natur und die Schöpfung gesetzten Engel. Die vor allem im äth. und slav. Henochbuch und im Jubiläenbuch nachzuweisende Vorstellung von den Naturengeln[89] ist im rabbinischen Judentum nicht nur übernommen, sondern sogar erheblich ausgeweitet[90].

1. Nur in der rabbinischen Literatur (und dort vor allem im b Talmud) findet sich an einigen wenigen Stellen ein „Fürst der Welt“ (*śar hā-'ôlām),* der offenbar als ein über die gesamte Schöpfung gesetzter Engel zu verstehen ist[91]. Er bittet mit der Erde zusammen um das Kommen des Messias[92] und preist die Schöpfungswerke Gottes[93]:

„Die Herrlichkeit des Herrn dauert ewig, es freut sich der Herr seiner Werke (Ps 104, 31). Diesen Schriftvers sprach der Fürst der Welt. Als nämlich der Heilige, er sei gepriesen, bezüglich der Bäume sprach: nach ihrer Art (Gen 1, 11), bezogen dies die Gräser auf sich: Wäre dem Heiligen, er sei gepriesen, ein Durcheinander erwünscht, so würde er ja bezüglich der Bäume nicht gesagt haben: nach ihrer Art (Gen ebd.) ... Hierauf kam jedes [Gras] nach seiner Art hervor. Da begann der Fürst der Welt und sprach: ... (Ps ebd.).“

Der Midrasch deutet den zweiten Teil des Psalmverses („es freut sich der Herr seiner Werke“) im Gegensatz zum MT nicht auf Gott, sondern auf einen Engel. Diese Interpretation dürfte an der Freude Gottes Anstoß nehmen und aus dem Bestreben heraus entstanden sein, Anthropomorphismen von Gott

---

[88] BerR a. a. O. Eine abgeschwächte Version des Midraschs überliefert auch SchemR 15, 6, wo nicht von einer Neuschöpfung, sondern von einer ständigen Erneuerung der Engel im Feuerfluß die Rede ist.

[89] Vgl. oben S. 26 f.

[90] Vgl. den Grundsatz „Du findest, daß über jedes Ding ein Engel gesetzt ist“ (MidrTeh 104, 3; hier besteht freilich ein deutlicher Bezug zum Menschen, da es anschließend heißt: „Wenn der Mensch Verdienst erworben hat, werden ihm Friedensengel zugesellt; wenn er schuldig ist, werden ihm Schreckensengel zugesellt“).

[91] Vgl. auch 3 Henoch Kap. 30 und 38; PRE Kap. 27 S. 62 a (hier wird, soweit ich sehe, ist dies die einzige Stelle, Michael „Fürst der Welt“ genannt). Scholem, Jewish Gnosticism, S. 44 ff.; 48 ff. vermutet, daß die Identifikation Michaels (und später auch Metatrons) mit dem „Fürsten der Welt“ in Kreisen der Merkabah-Mystiker beheimatet ist.

[92] b San 94 a.

[93] b Chul 60 a; MidrTeh 104, 24.

fernzuhalten. Der „Fürst der Welt" ist demnach ein sehr hochgestellter Engel, der ganz bewußt an die Stelle Gottes gesetzt wird[94].

2. Ein „Fürst der Dunkelheit" (*śar ha-ḥošäkh*) wird nur an zwei Stellen im Midrasch erwähnt. PesR S. 95 a heißt es:

„Warum erschuf der Heilige, er sei gepriesen, seine Welt im Nisan und nicht im Ijjar? Deswegen, weil der Heilige, er sei gepriesen, als er seine Welt schuf, zum Fürsten der Finsternis sagte: Weiche von mir, denn ich will meine Welt im Lichte schaffen[95]; der Fürst der Finsternis aber gleicht dem Ochsen"[96].

Der Fürst der Dunkelheit ist in diesem Midrasch der über den Herrschaftsbereich der Dunkelheit gesetzte Engel. Die Parallelstelle PesR S. 203 a identifiziert ihn mit dem Satan und sieht in ihm den Anführer der gegen Gott rebellierenden Engel[97]. Dies läßt darauf schließen, daß es sich in Wirklichkeit um einen depotenzierten Gott (bzw. widergöttliches Prinzip) handelt[98].

3. Dasselbe dürfte für den (insbesondere im b Talmud erwähnten) Meeresfürsten (*śar šäl jām*) gelten. Dieser widersetzt sich bei der Erschaffung der Welt dem Befehl Gottes und wird deswegen getötet[99]; ebenso ist er erst dann zu bewegen, die getöteten Ägypter ans Land zu speien, nachdem Gott ihm anderthalbfachen Ersatz versprochen hat[100]. Sein Zorn richtet sich auch gegen Israel, weil sie am Schilfmeer widerspenstig waren[101]:

„Sie waren widerspenstig am Meer, am Schilfmeer (Ps 106, 7).... In dieser Stunde entbrannte der Fürst des Meeres im Zorn gegen sie und wollte sie überschwemmen, bis der Heilige, er sei gepriesen, ihn anschrie und ihn trocken werden ließ, wie geschrieben steht: Er schalt das Meer und trocknete es (Na-

---

[94] Vgl. auch b Jeb 16 b, wo mit der Deutung von Ps 37, 25 auf den Fürsten der Welt ebenfalls die Gefahr abgewiesen wird, daß etwa Gott gemeint sein könnte. Anders dagegen SchemR 17, 4: Hier ist der Fürst der Welt so etwas wie der Anwalt und Repräsentant der Welt, die Gott (im Endgericht) bestrafen wird.

[95] Gemeint ist, daß Gott das Licht zuerst erschaffen will.

[96] Und der (dunkle) Ochse ist das Tierkreiszeichen für den Monat Ijjar. Das Lamm (Symbol für das Licht) dagegen ist das Tierkreiszeichen für den Monat Nisan – deswegen, so argumentiert der Midrasch, wurde die Welt im Nisan geschaffen. Vgl. die Fortsetzung in PesR und b Schab 77 b (zum Ganzen Ginzberg, Legends I, S. 12 f.; V, S. 16).

[97] Vgl. auch WaR 18, 3 parr. (Text 39), wo der Todesengel „Finsternis" genannt wird.

[98] Vgl. dazu Ginzberg, a. a. O.; Hengel, Judentum und Hellenismus, S. 424 f. Den historischen Wert der Bemerkung Resch Laqischs, die Israeliten hätten die Engelnamen aus Babylonien mitgebracht (j RoHasch K 1 H 2 S. 56 d) beurteilt Hengel etwas zu skeptisch. Die auffallende Tatsache, daß sehr viele der hier unter dem Stichwort „Naturengel" zusammengefaßten Vorstellungen sich vor allem im b Talmud finden, läßt durchaus auf iranischen Einfluß schließen.

[99] b BBa 74 b; BamR 18, 22 (hier ist er mit dem Ungeheuer Rahab gleichgesetzt).

[100] b Pes 118 b; Ar 15 a.

[101] SchemR 24, 1; vgl. auch Text 17.

chum 1, 4); und: Er schalt das Schilfmeer, da wurde es trocken (Ps 106, 9)"[102].

4. Ebenfalls der babylonische Talmud kennt einen Hagelfürsten *(śar hab-bārād)* mit Namen Jurqemi:

„R. Schimon aus Schilo legte aus: Als der ruchlose Nebukadnezar Chananja, Mischael und Asarja in den Feuerofen warf, trat der Hagelfürst Jurqemi vor den Heiligen, er sei gepriesen, und sprach: Herr der Welt, ich will hinabsteigen, den Schmelzofen kühlen und diese Frommen aus dem Schmelzofen retten. Da sprach Gabriel zu ihm: Nicht darin besteht die Macht des Heiligen, er sei gepriesen. Du bist der Hagelfürst, und jeder weiß, daß Wasser das Feuer löscht. Vielmehr will ich, der ich der Fürst des Feuers bin, hinabsteigen und ihn innen kühlen und außen sengen und so ein Wunder in einem Wunder vollbringen"[103].

5. Gabriel ist als Fürst des Feuers – neben Michael, dem Fürsten des Schnees – sonst nur noch SchirR 3, 11 § 1 bezeugt. Diese Überlieferung ist zweifellos sekundär und aus der weitaus besser belegten Vorstellung abgeleitet, daß Gabriel ganz aus Feuer und Michael ganz aus Schnee besteht[104].

6. Auf einen über die Winde gesetzten Engel scheint Git 31 b hinzudeuten:

„Dies sagte R. Chanan b. Rabba i. N. Rabs: Vier Winde wehen jeden Tag ... Am unerträglichsten unter allen ist der Südwind, und wenn der Habicht *(ben neṣ)* ihn nicht zurückhalten würde, würde er die ganze Welt zerstören, denn es heißt: Durch deine Einsicht erhebt sich der Habicht *(neṣ)*, breitet er seine Flügel gen Süden aus (Job 39, 26)."

Mit dem hier genannten Habicht ist offenbar ein besonderer Engel gemeint, dessen Aufgabe es ist, den Südwind fernzuhalten. Ähnlich auch der (vermutlich von b Git unabhängige) Midrasch MHG Gen S. 752:

„Dem Wind ein Maß[105] zu setzen (Job 28, 25). R. Schmuel sagt: Die Schrift spricht von jenem Wind[106], der von einem Ort ausgeht und über den ein Engel gesetzt ist, der ihn zum Schweigen bringt und vom Süden zum Norden wendet, damit er die Welt nicht überschwemme, wie es heißt: Er weht nach Süden und dreht sich nach Norden, es dreht sich und dreht sich und weht der Wind (Koh 1, 6)"[107].

---

[102] Weitere Belege für den Meeresfürsten: b Git 68 b (der Schamir ist dem Meeresfürsten übergeben worden); BerR 10, 7 nur in den Drucken, vgl. Albeck z. St. (Gott bringt den Fürsten des Meeres zum Schweigen); j San K 7 H 19 S. 25 d (R. Jehoschua befiehlt dem Meeresfürsten).

[103] b Pes 118 a; MidrTeh 117, 3. Ein Engel des Hagels auch Jalq *b^eha^ʿalot^ekhā* § 739 S. 483 bo (zusammen mit einem über das Feuer und über Heuschrecken gesetzten Engel).

[104] BamR 12, 8; DebR 5, 12; DebRL S. 100; ARN Vers. B Kap. 24 S. 49 (Engel aus Feuer und Engel aus Hagel); vgl. auch oben S. 51.

[105] *mišqāl*, wörtlich: Gewicht.

[106] Wörtl. Plur.

[107] Vgl. auch die Parallelen MHG Gen S. 719 (i. N. R. Jehoschua b. Qorchas) und S. 21 (hier ist es Gott selbst, der den Wind – allgemein, nicht den Südwind –

7. Ein über das W a s s e r (speziell über den R e g e n) gesetzter Engel namens Ridja wird wieder nur im b Talmud (Taan 25 b) erwähnt:

„Rabba hat gesagt: Ich sah den Ridja, der einem dreijährigen Kalbe gleicht, und seine Lippen sind gespalten. Er steht zwischen den unteren und den oberen Wassern. Zu den oberen Wassern spricht er: Laß träufeln dein Wasser, und zu den unteren Wassern spricht er: Laß dein Wasser emporquellen."

Die jüdische Tradition versteht unter dem nur hier und Jom 20 b[108] genannten Ridja einen Engel, vgl. Raschi zu Jom 20 b: „Ridja ist der Engel, der über das Bewässern der Erde durch den Regen des Himmels von oben und durch die Flut von unten gesetzt ist". Kohut[109] möchte ihn mit der persischen Göttin Ardvî-çûra („Göttin der himmlischen wie irdischen Gewässer") gleichsetzen[110].

Nach R. Jehuda b. Jechesqel, einem babylonischen (!) Amoräer der 2. Generation (gest. 299), ist sogar über jeden Regentropfen ein Engel gesetzt:

„R. Jehuda b. Jechesqel pflegte, wenn er es regnen sah, zu danken: Gerühmt, verherrlicht, geheiligt und gepriesen sei der Name des Heiligen, er sei gepriesen, der da sprach, und die Welt ward. Er setzt Tausend und Abertausend, Myriaden um Myriaden von Engeln über jeden einzelnen Tropfen, der herabkommt. Warum? Von hier bis zum Firmament ist [ein Weg von] 500 Jahren und der Regen kommt herab, ohne daß sich ein Tropfen mit einem anderen vermischt"[111].

8. Ein im Namen R. Schimon b. Jochais (T 3) überlieferter Midrasch setzt offenbar voraus, daß der Engel Gabriel für das R e i f e n d e r F r ü c h t e verantwortlich ist[112]:

"R. Schimon b. Jochai sagte: Es war gerade die Reifezeit der Früchte, da sprach der Heilige, er sei gepriesen, zu Gabriel: Wenn du ausgehst, um die Früchte reif zu machen, so stoße auf diese[113]."

„bricht"); vgl. dazu Margulies, S. 21 Anm. zu Zeile 9. TJ 1 Kö 19, 11 f. sind der Wind, das Beben und das Feuer, die vor Gott einhergehen, jeweils auf Engel gedeutet.

[108] „Drei Geräusche sind von einem Ende der Welt bis zum anderen Ende zu hören: Die Stimme des Sonnenrades, die Stimme des Lärmens Roms und die Stimme der Seele, wenn sie aus dem Körper scheidet. ... Manche sagen: Auch die des Ridja."; zitiert in MHG Gen S. 46.

[109] Angelologie, S. 43 ff.

[110] Die von ihm versuchte Erklärung der Kalbsgestalt (pers. çûra = aram. *tôrā* sei als „Ochse" mißverstanden worden) ist allerdings ganz unwahrscheinlich. Vermutlich besteht zwischen dem ochsengestaltigen Fürsten der Dunkelheit (s. oben S. 56) und Ridja eine Beziehung; vgl. PesR S. 203 a, wo die vom Fürsten der Dunkelheit angestifteten Engel von Gott Tropfen um Tropfen auf der Erde zerstreut werden.

[111] DebR 7, 6; DebRL S. 110. Ohne Erwähnung der Engel: j Ber K 9 H 3 S. 14 a; j Taan K 1 H 3 S. 64 b; BerR 13, 16; MidrTeh 18, 16. – EchR 2, 5 sind über das Wasser, Feuer und Eisen gesetzte Engel genannt.

[112] b San 95 b.

[113] Gemeint ist Sanherib mit seinem Heer.

9. Auch über die Schwangerschaft ist ein besonderer Engel gesetzt, der – im Anschluß an Job 3, 3[114] – den Namen Laila (Nacht) trägt:

„R. Chanina b. Papa[115] trug vor: Der Engel, der über die Schwangerschaft gesetzt ist, heißt Laila. Er nimmt den [Samen]tropfen, legt ihn vor den Heiligen, er sei gepriesen, und spricht vor diesem: Herr der Welt, was soll aus diesem Tropfen werden? Ein Starker oder ein Schwacher, ein Weiser oder ein Tor, ein Reicher oder ein Armer? Er sagt aber nicht: Ein Frevler oder ein Gerechter? Dies nach R. Chanina, denn R. Chanina hat gesagt: Alles wird durch den Himmel [bestimmt], ausgenommen die Gottesfurcht, denn es heißt: ... (Dt 10, 12)“[116].

10. Schließlich ist noch der Engel Duma zu erwähnen, der das Totenreich der verstorbenen Seelen beherrscht (nicht zu verwechseln mit dem Todesengel, s. dazu unten S. 66 f. und Text 59 f.; 73). Der Name stammt zweifellos aus Ps 94, 17 („Wäre nicht der Herr meine Hilfe, läge meine Seele im Schweigen [*dûmāh*]“), doch dürfte die Vorstellung eines Wächters über die verstorbenen Seelen auf außerbiblische (griechische?) Einflüsse zurückgehen:

„Alle Tage der Woche werden wir (= die verstorbenen Seelen) verurteilt (i. S. v. bestraft), doch am Schabbat dürfen wir ausruhen. ... Wenn dann [am Ausgang des Schabbat] die Ordnungen [der Gebete] beendet sind, dann kommt ein Engel mit Namen Duma, der über die [verstorbenen] Seelen gesetzt ist, nimmt unsere Seelen und wirft[117] sie [wieder] in das Land, von dem es heißt: Land der Düsternis, wie die Dunkelheit selbst, *ṣalmāwät,* ohne Ordnung, wenn es hell wird, so ist es wie Finsternis (Job 10, 22). Was bedeutet *ṣalmāwät*? Geh zum Tod *(ṣe' lam-māwät)* zurück, denn die [Gebets]ordnung ist beendet“[118].

---

[114] Aus diesem Vers wird das Gebot abgeleitet, daß nur die Nacht für die Empfängnis bestimmt ist.

[115] pA 3, um 300.

[116] b Nid 16 b; Tan *p*^{e}*qûdê* § 3 (eine stark erweiterte Fassung, in der auch ein über die Seelen gesetzter Engel erwähnt wird); MHG Lev S. 261; BHM I, S. 156 f. *(Sedär j*^{e}*ṣirat haw-wālād).* PRK S. 181; SchirR 4, 12 § 1 (ein anderer Midrasch i. N. R. Hoschajas bzw. R. Pinchas'). Tan *tôl*^{e}*dôt* § 1; TanBu *m*^{e}*ṣorā'* § 3 findet sich ein „Engel, der über die Form des Kindes gesetzt ist“.

[117] *m*^{e}*qall*^{e}*'ān,* so mit Friedmann z. St. statt *m*^{e}*qall*^{e}*ṭān.*

[118] PesR S. 120 a vgl. auch Ber 18 b; Schab 152 b; San 94 a. San 52 a ist ein „Höllenfürst“ *(śar šäl gêhinnām)* erwähnt und nach SEZ S. 81 werden Michael und Gabriel die Schlüssel zum Gehinnom übergeben.

IV. *Engel und Menschen*

1. Schutzengel

Der bereits im Alten Testament und in den Apokryphen/Pseudepigraphen nachzuweisende Schutzengelglaube[119] findet sich auch, und zwar in verstärktem Umfang, in der rabbinischen Literatur[120]. Untersucht man die Stellen, in denen von Schutzengeln die Rede ist, fällt sogleich auf, daß die Rabbinen streng zwischen Gerechten und Sündern unterscheiden und den S c h u t z engel im eigentlichen Sinne des Wortes (als Bewacher und Helfer des Menschen) nur den Gerechten zuerkennen:

„R. Elieser b. R. Jose ha-Glili[121] sagt: Wenn du einen Gerechten siehst, der sich auf Reisen begibt, und du willst denselben Weg nehmen, verlege deine Reise um seinetwillen drei Tage vor oder verschiebe sie um drei Tage, daß du mit ihm zusammen reisen kannst, weil Dienstengel ihn begleiten, wie es heißt: Denn seine Engel entbietet er für dich, dich zu beschützen auf all deinen Wegen (Ps 91, 11). Wenn du aber einen Frevler siehst, der sich auf Reisen begibt, und du willst denselben Weg nehmen, verlege deine Reise um seinetwillen drei Tage vor oder verschiebe sie um drei Tage, um n i c h t mit ihm zusammen zu reisen, weil Satansengel *(mal'ᵃkhê śāṭān)*[122] ihn begleiten, wie es heißt: Einen Frevler beauftrage wider ihn[123], und ein Satan stehe zu seiner Rechten (Ps 109, 6)“[124].

Je mehr Gebote ein Mensch hält, desto mehr Engel beschützen ihn: „Eine andere Erklärung zu: Siehe, ich sende einen Engel (Ex 23, 20). Das ist es, was geschrieben steht: Der Engel des Herrn lagert sich um seine Verehrer und rettet sie (Ps 34, 8). Wenn ein Mensch ein Gebot erfüllt, gibt ihm der Heilige, er sei gepriesen, einen Engel, ihn zu beschützen, wie es heißt: ... (Ps ebd.). Erfüllt er zwei Gebote, gibt ihm der Heilige, er sei gepriesen, zwei Engel, ihn zu beschützen, wie es heißt: Denn seine Engel[125] entbietet er für dich, dich zu beschützen auf all deinen Wegen (Ps 91, 11). Erfüllt er viele Gebote, gibt ihm der Heilige, er sei gepriesen, sein halbes Lager, wie es heißt: Es fallen zu deiner

---

[119] S. oben S. 27 f.

[120] Vgl. die allgemeinen Aussagen b Schab 53 b („ein Mensch hat einen Schutzengel, der ihm hilft“); DebRL S. 93 („Engel, die den Menschen bewachen“).

[121] T 3, um 150.

[122] Der Ausdruck ist ungewöhnlich; meist steht *mal'ᵃkhê ḥabbālāh* = Plage- oder Schreckensengel, s. unten S. 65 ff.

[123] Dieser erste Teil des Verses wird vom Midrasch vermutlich anders verstanden als im MT (nämlich auf den Menschen als Frevler bezogen und nicht auf den Engel), doch sehe ich nicht, wie eine solche Interpretation dem MT zu entnehmen ist.

[124] t Schab 17 (18), 2 f.; t AbZa 1, 17 f. (wörtlich). Tan *wajjišlaḥ* § 8; Jalq Ps § 843 S. 944 ao; MHG Gen S. 303 (verkürzt).

[125] Der Plural *mal'ākhāw* bedeutet, daß z w e i Engel gemeint sind.

Seite Tausend, und 10.000 zu deiner Rechten (ebd. V. 7) – das ist sein halbes Lager, wie es heißt: Gottes Gefährt zählt 22.000 Engel[126] (Ps 68, 18)"[127].

Nach einer anderen Tradition, die sich – soweit ich sehe – nur im b Talmud findet, sind jedem Menschen zwei Engel (ein guter und ein böser) zugeteilt, die miteinander um diesen Menschen streiten[128]:

„Es wird gelehrt: R. Jose b. Jehuda[129] sagt: Zwei Dienstengel begleiten den Menschen am Schabbatabend von der Synagoge zu seiner Wohnung, ein guter und ein böser. Wenn er nach Hause kommt und das Licht angezündet, den Tisch gedeckt und das Lager überzogen findet, so spricht der gute Engel: Möge es sein Wille sein, daß es auch am folgenden Schabbat so sei, und widerwillig spricht der böse Engel: Amen. Wenn aber nicht, spricht der böse Engel: Möge es sein Wille sein, daß es auch am folgenden Schabbat so sei, und widerwillig spricht der gute Engel: Amen"[130].

Die wichtigste Aufgabe der Schutzengel besteht darin, den Menschen vor Dämonen zu bewahren:

„R. Jehoschua b. Levi sagt: Wenn der Mensch auf Reisen ist, dann gehen Ebenbilder von Engeln vor ihm her[131], die ausrufen und sprechen: Gebt Platz den Ebenbildern des Heiligen, er sei gepriesen! Die Rabbinen sagen: Eine Maske ist vor die Augen der Dämonen[132] gezogen, wie bei den Eseln der Müller, und in der Stunde, da die Sünden des Menschen es ihm verursachen, wird die Maske entfernt und [der Dämon] erblickt den Menschen ...; wenn [der Dämon] ihn

---

[126] So ist der Vers hier zu verstehen (vgl. auch oben S. 43): *ribbotajim* = 20.000; *'alphê* (da Plural) = 2000. Die in Ps 91, 7 genannten 11.000 sind also genau die Hälfte der 22.000 Engel, die Gottes Lager bzw. Gefährt ausmachen.

[127] SchemR 32, 6. Parallelen: Tan *wajjeṣe'* § 3; ebd. *mišpāṭîm* § 19; ebd. *wajjaqhel* § 1. Etwas anders SERFr S. 100 und S. 155; SER S. 173 und S. 234: Liest ein Mensch nur die Schrift, läßt Gott ihn von einem Engel bewachen; liest er alle drei Teile der Schrift, von zwei Engeln; lernt er darüberhinaus noch Mischna, Midrasch, Halakhot und Aggadot, beschützt Gott ihn selbst. Vgl. auch die Interpretation von Ps 91, 7 in BamR 12, 3 (MidrTeh 91, 4; ebd. 17, 8; ebd. 55, 3; Tan *wajjeṣe'* § 3; Jalq Ps § 842 S. 943 bu): „R. Jizchaq sagt: Die Hand, die ein Gebot ausübt, nämlich das Gebot der Tefillin, von der steht geschrieben: Es fallen zu deiner Seite Tausend (Ps 91, 7), denn es wurden ihr tausend Engel zur Bewachung übergeben. Von der rechten Hand aber, die viele Gebote ausübt, [von der heißt es]: 10.000 zu deiner Rechten (ebd.) – 10.000 Engel wurden ihr übergeben ...". Ferner: SER S. 64 (Den, der die Torah hält, umgeben Dienstengel mit einem Schwert in der Hand); SEZFr S. 176 (Jeder bekommt den Engel, den er verdient); MHG Gen S. 329 (Wer in Reinheit und Lauterkeit wandelt, den bewahren die Engel vor Sünde).

[128] Wahrscheinlich sind sie Personifikationen des guten und bösen Triebes im Menschen; vgl. Scheftelowitz, Alt-Palästinischer Bauernglaube, S. 4.

[129] T 4, um 180.

[130] b Schab 119 b.

[131] Gemeint dürfte sein, daß diese Ebenbilder die Dämonen vom Menschen ablenken sollen.

[132] *mazzîqîn* = wörtl.: Schädiger.

aber erblickt, ist [der Mensch] geschädigt. Darum teilte der Heilige, er sei gepriesen, [ihm] alle diese Engel zu, ihn zu beschützen, 1000 zu seiner Linken und 10.000 zu seiner Rechten, wie es heißt: ... (Ps 91, 7)"[133].

Wie sehr der Schutzengelglaube im rabbinischen Judentum lebendig war, zeigt die Tatsache, daß er sogar in die Halakhah Eingang fand:

„Wer in den Abort geht, spreche zwei Segenssprüche, einen, wenn er hineingeht und einen, wenn er herauskommt. Was spricht er, wenn er hineingeht?: Ehre euch, [ihr] Geehrten, heilige Diener[134], so ist es [bei den Menschen] üblich, gebt den Weg frei! Gepriesen seist du, herrlicher Gott[135]!"[136]

2. Engel als Fürsprecher und Ankläger

Wie in den Apokryphen/Pseudepigraphen ist auch in der rabbinischen Literatur die Anklage und Fürsprache bei Gericht eine wichtige Funktion der Engel. Die Rabbinen stützen sich bei ihrer Auslegung insbesondere auf Job 33, 23 f., den locus classicus der Vorstellung vom Fürsprecherengel[137]:

„Was bedeutet: Wenn dann ein Engel über ihm ist, ein Mittler, einer aus Tausend, um zugunsten des Menschen dessen Rechtschaffenheit zu künden, wenn dieser sich seiner erbarmt und spricht: Erlaß es ihm, in die Grube hinabzusteigen, ich hab' ein Lösegeld gefunden (Job 33, 23 f.)? ... R. Elieser b. R. Jose ha-Glili[138] sagt: Sogar wenn 999 Engel zu seinen (= des Menschen) Ungunsten sprechen und nur ein einziger zu seinen Gunsten, entscheidet der

---

[133] MidrTeh 17, 8; ebd. 55, 3; Jalq Ps § 772 S. 921 au; DebR 4, 4.

[134] *m^e^šār^e^tê qôdāš*. Vielleicht auch „Diener des Heiligtums", vgl. Sir 4, 14.

[135] *hā-'el hak-kābôd*. Diese Schlußformel ist sowohl sprachlich als auch sachlich sehr schwierig. Urbach, *ḤZ"L*, S. 139 Anm. 93 vermutet, daß der Verfasser der Berakhah nicht zum Kreis der (orthodoxen) Rabbinen gehörte und verweist auf Parallelen in der Qumran-Literatur. Die Parallelen würde ich allerdings nicht so sehr in der Schlußformel sehen (schließlich lautet auch die Schlußformel der 3. Berakhah des Achtzehn-Bitten-Gebets trotz des Verbots, die Formel mit *'el* zu beginnen, *hā-'el haq-qādôš)*, sondern in sachlichen Entsprechungen: Zwischen der Verrichtung der Notdurft außerhalb des Lagers wegen der Anwesenheit der Engel im Lager (s. oben S. 35 f.) und der Verabschiedung von den Engeln vor der Verrichtung der Notdurft besteht eine auffallende Ähnlichkeit. – Die (einzige) Parallelstelle b Ber 60 b überliefert folgenden Wortlaut: „Wer den Abort betritt, spreche: Ehre euch, ihr Geehrten, Heilige, Diener des Höchsten. Gebt Ehre dem Gott Israels und verlaßt mich, bis ich hineingegangen bin, mein Vorhaben vollbracht habe und wieder zu euch herauskomme. Abaje sagte: Der Mensch spreche nicht so, denn sie könnten ihn wirklich verlassen und fortgehen. Er sage vielmehr: Bewacht mich, bewacht mich, helft mir, helft mir, stützet mich, stützet mich, wartet auf mich, bis ich hineingegangen und wieder herausgekommen bin, denn so ist die Art des Menschen."

[136] j Ber K 9 H 6 S. 14 b.

[137] Vgl. auch oben S. 28.

[138] T 3, um 150.

Heilige, er sei gepriesen, zu seinen Gunsten. Ja er bedarf nicht einmal dieses einen Engels, vielmehr: Sogar wenn 999 Teile dieses einen Engels zu seinen Ungunsten sprechen und nur ein Teil desselben Engels zu seinen Gunsten, entscheidet der Heilige, er sei gepriesen, zu seinen Gunsten. ..."[139]

Der besondere Fürsprecherengel Israels – auch hier führen die Rabbinen die im AT (Dan 12, 1 u. ö.) begonnene Linie[140] fort – ist Michael[141]. Aus der großen Anzahl der Belege sei nur eine Stelle zitiert[142]:

„Eine andere Erklärung zu: Kehre um, Israel, zum Herrn (Hos 14, 2). Da sprach Israel zu ihm: Herr der Welt, wenn wir Buße tun, wer bezeugt dann, daß du uns (= unsere Buße) angenommen hast? Er antwortete ihnen: Euer Verteidiger *(s^enêgôr)*, Michael, wie geschrieben steht: Zu jener Zeit steht Michael auf usw. [der über den Söhnen deines Volkes steht usw.] (Dan 12, 1)"[143].

Eng mit der Funktion der Engel als Fürsprecher verbunden ist ihre Aufgabe (die in Ansätzen auch in den Apokryphen/Pseudepigraphen nachzuweisen war[144]), das Gebet des Menschen vor Gott zu tragen:

„Erhörer des Gebets, zu dir kommt alles Fleisch (Ps 65, 3). Was bedeutet: Erhörer des Gebets? R. Pinchas i. N. R. Meirs[145] und R. Jirmeja i. N. R. Chijja b. Abbas[146] [sagen]: Wenn Israel betet, dann beten sie nicht alle auf einmal, sondern jede einzelne Gemeinde betet für sich, diese Gemeinde zuerst und dann eine andere Gemeinde. Erst wenn alle Gemeinden ihre Gebete beendet haben, nimmt der Engel, der über die Gebete gesetzt ist, alle Gebete, die in allen Gemeinden gebetet wurden, macht Kränze daraus und setzt sie auf das

[139] j Qid K 1 H 10 S. 61 d; MHG Nu S. 217; b Schab 32 a; PesR S. 38 b; in b Schab und PesR ist nur die zweite Auslegung i. N. R. Eliesers, die erste Auslegung dagegen anonym (b Schab) bzw. i. N. „unserer Lehrer" (PesR). Vgl. auch SchemR 31, 14; Tan *wajjišlaḥ* § 2 (die Engel sprechen beim Gerichtsverfahren zu Gunsten und Ungunsten des Menschen); PesR S. 168 af.; MidrMisch S. 70.

[140] S. oben S. 30.

[141] Manchmal auch Gabriel, vgl. etwa TanBu Gen § 23; Lueken, Michael, S. 15 f.

[142] Die meisten Stellen aus der rabbinischen Literatur (allerdings ohne jede Differenzierung und vermischt mit Belegen aus den Apokryphen/Pseudepigraphen und aus mittelalterlichen Texten) finden sich bei Lueken, Michael, S. 13 ff.

[143] PesR S. 185 a. Auch in der rabbinischen Literatur korrespondieren dem Engel Israels die Völkerengel, vgl. schon Mech S. 124 f. und die weiteren Belege bei Billerbeck III, S. 49 ff. und Michl, Art. Engel, Sp. 87. Kuhn, SiphNu, S. 514 Anm. 83 möchte (gegen Billerbeck) den Terminus *śar* statt mit „Engelfürst" mit „Archont, Völkergenius" übersetzen. Doch scheint mir trotz der neuplatonischen Vorstellung von Archonten als einer „besonderen Gruppe von Mittelwesen zwischen Göttern und Menschen" (Kuhn, a. a. O.) bei den Rabbinen der Gedanke an Engel sehr viel näher zu liegen.

[144] S. oben S. 29 f.

[145] Diese Überlieferung hätte nur Sinn, wenn (was nicht sehr wahrscheinlich ist) mit R. Pinchas der Tannait der 4. Generation gemeint wäre (R. Meir = T 3).

[146] R. Jirmeja = pA 4 (um 320); R. Chijja b. Abba = pA 3 (um 280).

Haupt des Heiligen, er sei gepriesen, wie geschrieben steht: ... (Ps 65, 3) – und *'ăd â khā* meint nichts anderes als Kranz, wie es heißt: Du legst sie alle wie einen Schmuck (*'ᵃdî*) an, [du knüpfest sie (zu Kränzen) wie eine Braut] (Jes 49, 18)"[147].

Wie wichtig man diese Vermittlerrolle der Engel beim Gebet nahm, zeigt die (vor allem im b Talmud belegte) Tradition, daß man in hebräischer Sprache beten solle, weil die Engel nur die heilige Sprache verstehen:

„R. Jochanan[148] hat gesagt, daß dem, der seine Wünsche in aramäischer Sprache vorträgt, die Dienstengel nicht zur Verfügung stehen, weil die Dienstengel die aramäische Sprache nicht verstehen"[149].

Um den Menschen beim endzeitlichen Gericht anklagen bzw. verteidigen zu können, verfolgen und notieren die Engel alle seine Taten. Hier nehmen die Rabbinen die in den Apokryphen/Pseudepigraphen gut bezeugte Vorstellung von den Engeln als himmlischen Buchführern[150] auf:

„Eine andere Erklärung zu: Kehre um, Israel (Hos 14, 2). Wehe den Frevlern, die ohne Buße sterben und so ihre Hoffnung auf die zukünftige Welt verlieren. Engel sind dem Menschen nämlich beigegeben, die Tag für Tag seine Taten aufschreiben, so daß alles bekannt (*ṣāphûj*) ist vor dem Heiligen, er sei gepriesen, aufgeschrieben und gesiegelt ist alles. Wenn der Mensch gerecht ist, schreiben sie seine Gerechtigkeit auf, hat er gesündigt, notieren sie seine Sünde. Wenn dann ein Gerechter [gestorben ist], gehen ihm die Engel voran[151], preisen vor ihm [und sprechen]: Er komme in Frieden und ruhe auf seinem Lager (Jes 57, 2[152]). Wenn aber ein frevelhafter Mensch gestorben ist, der keine Buße getan hat, spricht der Heilige, er sei gepriesen, zu ihm: ... (Job 11, 20)"[153].

---

[147] SchemR 21, 4; Jalq Ps § 840 S. 941 au (R. Schmuel b. Nachmani); MidrTeh 19, 7 (R. Pinchas i. N. R. Abbas); ebd. 88, 2 (R. Pinchas). Nach b Chag 13 b ist Sandalphon der Engel, der Kränze für Gott windet; doch steht dort nicht ausdrücklich, daß es sich um die Gebete handelt. In der späteren Literatur (vor allem im Sohar, vgl. Margalioth, *Mal'ᵃkhê 'äljôn,* S. 148 ff.) wird Sandalphon der über das Gebet gesetzte Engel.

[148] R. Jochanan b. Nappacha, pA 2, gest. 279 (?).

[149] Sot 33 a; Schab 12 b; vgl. auch San 44 b und SchemR 21, 7 (Anfang). Zweifellos führt diese Vorstellung schon in deutliche Nähe der Engelverehrung, s. dazu unten S. 67 ff.

[150] S. oben S. 30 f.

[151] *maqdîmîm.* So mit Friedmann z. St. statt *maqdîšîm.*

[152] Nicht ganz wörtlich zitiert.

[153] PesR S. 184 af. Vgl. auch DebR 6, 9; DebRL S. 105; TanBu *mᵉṣorā'* § 2 („jedes Wort, das aus deinem Munde kommt, wird in ein Buch geschrieben"); KohR 10, 20 § 1 (die Engel tragen die Gedanken des Menschen vor Gott); Chag 16 a (die zwei den Menschen begleitenden Engel zeugen gegen ihn).

3. Engel des Verderbens

Neben den sehr häufig erwähnten Dienstengeln[154] findet sich in der rabbinischen Literatur eine weitere Gruppe von Engeln, die meist unter der Sammelbezeichnung *mal'akhê ḥabbālāh* (= Engel des Verderbens oder Schreckens, oft auch mit „Würgeengel" übersetzt; gemeint sind Plage- und Strafengel) zusammengefaßt werden[155]. Ihnen wird die Seele des Frevlers nach dem Tode überliefert:

„Geliebt ist der Friede, denn hätte der Heilige, er sei gepriesen, etwas Schöneres *(middāh jāphāh jôter)* geschaffen als den Frieden, hätte er dies [statt des Friedens] von den Frevlern ferngehalten. In der Stunde nämlich, da [die Frevler] von der Welt scheiden, nehmen drei Gruppen von Strafengeln sie in Empfang. Die erste [Gruppe] spricht: Es gibt keinen Frieden (Jes 48, 22 und 57, 21). Die zweite spricht: Sagt der Herr, für die Frevler (ebd.). Die dritte spricht: In Qualen sollt ihr liegen (Jes 50, 11). . . ."[156]

Sie werfen den Frevler in die Hölle[157] und bestrafen ihn[158]:

„Am Abend führt er (= der begleitende Engel) sie (= die Seele) in die Hölle und zeigt ihr dort die Frevler, die die Strafengel mit Feuerruten schlagen; [dabei] rufen sie ‚Wehe, wehe' und erbarmen sich ihrer nicht. Dann fragt der Engel die Seele: Weißt du, wer jene sind? Sie antwortet: Nein, Herr. Darauf spricht der Engel zu ihr: Jene, die da verbrannt werden, wurden wie du geschaffen und kamen zur Welt, doch beachteten sie nicht die Torah und die Gebote des Heiligen, er sei gepriesen, deswegen gelangten sie zu dieser Schande . . .".

---

[154] *mal'akhê haš-šāret.* Der Terminus kommt – soweit ich sehe – nicht im Frühjudentum vor. Andere (seltenere) Bezeichnungen: Engel des Friedens (vgl. t AbZa 1, 17); Engel des Erbarmens (vgl. TanBu *tazrîa'* § 11).

[155] Andere Bezeichnungen: Engel des Satans (nur t Schab 17 [18], 2 f. par., s. oben S. 60); Engel des Zornes (TanBu *tazrîa'* § 11). Der Terminus *mal'akhê ḥabbālāh* findet sich auch in den Targumim, vgl. TPsJ Ex 12, 23; CN ebd. am rechten Rand; TJ 2 Sa 24, 16; 1 Chr 21, 15.

[156] SiphZ S. 249 (vorher ist von den Gerechten die Rede, denen drei Klassen von Dienstengeln entgegengehen). Parallelen: BamR 11, 7; MHG Nu S. 98; b Ket 104 a; PesR S. 105 b und MidrTeh 30, 3 (nur der erste Teil über die Gerechten). Vgl. auch SiphDt § 357 S. 428 (die Seelen der Frevler überliefert Gott „bösen und grausamen Engeln, damit diese sie vernichten"; Schriftbeweis Spr 17, 11!); TanBu *tazrîa'* § 13; b Schab 55 a (die Engel des Verderbens herrschen nur über die Frevler, nicht über die Gerechten).

[157] SERFr S. 107 f. (Engel des Verderbens ergreifen die Verleumder und werfen sie in das Feuer der Hölle); vgl. auch MHG Gen S. 17 (Engel des Verderbens bewachen die Seelen der Frevler in der Hölle); MidrMisch S. 52 (grausame Engel sättigen sich am Frevler in der Hölle).

[158] Tan *pequdê* § 3. Der Text gehört zu einem längeren Bericht über die Himmelsreise der Seele, der deutlich an apokalyptische Reiseberichte (vermischt mit griechischen Vorstellungen?) erinnert.

Der Volksglaube ist sich der Gegenwart und Macht der verderbenden Engel auch im täglichen Leben bewußt. Nicht von ungefähr finden sich die meisten Belege dafür im b Talmud:

„Es wird gelehrt: In den Nächten des Mittwochs und des Schabbats gehe man nicht allein aus, weil Agrat, die Tochter des Machlat[159], mit 18 Myriaden Engeln des Verderbens umherstreift, von denen jeder einzelne besonders die Erlaubnis zum Verderben hat“[160].

Zweifellos sind auch die Engel des Verderbens – wie die Dienstengel – grundsätzlich Engel Gottes, die nur auf Befehl und im Auftrag Gottes handeln. Doch konnte diese Vorstellung von den strafenden und verderbenden Engeln offenbar so beherrschend werden, daß sie den Glauben an die Barmherzigkeit Gottes zu verdecken drohte. Die Rabbinen versuchten dieser Gefahr mit folgendem Midrasch zu begegnen[161]:

„Ein Gleichnis von einem König, der zwei gewalttätige Legionen hatte. Der König sprach [bei sich]: Wenn sie bei mir in der Stadt stationiert sind – gesetzt den Fall, daß die Bewohner der Stadt mich erzürnen, dann gehen sie sofort gegen [die Bewohner] vor[162]. Ich will sie lieber weit weg schicken. Wenn mich dann die Bewohner der Stadt einmal erzürnen – ehe ich nach ihnen geschickt habe, versöhnen mich die Bewohner der Stadt vielleicht schon wieder und nehme ich ihre Begütigung an. So sprach auch der Heilige, er sei gepriesen: Zorn und Grimm, das sind Engel des Verderbens[163]. Siehe, ich werde sie weit weg schicken. Wenn Israel mich dann einmal erzürnt – ehe ich nach ihnen schicke und sie herbeibringe, wird Israel Buße tun und werde ich ihre Buße annehmen. Das ist es, was geschrieben steht: Sie kommen aus fernem Land, vom Ende des Himmels, [der Herr mit den Werkzeugen seines Grimms, zu verderben die ganze Erde] (Jes 13, 5)“[164].

Abschließend sei in diesem Zusammenhang der – häufig mit Samael, dem Satan und dem bösen Trieb identifizierte[165] – Todesengel genannt. Er ist derjenige unter den „bösen“ und verderbenden Engeln, dessen Macht im rabbinischen Judentum ohne Zweifel am stärksten empfunden wurde. Da der

---

[159] Nach Kohut, Angelologie, S. 88 ein Beiname der Dämonin Lilit.

[160] Pes 112 b; BamR 12, 3. Vgl. auch Ber 51 a (eine ganze Legion verderbenbringender Engel wartet darauf, daß der Mensch ihnen in die Falle geht). Die verderbenden Engel sind hier mit bösen Geistern und Dämonen nahezu identisch, vgl. Kohut, Angelologie, S. 58 f. Vgl. ferner PesR S. 158 bf. (direkt vor dem Erscheinen des Messias wird Gott die Zahl der verderbenden Engel vermehren) und b Men 41 a.

[161] Der Midrasch führt schon nahe an den im Hauptteil der Arbeit besprochenen Themenkreis heran, s. unten S. 75 ff.; Text 74.

[162] *ʿômedîn ʾôtān*. Wahrscheinlich ist mit der Ed. pr. zu lesen: *ʿômedîn ûmekhallîn ʾôtān*.

[163] Vgl. dazu Text 38.

[164] j Taan K 1 H 1 S. 65 b. Vgl. auch TanBu *tazrîaʿ* § 11; MidrTeh 5, 7; ebd. 86, 7.

[165] Vgl. b BBa 16 a; MHG Gen S. 141; MHG Nu S. 406 und unten Text 58; 73.

Mensch sterblich ist, ist grundsätzlich jeder Mensch in seine Gewalt gegeben[166]: „Kein Mensch hat Macht über den *rûaḥ,* um den *rûaḥ* zurückzuhalten (Koh 8, 8). ... R. Jehuda sagt: Kein Mensch hat Macht über den Todesengel[167], um ihn von sich fernzuhalten"[168]. Daß jedoch diese Macht nicht unbeschränkt war, sondern durch die Erwählung Israels und die Gabe der Torah begrenzt wurde, ist im zweiten Teil der Arbeit zu zeigen[169].

4. Engelverehrung

Angesichts der ausgeprägten Engelvorstellung ist es nicht überraschend, daß in der rabbinischen Literatur deutliche Spuren eines Engelkultes bzw. einer Engelverehrung festzustellen sind. Hinweise auf eine solche Praxis finden sich zwar nur indirekt, nämlich in der Polemik der Rabbinen gegen die Engelverehrung; doch ist diese Polemik Beweis genug für das tatsächliche Vorhandensein eines Engelkultes im rabbinischen Judentum. Die wichtigsten Stellen seien im folgenden analysiert und interpretiert[170]:

a) Verbot der Abbildung

I. Mech S. 225: Du sollst dir kein Schnitzbild machen [noch irgendein Bild von dem, was im Himmel oben oder auf der Erde unten oder im Wasser unter der Erde ist] (Ex 20, 4). ... Vielleicht darf man sich eine Abbildung von den Engeln, Kerubim, Ophannim und Chaschmalim machen? Da sagt die Schrift: Von dem, was im Himmel ist (Ex ebd.) [ist es verboten, eine Abbildung zu machen]. Wenn es heißt „von dem, was im Himmel ist", ist vielleicht [nur] die Abbildung der Sonne, des Mondes, der Sterne und Planeten gemeint?[171] Da sagt die Schrift: Oben (Ex ebd.) – Weder die Abbildung der Engel noch die der Kerubim noch die der Ophannim [ist erlaubt]![172]

II a. Mech S. 239: Ihr sollt euch neben mir keine Götter aus Silber machen, [Götter aus Gold macht euch nicht] (Ex 20, 20). R. Jischmael[173] sagt: Ihr sollt euch keine Abbildung *(d^emût)* von meinen Dienern machen, die vor mir in der Höhe dienen, keine Abbildung der Engel, keine Abbildung der Ophannim und keine der Kerubim. R. Natan sagt: Ihr sollt mich nicht abbilden – damit man nicht sagen kann: Ich mache von ihm eine Art Abbildung und werfe mich vor

---

166 Zum Kampf zwischen Moses und dem Todesengel vgl. unten Text 73.

167 Interpretiert (mit Hilfe von Ps 104, 4) *rûaḥ* als Engel.

168 DebR 9, 3; Jalq Koh § 978 S. 1090 bm; KohR 8, 8 § 1 (i. N. der Rabbinen).

169 S. unten S. 111 ff.

170 Vgl. auch den Überblick bei Lueken, Michael, S. 4 ff.

171 Und das Abbild der Engel etc. erlaubt?

172 Sie befinden sich in den oberen Himmeln.

173 T 2, gest. um 135.

ihm nieder, denn die Schrift sagt: Ihr sollt m i c h *('ôtî)* nicht abbilden. Ebenso heißt es: Hütet euch sehr für eure Seelen, denn ihr habt keinerlei Bild gesehen [am Tage, als der Herr zu euch redete am Horeb . . ., daß ihr euch kein Schnitzbild macht . . .] (Dt 4, 15 f.).

b AbZa 43 a (Baraita, kürzer); b RoHasch 24 b (Kombination der beiden Mech-Stellen).

II b. T P s J E x 20, 20 : Mein Volk, ihr Kinder Israel, macht euch nicht, um [sie] zu verehren *(lemisgôd)*, eine Abbildung von Sonne, Mond, Sternen, Planeten oder Engeln, die vor mir dienen, weder Götzen aus Silber noch solche aus Gold sollt ihr euch machen.

Auslegungsmidrasch zu Ex 20, 4 und 20, 20. Das allgemeine Bilderverbot (Ex 20, 4) und das Verbot, Götzenbilder anzufertigen (Ex 20, 20) wird in beiden Fällen auf die Engel bezogen. Der Anknüpfungspunkt für die Erklärung R. Jischmaels (II a) ist das Wort *'ălohîm* im MT, unter dem R. Jischmael nicht (entsprechend dem Literalsinn) „Götter" oder „Götzen" versteht, sondern „Engel". Diese Auslegung ist nicht ungewöhnlich und in der rabbinischen Literatur gut bezeugt[174]. R. Natan leitet dagegen aus Ex 20, 20 das Verbot ab, Gott abzubilden, indem er statt *'ittî* (so der MT): *'ôtî* liest.

Die beiden Midraschim sind der früheste Beleg in der rabbinischen Literatur für das Verbot, die Engel abzubilden. Einen Grund für dieses Verbot teilt die Mechilta nicht mit. Es kann aber kein Zweifel daran bestehen, daß das Verbot auf einen ganz konkreten Anlaß zurückgeht und sich gegen bestimmte Praktiken der Engelverehrung wendet. Das Targum (II b) sagt denn auch deutlich: „Macht euch keine Bilder . . . u m [s i e] z u v e r e h r e n" und wird damit ohne Frage der Intention der Mechilta gerecht. Den übersetzten Texten läßt sich demnach zweierlei entnehmen, nämlich a) eine nicht näher beschriebene Praxis der Engelverehrung im Palästina des ausgehenden 1. beginnenden 2. Jh.s und b) die eindeutige und negative Stellungnahme der Rabbinen gegen diese Engelverehrung.

b) Verbot des Opfers

I. t C h u l 2, 18 : Wenn jemand auf den Namen der Sonne, des Mondes, der Sterne, der Planeten, des großen Heeresfürsten Michael oder eines kleinen Würmchens schlachtet[175], so ist dies Fleisch vom Totenopfer.

b AbZa 42 b (Meere, Flüsse, Wüsten usw., wie t Chul).

II a. m C h u l 2, 8 : Wenn jemand auf den Namen von Bergen, Hügeln, Meeren, Flüssen oder Wüsten schlachtet, so ist seine Schlachtung ungültig.

---

[174] Vgl. Text 39 mit Anm. 199.
[175] Um diese damit zu verehren.

II b. Gemara Chul 40 a: Nur ungültig und kein Totenopfer[176]. Dem widersprechend wird aber gelehrt: Wenn jemand auf den Namen von Bergen, Hügeln, Flüssen, Wüsten, der Sonne, des Mondes, der Sterne, der Planeten, des großen Fürsten Michael oder eines kleinen Würmchens schlachtet, so sei es ein Totenopfer?![177] Abaje erwiderte: Dies ist kein Widerspruch. Das eine, wenn er gesagt hat: „dem Berge"[178] und das andere, wenn er gesagt hat: „dem Berggeist"[179]. Dies ist auch zu beweisen, denn er lehrt von den anderen, wie vom großen Fürsten Michael[180]. . . .

Die Götzen, denen man nicht opfern darf, sind in zwei verschiedenen Reihen überliefert. In der einen Reihe (Mischna, II a) werden ausschließlich irdische (geographische) Bezeichnungen aufgeführt, die andere Reihe (Tosephta, I) nennt – mit Ausnahme des „kleinen Würmchens" – nur zum himmlischen Bereich gehörige Geschöpfe. Welche Version der Reihe die primäre ist, läßt sich nicht mehr entscheiden. Beide Versionen gehören eng zusammen und wurden vielleicht sogar ursprünglich gemeinsam überliefert. Dafür könnte die in der Gemara (II b) erhaltene Baraita sprechen, die nicht unbedingt nur eine Kombination und Harmonisierung der in Mischna und Tosephta vorliegenden Versionen sein muß[181]. In dieser Form entspricht die Reihe nämlich fast genau dem Gebot: Du sollst dir kein Schnitzbild machen noch irgendein Bild von dem, was im Himmel oben oder auf der Erde unten . . . ist. Wirf dich nicht hin, diene ihnen nicht . . . (Ex 20, 4 f.)[182]. Geht man von der in II b überlieferten Version als der ursprünglichen aus, enthält die Reihe eine sehr wirkungsvolle Steigerung von den Bergen etc. bis zum großen Fürsten Michael, die schließlich mit dem „kleinen Würmchen" – dem wertlosesten und nichtigsten Geschöpf – abbricht und damit ihren eigentlichen Effekt erzielt: Hinsichtlich eines Opfers ist Michael nicht würdiger als ein kleines Würmchen. Die Aussage des Midraschs wäre demnach: Man darf niemandem opfern – weder dem höchsten noch dem niedrigsten Geschöpf – als Gott allein. Der verbleibende relevante Unterschied zwischen den beiden Versionen ist nach dieser Interpretation nur noch der, daß ein solches Opfer nach der Mischna nur ungültig, nach der Tosephta dagegen ein Totenopfer ist. Sehr wahrscheinlich war nur diese Frage kontrovers, nicht aber die Reihe als solche.

Das Verbot des Opfers an Michael ist sicher nicht das primäre oder sogar ausschließliche Anliegen der Reihe. Dennoch läßt die Tatsache, daß der „große

---

176 D. h. zum Verzehr erlaubt.

177 Und folglich auch zum Verzehr verboten.

178 Dann ist es nur ungültig.

179 Dann ist es ein Totenopfer.

180 In der Baraita (Tos.) ist – entsprechend dem „großen Fürsten Michael" – überall von Personen die Rede, in der Mischna – wo Michael fehlt – dagegen nicht.

181 Es fehlen nur – wohl zufällig – die Meere.

182 Vgl. den vorangehenden Text.

(Heeres-) Fürst Michael" eigens erwähnt wird, auf besondere Opfer für Michael schließen. Der Midrasch liegt damit ganz auf der Linie des vorangehenden Textes und deutet darauf hin, daß bestimmte Engel – Michael ist als der Engel Israels[183] in ganz besonderer Weise dazu geeignet – nicht nur verehrt, sondern auch mit Opfern bedacht wurden. Wie in der Mechilta läßt sich hier also sowohl die Existenz eines Engelkultes in sehr früher Zeit belegen als auch die entschiedene Reaktion der Rabbinen gegen diesen Engelkult[184].

c) Verbot der Anrufung

j Ber K 9 H 1 S. 13 a: R. Judan sagt in seinem eigenen Namen[185]: [Ein Mensch aus] Fleisch und Blut, der einen Patron hat, geht, wenn eine Zeit der Not über ihn kommt, nicht sofort zu ihm hinein, sondern stellt sich am Tor des Patrons hin und ruft [zunächst] seinen Diener oder einen Hausgenossen. Dieser sagt [dann zum Patron]: Der N. N. steht am Eingang deines Hofes, soll er hineinkommen oder draußen bleiben? Der Heilige, er sei gepriesen, aber verfährt nicht so! Wenn Not über den Menschen kommt, dann soll er nicht zu Michael und nicht zu Gabriel schreien *(j^eṣawwaḥ)*, sondern zu mir soll er schreien, und ich werde ihn sofort erhören. Das ist es, was geschrieben steht: Jeder, der den Namen des Herrn anruft, wird gerettet werden (Joel 3, 5).

Vgl. auch MidrTeh 4, 3; b Jom 52 a.

Der Hintergrund des Midraschs ist die bekannte Vorstellung von den Engeln als Übermittler der menschlichen Gebete und als Fürsprecher Israels und des einzelnen vor Gott[186]. Gegen diese Vorstellung polemisiert R. Judan[187] mit seinem unmittelbar einleuchtenden Gleichnis: Gott ist nicht wie ein menschlicher Patron, der nur durch Vermittlung der Diener mit seinem Schützling verkehrt; in der Not soll der Mensch Gott direkt anrufen und nicht seine Diener (= Engel). Auch dieser Midrasch weist darauf hin, daß sich in bestimmten (volkstümlichen?) Kreisen eine Engelvorstellung entwickelt hat, die weit über das von den Rabbinen theologisch vertretbare Maß hinausging und deswegen scharf von ihnen bekämpft wurde.

d) Verbot der Verehrung

I a. SchemR 32, 4: Eine andere Erklärung: Sei nicht widerspenstig gegen ihn *(tammer bô)* (Ex 23, 21) – verwechselt mich nicht mit ihm *(t^emîrûnî bô)*

---

[183] S. dazu oben S. 30; 63.

[184] Wobei das Urteil in der Mischna milder ausfällt als in der Tosephta. Ob dahinter bereits eine historische Entwicklung steht (Zunahme des Engelkultes und entsprechende Verschärfung des Verbots), ist nicht mehr zu entscheiden.

[185] Im Unterschied zu den vorherigen Beispielen, wo er immer i. N. R. Jizchaqs tradierte.

[186] S. oben S. 28 f.; 62 f.

[187] pA 4, um 350.

und macht mich nicht zu seiner Vertauschung *('al taʿaśûnî temûrātô)*. Vielleicht könntet ihr sagen: Da er unser Fürst[188] ist, wollen wir ihm dienen und wird er unsere Frevel verzeihen. Nicht so, sondern: Er wird euren Frevel nicht verzeihen (ebd.). [Er ist] nicht wie ich, denn von mir steht geschrieben: Der Schuld verzeiht und über Frevel hinweggeht (Micha 7, 18) – er aber wird euren Frevel nicht verzeihen (Ex ebd.)! Und nicht nur dies, sondern ihr werdet die Ursache dafür sein, daß mein Name aus seinem Innern getilgt wird, denn es heißt: Denn mein Name ist in seinem Innern (ebd.).

Vgl. auch Jalq Ps § 670 S. 893 bu.

I b. b San 38 b: Rab Nachman sagt: Wer den Minäern antworten kann wie Rab Idit, antworte, wer dies aber nicht kann, antworte nicht. Ein Minäer sprach einst zu R. Idit: Es steht geschrieben: Und zu Moses sprach er: Steig hinauf zum Herrn (Ex 24, 1). „Steig zu mir hinauf" sollte es doch heißen!? [R. Idit] antwortete: Dies [sagte] Metatron, dessen Name wie der seines Herrn ist, wie es heißt: Denn mein Name ist in seinem Innern (Ex 23, 21). – Dann sollte man ihn also verehren *(niphlehû lêh)?!* – Es heißt: Sei nicht widerspenstig gegen ihn (ebd.) – verwechsle mich nicht mit ihm! Warum heißt es dann [anschließend]: Er wird eure Frevel nicht verzeihen (ebd.)?! [R. Idit] antwortete: Wahrhaftig, nicht einmal als Briefboten *(parwanqā')* nehmen wir ihn an, wie geschrieben steht: Er sprach zu ihm: Wenn dein Angesicht nicht mitgeht [führe uns nicht von hier hinauf] (Ex 33, 15).

Jalq *mišpāṭîm* § 359 S. 210 bu/211 ao (fast wörtlich).

Der beiden Midraschim gemeinsame Kern ist ein Auslegungsmidrasch zu Ex 23, 21. Das *tammer* des Bibelverses wird nicht von der Wurzel *mārar* bzw. *mārāh* abgeleitet, sondern von *mûr* (Hiph. *hemîr)* – wechseln, vertauschen. Es ergibt sich so die Auslegung: Verwechselt mich (= Gott) nicht mit dem Engel (so im Sinne des Midraschs), den ich vor euch hersende (vgl. Ex 23, 20).

Die Aussage des Midraschs ist eindeutig: Die Vergebung der Sünde liegt nicht in der Macht eines Engels, sondern ist ausschließlich Sache Gottes. Es ist deswegen auch sinnlos, einen Engel zu verehren. Diese zweifellos polemisch gemeinte Aussage wird in b San weiter verschärft: Rab Idit polemisiert hier gegen Metatron, den in jüdisch-gnostischen Schriften häufig *JHWH haq-qāṭān* (kleiner Jaho) genannten Engel[189] und will ihn nicht einmal als Boten (mit der bewußt abschätzigen Bezeichnung *parwanqā'* – Briefträger) anerkennen. Er schließt dies aus Ex 33, 12–17, wo Gott Moses verspricht, selbst vor Israel herzugehen und das Volk zu führen. Der Midrasch richtet sich also gegen gnostische

[188] = Engelfürst.

[189] Vgl. dazu Scholem, Jüdische Mystik, S. 73 ff.; ders., Jewish Gnosticism, S. 41 ff.; Odeberg, 3 Henoch, S. 79 ff. Scholem (Jüdische Mystik, S. 400 Anm. 107) hält es durchaus für möglich, „daß die Bezeichnung ‚der Kleine JHWH' ihrer häreti-

Kreise (ob jüdischer oder christlicher Herkunft ist in diesem Zusammenhang nicht von Bedeutung), die einen Engel – bzw. konkret Metatron – anstelle Gottes oder als zweiten Gott verehrten[190].

MidrTann S. 190 f.: Du findest, daß in der Stunde, als der Heilige, er sei gepriesen, auf den Sinai herabkam, Lager um Lager von Dienstengeln mit ihm herabstiegen, wie es heißt: ... (Ps 68, 18)[191]. Aus ihnen erwählten sich die Völker der Welt Götter. Das gleicht einem König, der in eine Stadt einzog, und in seinem Gefolge befanden sich Statthalter[192], Fürsten[193] und Generäle[194]. Der eine erwählte sich nun einen Statthalter zum Patron, ein anderer einen Fürsten und wieder ein anderer einen General. Ein besonders Schlauer aber war dort. Der sprach bei sich: Alle diese sind vom König abhängig und vermögen nichts gegen ihn, er aber sehr wohl gegen sie. Ich erwähle mir nur den König selbst zum Patron, der ihnen allen widerstehen kann. So war es auch in der Stunde, als der Heilige, er sei gepriesen, sich auf dem Sinai offenbarte und die Völker der Welt sich Götter erwählten. Der eine erwählte sich die Sonne, ein anderer den Mond, ein anderer Sterne und Planeten und wieder ein anderer Engel. ... Israel aber sprach zum Heiligen, er sei gepriesen: Von all diesen Göttern haben wir nur dich erwählt: Mein Anteil ist der Herr, so spricht meine Seele (Echa 3, 24). ...

DebR 2, 34 (homiletischer Midrasch zu Dt 6, 4 in Verbindung mit Echa 3, 24 i. N. R. Jizchaqs; statt allgemein „Engel": „Michael und Gabriel").

DebRL S. 65 (wie DebR, aber anonym und ohne das Gleichnis). EchR 3, 8; EchRBu S. 133; Jalq Echa § 1038 S. 1051 au; KohZ S. 107 (R. Abbahu i. N. R. Jochanans; ohne Erwähnung der Engel).

Die Tendenz dieses Midraschs ist homiletisch. Das Gleichnis macht dem Hörer überzeugend klar, daß es nicht nur verwerflich, sondern auch dumm ist, statt des allmächtigen Gottes nur dessen Untergebene (Sonne, Mond, Sterne, Engel) zu erwählen und zu verehren. Wie in t Chul parr. stehen auch hier die Engel sicher nicht im Mittelpunkt der Aussage[195]. Immerhin läßt ihre ausdrückliche Erwähnung und Gleichsetzung mit den „Götzen" Sonne, Mond und Sterne darauf schließen, daß die Rabbinen sich mit bestimmten (nicht näher bekannten) Formen eines Engelkultes unter ihren eigenen Glaubensgenossen auseinandersetzen mußten.

---

schen Implikation wegen absichtlich aus den Handschriften des Talmuds entfernt worden ist".

[190] Vgl. auch b Chag 15 a.

[191] Vgl. zur Auslegung dieses Verses oben S. 43.

[192] *hprkjn,* von Griech. ὕπαρχος.

[193] *dwksjn,* von Lat. dux.

[194] *'sṭrlṭjn,* von Griech. στρατηλάτης.

[195] Vgl. dagegen den verwandten Text Hebr. Test. Naftali Kap. 9: Die Völker der Welt erwählen sich (ausschließlich) Engel zu Fürsprechern und Beschützern, Abraham dagegen Gott.

ZUSAMMENFASSUNG

Die Literatur des nachexilischen Judentums ist gekennzeichnet durch eine sich immer weiter entfaltende Engelvorstellung. Handlungen und Offenbarungen Gottes werden in zunehmendem Maße auf Engel übertragen, wobei häufig Gott und sein Engel nebeneinander als Subjekt der Handlung bzw. Offenbarung auftreten. Zwar hält auch das Frühjudentum daran fest, daß Gott der Auftraggeber und Herr der Engel ist und daß die Engel niemals aus eigener Machtvollkommenheit handeln; dennoch sind die Engel für den Menschen und für die Beziehung des Menschen zu Gott mehr als bloße Statisten eines göttlichen Hofstaates. Der entscheidende Unterschied zur alttestamentlichen Engelvorstellung ist der, daß der Mensch sich zunehmend an Gott u n d seine Engel wendet und mehr und mehr nur d u r c h die Engel Zugang zu Gott findet.

Als besonders bedeutsam und charakteristisch für das Frühjudentum erwies sich die Stellung der Engel im Kosmos. Sowohl über die himmlische Welt der Gestirne[196] als auch über die Phänomene der Natur gesetzt, garantieren sie Ordnung und Harmonie des gesamten Kosmos[197]. Der Mensch, dessen Aufgabe es ist, sich nach den Gesetzen des Kosmos auszurichten, ist somit unmittelbar dem Einfluß der Engel unterworfen. Störungen der kosmischen Ordnung durch die Sünde des Menschen müssen von den Engeln aufgedeckt werden[198], während auf der anderen Seite der Gerechte des Schutzes und der Fürsprache der Engel sicher sein kann. Für das Leben nach dem Tode erhofft sich der Mensch die Gemeinschaft mit den Engeln und somit völlige Harmonie mit der Ordnung des Kosmos.

In der Gemeinde von Qumran erfährt der Gedanke der endzeitlichen Gemeinschaft mit den Engeln eine deutliche Zuspitzung. Aufgrund des für Qumran charakteristischen „Nebeneinanders bzw. Ineinanders von Enderwartung und eschatologisch gegenwärtigem Heil"[199] wird diese Gemeinschaft nicht nur für die Zukunft erwartet, sondern ist (insbesondere im gemeinsamen Lobgesang) bereits in der Gegenwart realisiert. Zweifellos ist diese in der Gegenwart erlebte Gemeinschaft mit den Engeln kein Ersatz für die Gemeinschaft mit Gott; dennoch ist auch hier bemerkenswert, daß man sich die Gemeinschaft mit Gott nur noch als gleichzeitige Gemeinschaft mit den Engeln vorstellen kann.

---

[196] Und mit den Gestirnen z. T. identifiziert.

[197] Diese Vorstellung hängt zweifellos mit dem stark hellenistisch geprägten „Gesetzes"verständnis des nachexilischen Judentums zusammen, vgl. dazu M. Limbeck, Die Ordnung des Heils. Untersuchungen zum Gesetzesverständnis des Frühjudentums, Düsseldorf 1971.

[198] Eine Störung durch die Engel selbst ist im Mythos vom Fall der Engel dargestellt, vgl. dazu die in der Einleitung, Anm. 10 angegebene Literatur.

[199] Kuhn, Enderwartung, S. 181 ff.

Im rabbinischen Judentum beobachten wir zwei verschiedene (gegenläufige) Tendenzen. Auf der einen Seite wird die Engelvorstellung des Frühjudentums zum großen Teil übernommen und sogar weiter ausgestaltet; auf der anderen Seite jedoch zeigt sich eine scharfe Polemik der Rabbinen gegen bestimmte Formen und Konsequenzen dieser Engelvorstellung. Offensichtlich haben manche Kreise im rabbinischen Judentum – möglicherweise unter dem Einfluß der Gnosis – die „Andersartigkeit" und Ferne Gottes so sehr betont, daß der Gottesglaube durch eine übermächtig gewordene Engelvorstellung ernsthaft in Gefahr geriet (Engelkult), und dies in zweierlei Hinsicht: Im Blick auf das Verhältnis zwischen Gott und den Engeln war der Grundsatz der Souveränität und Allmacht Gottes bedroht und im Blick auf das Verhältnis zwischen Engeln und Menschen bestand die Gefahr, daß der Mensch keine Notwendigkeit oder auch keine Möglichkeit mehr sah, sich direkt an Gott zu wenden und daß auf diese Weise der Gedanke der Barmherzigkeit und Liebe Gottes zum Menschen überdeckt bzw. aufgegeben wurde. Beide Gefahren haben die Rabbinen erkannt und bekämpft. Wie sehr insbesondere letztere zu einem völligen Neuansatz in der jüdischen Engelvorstellung geführt hat, zeigen die im folgenden zu behandelnden Texte.

2. TEIL

RIVALITÄT ZWISCHEN ENGELN UND MENSCHEN

A. TEXTINTERPRETATIONEN

ERSCHAFFUNG DES MENSCHEN UND ERSTE GENERATIONEN

Text 1

BerR 2,2

Die Erde aber staunte und wunderte sich[1] (Gen 1, 2). R. Abbahu[2] und R. Jehuda b. R. Simon[3] [legen diesen Vers aus].

R. Abbahu sagt: Das gleicht einem König, der sich zwei Sklaven für ein und denselben Preis[4] gekauft hatte. Über den einen bestimmte er, daß er aus dem Staatsschatz ernährt werde und über den anderen bestimmte er, daß er sich mühen und [davon] ernähren solle. Da setzte sich letzterer hin, staunte und wunderte sich und sagte: Wir beide wurden für denselben Preis gekauft – der da wird ernährt aus dem Staatsschatz, ich aber soll mich durch meine eigene Mühe [ernähren]?! So setzte sich auch die Erde hin, staunte und wunderte sich und sprach: Die Oberen und die Unteren wurden zugleich erschaffen. Die Oberen werden ernährt vom Glanz der Schekhinah, die Unteren aber sollen, wenn sie sich nicht abmühen, nicht essen?!

R. Jehuda b. R. Simon sagt: Das gleicht einem König, der sich zwei Mägde für ein und denselben Preis gekauft hatte. Über die eine bestimmte er, daß sie den Palast nicht verlassen solle, die andere aber vertrieb er[5]. Da setzte sich

---

[1] So im Sinne des Midraschs. Am Rand der Hs London wird erklärt: „weinte und klagte", vgl. Albeck z. St.; dieser Sinn klingt bei der Interpretation des Midraschs ohne Zweifel mit. Es ist auch denkbar, daß dem *tôhāh* und *bôhāh* das griech. θύω und βοάω (lärmen, toben, wüten) zugrundeliegt.

[2] pA 3, um 300.

[3] pA 4, um 320.

[4] *be'ônî 'aḥat ûbeṭîmî 'aḥat* – ὠνή (Preis); τιμή (Wert).

[5] *gāzar ṭerûdîn* – er verhängte Verbannung über sie.

letztere hin, staunte und wunderte sich und sagte: Wir beide wurden für ein und denselben Preis gekauft – diese da braucht den Palast nicht zu verlassen, über mich aber wurde Verbannung verhängt?! So setzte sich auch die Erde hin, staunte und wunderte sich und sagte: Die Oberen und die Unteren wurden zugleich erschaffen. Warum dürfen die Oberen leben und müssen die Unteren sterben?! Deswegen heißt es: ... (Gen 1, 2).

R. Tanchuma sagt: Das gleicht einem Königssohn, der in der Wiege schlief, seine Amme aber weinte und klagte[6]. Warum? Weil sie wußte, daß sie einst ihre Strafe[7] aus seiner Hand empfangen würde. So sah auch die Erde voraus, daß sie einst ihre Strafe aus den Händen des Menschen (= Adams) empfangen würde: Verflucht ist die Erde um deinetwillen (Gen 3, 17). Deswegen heißt es: ... (Gen 1, 2).

Jalq Gen § 4 S. 4 bu.
MHG Gen S. 20 (Nur der Midrasch R. Jehuda b. R. Simons, stark verkürzt und ohne das Gleichnis).

A. Amoräischer Midrasch. Ob die drei Gleichnisse ursprünglich getrennt überliefert und erst vom Redaktor des BerR in dieser Form zusammengestellt wurden oder ob sie schon immer zusammengehörten, ist nicht mehr zu entscheiden. Der Gedankengang, der in der Abfolge der Gleichnisse zu erkennen ist, kann sowohl auf eine ursprünglich einheitliche literarische Komposition als auch auf die geschickte Redaktionsarbeit eines Redaktors zurückgehen. Am ehesten wäre denkbar, daß das dritte Gleichnis erst später bzw. in einem zweiten Stadium der Redaktion hinzugefügt wurde, da R. Tanchuma im einleitenden Satz nicht erwähnt wird.

B. Die ersten beiden Gleichnisse gehören eng zusammen und seien zunächst interpretiert:

1. Den beiden Knechten im Gleichnis entsprechen Himmel (einschließlich den Bewohnern des Himmels, den Engeln) und Erde (einschließlich ihren Bewohnern, den Menschen). So wie der erste Knecht vom Staatsschatz ernährt wird, ernähren sich die Engel vom Glanz der Schekhinah; so wie der zweite Knecht sich aus eigener Arbeit ernährt, müssen sich die Menschen durch eigene Mühe ernähren.

2. Ebenso entsprechen den beiden Mägden die Engel und die Menschen. So wie die erste Magd im Palast wohnen darf (d. h. in unmittelbarer Nähe des Königs), wohnen die Engel in unmittelbarer Nähe Gottes und erlangen dadurch ewiges Leben; so wie die zweite Magd aus dem Palast vertrieben wurde, müssen die Menschen auf der Erde leben und sterben.

Der Midrasch ist nur verständlich auf dem Hintergrund der berühmten Kontroverse zwischen Hillel und Schammai über die Frage, ob der Himmel oder die

---

[6] Hier gibt die Übersetzung „staunte und wunderte sich" keinen Sinn.
[7] Wörtl.: das ihre.

Erde zuerst erschaffen wurde[8]. Schammai war der Meinung, daß zuerst der Himmel und dann die Erde erschaffen wurde, während nach Hillel umgekehrt die Erschaffung der Erde der Erschaffung des Himmels voranging. Andere Rabbinen nahmen eine vermittelnde Haltung ein und vertraten die gleichzeitige Schöpfung von Himmel und Erde[9]. Von dieser Tradition geht offensichtlich auch der vorliegende Midrasch aus. Er vertieft diese Tradition aber insofern, als über den Gegensatz Himmel-Erde hinaus mehr noch der Gegensatz Engel-Menschen erörtert wird[10]. Engel und Menschen wurden nicht nur gleichzeitig, sondern vor allem unter den gleichen Bedingungen erschaffen, folglich haben auch die Engel den Menschen nichts voraus. Die in den beiden Gleichnissen gestellte Frage lautet also: Warum werden Engel und Menschen so ungleich behandelt? Warum werden die Engel den Menschen gegenüber bevorzugt? Gott wohnt bei den Engeln und nicht bei den Menschen; die Engel nähren sich vom Glanz der Schekhinah und leben (folglich) ewig[11]; die Menschen nähren sich von eigener Arbeit und müssen (fern von Gott) sterben. Thema des Midraschs ist also letztlich das Verhältnis zwischen Engeln und Menschen einerseits und das Verhältnis der Engel und Menschen zu Gott andererseits. Eine Antwort auf diese grundlegende Frage geben die beiden ersten Gleichnisse nicht.

3. Das dritte Gleichnis nennt den Grund für die Benachteiligung der Erde gegenüber dem Himmel: Die Erde (= Amme im Gleichnis) ist um des Menschen (= Königssohn) willen verflucht. Obwohl hier der Gegensatz Himmel-Erde ganz im Vordergrund steht, sind (jedenfalls in der vorliegenden redaktionellen Zusammenstellung der drei Gleichnisse) Menschen und Engel mit in die Aussage einbezogen: Die Sünde des Menschen ist auch der Grund für die Benachteiligung gegenüber den Engeln; Menschen und Engel wurden zwar unter den gleichen Bedingungen erschaffen, aber die Sünde des Menschen machte diesen gemeinsamen Ausgangspunkt zunichte und brachte den Tod auf die Welt. Damit wäre die in den ersten beiden Gleichnissen gestellte Frage beantwortet.

C. Der Midrasch ist nur mit Vorbehalt in die Untersuchung einzubeziehen. Trifft die vorgeschlagene Deutung zu, hatte der Mensch nach Ansicht des Redaktors ursprünglich die Möglichkeit, den Engeln gleich zu sein (und war auch mit diesem Ziel geschaffen worden?); erst durch die Sünde Adams wurde er zu einem benachteiligten und den Engeln unterlegenen Wesen.

---

[8] Vgl. BerR 1, 15; j Chag K 2 H 1.

[9] Etwa R. Schimon b. Jochai, BerR ebd.; j Chag ebd.

[10] Diese Fragestellung ist implizit auch in der Hillel-Schammai-Kontroverse enthalten, aber nicht so zugespitzt und prägnant formuliert wie in den übersetzten Gleichnissen.

[11] Der Glanz der Schekhinah ist die Nahrung der Engel und verleiht Unsterblichkeit; vgl. Goldberg, Schekhinah, Abschnitt 260; 264 ff. und S. 527 f.; oben S. 52.

Text 2

I. Mech S. 112

R. Pappos[12] legte aus: Siehe, der Mensch war[13] wie einer von uns [im Erkennen von Gut und Böse] (Gen 3, 22) – wie einer von den Dienstengeln. Da sagte R. Aqiba: Genug[14], Pappos! Da entgegnete Pappos: Und wie legst du [den Vers] aus[15]: ... (Gen 3, 22)? Vielmehr [antwortete R. Aqiba]: Der Heilige, er sei gepriesen, gab ihm (Adam) zwei Wege zur [Aus]wahl[16], einen [Weg] des Lebens und einen [Weg] des Todes, er aber wählte den Weg des Todes.

MekhRS S. 68 (R. Papius).
MHG Ex S. 280 (R. Papius).
Jalq Gen § 34 S. 20am (R. Papias).
Vgl. auch KohR 7, 29 § 1 (anonym).

II. BerR 21, 5

(Die Kontroverse zwischen Pappos[17] und R. Aqiba fast wörtlich wie in der Mech. Es folgt:)

R. Jehuda b. R. Simon sagt: [Das *ke'aḥad* bedeutet:] Wie der Einzige der Welt: Höre Israel, der Herr, unser Gott, ist ein einziger Gott (Dt 6, 4).

Die Rabbinen sagen: Wie Gabriel: Ein Mann *('îš 'äḥād)* war in ihrer Mitte, in linnene Gewänder gekleidet (Ez 9, 2) ...

Jalq Gen § 34 S. 20am; der Ausspruch R. Jehudas auch PesR S. 192 a.

Vgl. TPsJ Gen 3, 22: Gott, der Herr, sprach zu den Dienstengeln, die vor ihm dienen: Siehe, der Mensch war einzig in der Welt, so wie ich einzig bin in den hohen Himmeln ...

PRE Kap. 12 S. 29 b; MHG Gen S. 84: Der Mensch wandelte im Garten Eden wie einer der Dienstengel. Gott sprach: Ich bin einzig in meiner Welt und dieser ist einzig in seiner Welt ...

III. SchirR 1, 9 § 2

R. Papias deutet [das *ke'aḥad mimmännû*] im Vers ... (Gen 3, 22) als: wie der Einzige der Welt. Da sagte R. Aqiba zu ihm: Genug, Papias! Er antwortete: Wie verstehst du denn die Worte *hājāh ke'aḥad mimmännû*? Er (Aqiba) sagte: [Er war] wie einer der Dienstengel. Die Weisen aber sagen: Nicht wie die Worte des einen und nicht wie die Worte des anderen – vielmehr: Dies lehrt, daß der Heilige, er sei gepriesen, ihm zwei Wege zur Auswahl gab, den Weg des Lebens und den Weg des Todes ...

---

[12] Hss Oxford und München (nach Horovitz-Rabin z. St.): Papias.

[13] *hājāh*. So im Sinne des Midraschs (statt „wurde" im MT).

[14] Wörtl.: Genug dir!

[15] *ûmāh 'attāh meqajjem.*

[16] Wörtl.: Stellte vor ihn hin.

[17] Hier: R. Papias.

IV. PesR S. 192a

Was ist, ist längst schon gewesen[18] (Koh 3, 15), [das bezieht sich auf die Erschaffung Adams]: Als der Heilige, er sei gepriesen, Adam erschuf, schuf er ihn mit der Absicht, daß er lebe und existiere [in Ewigkeit] wie die Dienstengel, denn: Gott, der Herr, sprach: Siehe, der Mensch war wie einer von uns (Gen 3, 22). So wie die Dienstengel nicht sterben, so sollte auch er nicht den Geschmack des Todes kosten. ... (Es folgt der Midrasch R. Jehuda b. R. Simons – etwas ausführlicher als in Version II – und anschließend die weitere Auslegung von Koh 3, 15).

Vgl. auch SchemR 32, 1; BamR 16, 24; TanBu Ergänzung zu P. *šelaḥ* § 2 (unten Text 39, II b).

A. Die Kontroverse zwischen Pappos[19] und Aqiba ist in ihrer ursprünglichen Form in der Mech überliefert (Version I)[20]; die Erweiterung der Kontroverse um die Aussprüche R. Jehudas[21] und der Rabbinen in Version II ist vermutlich sekundär[22]. Version III bietet mit Sicherheit einen verderbten Text: Der Ausspruch R. Jehudas wird Pappos in den Mund gelegt; dadurch verschiebt sich der ganze Midrasch, so daß R. Aqiba zum Autor des Dictums von Pappos und den Rabbinen der Ausspruch Aqibas zugeschrieben wird. PesR bietet eine eigene Version (IV), die von I möglicherweise unabhängig ist (s. u.).

B. Tannaitischer Auslegungsmidrasch zu Gen 3, 22. Die zugrundeliegende Frage lautet: Was bedeutet das *keʾaḥad mimmännû* in Gen 3, 22? Pappos versteht *mimmännû* (entsprechend dem Wortsinn) als Plural und bezieht es deswegen auf die Engel. Aqiba dagegen legt *mimmännû* offensichtlich als Singular aus und trennt es syntaktisch von *keaḥad:* Siehe, der Mensch war wie einer, der von sich aus wählte zwischen Gut und Böse und sich für einen Weg, nämlich den Weg des Bösen, entschied[23]. Aqiba wendet sich also mit aller Schärfe[24] gegen die These, daß der Mensch ursprünglich (d. h. wohl: vor dem Sündenfall[25]) den Engeln gleich war. Gerade die Fortsetzung des Verses Gen

---

[18] Oder auch: Wäre schon gewesen (wenn Adam nicht gesündigt hätte).

[19] Es ist kaum noch zu entscheiden, ob Pappos b. Jehuda (T 2) oder der etwas ältere R. Papias (T 2) gemeint ist; vgl. Bacher, Tannaiten I, S. 325.

[20] Die Mech überliefert insgesamt vier stilistisch gleich aufgebaute Kontroversen zwischen Aqiba und Pappos (über HL 1, 9; Job 23, 13; Gen 3, 22; Ps 106, 20).

[21] pA 4, um 320.

[22] Was nicht bedeutet, daß die von R. Jehuda überlieferte Tradition jünger sein muß; immerhin findet sie sich auch im TPsJ z. St.

[23] So auch Geiger, Urschrift und Übersetzungen, S. 328 f.; vgl. auch Albeck z. St.; Bacher, Tannaiten I, S. 326 Anm. 1.

[24] Darauf deutet das entschiedene „Genug, Pappos!".

[25] Das *hājāh* des Bibelverses ist zwar nicht ausdrücklich, aber sehr wahrscheinlich implizit mit in die Auslegung des Pappos einbezogen (statt „wurde" : „war"). Vgl. auch die Midraschim zu Gen 3, 22 in BerR 21, die fast alle mit der Klage Gottes schließen: Der Mensch war wie einer von uns.

3, 22 („im Erkennen von Gut und Böse") schließt nach Aqiba diese Erklärung aus. Wäre der Mensch vor dem Sündenfall den Engeln gleich gewesen, hätte er gar nicht sündigen können, da die Engel ihrem Wesen nach sündenlos sind und deswegen auch nicht zwischen Gut und Böse wählen können. Die freie Wahl zwischen Gut und Böse ist – von der Schöpfung an – ein Kennzeichen des Menschen und unterscheidet ihn gerade von den Engeln. Diesen theologischen Grundsatz der freien Willensentscheidung für Gut und Böse sieht Aqiba offenbar gefährdet, wenn ein besonderer Status des Menschen (Adam = Dienstengel) vor dem Sündenfall angenommen wird[26].

Version II schließt an die Kontroverse zwischen Pappos und R. Aqiba zwei weitere Auslegungen, die sich beide nur auf das *k*ᵉ*'aḥad* des Bibelverses beziehen: Adam war wie der, der *'äḥād* genannt wird, nämlich wie Gott – so wie Gott einzig ist im Himmel, so war Adam einzig auf der Erde – (R. Jehuda) bzw. wie Gabriel (Rabbinen).

Version IV bietet eine ganz eigenständige Bearbeitung des Midraschs, wobei nicht mehr zu entscheiden ist, ob diese Bearbeitung auf das Dictum des Pappos oder auf eine andere Quelle zurückgeht. Thema des Midraschs ist der Zweifel der Spötter oder Skeptiker am ewigen Leben[27]. Gegen diesen Zweifel verweist R. Tanchuma auf Adam, der ursprünglich – wie die Dienstengel[28] – unsterblich war. Die Unsterblichkeit des Menschen ist also im Schöpfungsplan Gottes vorgesehen. Sie wurde vorläufig durch die Sünde des ersten Menschen zunichte gemacht, wird aber in Zukunft jedem einzelnen wieder zuteil werden („das was sein soll, war schon").

C. Der Mensch war vor dem Sündenfall unsterblich und den Engeln gleich (Version I: Pappos?; Version IV); diese Unsterblichkeit ging durch den Sündenfall (vorläufig) verloren (IV). R. Aqiba betont dagegen die Willensfreiheit des Menschen, die ihn gerade von den Engeln unterscheidet (I).

Text 3

I. TanBu *nāśo'* § 24

In der Stunde, da der Heilige, er sei gepriesen, die Welt erschuf, begehrte er, eine Wohnung bei den Unteren zu haben, so wie er eine bei den Oberen hat. Er rief[29] den Menschen, gebot ihm und sprach zu ihm: Von allen Bäumen des

---

[26] Vgl. auch den Ausspruch Aqibas m Ab 3, 15: „Alles ist [von Gott] vorhergesehen, doch die Freiheit (*r*ᵉ*šût)* [zwischen Gut und Böse zu wählen] ist gegeben".

[27] Vgl. die Fortsetzung, PesR ebd.

[28] Hier sind die Dienstengel eindeutig nur Vergleichsmaßstab: Adam war – in seiner Unsterblichkeit – den Dienstengeln vergleichbar. Es ist nicht auszuschließen, daß Pappos mit seiner Erklärung genau dies meinte und von R. Aqiba absichtlich mißverstanden bzw. auf die Konsequenz einer solchen Deutung aufmerksam gemacht wurde.

[29] Oder ist *bārā'* statt *qārā'* zu lesen?

Gartens darfst du essen, aber vom Baum der Erkenntnis von Gut und Böse, iß nicht von ihm (Gen 2, 16 f.). Er übertrat sein Gebot. Da sprach der Heilige, er sei gepriesen, zu ihm: So sehr begehrte ich, so wie ich eine Wohnung bei den Oberen habe, auch Wohnung bei den Unteren zu nehmen. Nur eines habe ich dir geboten, aber du hast es nicht gehalten. Sofort entfernte der Heilige, er sei gepriesen, seine Schekhinah in den Himmel. ...

Hs Rom: R. Schmuel b. Abba; Hs Michael 577 No. 155 (Oxford): R. Schmuel b. Chama.

Tan *nāśo'* § 16: R. Schmuel b. Nachman.

II. Tan *b^e ḥuqqotaj* § 3

R. Ammi sagt: Der Heilige, er sei gepriesen, begehrte, so wie er eine Wohnung oben hatte, auch eine Wohnung unten zu haben. Denn so sprach er zum ersten Menschen: Wenn du dich würdig erweist, mache ich dich zum König über die Unteren, so wie ich König über die Oberen bin, wie es heißt: Da nahm Gott, der Herr, den Menschen (Gen 2, 15). ... Er aber tat nicht so, sondern als er sündigte, entfernte er seine Schekhinah von ihm.

Midraš j^elamm^edenû, BatMidr I, S. 143.

III. BerR 3, 9

R. Schmuel b. Ammi sagt: Vom Beginn der Erschaffung der Welt begehrte der Heilige, er sei gepriesen, Gemeinschaft mit den Unteren ... (Fortsetzung: die Erschaffung der Welt war erst mit der Errichtung des Stiftszeltes abgeschlossen[30].)

BamR 13, 6 (R. Schmuel b. Abba).
PesR S. 27 b (R. Schmuel b. Mata, verschrieben aus Chama oder Abba?).

A. Amoräischer Midrasch. Der Autor war vermutlich entweder R. Schmuel b. Nachman[31] oder R. Schmuel b. Ammi[32].

B. Der Midrasch gehört in den umfangreichen Midraschkomplex über die Schekhinah im Garten Eden[33]. Thema dieser Midraschim ist die Frage nach dem Ort der Schekhinah, d. h. konkret, ob die Schekhinah ursprünglich im Himmel oder auf der Erde weilte[34]. Alle drei vorgelegten Versionen setzen offenbar voraus, daß die Schekhinah zunächst im Himmel wohnte und sich erst nach der Erschaffung des Menschen auf die Erde begab. Die Sünde des Menschen vereitelte dann sogleich den Plan Gottes einer ständigen Gemeinschaft mit den

---

[30] Die verschiedenen Versionen dieses Textes sind bei Goldberg, Schekhinah, Abschnitt 8 übersetzt.

[31] pA 3, um 260.

[32] pA 4. Vgl. zum Ganzen Goldberg, Schekhinah, Abschnitte 2 und 8.

[33] Vgl. Goldberg, Schekhinah, Abschnitte 1–8.

[34] Die Rabbinen waren in dieser Frage nicht einer Meinung, vgl. Goldberg, Schekhinah, besonders S. 479.

Menschen, und die Schekhinah entfernte sich wieder in den Himmel (I und II). Nach Version III wurde die Weltschöpfung erst mit der Errichtung des Wüstenheiligtums abgeschlossen, folglich konnte die Schekhinah auch erst nach der Errichtung des Heiligtums herabkommen[35].

C. Eine direkte Aussage über das Verhältnis zwischen Engeln und Menschen (= Obere und Untere) ist dem Midrasch nicht zu entnehmen. Das Wohnen bei den Oberen und Unteren ist keine Alternative, sondern offensichtlich gleichzeitig möglich („so wie ..."), so daß sich eine Konkurrenz zwischen Menschen und Engeln nicht ergeben kann. Immerhin läßt der Midrasch erkennen, daß der Mensch in den Augen Gottes vor dem Sündenfall den Engeln gleichwertig war, da Gott sich nicht mehr auf die Wohngemeinschaft mit den Engeln beschränken will.

Text 4

BerR 8, 9f.

R. Hoschaja[36] sagt: In der Stunde, da der Heilige, er sei gepriesen, den ersten Menschen erschaffen hatte, gingen die Dienstengel in die Irre an ihm und wollten vor ihm rufen: Heilig![37] Wem gleicht die Sache? Einem König und Eparchen, die [gemeinsam] in einem Reisewagen fuhren. Die Bewohner des Landes[38] wollten dem König „Herr"[39] zurufen, wußten aber nicht, wer von beiden [der König] war. Was tat der König? Er stieß [den Eparchen] und warf ihn aus dem Wagen. Da wußten [die Menschen], wer der König war. Ebenso irrten sich die Engel, als Gott den ersten Menschen erschaffen hatte. Was tat der Heilige, er sei gepriesen? Er ließ einen Schlaf auf ihn fallen. Da wußten alle, daß er der Mensch war. Das ist es, was geschrieben steht: Lasset ab vom Menschen, in dessen Nase nur ein Hauch ist; denn wofür soll man ihn halten? (Jes 2, 22).

KohR 6, 10 § 1 (statt Jes 2, 22: Gen 3, 19 als Schriftbeweis).
Jalq Gen § 23 (statt „Heilig": „Hymnus").
Jalq Jes § 394 S. 774 bu.
JalqMa Jes 2, 22 (als Zitat aus BerR).

A. Amoräischer Midrasch.

B. Auslegungsmidrasch zu Gen 1, 26: Wir wollen einen Menschen schaffen nach unserem Bild und Gleichnis. Die zugrundeliegende Frage lautet: Was

---

[35] Es ist denkbar, daß Version III zwei ursprünglich verschiedene Ansichten harmonisieren will: 1. Gott wollte schon nach der Erschaffung des Menschen auf der Erde wohnen, aber die Sünde des Menschen machte dieses Vorhaben zunichte; 2. Er kam erst nach der Errichtung des Heiligtums auf die Erde herab.

[36] Hoschaja I. (Rabba), pA 1 (um 225), oder Hoschaja II., pA 3.

[37] Gemeint ist das Trishagion, Jes 6, 3.

[38] Bzw. der Stadt *(m^e^dînāh)*.

[39] Domine.

heißt „nach unserem Bild und Gleichnis"?[40] Heißt dies „nach dem Bilde Gottes", dann ist es nur folgerichtig, daß der Mensch Gott gleich war. In diesem Sinne verstehen jedenfalls die Engel den Vers und werden demnach am Menschen irre. Das hebr. *ṭāʿû* bô heißt hier sowohl „sie irrten sich" als auch „sie zogen die Konsequenz aus ihrem Irrtum": die Dienstengel können nicht mehr zwischen Gott und dem Menschen unterscheiden und wollen dem Menschen das nur Gott gebührende „Heilig, heilig, heilig" zurufen. Gott ist gezwungen, seine Macht über den Menschen zu demonstrieren und klarzustellen, daß in des Menschen „Nase nur ein Hauch ist", der Hauch nämlich, den der Schöpfergott in seine Nase blies (Gen 3, 7).

C. Der Midrasch richtet sich gegen eine falsche Auffassung vom Wesen des Menschen (Gottgleichheit), die vermutlich auf gnostische Traditionen (Adammythos)[41] zurückgeht. Vgl. den folgenden Text.

Text 5

Ia. BerRabbati S. 24 f.

Unser Lehrer R. Jehoschua b. Nun sagt: ... Der Heilige, er sei gepriesen, sprach zu den Dienstengeln: Werft euch nieder vor ihm (Adam)! Da befolgten die Dienstengel den Willen des Heiligen, er sei gepriesen. Der Satan war größer als alle Engel im Himmel. Er sprach zum Heiligen, er sei gepriesen: Herr der Welt, du hast uns vom Glanz der Schekhinah geschaffen und verlangst von uns, daß wir uns vor jemandem niederwerfen, den du vom Staub der Erde geschaffen hast?! Da antwortete ihm der Heilige, er sei gepriesen: Dieser da, der vom Staub der Erde [geschaffen wurde], hat mehr Weisheit und Einsicht als du ... (folgt der Midrasch von der Namengebung der Tiere, vgl. Text 6).

Ib. Zitat des Midraschs in Pugio Fidei, S. 563 f.

... (wie oben, Fortsetzung): Und es geschah, als er nicht einwilligte, sich vor ihm niederzuwerfen und nicht auf die Stimme des Heiligen, er sei gepriesen, hörte, da vertrieb man ihn aus dem Himmel und er ward zum Satan ...

Eldad ha-Dani S. 66 (wörtlich wie BerRabbati)[42].

II. *Midrāš ʾAlphāʾBêtāʾ deRabbî ʿAqîbāʾ* (BHM III, S. 59 f.)

... Dies lehrt, daß der Mensch (= Adam) anfangs [in einer Größe] geschaffen wurde, [die] von der Erde bis zum Firmament [reichte]. Als die Dienstengel ihn sahen, da zitterten sie und fürchteten sich vor ihm. In derselben

---

[40] Vgl. auch Text 2.

[41] Vgl. dazu A. Altmann, „The Gnostic Background of the Rabbinic Adam Legends", JQR N. S. 35, 1944/45, S. 379 ff.

[42] Daß Eldad ha-Dani die Quelle unseres Midraschs sei (so Epstein z. St. und Ginzberg, Legends, Bd. V, S. 84 Anm. 34), ist ganz unwahrscheinlich.

Stunde stellten sich alle vor dem Heiligen, er sei gepriesen, hin und sprachen: Herr der Welt, gibt es zwei Mächte auf der Welt, eine im Himmel und eine auf der Erde? Was tat der Heilige, er sei gepriesen, in dieser Stunde? Er legte seine Hand auf ihn und verringerte [seine Größe] auf 1000 Ellen.

Jalq Gen § 20 S. 12 bm (fast wörtlich).
Sephär ḥasîdîm, S. 290: die Engel wollten ‚Heiliger' vor ihm sagen, weil er die ganze Erde erfüllte . . .; vgl. Text 4.

III. P R E K a p. 11 S. 28 a

. . . Seine (Adams) Größe reichte von einem Ende der Welt zum anderen. . . . Er stellte sich auf seine Füße und hatte eine Gestalt nach dem Abbild Gottes. Als die Geschöpfe ihn sahen, da fürchteten sie sich, glaubten, daß er ihr Schöpfer sei und kamen alle, sich vor ihm niederzuwerfen. Da sprach er zu ihnen: Ihr seid gekommen, euch vor mir niederzuwerfen?! Kommt, laßt uns gehen und mit Herrlichkeit und Macht bekleiden und zum König über uns einsetzen den, der uns erschaffen hat. . . .

Tan *peqûdê* § 3 Ende (verderbt?).
Chronik des Jerachmeel (Übers. Gaster, VI 12 = S. 16 f.), fast wörtlich.

A. Die übersetzten Midraschim sind, wenn auch aus verschiedenen Zeiten stammend (I z. B. ist einer späten mittelalterlichen Midraschkompilation entnommen, die auf R. Mosche ha-Darschan zurückgeht[43]), Zeugen ein und derselben Tradition. Dabei ist bemerkenswert, daß der mit Sicherheit jüngste Text (I) der ursprünglichen Überlieferung am nächsten kommt[44].

B. 1. Die Aussage des Midraschs ist eindeutig: Gott fordert die Engel auf, Adam anzubeten. Der Satan weigert sich und wird aus dem Himmel vertrieben (I b) bzw. unterliegt Adam bei der Benennung der Tiere (I a)[45]. Das Motiv von der Anbetung Adams durch die Engel ist mit Sicherheit nicht ursprünglich jüdisch, sondern dürfte auf gnostische Traditionen zurückgehen[46].

2. Es versteht sich von selbst, daß eine solche Überlieferung nicht unverändert in die rabbinische Literatur übernommen werden konnte. In den

---

[43] Vgl. dazu Strack, Einleitung, S. 223 f. und Albeck in der Einleitung zu seiner Edition.

[44] Zu den Parallelen in der syrischen Schatzhöhle (2, 25; Rießler, S. 945), im slav. Adambuch (ed. Jagić, S. 47), im Leben Adam und Evas (Kap. 13–16; Fuchs, in: Kautzsch II, S. 513 f.) und im Koran (2, 34 und 15, 26 ff.) vgl. Altmann, Gnostic Background, S. 383; EJ I, Sp. 763 f.; Grünbaum, Neue Beiträge, S. 57 f.

[45] Dieser Schluß gehört vermutlich nicht zur ursprünglichen Erzählung, sondern ist aus dem Midrasch genommen (vgl. Text 6). In der Schatzhöhle und im Leben Adam und Evas wird Satan aus dem Himmel vertrieben.

[46] Vgl. vor allem die Betonnung des Gegensatzes zwischen dem „vom Staub der Erde geschaffenen" Adam und den „vom Glanz der Schekhinah geschaffenen" Engeln (Schatzhöhle: „Staub" – „Feuer und Geist"). Dazu Altmann, Gnostic Background, S. 385.

Versionen II und III sind denn auch zwei Versuche erhalten, das (zweifellos vorgegebene) Motiv von der Anbetung Adams durch die Engel umzudeuten und damit für jüdische Vorstellungen akzeptabel zu machen.

In Version II fürchten sich die Engel wegen seiner ungeheuren Größe[47] vor Adam und (dies ist zwar nicht ausdrücklich gesagt, aber sicher impliziert[48]) wollen ihn anbeten. Adam erscheint ihnen wie ein zweiter Gott, und Gott kommt einer falschen Reaktion der Engel zuvor, indem er ihn schnell verkleinert. Hier ist also – durch Umdeutung des ursprünglichen Motivs und im Gegensatz zu I – der Monotheismus gewahrt. In dieser Form erinnert der Midrasch deutlich an den vorangehenden Text.

In Version III schließlich ist die Umdeutung am weitesten fortgeschritten. Nicht mehr die Engel wollen Adam anbeten, sondern die Geschöpfe. Adam selbst belehrt sie sofort eines besseren und preist mit ihnen zusammen den Gott, der sie alle erschaffen hat. Hier ist das Bestreben, eine Zwei-Mächte-Lehre zurückzuweisen noch deutlicher zu erkennen als in Version II.

C. In den übersetzten Texten haben sich Reste eines (ursprünglich gnostischen) Mythos von der Anbetung Adams durch die Engel erhalten. Dieser Mythos konnte nur in überarbeiteter Form in die rabbinische Literatur aufgenommen werden und findet sich erst wieder in einer mittelalterlichen jüdischen Quelle in seiner (vermutlich) ursprünglichen Fassung.

Text 6

I. PesR S. 59 b f.

Und er (= Salomo) war weiser als alle Menschen *('ādām)* (1 Kö 5, 11). [Das heißt, er war weiser als] der erste Mensch[49]. Worin bestand denn die Weisheit des ersten Menschen? Vielmehr, in der Stunde, da der Heilige, er sei gepriesen, den ersten Menschen erschaffen wollte, beriet er sich mit den Dienstengeln und sagte zu ihnen: Wollen wir einen Menschen schaffen? (Gen 1, 26)[50]. Sie antworteten ihm: Herr der Welt, was ist der Mensch, daß du seiner gedenkst usw. [und des Menschen Sohn, daß du dich seiner annimmst[51]]?! (Ps 8, 5). [Gott] antwortete ihnen: Dieser Mensch, den ich in meiner Welt erschaffen will, dessen Weisheit ist größer als die eure! Was tat er? Er versammelte alles Vieh, wildes Getier und Geflügel und ließ es an ihnen vorüberziehen. Dann fragte er sie: Was ist der Name dieser [Geschöpfe]? Aber sie wußten es nicht.

Nachdem er nun den ersten Menschen erschaffen hatte, versammelte er

---

[47] Vgl. WaR 14, 1; 18, 2 parr.

[48] Vgl. III: ... „da fürchteten sie sich ... und kamen alle, sich vor ihm niederzuwerfen".

[49] 1 Kö 5, 11 wird also gelesen: Und er war weiser als Adam.

[50] Gen 1, 26 ist hier offensichtlich als Frage aufgefaßt; vgl. Braude, S. 272.

[51] So im Sinne des Midraschs.

alles Vieh, wildes Getier und Geflügel und ließ es an ihm vorüberziehen. Dann fragte er [ihn]: Was ist der Name dieser [Geschöpfe]? Er antwortete: Für dieses [Tier] wäre es passend, es „Ochs“ zu nennen, dieses [Tier] könnte man „Pferd“ nennen, dieses „Kamel“, dieses „Adler“ und dieses „Löwe“. Das ist es, was geschrieben steht: Und der Mensch nannte mit Namen alles Vieh usw. (Gen 2, 20). Dann fragte [Gott] ihn: Und du, was ist dein Name? Er antwortete: Adam. [Gott] fragte: Warum? Er gab ihm zur Antwort: Weil ich von der Erde (*'ᵃdāmāh)* geschaffen wurde. [Gott] fragte [weiter]: Und ich, was ist mein Name? – Gott. [Gott] fragte: Warum? – Weil du Herr bist über alle deine Werke.

R. Achi[52] sagt: Da sprach der Heilige, er sei gepriesen: Ich bin der Herr, das ist mein Name (Jes 42, 8). Das ist mein Name, den mir der erste Mensch gegeben hat. Das ist mein Name, den ich mit mir selbst vereinbart habe. Das ist mein Name, den ich für meinen Verkehr mit den Dienstengeln vereinbart habe.

Die Parallelen sind sehr zahlreich und unterscheiden sich nur geringfügig voneinander: PRK S. 60 f.; TanBu *ḥuqqat* § 12; Tan *ḥuqqat* § 6; BamR 19, 3; KohR 7, 23 § 1; Jalq Kö § 178 S. 747 bm; Jalq Chr § 1072 S. 1031 bo; Jalq Ps § 639 S. 886 au; vgl. auch ARN Vers. B Kap. 8 S. 23; Tan *beḥuqqotaj* § 4.

MidrTeh 8, 2: Herr, unser Gott, wie herrlich ist dein Name auf der ganzen Erde (Ps 8, 2). Rabbi sagt: Bei drei Gelegenheiten finden wir, daß die Engel mit dem Heiligen, er sei gepriesen, rechteten: bei Adam, bei der Gabe der Torah und beim Stiftszelt. Beim ersten Menschen: ...

II. BerR 17, 4

Und Gott, der Herr, bildete von der Erde alle Tiere des Feldes [und alle Vögel des Himmels und brachte sie zum Menschen, um zu sehen, wie er sie benennen würde ...] (Gen 2, 19) ... R. Acha sagt: ... Sie antworteten ihm: Dieser Mensch, von welcher Beschaffenheit wird er sein? (Fortsetzung fast wörtlich wie I) ... R. Chijja sagt: ... (Jes 42, 8) ...

MHG Gen S. 85 f. (Schriftanschluß Gen 2, 19 wie BerR 17, 4, Durchführung wie I).

III. t Sot 6, 5

Dieselben Engel, die [bei der Erschaffung des Menschen] gesagt hatten: Was ist der Mensch ... (Ps 8, 5)[53], sagten [am Schilfmeer][54]: Kommt, wir

---

[52] Nach Braude, S. 273 liest Hs Parma: R. Acha.

[53] Hs Wien: Die Dienstengel „erhoben Anklage“ *(qiššerû qāṭêgôr;* zu lesen ist: *qāṭêgôrjāh).* Altmann, Gnostic Background, S. 372 übersetzt ohne Rücksicht auf den Kontext „the accuser is put in bondage“. Diese Fehlübersetzung verleitet ihn zu sehr weitreichenden (ebenfalls nicht zutreffenden) Folgerungen; vgl. S. 376 f.

[54] Es ist auch die Übersetzung möglich: Zu denselben Engeln, die ..., sagte [Gott am Schilfmeer] ...

wollen das Lied hören[55]! Als [die Engel] Israel sahen, begannen auch sie und sangen ein Lied, wie es heißt: Herr, unser Gott, wie mächtig ist dein Name auf der ganzen Erde (Ps 8, 2).

IV. EchRBu S. 30

Eine andere Erklärung zu: [Im Verborgenen weine meine Seele] wegen [eures] Hochmuts (Jer 13, 17) – wegen der Dienstengel, die sich erheben und sprechen: ... (Ps 8, 5).

V. Tan *wajjerā'* § 18

... Als der Heilige, er sei gepriesen, die Welt erschaffen wollte, sagten zu ihm die Dienstengel: ... (Ps 8,5). Der Heilige, er sei gepriesen, antwortete ihnen: Ihr sagt: Was ist der Mensch, daß du seiner gedenkst (ebd.), weil ihr die Generation des Enosch[56] gesehen habt. Siehe, ich werde euch die Ehre Abrahams zeigen! Daß du seiner gedenkst (ebd.), wie geschrieben steht: Und Gott gedachte des Abraham (Gen 19, 29). Und des Menschen Sohn, daß du dich seiner annimmst (Ps ebd.)[57], wie es heißt: Und Gott nahm sich der Sara an (Gen 21, 1). Er sprach zu ihnen: Einst werdet ihr den Vater sehen, wie er den Sohn schlachtet und den Sohn, wie er geschlachtet wird um der Heiligung meines Namens willen!

VI. SER S. 243

... Als die Sintflut aufhörte in der Welt, sprach der Heilige, er sei gepriesen, zu Noah: Verlaß die Arche, du, deine Frau, deine Söhne und die Frauen deiner Söhne mit dir (Gen 8, 16). In dieser Stunde berieten sich die Dienstengel und erhoben Klage vor dem Heiligen, er sei gepriesen, so wie sie, als der Heilige, er sei gepriesen, den ersten Menschen schuf, Anklage erhoben und vor dem Heiligen, er sei gepriesen, gesagt hatten: Herr der Welt, ... (Ps 8, 5). In dieser Stunde sprach der Heilige, er sei gepriesen, zu den Dienstengeln: Richtet eure Augen auf die Merkabah und hört auf, [den Menschen] weiter anzuklagen. Sogar wenn ich nur eine der vier Middot, die ich auf dem Thron meiner Herrlichkeit eingraviert habe, von ihnen (den Menschen) erhalte, habe ich über sie bestimmt, daß sie diese Welt erben sollen. ...

SERFr S. 162 (etwas knapper formuliert).

---

[55] Wörtl.: sehen. Gemeint ist das Danklied Israels für die Errettung von den Ägyptern.

[56] Zur Generation Enoschs vgl. unten S. 103 Anm. 144.

[57] Der Text ist verkürzt. In Analogie zu Abraham ist mit *'Eṣ Jôseph* z. St. zu lesen: ..., weil ihr das Geschlecht der Sintflut (vgl. Gen 6, 1) gesehen habt (oder: weil ihr Kain, den Sohn Adams, gesehen habt). Siehe, ich werde euch die Ehre Isaaks zeigen! Daß du dich seiner annimmst (Ps ebd.), wie es heißt: ... (Gen 21, 1).

A. Der Midrasch ist in verschiedenen Kontexten überliefert: einmal im Zusammenhang mit Salomo (1 Kö 5, 11; Version I), dann im Zusammenhang mit der Benennung der Tiere durch Adam (Gen 2, 19; Version II), mit dem Singen des Meerliedes am Schilfmeer (III), mit Jer 13, 17 (IV), mit Abraham und Isaak (V) und schließlich mit Noah (VI). Für die Rekonstruktion eines möglichst ursprünglichen Textes scheiden die Versionen III–VI aus, da man einen direkten Zusammenhang mit der Erschaffung des Menschen als sicher voraussetzen darf; das gleiche gilt für den weiteren Kontext in I (der Zusammenhang mit 1 Kö 5, 11) und wahrscheinlich auch in II (der Zusammenhang mit Gen 2, 19, obwohl sich dieser sehr gut aus dem Inhalt des Midraschs ergibt). Die älteste literarisch greifbare Ausgestaltung des Midraschs wird daher in I und II zu suchen sein, jeweils beginnend mit „In der Stunde, da der Heilige, er sei gepriesen, den ersten Menschen erschaffen wollte ...".
Ein Vergleich der beiden Versionen ergibt zwei ins Gewicht fallende Unterschiede: 1. In I ist der ganze Midrasch anonym und nur der Schluß unter dem Namen R. Achas tradiert, in II dagegen der ganze Midrasch unter dem Namen R. Achas und der Schluß unter dem Namen R. Chijjas. Es spricht einiges dafür, daß Version I dem in II überlieferten Text vorzuziehen ist. Der in I unter dem Namen R. Achas überlieferte Schluß findet sich nämlich an zwei Stellen – ebenfalls unter dem Namen R. Achas – als selbständiger Midrasch bzw. in anderem Kontext[58], d. h. die Tradierung des Schlusses in II unter dem Namen R. Chijjas ist mit großer Wahrscheinlichkeit sekundär[59], zumal die meisten Handschriften R. Acha lesen[60]. Wahrscheinlich wurde in II der Name R. Achas vom Schluß des Midraschs auf den ganzen Midrasch übertragen und stattdessen R. Chijja als Tradent des Schlusses eingesetzt. 2. In I antworten die Dienstengel auf die Frage Gottes mit Ps 8, 5, in II dagegen mit der Gegenfrage: „Wie ist seine Beschaffenheit?". Auch hier spricht einiges für die Priorität von I. Während sich die Formulierung von II nur noch in einer Parallele findet und möglicherweise von dort übernommen wurde[61], ist Ps 8, 5 sehr viel besser bezeugt. Vor allem die mehr beiläufige Bemerkung in t Sot (III) läßt vermuten, daß Ps 8, 5 als Antwort der Engel auf die Erschaffung des Menschen lange vor der Endredaktion unseres Midraschs (und vielleicht auch vor der konkreten Ausgestaltung, wie sie in I und II vorliegt) zu einem festen Topos geworden war.

B. Ausgangspunkt des Midraschs in seiner vermutlich ursprünglichen Form ist der in der rabbinischen Literatur vieldiskutierte Vers Gen 1, 26 (*naʿaśäh ʾādām*)[62]. Unser Midrasch setzt die Meinung voraus, daß der Plural *naʿaśäh* sich

---

[58] PRK S. 122 und S. 319.

[59] Möglicherweise gehörte schon in I der Schluß nicht ursprünglich zum Midrasch.

[60] Vgl. den kritischen Apparat bei Albeck, S. 156 zu Zeile 4.

[61] BerR 8, 4; s. dazu unten S. 90 (Text 7).

[62] Die christliche Exegese sah in diesem Vers eine Anspielung auf die Trinität, vgl. z. B. Augustinus, De Trinitate I, 7, 14; Justin, Dialog mit Tryphon, 62. Das Juden-

auf Gott und die Engel bezieht[63] und als Frage Gottes an die Engel zu verstehen ist. Die zugrundeliegende Vorstellung von den Engeln als Beratern Gottes ist nicht ungewöhnlich und gut bezeugt[64]. Auffallend ist allerdings die eindeutig negative Antwort der Engel auf die Frage Gottes. Ps 8, 5 ff., der in seinem ursprünglichen Kontext gerade die Herrlichkeit des Menschen als Höhepunkt der Schöpfung preist, wird (man ist versucht zu sagen: ironisch) umgedeutet und ins Gegenteil verkehrt: der Mensch ist es nicht wert, daß Gott sich mit ihm befaßt, d. h. ihn erschafft. Ein Grund für diese negative Haltung der Engel gegenüber dem Menschen ist nicht angegeben, es sei denn, man schlösse aus der Antwort Gottes (der Mensch ist weiser als ihr!), daß die Engel den Menschen nicht als ebenbürtiges Geschöpf betrachten.

Gott ist mit der Antwort der Engel nicht einverstanden und demonstriert ihnen in einem kunstvoll (geradezu dramatisch) aufgebauten Midrasch die Überlegenheit des Menschen. Die Fähigkeit, den Geschöpfen Gottes und sogar Gott selbst einen (bzw. den) Namen zu geben, charakterisiert den Menschen als Menschen und unterscheidet ihn von den Engeln. D. h. dieser Unterschied zu den Engeln ist nicht etwa negativ und weist den Menschen als minderwertiges Geschöpf aus, sondern erhebt ihn im Gegenteil über die Engel. Der Mensch ist das bevorzugte Geschöpf Gottes, nicht die Engel. Gen 2, 20 ist also nach dem Verständnis des Midraschs ein Kommentar zu Ps 8, 5–10: Durch seine Fähigkeit, den Geschöpfen Namen zu geben, erweist sich der Mensch wirklich als Höhepunkt der Schöpfung.

In III ist dieser Zusammenhang ohne Zweifel vorausgesetzt. Allerdings ist die Tendenz des Midraschs hier ins Positive gekehrt. Die Engel haben durch die Machterweise Gottes am Schilfmeer ihren Irrtum eingesehen und preisen Gott – nicht von ungefähr mit Ps 8, 2! – wegen der Erschaffung des Menschen.

IV bringt den Widerspruch der Dienstengel gegen die Erschaffung des Menschen in Zusammenhang mit Jer 13, 16 f.: der Sprechende ist Gott, der über den Hochmut der Engel weint, weil sie ihm mit ihrem Widerspruch nicht die schuldige „Ehre erweisen" (ebd. V. 16). Die Tendenz des Midraschs zielt also eher auf das Verhältnis zwischen Gott und seinen Engeln als auf die Beziehung zwischen Engeln und Menschen.

V bietet eine ganz eigenständige Bearbeitung des Midraschs. Die Engel legen Ps 8, 5 auf Enosch (*'ᵃnôš*)[65] und Kain oder das Geschlecht der Sintflut

---

tum wandte sich sowohl gegen diese christliche Auffassung als auch gegen die (gnostische?) Annahme mehrerer Schöpfungspotenzen, vgl. BerR 8, 9; DebR 2, 13; Mech S. 50 parr. u. ö.

[63] Vgl. TPsJ Gen 1, 26. PRE Kap. 11 S. 27 b dagegen (soweit ich sehe, ist dies die einzige Stelle) bezieht das *na'ᵃśäh* auf Gott und die Torah: Gott fragt die Torah, ob er den Menschen erschaffen soll.

[64] S. oben S. 41 ff.

[65] Sie konkretisieren also das allgemeine *'ᵃnôš* des Bibelverses (Enosch ein zweiter Adam?).

(bän-'ādām)[66] aus (d. h. negativ) und begründen so ihre Ablehnung der Erschaffung des Menschen[67], während Gott das *'anôš* des Psalmverses auf Abraham bezieht und das *bän-'ādām* auf Isaak. Die Opposition der Engel ist also im Blick auf die Verderbtheit des Menschengeschlechtes verständlich, aber nicht berechtigt: das Verdienst der Väter (Abraham und Isaak) wiegt die Sünden der Menschen grundsätzlich auf.

Auch VI verlagert die Zielrichtung des Midraschs. Der vorgegebene Midrasch – Widerspruch der Engel gegen die Erschaffung des Menschen – wird auf Noah bezogen. So wie sie gegen die Erschaffung Adams opponiert haben, widersetzen sich die Engel nun der Rettung Noahs, des letzten Überlebenden des Menschengeschlechtes. Da durch die Sintflut ihre Skepsis gegen den Menschen scheinbar bestätigt wurde, ist es nur folgerichtig, wenn sie der Rettung Noahs widersprechen. Aber auch diesmal weist Gott sie sehr deutlich zurecht: Richtet eure Augen auf die Merkabah und hört auf, ihn anzuklagen; mit anderen Worten: Kümmert euch um eure Angelegenheiten und nicht um die des Menschen!

C. Die Tendenz des Midraschs ist eindeutig polemisch. Sie richtet sich gegen die Überheblichkeit der Engel, die der Erschaffung des Menschen widersprechen und betont darüberhinaus (I und II) ausdrücklich die – sich aus seiner Anlage ergebende – Überlegenheit des Menschen über die Engel.

Text 7

BerR 8, 4ff.

... Nicht so R. Chanina[68]. Vielmehr, in der Stunde, da [Gott] den ersten Menschen erschaffen wollte, beriet er sich mit den Dienstengeln und sprach zu ihnen: Wollen wir einen Menschen schaffen? (Gen 1, 26). Sie antworteten ihm: Wie ist seine Beschaffenheit? Er sagte: Gerechte werden von ihm erstehen, wie geschrieben steht: Denn Gott kennt den Weg der Gerechten (Ps 1, 6). Gott tat den Dienstengeln nämlich den Weg der Gerechten kund, aber: der Weg der Frevler geht zugrunde *(to'bed)* (Ps ebd.) – er verheimlichte *('ibbedāh)* ihn vor ihnen. D. h. er offenbarte ihnen, daß die Gerechten von ihm (Adam) erstehen würden, er offenbarte ihnen aber nicht, daß [auch] die Frevler von ihm erstehen würden. Hätte er ihnen nämlich letzteres offenbart, hätte das Maß der Gerechtigkeit seine Erschaffung nicht zugelassen.

R. Simon[69] sagt: Als der Heilige, er sei gepriesen, den ersten Menschen erschaffen wollte, spalteten sich die Dienstengel in Gruppen und Abteilungen. Einige sagten: Er möge erschaffen werden, andere sagten: Er möge nicht erschaffen werden. Das ist es, was geschrieben steht: Huld und Wahrheit treffen

---

[66] Ich folge hier der Lesung des Kommentars *'Eṣ Jôseph,* s. o.

[67] *'ôlām* im Text ist wohl konkret auf den Menschen zu beziehen.

[68] R. Chanina b. Papa?, pA 3, häufig Kontrahent von R. Simon (b. Passi).

[69] R. Simon b. Passi, pA 3 (um 280)?

aufeinander[70], Gerechtigkeit und Friede bekriegen sich[71] (Ps 85, 11). Die Huld sagte [nämlich], er werde erschaffen, denn er wird Liebeswerke vollbringen; die Wahrheit sagte, er werde nicht erschaffen, denn er ist voll Lüge; die Gerechtigkeit sagte, er werde erschaffen, denn er wird Gerechtigkeit walten lassen; der Friede sagte, er werde nicht erschaffen, denn er ist streitsüchtig[72]. Was tat der Heilige, er sei gepriesen? Er nahm die Wahrheit und warf sie auf die Erde. Da sprachen die Dienstengel vor dem Heiligen, er sei gepriesen: Herr der Welt, wie mißachtest du deine Wahrheit[73], laß die Wahrheit von der Erde aufsteigen, wie geschrieben steht: Die Wahrheit entsprießt dem Erdboden (Ps 85, 12)[74]. ... R. Huna Rabba von Sepphoris sagt: Während noch die Dienstengel miteinander rechteten und miteinander beschäftigt waren, schuf ihn der Heilige, er sei gepriesen. Er sprach zu ihnen: Was müht ihr euch noch ab, der Mensch ist schon geschaffen! ...

Da sprachen die Dienstengel vor dem Heiligen, er sei gepriesen: Herr der Welt, ... (Ps 8, 5)?! Diese Not, warum wurde sie erschaffen[75]?! Gott antwortete ihnen: Kleinvieh und Rinder, sie alle (Ps 8, 8) – warum wurden denn sie geschaffen? Die Vögel des Himmels und die Fische im Meer (ebd. V. 9) – warum wurden sie geschaffen? Da hat jemand einen Turm voller Schätze, aber keine Gäste – was hat sein Besitzer[76] nun davon, daß er ihn gefüllt hat?! Da sprachen [die Engel] vor ihm: Herr der Welt: Herr, unser Gott, wie herrlich ist dein Name auf der ganzen Erde (Ps 8, 10), tu was dir wohlgefällt!

Jalq Gen § 13 S. 8 ao.
JalqMa Ps 8, 20 (vom Ausspruch R. Simons bis zum Schluß).
Jalq Ps § 834 S. 939 bo (nur der Ausspruch R. Simons).
MHG Gen S. 55 (der Ausspruch R. Simons, verkürzt).
Jalq Ps § 641 S. 886 bu (nur der Schluß als Ausspruch R. Hunas i. N. R. Aibos).

A. In der vorliegenden Form amoräischer Midrasch. Es ist nicht mehr auszumachen, ob die einzelnen Aussprüche erst vom Redaktor in dieser Form zusammengestellt (d. h. ursprünglich getrennt überliefert) wurden oder ob der vorliegende Zusammenhang immer schon bestand. Der Ausspruch R. Simons in JalqMa, Jalq Ps und MHG Gen ist mit großer Wahrscheinlichkeit ein Zitat aus BerR[77], also kein Beweis für eine ursprünglich eigenständige Überlieferung

---

[70] Im Streit. So interpretiert der Midrasch den Bibelvers.

[71] *nāšaq* nicht „küssen" wie im MT, sondern von *nāšäq* (Rüstung, Waffen) abgeleitet. Denkbar ist auch ein implizierter al-tiqri-Midrasch: lies nicht *nāšeqû*, sondern *nāqešû*.

[72] *qûllêh qāṭeṭ*, vgl. Jastrow, s. v. *qeṭaṭ*.

[73] *'lṭjksjj'*, vgl. Albeck, S. 60 Anm. zu Zeile 9.

[74] Die Fortsetzung des Psalmverses lautet: Und die Gerechtigkeit schaut vom Himmel herab – die Gerechtigkeit hatte Gottes Plan zugestimmt und konnte im Himmel bleiben.

[75] Vgl. Albeck, S. 61 Anm. zu Zeile 2.

[76] Im Text Plural.

[77] Vgl. Hyman, *Meqôrôt*, Jalq Ps z. St.

des Dictums. Im ersten Teil des Midraschs (R. Chanina) besteht eine Beziehung zu BerR 17, 4 (Text 6, II), aber auch diese ist nicht näher zu bestimmen.

B. Auslegungsmidrasch zu Gen 1, 26. Im vorgegebenen redaktionellen Zusammenhang sind folgende Motive zu ermitteln:

1. Der Ausspruch R. Chaninas läßt einen Grund für die Ablehnung der Engel erkennen: da das Maß des strengen Rechtes (d. h. die strafende Gerechtigkeit Gottes[78]) die Erschaffung des Menschen nicht zulassen konnte[79], ist der Widerspruch der Engel berechtigt; mit anderen Worten: die Engel stehen auf der Seite der *middat had-dîn,* sie vertreten a u s s c h l i e ß l i c h die strafende Gerechtigkeit Gottes.

Im Ausspruch R. Simons sind sich die Engel dagegen nicht einig. Ps 85, 11 wird kunstvoll dahingehend ausgelegt, daß einige (repräsentiert durch „Huld" und „Gerechtigkeit") für die Erschaffung des Menschen eintreten, andere („Wahrheit" und „Friede") sich negativ äußern. Daß gerade „Huld" und „Gerechtigkeit" zugunsten des Menschen sprechen, könnte seinen Grund darin haben, daß *ḥäsäd* und *ṣ^{e}dāqāh* (so vielleicht im Sinne des Midraschs, statt *ṣädäq* im MT) „Eigenschaften" des Menschen sind, die ihn von den – „nur" heiligen und reinen – Engeln unterscheiden.

Am Schluß des Midraschs – nachdem Gott den Menschen erschaffen hat, ohne ihren Rat abzuwarten – protestieren die Engel noch einmal mit Ps 8, 5. Der nachfolgende aramäische Satz interpretiert den Psalmvers: Der Mensch wird dir nur Kummer und Leid verursachen, warum hast du ihn erschaffen? Er ist deiner Fürsorge nicht wert! Auch hier liegt der Akzent mehr auf der Zukunft als in Text 6, Version I. Der Mensch wird sich seiner Erschaffung nicht würdig erweisen, deswegen wäre sie besser unterblieben.

2. Auffallend ist die stark parteiisch akzentuierte Haltung Gottes zugunsten des Menschen. Im Ausspruch R. Chaninas hintergeht Gott die Engel bewußt, um ihnen keinen Anlaß zum Widerspruch zu geben. Nach R. Simon verfährt er ausgesprochen ungerecht mit der Wahrheit und wirft sie auf die Erde. Dieses Bild erinnert eher an einen despotischen irdischen König als an den Gott der Wahrheit und Gerechtigkeit. Nach R. Huna Rabba schließlich wartet Gott den Rat seiner Engel gar nicht erst ab, sondern kommt ihren Gegenargumenten mit der Erschaffung des Menschen zuvor. Erst im Schlußteil des Midraschs gibt er ihnen eine begründete Antwort: Der Mensch ist Ziel und Herr der Schöpfung. Ohne ihn ist die übrige Schöpfung sinnlos und unvollkommen, deswegen mußte er erschaffen werden.

C. Die Engel vertreten einseitig den Standpunkt der strafenden Gerechtigkeit, die eine Erschaffung des Menschen nicht zuläßt. Sie akzeptieren allerdings – wenn auch nur widerstrebend – Gottes Willen.

---

[78] *middat had-dîn,* im Unterschied zum Maß der Barmherzigkeit *(middat hāraḥ^{a}mîm).*

[79] Vgl. zu diesen beiden „Prinzipien" bei der Erschaffung des Menschen etwa BerR z. St. (Ausspruch R. Berekhjas); BerR 12, 15; PesR S. 166 bf.

Text 8

I. PRE Kap. 13 S. 31 a f.

Neid, Begierde und Ehrsucht vertreiben den Menschen aus der Welt[80]. Die Dienstengel sprachen vor dem Heiligen, er sei gepriesen: Herr der Welten, was ist der Mensch, daß du dich um ihn kümmerst *(wattedāʿehû)*, [der Menschensohn, daß du ihn beachtest], der Mensch ist dem Hauche gleich (Ps 144, 3.4); es gibt auf der Erde nicht seinesgleichen (Job 41, 25)[81]. Gott antwortete ihnen: So wie ihr mich bei den Oberen preist, verkündet er meine Einheit[82] bei den Unteren. Und nicht nur dies! Könnt ihr etwa aufstehen und allen Geschöpfen Namen geben? Sie standen auf, vermochten es aber nicht. Sofort stand Adam auf und benannte alle Geschöpfe mit Namen, wie es heißt: ... (Gen 2, 20). Als die Dienstengel dies sahen[83], sprachen sie: Wenn wir nicht übereinkommen gegen den Menschen, daß er vor seinem Schöpfer sündige, vermögen wir nichts gegen ihn[84]. Und Samael, der große Fürst im Himmel ... nahm seine [Engel-] Gruppe mit sich, stieg hinab, besah sich alle Geschöpfe, die der Heilige, er sei gepriesen, geschaffen hatte und fand keines, das weiser war zum Bösen[85] als die Schlange, wie es heißt: ... (Gen 3, 1). [Die Schlange] aber sah aus wie ein Kamel[86], und Samael stieg auf und ritt auf ihr [um den Menschen zur Sünde zu verführen[87]]. Da schrie die Torah und sagte: Samael, gerade erst wurde die Welt geschaffen. Ist dies die Zeit[88] gegen Gott *(ham-māqôm)* zu rebellieren?! In der Zeit, da[89] du dich in die Höhe schwingst, wird der Herr der Welten[90] Roß und Reiter[91] verlachen (Job 39, 18).

II. MHG Gen S. 92 f.

Die Schlange war weiser als alles Getier des Feldes (Gen 3, 1). R. Jehuda b. Tema[92] sagt: Der erste Mensch setzte sich zu Tisch im Garten Eden, und die

---

[80] Zitat aus m Ab 4, 21.

[81] So im Kontext des MT. Es ist, nach dem Verständnis des Midraschs (s. u.), auch die umgekehrte Übersetzung möglich: Er ist nicht mehr wert als der Staub; er gleicht nicht einmal dem Staub.

[82] *meʾjaḥed.* Terminus technicus für den Lobpreis Gottes mit dem Schma.

[83] MHG Gen S. 92: wichen sie zurück und sprachen ...

[84] MHG Gen S. 92: dann können wir nicht gegen ihn bestehen.

[85] Vgl. TPsJ Gen 3, 1.

[86] Bevor ihr nach dem Sündenfall die Beine abgehauen wurden, vgl. BerR 19, 1; 20, 5; Josephus, Ant. I, 41; ARN Vers. A Kap. 1 S. 5 u. ö.

[87] Mit Hilfe der Schlange nämlich; so mit MHG Gen S. 92 f. Vgl. dazu auch PRE Kap. 21 S. 48 a.

[88] *ʿet.* Vgl. Friedlander, S. 92 Anm. 9.

[89] *kāʿet.* Nimmt das *ʿet* vom vorherigen Satz auf.

[90] „der Herr der Welten" ist in den Jobvers eingeschoben.

[91] Gedeutet auf die Schlange und Samael.

[92] So in allen Texten bis auf ARN S. 5 (R. Jehuda b. Batera, T 2); R. Jehuda b. Tema ist vermutlich ein Tannait der 4. Generation und Zeitgenosse Rabbis, vgl. Strack, Einleitung, S. 133 und die Literaturverweise dort.

Dienstengel standen vor ihm, brieten Fleisch und kühlten[93] den Wein und stellten es vor ihn hin. Da kam die Schlange, sah ihn, erblickte seine Herrlichkeit und wurde neidisch auf ihn. Und nicht nur dies, auch die Engel[94] beneideten ihn und sprachen: Herr der Welt, was ist der Mensch, daß du dich [so] um ihn kümmerst? Der Mensch ist dem Hauche gleich (Ps 144, 3.4). Gott antwortete ihnen: ... (weiter, mit einigen Varianten, wie PRE).

ARN Vers. A Kap. 1 S. 5; ebd. S. 151; b San 59 b (nur bis: Da kam die Schlange ... und wurde neidisch auf ihn).

A. Der ursprüngliche Text des Midraschs findet sich in PRE; MHG Gen ist – bis auf den Anfang, der ursprünglich wohl getrennt überliefert wurde (vgl. die Parallelen) – mit Sicherheit ein Exzerpt aus PRE. Über das Alter ist keine nähere Angabe möglich, da wir über das Alter der PRE insgesamt so gut wie nichts wissen[95]. Immerhin besteht in dem Motiv der Namengebung eine Verwandschaft mit Text 6, aber auch diese ist nicht näher zu bestimmen.

B. Das Leitmotiv des Midraschs ist in dem Zitat aus Pirqe Abot gewissermaßen als Motto vorangestellt: Neid, Gier und Ehrsucht vertreiben den Menschen aus der Welt, d. h. der Neid der E n g e l war die Ursache, daß der Mensch sterblich wurde[96]. Dieser Neid artikuliert sich zunächst in den beiden Bibelzitaten Ps 144, 3 f. und Job 41, 25. Der Sinn dieser beiden Verse im Kontext des Midraschs ist äußerst schwierig zu interpretieren, da sie offensichtlich doppelsinnig verstanden werden: Auf der einen Seite betonen sie die Größe und Überlegenheit des Menschen (Ps 144, 3 positiv aufgefaßt: Wie groß muß der Mensch sein, daß du dich seiner annimmst; ebenso Job 41, 25: Es gibt auf[97] der Erde nicht seinesgleichen), zum anderen besagen sie genau das Gegenteil (Ps 144, 3 f. und Job 41, 25 negativ gedeutet: Der Mensch ist es nicht wert, daß du dich um ihn kümmerst; er ist dem Hauche gleich, d. h. vergänglich; er gleicht nicht einmal dem Staub). Diese doppelte Deutung der Bibelverse entspricht ganz der Einstellung der Engel zum Menschen: Sie sehen seine Größe, können diese Größe aber nicht annehmen, sondern beneiden den Menschen und versuchen, ihn zunächst vor Gott herabzusetzen. Die Antwort Gottes richtet sich eindeutig

---

[93] Statt *m^esann^enîn* (filterten) ist vermutlich mit den Paralleltexten *m^eṣann^enîn* zu lesen.

[94] *hgljwrjn = hag-galjārîn?* – eigentlich gemeine Soldaten (galearius), hier: Heerscharen, niedere Engel.

[95] Eine Zusammenfassung der verschiedenen (allesamt älteren) Datierungsversuche s. bei Friedlander, S. LIII ff. Vgl. darüber hinaus I. Lévi, „Éléments chrétiens dans le Pirqé Rabbi Eliézer", RÉJ 18, 1889, S. 83–89; B. Heller, „Muhammedanisches und Antimuhammedanisches in den Pirke Rabbi Eliezer", MGWJ 69 N. F. 33, 1925, S. 47–54.

[96] So ist das völlig umgedeutete Abot-Zitat hier aufzufassen. Im ursprünglichen Kontext ist gemeint, daß der M e n s c h mit Neid, Gier und Ehrsucht seinen bzw. des Nächsten vorzeitigen Tod verursacht; vgl. auch m Ab 2, 21.

[97] Oder sogar: über der Erde (im Himmel).

gegen diese negative Haltung der Engel: Der Mensch ist den Engeln nicht nur gleich („so wie ihr im Himmel mein Lob kündet, preist der Mensch mich auf Erden"), sondern sogar überlegen (er kann – im Gegensatz zu den Engeln – den Geschöpfen Namen geben). Erst nach dieser klaren Stellungnahme Gottes zugunsten des Menschen beschließen die Engel, den Menschen zur Sünde zu verführen. Die Verführung des Menschen ist die Konsequenz aus dem „Neid, der Begierde und der Ehrsucht" der Engel. Mit dieser Konsequenz geht der Midrasch weit über Text 6 und 7 hinaus, wo sich die Engel mit ihrem Widerspruch gegen die Erschaffung des Menschen begnügen.

C. Über das Verhältnis zwischen Engeln und Menschen lassen sich dem Midrasch folgende Aussagen entnehmen:

1. Der Mensch war den Engeln ursprünglich ebenbürtig, wenn nicht überlegen.

2. Diese Tatsache erregt den Neid der Engel. Sie beschließen, ihn zur Sünde zu verführen. Es handelt sich also um einen wirklichen Aufruhr der Engel (sie hintergehen Gott), ein wohl ausschließlich apokalyptisches Motiv.

3. Durch die Sünde wird der Mensch sterblich. Damit ist das Ziel der Engel (zunächst) erreicht; der Mensch ist den Engeln unterlegen.

4. Die gelungene Verführung des Menschen durchkreuzt den Schöpfungsplan Gottes nur vorläufig, nicht endgültig. Damit ist auch der „Sieg" der Engel über den Menschen kein echter Sieg.

Text 9

I. b San 38 b

Rab Jehuda[98] sagt i. N. Rabs[99]: Als der Heilige, er sei gepriesen, den Menschen erschaffen wollte, erschuf er vorher eine Klasse von Dienstengeln und sprach zu ihnen: Ist es euer Wille, daß wir einen Menschen schaffen nach unserem Bilde (vgl. Gen 1, 26)[100]? Diese fragten ihn: Herr der Welt, wie sind seine Handlungen? Er antwortete ihnen: So und so sind seine Handlungen. Darauf sprachen sie zu ihm: Herr der Welt, ... (Ps 8, 5)[101]. Sogleich langte er mit seinem kleinen Finger zwischen sie und verbrannte sie. Ebenso geschah es mit der zweiten Klasse[102]. Die dritte Klasse sprach vor ihm: Herr der Welt, was nützte es den ersten, daß sie vor dir geredet haben. Dein ist die ganze Welt, tue das, was dir auf deiner Welt zu tun beliebt[103]. Als aber das Zeitalter der Sintflut und das Zeitalter der Spaltung herankamen, deren Handlungen ausarteten,

---

[98] Wahrscheinlich der Schüler Rabs und Begründer der Akademie in Pumbedita, bA 2, gest. 299.

[99] Begründer der Akademie in Sura, 1. Hälfte des 3. Jh.s.

[100] So im Sinne des Midraschs, vgl. oben S. 85 mit Anm. 50.

[101] MHG Gen S. 55 lautet die Antwort nur: Erschaffe ihn nicht!

[102] MHG Gen: Er brachte eine zweite Klasse ... (usw. wie bei der ersten Klasse).

[103] MHG Gen wörtlich wie bei der ersten Klasse ... Da sprachen sie vor ihm: Herr der Welt, tue das, was dir gefällt. Sofort schuf er den Menschen.

sprachen sie vor ihm: Herr der Welt, hatten die ersten, die vor dir redeten, nicht recht?[104] Er antwortete ihnen: Bis zum Alter bin ich derselbe und bis zum Ergrauen werde ich es ertragen, [ich habe es getan[105] und werde es tragen, dulden und erretten werde ich] (Jes 46, 4).

Jalq Gen § 12 S. 7 bu (stark verkürzt).
Jalq Ps § 641 S. 886 bu (stark verkürzt und mit dem Schluß von BerR 8, 4 ff., Text 7, vermischt).

II. MHG Gen S. 55

(Mit den in den Anmerkungen angegebenen Varianten; Einleitung:) Es wird gelehrt, daß der Heilige, er sei gepriesen, als er den Menschen erschaffen wollte, [zunächst] drei Klassen von Dienstengeln herbeibrachte ...

III. PesR S. 97 a

(Beim Widerstand der Engel gegen den Aufstieg Moses' in den Himmel[106] sagt Gott zu ihnen:)
Wisset, daß ihr schon immer streitsüchtig wart! Als ich den ersten Menschen erschaffen wollte, wart ihr Ankläger vor mir (vertratet ihr die Anklage vor mir), sagtet: ... (Ps 8, 5) und ließet nicht eher ab von mir, bis ich einige Klassen von euch im Feuer verbrannt habe ...

MHG Ex S. 560 (nahezu wörtlich).

IV. *Midrāš kônen*, BHM II, S. 26 f.

[Am sechsten Schöpfungstag] versammelte Gott alle Dienstengel, jede einzelne Klasse, und sprach zu ihnen: Wollen wir einen Menschen schaffen? usw. (Gen 1, 26). Sie antworteten ihm: ... (Ps 8, 5). Es war aber die Klasse Michaels [die diese Antwort gab]. Sofort verbrannte er sie in seinem gewaltigen Feuer und ließ nur Michael allein von ihnen übrig. Dann rief er die Klasse Gabriels. Diese gaben dieselbe Antwort wie die ersten, und er verbrannte sie in seinem gewaltigen Feuer und ließ nur Gabriel allein von ihnen übrig. Schließlich rief er die Klasse Labiels. Dieser sagte vor ihm: Herr der Welt, wer kann dir sagen, was du tun sollst[107]? Tu, was dir wohlgefällt in deiner Welt, denn so geziemt es dir! Da sprach der Heilige, er sei gepriesen, zu Labiel: Recht hast du getan, daß du geheilt hast, was deine Genossen zerstörten. Sofort änderte er seinen Namen und nannte ihn Raphael[108]. ...

---

104 MHG Gen: Als er (Adam) sündigte, sprachen sie vor ihm: Herr der Welt, hatten die ersten, die vor dir redeten, nicht recht, als sie sagten: Erschaffe ihn nicht!?

105 Nämlich den Menschen erschaffen. So im Sinne des Midraschs.

106 S. unten Text 29 ff.

107 Vgl. Job 9, 12.

108 Von *rāphā'* – heilen, eine weitverbreitete Deutung des Namens Raphael.

A. Die Texte in b San (I) und MHG Gen (II) ergänzen sich gegenseitig und es ist anzunehmen, daß sie auf eine gemeinsame Vorlage zurückgehen. Jedenfalls ist b San nicht unbedingt MHG Gen vorzuziehen: Zu Beginn fehlt der Hinweis auf die d r e i Engelklassen; deswegen ist die Erwähnung der zweiten Klasse unmotiviert und überdies sehr wahrscheinlich verkürzt. Auch die Sünde Adams, von der in MHG Gen die Rede ist, ergibt sich eher aus dem Zusammenhang als das Zeitalter der Sintflut und der Spaltung, das in b San erwähnt wird. Schließlich ist die anonyme Überlieferung in MHG Gen vermutlich eher ursprünglich als die Tradierung unter dem Namen Rabs in b San. Auf der anderen Seite fehlt das Zitat aus Ps 8 in MHG Gen, das offenbar zum festen Bestand der Opposition der Engel gegen die Erschaffung des Menschen gehört. Jalq Gen ist mit Sicherheit aus b San verkürzt. Ebenso ist PesR (III) nicht selbständig, sondern ein Zitat aus b San oder MHG Gen (bzw. aus der gemeinsamen Vorlage).

Midrasch Konen (IV) bietet eine ganz eigenständige Überlieferung, deren Verhältnis zu den anderen Versionen nicht mehr zu bestimmen ist. Für die vorliegende Untersuchung kann sie unberücksichtigt bleiben.

B. Ein Zusammenhang dieses Midraschs mit Text 7 ist unverkennbar. Auch hier ist die Opposition der Engel mit der Sündhaftigkeit des Menschen motiviert. Die Engel vertreten wieder das Maß der Gerechtigkeit und beurteilen den Menschen ausschließlich nach seinen Handlungen. Das zweite Motiv, die Parteinahme Gottes zugunsten des Menschen, ist noch stärker akzentuiert als in Text 7. Die einzelnen Engelklassen werden so lange vernichtet, bis eine schließlich der Erschaffung des Menschen zustimmt. Diese Zustimmung erfolgt aber keineswegs aus Einsicht, sondern offensichtlich wider besseres Wissen (so besonders deutlich in I). Der Rat der Engel ist also nicht der Rat gleichberechtigter Partner, sondern hat rein akklamatorischen Charakter: der Entschluß Gottes, den Menschen zu erschaffen, steht vor der Befragung der Engel fest[109].
Die Sintflut bzw. die Sünde Adams scheint den Engeln nachträglich recht zu geben. Der Mensch i s t sündhaft und wäre besser nicht erschaffen worden[110]. Aber die Antwort Gottes mit Jes 46, 4 läßt auch dies nicht als Argument gegen die Existenz des Menschen gelten. Gott wußte bei der Erschaffung des Menschen um dessen Sündhaftigkeit und wird deswegen seinen Entschluß nicht ändern („bis zum Alter bin ich derselbe"). Gott ist nicht nur ein Gott der Gerechtigkeit, sondern auch der Barmherzigkeit, und beide zusammen, Gerechtigkeit und Barmherzigkeit, ermöglichen die Existenz des Menschen („dulden und erretten will ich").

C. Die Tendenz des Midraschs ist polemisch und richtet sich gegen die Stellung

---

109 Immerhin geht der Midrasch nicht so weit, daß er ganz auf die beratende Funktion der Engel verzichtet. Aber diese ursprünglich positive Funktion ist nicht nur auf ein Minimum reduziert, sondern geradezu ins Gegenteil verkehrt und zur Farce geworden.

110 Vgl. dazu Text 6, V und VI.

der Engel. Der Mensch ist – trotz seiner Sündhaftigkeit – als Partner Gottes wichtiger als die Engel.

Text 10

3 Henoch S. 7f.

(Henoch wird von Gott in die Himmel erhoben.) Zur selben Stunde kamen drei der Dienstengel, Usa, Asa und Asael[111], erhoben Klage über mich *(hājû masṭînîm ʿālaj)* in den hohen Himmeln und sprachen vor dem Heiligen, er sei gepriesen: Hatten die ersten, die vor dir redeten, nicht recht [als sie sagten:] Erschaffe den Menschen nicht?! Da antwortete der Heilige, er sei gepriesen, und sprach zu ihnen: ... (Jes 46, 4).

Als sie mich sahen, sprachen sie vor ihm: Herr der Welt, wie ist dieser beschaffen, daß er in die höchsten Himmel aufsteigt? Ist er nicht ein Nachkomme derer, die in den Tagen der Flut vernichtet wurden[112]? Was tut er im Raqia?! Wiederum antwortete der Heilige, er sei gepriesen, und sprach zu ihnen: Wer seid ihr, daß ihr euch um meine Angelegenheiten kümmert[113]? Ich habe Gefallen an diesem mehr als an euch allen, so sehr, daß er Fürst und Herrscher über euch sein soll in den hohen Himmeln. ...

A. Der erste Teil bis zum Zitat Jes 46, 4 stimmt fast wörtlich mit dem Schluß von b San 38 b/MHG Gen S. 55 (Text 9) überein. Wenn der Midrasch, wie zu vermuten ist, ursprünglich in den Kontext der Erschaffung des Menschen gehört, wäre 3 Henoch eine sekundäre Bearbeitung (was noch nicht besagt, daß der Midrasch direkt aus b San übernommen wurde; eher stammen beide aus gleicher Quelle)[114]. Der zweite Teil ist Eigengut des 3. Henoch.

B. Der Text verbindet die beiden Motive a) der Opposition der Engel gegen die Erschaffung des Menschen und b) der Erhöhung des Auserwählten (Henoch) über die Engel und der Opposition der Engel gegen diese Erhöhung. Zu b) ist der Widerstand der Engel gegen den Aufstieg Moses' in den Himmel zu vergleichen (Text 29–31).

Text 11

I. ARN Vers. A Kap. 1 Ende, S. 8

Als der Heilige, er sei gepriesen, den ersten Menschen erschuf, umschloß er ihn *(ṣār)* von vorne und hinten, wie es heißt: Vorne und hinten umschließest du

---

[111] Zu den Namen vgl. Odeberg, Übersetzung S. 10ff. (Anmerkung zu Abschnitt 6).

[112] Sehr wahrscheinlich ist hier die Flut in den Tagen Enoschs gemeint (vgl. unten S. 103 Anm. 144) und nicht die Sintflut; gegen Odeberg, Übersetzung S. 12, Anmerkung zu Abschnitt 7.

[113] *šäʾattäm nikhnāsîm lidbāraj.* So gegen die Übersetzung Odebergs, S. 12 („that ye enter and speak in my presence").

[114] Zur Frage der Datierung von 3 Henoch s. unten Text 13.

mich und legst auf mich deine Hand (Ps 139, 5). Die Dienstengel stiegen nämlich hinab, um ihn zu vernichten[115]. Darum nahm Gott ihn und barg ihn *(n^e^tānô)* unter seine Flügel, wie es heißt: Du legst auf mich deine Hand (Ps ebd.).

II. ARN Vers. B Kap. 8, S. 23

Eine andere Erklärung zu: ... (Ps 139, 5). Dies lehrt, daß die Dienstengel den ersten Menschen, nachdem Gott ihn erschaffen hatte, verbrennen[116] wollten. Da streckte Gott seine Hand über ihn aus, schützte ihn und stiftete Frieden zwischen ihnen, wie es heißt: Herrschaft und Schrecken sind bei ihm, der Frieden stiftet in seinen Höhen (Job 25, 2).

A. Anonymer tannaitischer Midrasch[117] und nur in den ARN.

B. Der Midrasch ist entweder ein Homilienmidrasch zu Gen 1, 26 oder ein Auslegungsmidrasch zu Ps 139, 5. Er findet sich allerdings in keiner der Parallelstellen, vgl. BerR 8, 1 und MidrTeh 139, 5, wo der Psalmvers *('āḥôr wāqädäm)* auf den Androgynos, auf den doppelgesichtigen (janusköpfigen) Menschen, auf beide Welten etc. gedeutet wird.

Im vorliegenden Midrasch sind drei Motive zu unterscheiden: a) Neid der Engel auf den Menschen; b) Gott schützt den Menschen vor den Engeln; dazu kommt (nur in Version II) c) Gott stiftet Frieden zwischen Engeln und Menschen.

Das Motiv des Neides ist aus anderen Texten geläufig (vgl. besonders Text 8). Der Neid wird nicht näher begründet, ergibt sich also vermutlich aus der bloßen Tatsache, daß der Mensch geschaffen wurde. Neu ist die Konsequenz dieses Neides, der Versuch der Engel, den Menschen zu vernichten. Deswegen muß Gott ihn vor dem Zugriff der Engel schützen und unter seine Flügel bergen[118].

Ungewöhnlich ist vor allem das Friedensmotiv in Version II. Es findet sich in keiner Parallelstelle über das Verhältnis zwischen Engeln und Menschen. Der Schriftbeweis aus Job 25, 2 bezieht sich auch genaugenommen nur auf den Frieden im Himmel *(bimrômâw)* und findet sich sonst auch nur in diesem Zusammenhang[119]. Wahrscheinlich wurde das Motiv von dort sekundär auf den Gegensatz zwischen Engeln und Menschen übertragen.

---

[115] So mit Hs Epstein, vgl. Schechter, S. 8 Anm. 97.

[116] *l^e^habh^a^bô*, wörtl.: versengen. Die Engel bestehen aus Feuer, s. oben S. 51 mit Anm. 64.

[117] Zur Datierung der ARN siehe Strack, Einleitung, S. 72; Bowker, Targums and Rabbinic Literature, S. 88; Finkelstein, *Mābô'*, S. 18 ff.

[118] Das Bild ist vermutlich aus den Psalmen genommen, vgl. Ps 61, 5; 63, 8; 91, 4 u. ö.

[119] Vgl. PRK S. 4 f. parr.: Friede zwischen Michael und Gabriel, den verschiedenen Gestirnen, Firmament und Sternen, Firmament und Engeln, im Engel selbst (der zur Hälfte aus Feuer und zur Hälfte aus Wasser besteht).

C. Die Opposition der Engel gegen den Menschen gipfelt in dem Versuch, den Menschen zu töten. Gott muß den Menschen vor seinen Engeln schützen.

Text 12

I. PRE Kap. 21 S. 48 a

[Samael], der auf der Schlange ritt[120], kam zu ihr (= Eva), und sie empfing den Kain und danach [ihr Mann Adam, und] sie empfing den Abel, wie es heißt: Adam erkannte sein Weib Eva (Gen 4, 1). Was heißt „er erkannte"? [Er erkannte,] daß sie schwanger war. Sie aber, als sie sah, daß seine Gestalt nicht von den Unteren war, sondern von den Oberen, da verstand sie[121] und sprach: Ich habe einen Mann erworben mit dem Herrn (ebd.).

So Jalq Gen § 35 S. 20 bm (mit wenigen Varianten).
Vgl. auch b Jeb 103 b; AbZa 22 b; Schab 146 a.

II a. TPsJ Gen 4, 1 (traditioneller Text)

Adam erkannte sein Weib, [nämlich] daß sie einen Engel begehrt hatte. Sie wurde schwanger und gebar den Kain. Da sprach sie: Ich habe zum Mann erworben den Engel des Herrn.

II b. TPsJ Gen 4, 1 (Ginsburger)

Adam erkannte sein Weib Eva, die[122] von Samael, dem Engel Gottes, empfangen hatte[123], [124]und sie wurde schwanger und gebar den Kain; dieser aber glich den Oberen und nicht den Unteren. Da sprach sie: Ich habe einen Mann erworben, den Engel des Herrn.

A. Der Midrasch findet sich nur in PRE und TPsJ Gen (im Jalq ist er als Zitat aus PRE gekennzeichnet). Daß er nur in diesen beiden Werken erhalten ist, ist kein Zufall, da PRE und TPsJ sehr viele gemeinsame mystische bzw. mythische Traditionen haben, die wir zwar in der klassischen rabbinischen Literatur vergeblich suchen, die aber häufig in apokalyptischen (also mit Sicherheit sehr viel früheren) Texten vorkommen. Auch in diesem Fall beweisen einige Parallelen

---

[120] *bāʾ ʾelâ̆hā werôkhäbät nāḥāš.* Der Text in der gedruckten Ausgabe ist verderbt. Jalq Gen § 35 liest dagegen: *bāʾ ʿālă̆hā rôkheb han-nāḥāš,* womit ohne Zweifel Samael gemeint ist, vgl. Text 8.

[121] So mit Jalq z. St. Die La der PRE (*hibbîṭāh* – sie schaute, prophezeite) ist vermutlich korrupt, da dieses Verb sonst nie für die prophetische Schau verwendet wird (vgl. Schäfer, Hl. Geist, S. 151 ff.).

[122] Im Sinne von: daß sie?

[123] So mit Hs ADD. 27031 Br. Museum, gegen Ginsburger z. St.

[124] Von hier an ergänzt Ginsburger den Text nach Recanati.

in den Pseudepigraphen, daß die Tradition bedeutend älter ist als die (mutmaßliche) Endredaktion der PRE[125].

B. Der exegetische Ansatzpunkt dieses Midraschs ist wahrscheinlich der auffallende Unterschied der beiden Verse Gen 4, 1 und Gen 5, 3. Während es in 5, 3 heißt: „Adam war 130 Jahre alt, da zeugte er einen Sohn in seinem Bild und Gleichnis und nannte seinen Namen Schet", lautet der Vers Gen 4, 1: „Adam erkannte Eva, sein Weib, sie wurde schwanger und gebar den Kain". Es fehlt also in 4, 1 der Hinweis darauf, daß Kain nach dem Bild und Gleichnis Adams war. Die Folgerung des Targums[126] und der PRE liegt nahe: er war überhaupt kein Sohn Adams, sondern der Sohn Samaels[127].

C. Eva wird von Samael (dem gefallenen Engel) schwanger und gebiert Kain, den Stammvater eines verderbten Menschengeschlechts. Hier verbinden sich die beiden Motive der Verführung Evas durch den Engel – mit dem Ziel, den Menschen zu Fall zu bringen – und der Verführung des Engels durch Eva. Der Akzent liegt dabei vorwiegend auf dem ersten Motiv: Mit seinem Sohn Kain gelingt es Samael, das Menschengeschlecht von Grund auf zu verderben und damit Gottes Schöpfungsplan zu durchkreuzen. Darüberhinaus[128] – und darin liegt die besondere Perfidie Samaels – tötet Kain, der Sohn Samaels, seinen Halbbruder Abel, den Sohn Adams! Der Sieg Samaels über den Menschen wäre vollkommen, wenn nicht Schet, der dritte Sohn Adams, das Menschengeschlecht vor dem Untergang gerettet hätte.

Text 13

3 Henoch S. 9f.

[Die Schekhinah war im Garten Eden] bis zur Zeit der Generation des Enosch[129], der das Haupt aller Götzendiener auf der Welt war. Und was tat das Geschlecht Enoschs? Sie gingen vom einen Ende der Welt zum anderen, und ein jeder von ihnen trug zusammen Gold, Silber, Edelsteine und Perlen [in Haufen

---

[125] Vgl. 4 Makk. 18, 7f.; gr. Bar. 9, 7; Apok. Abr. 23, 4–6 (Rießler, S. 31f.); ferner: Protoevangelium des Jakobus 13, 1 (Hennecke-Schneemelcher, S. 285); Apk Joh 20, 2. Zum Ganzen vgl. V. Aptowitzer, Kain und Abel in der Agada, Wien–Leipzig 1922; A. M. Goldberg, „Kain: Sohn des Menschen oder Sohn der Schlange?", Judaica 25, 1969, S. 203–21.

[126] Vgl. auch TPsJ Gen 5, 3: „Adam lebte 130 Jahre und zeugte Schet, der seinem Bild und Gleichnis ähnlich war. Denn vorher hatte Eva den Kain geboren, der nicht von ihm war und ihm nicht glich ...".

[127] Auch hier ist (wie so oft in der rabbinischen Literatur) nicht zu entscheiden, ob die exegetische Fragestellung der aggadischen Tradition vorausging und diese hervorbrachte oder ob die aggadische Tradition sekundär an einen passenden Bibelvers geknüpft wurde.

[128] Auf diesen Gesichtspunkt hat Goldberg in seinem Anm. 125 erwähnten Aufsatz (vgl. besonders S. 210) aufmerksam gemacht.

[129] Der Sohn Schets und Enkel Adams.

so groß wie] Berge und Hügel und sie machten daraus Götzen an allen vier Enden der Erde[130]. Überall auf der Welt stellten sie die Götzen auf, 1000 Parasangen groß [jedes einzelne Götzenbild]. Sie holten herab Sonne, Mond, Sterne und Planeten und stellten sie vor [die Götzen] zur Rechten und zur Linken, damit sie ihnen dienten[131] so wie sie dem Heiligen, er sei gepriesen, dienen, wie es heißt: Und die ganze himmlische Heerschar steht bei ihm zu seiner Rechten und Linken (1 Kö 22, 19).

Wie hatten sie denn die Kraft, diese herabzuholen? Vielmehr: Usa, Asa und Asiel lehrten sie Zauberei, so daß sie sie herabbringen und sich ihrer bedienen[132] konnten, denn ohne ihre Hilfe hätten sie es nicht vermocht, sie herabzubringen.

In dieser Stunde erhoben die Dienstengel Anklage[133] vor dem Heiligen, er sei gepriesen, und sprachen vor ihm: Herr der Welt, was willst du[134] bei den Söhnen Adams[135]?, wie geschrieben steht: Was ist Enosch[136], daß du seiner gedenkst, der Sohn Adams, daß du dich seiner annimmst? (Ps 8, 5). „Was ist Adam“ steht hier nicht geschrieben, sondern „was ist Enosch“, denn er ist das Haupt der Götzendiener. Warum hast du die höchsten der hohen Himmel, den Ort deines herrlichen Namens und deines hohen und erhabenen Thrones in der Höhe der Arabot[137] verlassen und bist gekommen, um bei den Menschenkindern (bzw. bei den Söhnen Adams) zu wohnen, die Götzendienst treiben und dich den Götzen gleichstellen?! Jetzt bist du auf der Erde und ebenso die Götzen. Was willst du bei den Bewohnern der Erde, die Götzendienst treiben?!

Sofort entfernte der Heilige, er sei gepriesen, seine Schekhinah von der Erde aus ihrer Mitte. Zur selben Stunde kamen die Dienstengel ..., nahmen Trompeten und Hörner in die Hand und umringten die Schekhinah mit Liedern und Gesängen. Er[138] aber stieg auf in die Himmel der Höhe, wie es heißt: Gott stieg auf unter Lärmen, der Herr, beim Schalle des Schophar (Ps 47, 6).

Abgedruckt unter dem (zutreffenderen) Titel *Sephär hêkhālôt* oder *Sephär Ḥanôkh* auch bei Jellinek, BHM V, S. 172[139].

---

[130] D. h. auf der ganzen Welt.

[131] *l^ešammeš bāhān,* ein Kultterminus, vgl. Maier, Vom Kultus zur Gnosis, S. 145.

[132] *ûmištamm^ešîm bāhām,* hier nicht in kultischem Sinne?

[133] *qiṡṡ^erû qāṭēgôr,* dieselbe Formulierung wie t Sot 6, 5 Hs Wien, oben S. 86 Anm. 53.

[134] *māh l^ekhā 'eṣāl* ... Das heißt wohl ganz konkret: „Warum ist deine Schekhinah (noch) bei den Menschen?“ und nicht „What hast thou to do with the children of men?“, Odeberg, S. 17 der Übersetzung.

[135] *b^enê 'ādām.* So im Sinne des Midraschs.

[136] Hier nicht *'ănôš* = Mensch, sondern konkret auf Enosch gedeutet.

[137] Arabot ist der höchste der sieben Himmel, vgl. b Chag 12 b parr. (MHG Gen S. 15 f. Anm. zu Zeile 5).

[138] Gott bzw. die Schekhinah.

[139] Vgl. die Interpretation bei Goldberg, Schekhinah, S. 25.

A. Das von Odeberg edierte 3. Henochbuch gehört (in großen Teilen) zur Gattung der Hekhalot-Literatur. Odeberg verlegt die Endredaktion des gesamten Buches in die 2. Hälfte des 3. Jh.s; die Entstehung des Henoch-Metatron-Teiles (Kap. 3–15), dem das übersetzte Stück entnommen ist, fällt nach Odeberg sogar in das 2. bzw. späte 1. Jh.[140] Auch wenn man diese sehr frühe Datierung Odebergs nicht teilt, wird man heute (im Gegensatz zur früheren Forschung[141]) davon ausgehen müssen, daß die Hekhalot-Literatur in ihrem Kern in den ersten nachchristlichen Jahrhunderten anzusetzen ist[142], also genau in der Zeit, in der auch die sog. klassische rabbinische Literatur im wesentlichen entstand.

B. Im vorliegenden Midrasch sind mehrere (zum Teil sich überkreuzende) Traditionen zu unterscheiden, die kaum ursprünglich in dieser Form zusammengehörten.

1. Die Frage nach dem Ort der Schekhinah. Nach diesem Midrasch war die Schekhinah ursprünglich im Himmel, hat sich dann zu den Menschen in den Garten Eden begeben und kehrte schließlich[143] in den Himmel zurück. Die verschiedenen Orte der Schekhinah sind zeitlich und räumlich voneinander getrennt, d. h. der Midrasch setzt offensichtlich voraus, daß die Schekhinah nicht gleichzeitig im Himmel und auf der Erde sein kann.

2. Eine Tradition vom Beginn des Götzendienstes zur Zeit Enoschs. Diese Vorstellung ist in der rabbinischen Literatur weit verbreitet[144] und hat ursprünglich wohl nichts mit den Engeln zu tun.

3. Der Götzendienst der Menschen zur Zeit Enoschs und der Abfall von Gott ist nur durch die Hilfe der Engel (Usa, Asa und Asiel) möglich. Diese Tradition findet sich sonst nur noch in PRE Kap. 7 S. 16 b[145] angedeutet: „... die Engel,

---

[140] Odeberg, S. 41 der Einleitung und S. 42 mit Anm. 3.

[141] Vgl. den forschungsgeschichtlichen Überblick bei Odeberg, S. 23 ff. der Einleitung.

[142] Vgl. dazu Scholem, Jüdische Mystik, S. 47 ff.; ders., Jewish Gnosticism, S. 5 ff.

[143] Nach der Sünde Adams begab sie sich zunächst auf einen Kerub, 3 Henoch S. 8 unten (hebr. Text).

[144] Es wäre eine lohnende Aufgabe, diese Tradition genauer zu untersuchen, vgl. vor allem BerR 23, 6 f.; j Scheq K 2 H 2; SiphDt § 43 S. 97; Tan Jitro § 16; TanBu Noah § 24; Mech S. 223. Der exegetische Ausgangspunkt ist der Vers Gen 4, 26, der offenbar gedeutet wird als „Damals fing man an, den Namen Gottes zu entweihen". Die Strafe für den Götzendienst ist nach den meisten Quellen eine Sintflut, d. h. der Midrasch macht die sehr bemerkenswerte Unterscheidung zwischen einer ersten Sintflut in den Tagen Enoschs und einer zweiten Sintflut zur Zeit Noahs. Ob diese Vorstellung auf ältere Quellen zurückgeht, war mir nicht möglich, festzustellen. Es ist aber sehr wahrscheinlich, daß wir es hier mit den Resten einer alten mythischen Tradition zu tun haben.

[145] Nur in den Drucken, nicht in den Hss, die Friedlander seiner Übersetzung zugrundegelegt hat, s. S. 46 Anm. 8 der Übersetzung von Friedlander.

die von ihrer Größe[146] und vom Ort ihrer Heiligkeit, dem Himmel, herabfielen in den Tagen der Generation Enoschs ...". Diese Stelle setzt voraus, daß zwischen dem Abfall der Menschen von Gott zur Zeit Enoschs und dem Fall der Engel ein Zusammenhang besteht, führt diesen aber nicht näher aus[147].

4. Das bekannte Motiv von der Opposition der Engel gegen die Erschaffung des Menschen (Ps 8) wird umgedeutet und auf die Zeit Enoschs bezogen[148]. Nicht Adams Sünde ist entscheidend, sondern erst die Sünde Enoschs (des Enkels Adams) und seiner Generation.

C. Für die uns leitende Fragestellung nach der Beziehung zwischen Engeln und Menschen ergeben sich drei verschiedene Motive:

1. Die Engel Usa, Asa und Asiel verführen die Menschen, um sie zum Abfall von Gott zu bewegen. Ein Grund für diese Verführung ist nicht genannt, wird aber wieder im Neid der Engel über die Existenz des Menschen zu suchen sein.

2. Die Dienstengel vertreten das Prinzip der absoluten Heiligkeit Gottes, die sich mit der Sündhaftigkeit des Menschen nicht vereinbaren läßt. Die Anklage der Engel hat Erfolg (dies ist ein Gesichtspunkt, der sich in keinem der bisher behandelten Texte fand): Gott zieht sich von den Menschen zurück, indem er seine Schekhinah endgültig aus dem Paradies entfernt.

3. Davon zu unterscheiden ist noch ein Motiv der Eifersucht der Dienstengel. Die Opposition der Engel resultiert nicht nur aus der Tatsache, daß in ihren Augen Gottes Heiligkeit und des Menschen Sündhaftigkeit (objektiv) unvereinbar sind, sondern auch aus ihrer subjektiven Eifersucht: Wenn Gott bei den Menschen wohnt, hat er die Engel verlassen und umgekehrt. Die Rivalität zwischen Engeln und Menschen gründet also (aus der Sicht der Engel) in der Vorstellung, daß die Schekhinah nicht gleichzeitig bei den Engeln und bei den Menschen sein kann. Die Tatsache, daß diese Vorstellung nicht der üblichen rabbinischen Auffassung von der Schekhinah entspricht[149], gibt dem Midrasch möglicherweise eine polemische Wendung.

---

[146] D. h. von ihrer erhabenen Stellung.

[147] Die Tradition ist deswegen bemerkenswert, weil der Fall der Engel gewöhnlich mit Gen 6 zusammengebracht wird (vgl. Text 16), d. h. zur Zeit Noahs stattfand. Offensichtlich ist aber zwischen verschiedenen Vorstellungen zu unterscheiden (Fall der Engel zur Zeit Adam und Evas, zur Zeit Enoschs, zur Zeit Noahs etc.). Im Blick auf diese differenzierendere Fragestellung wurden die Quellen meines Wissens bisher noch nicht untersucht.

[148] Dies ist ein typisches Beispiel für die konkretisierende Auslegung eines Bibelverses.

[149] Vgl. Goldberg, Schekhinah, besonders S. 534 f.

Text 14

Jalq Gen § 44 S. 25bm

Rab Josef[150] wurde von seinen Schülern gefragt: Was hat es mit dem Asasel auf sich[151]? Er antwortete ihnen: Als das Geschlecht der Sintflut aufstand und Götzendienst trieb, da trauerte der Heilige, er sei gepriesen. Sogleich erhoben sich zwei Engel, Schemchasai und Asael[152], und sprachen vor ihm: Herr der Welt, haben wir nicht vor dir gesagt, als du deine Welt schufst: Was ist der Mensch, daß du seiner gedenkst?! (Ps 8, 5). Er antwortete ihnen: Und was[153] wird dann auf der Welt sein? Sie sagten: Herr der Welt, wir würden uns mit ihr zufrieden geben! Er antwortete ihnen: Offenbar und bekannt ist es vor mir, wenn ihr auf der Erde weiltet, würde der böse Trieb über euch herrschen und ihr wäret schlimmer als die Menschen. Sie sprachen: Gib uns die Erlaubnis und laß uns bei den Geschöpfen wohnen, und du wirst sehen, wie wir deinen Namen heiligen. Er gab zur Antwort: Steigt hinab und wohnt bei ihnen! Sofort trieben sie Unzucht mit den Töchtern des Menschen, die schön waren und konnten ihren Trieb nicht beherrschen. ...

Abgedruckt unter dem Titel *Šemḥazāj wa'Azā'el* auch bei Jellinek, BHM IV, S. 127 f.

A. Der Midrasch findet sich nur hier. Er ist – nach der Angabe des Jalqut – ein Zitat aus dem verlorengegangenen *Midrāš 'Abkir*[154]. Jellinek vermutet, daß der Midrasch bereits der Zusammenstellung der Festperikopen Lev 16 (Asasel) und Lev 18 (Gebote gegen Unzucht) am Versöhnungstag zugrundelag und deswegen sehr alt sein muß[155]. Dies ist denkbar, aber reine Spekulation; es ist ebenso möglich, daß der Midrasch sekundär diese beiden Festperikopen erklären wollte. Die Verbindung zwischen Asasel und der (nicht näher bestimmten) Tat von Usa und Asael ist auch im b Talmud bezeugt, vgl. b Jom 67 b.

B. Der Midrasch gehört zum umfangreichen Komplex der Midraschim vom Fall der Engel[156]. Er nimmt das aus Text 6; 7 und 9 geläufige Motiv von der Opposition der Engel gegen die Erschaffung des Menschen auf und begründet diese Opposition mit der Sündhaftigkeit des Menschen (vgl. vor allem Text 6, V und VI; 7 und 9). Die Konsequenz aus dieser Opposition ist allerdings eine ganz andere: Die Engel selbst möchten beim Menschen (in Wirklichkeit aber wohl anstelle des Menschen) auf der Erde leben. Nur sie glauben imstande zu sein, „Gottes Namen zu heiligen", d. h. dem Anspruch der Heiligkeit Gottes

---

150 bA 3, gest. 333.

151 D. h.: wie ist der Brauch des Sündenbocks entstanden?

152 Zu den Namen vgl. Hen. 6, 7 und 69, 2.

153 = wer, nämlich wenn Gott den Menschen zur Strafe vernichtet.

154 Vgl. Strack, Einleitung, S. 209.

155 Jellinek, BHM IV, S. X f.

156 Vgl. dazu oben Text 8, unten Text 15 und 16. Zur Literatur s. oben in der Einleitung Anm. 10.

gerecht zu werden; damit wäre der Beweis erbracht, daß die Erschaffung des Menschen unnötig war und daß Gott sich mit den Engeln begnügen kann. Es zeigt sich aber das Gegenteil: Die Engel verfallen sofort den Töchtern des Menschen, „die schön waren“ (oder besser: „weil sie schön waren“), sie sind, wie Gott vorausgesagt hat, schlimmer als die Menschen. Ihr Vorwurf der Sündhaftigkeit des Menschen wird also widerlegt mit ihrer eigenen (schlimmeren) Sündhaftigkeit.

C. Die Erschaffung des Menschen führt zu einer (nur von den Engeln empfundenen) Rivalität zwischen Engeln und Menschen. Die Engel versuchen zu beweisen, daß der Mensch überflüssig ist, verfallen aber im Gegenteil dem Menschen und sündigen.

Text 15

Ps-SEZFr S. 49

(Gott will Abraham aus dem Feuerofen retten.) Da sprachen die Dienstengel vor dem Heiligen, er sei gepriesen: Herr der Welt, was hast du am ersten Menschen gefunden, daß du dich vor ihm erniedrigt *(hišpaltā daʿtᵉkhā ʿimmô)*, einen Brauthimmel für ihn im Garten Eden aufgestellt[157], [dich hinabbegeben und bei ihm dich niedergelassen hast im Garten Eden] – schließlich hat er doch alle deine Gebote übertreten! [Gott gab ihnen zur Antwort:] Die Antwort könnt ihr euch selber geben[158]! Wie soll ich [den Menschen aus] Fleisch und Blut bestrafen[159], der am Ort der Unreinheit wohnt und in dem der böse Trieb herrscht, wo doch ihr, die ihr an einem Ort der Reinheit wohnt und der böse Trieb nicht in euch herrscht – [160] was taten eure Genossen Asa, Usi und Asael[161], die zur Erde hinabstiegen, die Menschentöchter begehrten, sie zur Sünde verführten und Zauberei lehrten, mit deren Hilfe sie Sonne und Mond herabholten[162] ...?!

Vgl. auch DebR 11 Ende (unten S. 158).

A. Nur hier. Wahrscheinlich besteht aber eine Beziehung zu den Traditionen in 3 Henoch (s. oben Text 13) und in PRE (s. oben Text 12, unten Text 16), wenn nicht überhaupt der ganze Midrasch ursprünglich zu den PRE gehörte[163].

---

[157] Vgl. BerR 18, 1; WaR 20, 2 u. ö.

[158] *tᵉšûbatkhäm bᵉṣiddᵉkhäm*. Die Übersetzung gibt nur e i n e Nuance des Gemeinten wieder. Es klingt auch mit: Ausgerechnet ihr habt überhaupt kein Recht zu dieser Frage!

[159] Wörtl.: was soll ich Fleisch und Blut tun.

[160] Die Übersetzung folgt mit Absicht der Konstruktion des hebräischen Textes. Eigentlich wäre zu erwarten: wo doch ihr, die ihr ..., das und das getan habt.

[161] Zu den Namen vgl. Friedmann, S. 49 Anm. 62.

[162] Vgl. dazu Text 13.

[163] Vgl. die Vorbemerkung Friedmanns zu seiner Ausgabe des Pseudo-Seder Eliahu zuta.

B. Der Midrasch ist eng verwandt mit Text 14, allerdings sind die Akzente etwas anders gesetzt:

1. Der Ausgangspunkt der Opposition der Engel ist hier schon die Sünde Adams, nicht erst das Geschlecht der Sintflut.

2. Die Verwerflichkeit der Sünde der Engel ist stärker akzentuiert als in Text 14. Die Engel sind dem Menschen gegenüber im Vorteil – sie wohnen an einem reinen Ort und haben nicht mit dem bösen Trieb zu kämpfen[164] –, dennoch haben sie gesündigt.

3. Die Engel verfallen dem Menschen (sie begehren die Töchter des Menschen) und suchen ihn zur Sünde zu verführen. Das Ziel dieser Verführung ist die Auflehnung des Menschen gegen Gott und damit der Beweis, daß der Mensch besser nicht wäre erschaffen worden. Auf der anderen Seite wird diese Absicht aber durch die Sünde der Engel durchkreuzt: da sie die Menschentöchter begehren, werden sie selbst schuldig, sogar schuldiger als der Mensch. Es überschneiden sich also hier wieder zwei Motive, einmal der Versuch der Engel, den Menschen zum Abfall von Gott zu bewegen und zum anderen die Ohnmacht der Engel dem Menschen gegenüber, dem sie trotz ihrer „Abneigung“ verfallen.

Text 16

I. PRE Kap. 22 S. 50 b f.

Rabbi sagt: Die Engel, die vom Ort ihrer Heiligkeit, vom Himmel, fielen[165], sahen die Töchter Kains, wie sie nackt umhergingen und ihre Augen schminkten wie die Dirnen. Da gingen sie in die Irre nach ihnen *(tāʿû ʾaḥᵃrêhān)* und nahmen sich Frauen von ihnen, wie es heißt: Und die Söhne der Engel[166] *(bᵉnê-hā-ʾᵃlohîm)* sahen die Töchter des Menschen, [daß sie schön waren und nahmen sich zu Frauen, welche immer sie erwählten] (Gen 6, 2).

MHG Gen S. 134 (mit geringen Abweichungen).
Vgl. auch MHG Gen S. 135; ebd. S. 664.

II. Jalq *wajᵉḥî* § 161 S. 102 b u (Zitat aus dem *Midrāš ʾAbkir)*

(Der Satan beneidet R. Matja b. Cheresch[167] und versucht, ihn zu verführen:) Er erschien ihm wie eine schöne Frau, deren Schönheit nicht ihresgleichen hatte seit den Tagen Naamas, der Schwester Tubal Kains, durch die die Dienstengel in die Irre gingen *(ṭāʿû bāh)*, wie es heißt: ... (Gen 6, 2).

TanBu Zusatz zu P. *ḥuqqat* § 1 (wörtlich).

---

[164] Sie können sogar nach verbreiteter rabbinischer Auffassung nicht sündigen, vgl. oben S. 51 f.

[165] Diese Formulierung geht vermutlich auf Gen 6, 4 *(han-nᵉphilîm)* zurück; vgl. TPsJ Gen 6, 4; PRE Kap. 7 S. 16 b.

[166] So im Sinne des Midraschs.

[167] T 2; Strack, Einleitung, S. 128.

A. Die Quelle des Midraschs, so wie er in der rabbinischen Literatur vorliegt, ist sicher PRE, da Jalq Gen *(Midrāš 'Abkir)* offensichtlich eine vorgegebene Überlieferung aufnimmt. Es kann aber kein Zweifel daran bestehen, daß die Tradition wesentlich älter ist als die Endredaktion der PRE (s. u.).

B. Der Midrasch ist ursprünglich wohl ein Auslegungsmidrasch zu Gen 6, 2. Eine der möglichen Antworten auf die zugrundeliegende Frage – wer sind die *b^enê-hā-'^älohîm* in Gen 6, 2? – lautet: die Engel. Daß diese Antwort sehr alt sein muß, bezeugen die Apokryphen und Pseudepigraphen[168].

Thema des Midraschs ist wieder die Sünde der Engel. Die Engel verfallen der sexuellen Anziehungskraft (PRE) und Schönheit (Jalq Gen) der Frau; sie „gehen in die Irre nach ihnen bzw. durch sie", d. h. sie werden offensichtlich von ihnen verführt. Es fehlt diesmal ganz das andere Motiv (vgl. Text 8; 12; 13; 15), wonach die Engel den Menschen zur Sünde und zum Abfall von Gott verführen.

Unter den „Töchtern des Menschen (bzw. Adams)" von Gen 6, 2 versteht der Midrasch konkret die Töchter Kains (PRE) bzw. Naama, die Schwester Tubal Kains (Jalq Gen). Dies liegt ganz auf der Linie der PRE, nach der alle Nachkommen Kains Frevler waren[169]. Die Erwähnung Naamas in Jalq Gen ist wahrscheinlich schon eine zweite (sekundäre) Stufe der Konkretisierung, da Naama der einzige weibliche Nachkomme Kains ist, der in der Bibel erwähnt wird[170].

SCHILFMEER

Text 17

Mech S. 111 f.

Die Söhne Israels aber gingen auf dem Trockenen, mitten durch das Meer, [und das Wasser wurde ihnen zur Mauer zu ihrer Rechten und zu ihrer Linken] (Ex 14, 29). Da wunderten sich die Dienstengel und sprachen: Menschen, die Götzendienst treiben, gehen auf dem Trockenen, mitten durch das Meer?! Und woher [wissen wir], daß auch das Meer von Zorn gegen sie erfüllt wurde? Weil es oben heißt: Und die Wasser wurden ihnen zur Mauer *(ḥômāh)* (Ex 14, 23), hier aber heißt es: Zorn *(ḥemāh)*[1]! Und wodurch wurden sie gerettet? Zu ihrer

---

[168] Vgl. Hen. 6 ff., besonders 6, 1–8; Jub. 5, 1 f.; 4, 22; 7, 21 ff.; Josephus, Ant. I, 73; Gen. Apocr. Col II; LXX Gen 6, 2 (Codex Alexandrinus auf einer Rasur und einige Hss, vgl. Septuaginta, ed. Rahlfs, I: Genesis, S. 61; The Old Testament in Greek, ed. Brooke-McLean, I, 1: Genesis, S. 13). – Gegenteilige Meinungen siehe etwa: TO und TPsJ z. St. *(b^enê rabr^ebajjā')*; CN *(b^enê dajjānajjā')*; Ps-Philo III, 1 (filii Dei); BerR 26, 5.

[169] Vgl. PRE z. St. und Text 12.

[170] Vgl. auch Ramban zu Gen 4, 22 (mit Verweis auf PRE); Raschi zu b Jom 67 b.

[1] So mit Hs Oxford, Jalq Ed. pr. und den Parallelen. Die übrigen Textzeugnisse haben einen al-tiqri-Midrasch: „Lies nicht *ḥômāh* (Mauer), sondern *ḥemāh* (Zorn)".

Rechten und zu ihrer Linken (Ex ebd.): Zu ihrer Rechten durch das Verdienst der Torah, die sie einst mit ihrer Rechten empfangen würden, wie es heißt: Von seiner Rechten, Feuer, Gesetz ihnen (Dt 33, 2); und zu ihrer Linken: das ist das Gebet[2]! ...

MekhRS S. 67 f.; MHG Ex S. 279 f.; Jalq *bešallah* § 238 S. 146 bm (nahezu wörtlich).

Vgl. auch SchemR 24, 1.

A. Tannaitischer Midrasch. Die La der Hs Oxford (mit sämtlichen Parallelen) ist wahrscheinlich vorzuziehen, da durch die Plene- und Defektiv-Schreibung *ḥwmh/ḥmh* in Ex 14, 23 und 29 ein al-tiqri-Midrasch überflüssig ist.

B. Neben der nur indirekten Erwähnung des Widerspruchs der Engel gegen die Erschaffung des Menschen in t Sot 6, 5[3] ist dieser Text eines der ältesten Zeugnisse für die feindliche Einstellung der Engel gegenüber Israel. Diese Feindschaft wird zwar nur sehr vorsichtig angedeutet (die Engel wunderten sich); daß dieses Erstaunen aber auch eine Drohung impliziert, zeigt die nachfolgende Anklage vor Gott: Israel treibt Götzendienst und ist daher nicht würdig, vor den Ägyptern gerettet und trocken durchs Rote Meer geführt zu werden. Das Meer schließt sich denn auch sofort der Anklage der Engel an und will Israel vernichten. Der Vorwurf des Götzendienstes nennt den Grund für die Feindschaft der Engel: Die Heiligkeit Gottes verträgt sich nicht mit der Sündhaftigkeit Israels. Die Engel vertreten also wieder den Standpunkt der göttlichen Strafgerechtigkeit *(middat had-dîn)* und den Anspruch der absoluten Heiligkeit Gottes. Man kann diesen Midrasch somit als einen weiteren Versuch der Engel[4] interpretieren, der Existenz Israels zu widersprechen und die Entstehung eines besonderen Verhältnisses zwischen Gott und seinem erwählten Volk zu unterbinden. Es fällt allerdings auf, daß die Anklage der Engel nicht – wie fast immer in den Texten zur Erschaffung des Menschen – als anmaßend zurückgewiesen wird; eine Polemik gegen die Engel enthält dieser Midrasch also nicht.

Text 18

I. BerR 57, 4

Wann lebte Ijob? ... R. Jose b. R. Chalaphta sagt: Als sie (=Israel) nach Ägypten hinabzogen, wurde er geboren, und als sie [nach Israel] hinaufzogen, starb er. Du findest, daß die Hauptsache[5] der Jahre Ijobs 210 Jahre betrug, und auch Israel war 210 Jahre in Ägypten. Dann (=bei ihrem Auszug) kam der

[2] Vielleicht ist *tephîllah* hier im Sinne von *tephîllîn* (Gebetsriemen) zu verstehen; sonst wäre nicht ersichtlich, warum sie zu ihrer Linken durch das Gebet gerettet wurden.

[3] Text 6, III.

[4] Nach dem Widerspruch gegen die Erschaffung des Menschen, vgl. besonders Text 6; 7; 9.

[5] Vgl. dazu die Anmerkung Albecks, S. 615 f.

Satan, sie anzuklagen, [Gott] aber reizte ihn mit Ijob[6]. R. Chinena b. Acha und R. Chama b. R. Chanina [äußern sich dazu]. R. Chinena b. Acha sagt: Das gleicht einem Hirten, der da stand und seine Herde bewachte, und ein Wolf kam dazu. Da sprach [der Hirte]: Gebt ihm einen Bock, daß er gegen ihn kämpfe[7]! R. Chama b. R. Chanina sagt: Das gleicht einem König, der beim Mahle saß, und ein Hund kam dazu. Da sprach [der König]: Gebt ihm einen Brocken, daß er sich damit beschäftige[7]. Das ist es, was geschrieben steht: Gott lieferte mich dem Übeltäter aus, er stürzte mich in Frevlerhände (Job 16, 11).

II. SchemR 21, 7

R. Chama b. R. Chanina sagt: Als Israel aus Ägypten herauszog, stand der Engel Samael auf, sie anzuklagen. R. Chama b. Chanina legt dies aus im Namen seines Vaters: Ein Gleichnis von einem Hirten, der seine Herde über einen Fluß führte. Da kam ein Wolf, um über die Herde herzufallen. Was tat der erfahrene Hirte? Er nahm einen großen Bock und überließ ihn [dem Wolf] und sprach: Soll er mit ihm ringen, bis wir den Fluß überquert haben; danach hole ich [auch den Bock] hinüber. So stand auch der Engel Samael auf, als Israel aus Ägypten herauszog, sie anzuklagen. Er sprach vor dem Heiligen, er sei gepriesen: Herr der Welt, bis jetzt waren diese Götzendiener – und du willst ihnen das Meer spalten?! Was tat der Heilige, er sei gepriesen? Er überließ ihm den Ijob, einen der Ratgeber Pharaos, von dem geschrieben steht: Ein frommer und aufrechter Mann (Job 1, 1), und sprach zu ihm: Der sei in deiner Gewalt! Der Heilige, er sei gepriesen, sprach [bei sich]: Solange er mit Ijob beschäftigt ist, wird Israel ins Meer hinabsteigen und wieder hinauf[8]; danach werde ich dann den Ijob retten. ...

A. Amoräischer Midrasch. Sehr wahrscheinlich stammen nur die beiden Gleichnisse von R. Chinena b. Acha und R. Chama b. Chanina[9], nicht aber die Tradition, daß der Satan (Samael) Israel beim Auszug aus Ägypten anklagte. Es ist keineswegs sicher, daß I den besseren Text bietet, da die Situationsangabe (Schilfmeer) dort fehlt. Diese Situation ist aber für das Verständnis des Midraschs wesentlich, weil sonst unverständlich bleibt, warum Gott den Satan (für eine begrenzte Zeit) ablenken muß.

B. Der Hintergrund dieses Midraschs ist die Frage nach dem Grund für das Leiden Ijobs. Diese Frage wurde verschieden beantwortet. Manche Rabbinen waren der Meinung, daß Ijob – als einer der Ratgeber des Pharao – an dem Vernichtungsbeschluß gegen Israel mitschuldig wurde, weil er geschwiegen hatte[10]; sein Leiden wäre also als Strafe aufzufassen. Dagegen versteht der vor-

---

6 Um ihn von Israel abzulenken.

7 *jitgārāh bô.*

8 So ist wohl umzustellen (vgl. auch Maharso z. St.).

9 Beide pA 2, um 260.

10 Vgl. SchemR 1, 9: Die drei Ratgeber waren Bileam, Ijob und Jitro. „Bileam, welcher den Rat gab, [Israel durch das Wasser zu vernichten], wurde getötet; Ijob,

liegende Midrasch das Leiden Ijobs offenbar als stellvertretendes Leiden für Israel. Ijob, der Gerechte, „reizt“ (vgl. I) den Satan mehr als Israel, die Götzendiener, und lenkt ihn so von Israel ab.

C. Vgl. Text 17. Während in Text 17 noch vorsichtig vom „Erstaunen“ der Engel die Rede ist, wird hier massiv von einer Anklage des Satans bzw. Samaels (des klassischen Anklägers) gesprochen. Der Grund für diese Anklage ist derselbe[11]: Israel hat Götzendienst getrieben und ist nicht würdig, gerettet zu werden. Samael ist (wie die Engel in Text 17) der Anwalt der göttlichen Heiligkeit. Im Unterschied zu Text 17 wird Israel hier aber nicht durch die Torah bzw. das Gebet gerettet, sondern durch das stellvertretende Leiden des Gerechten.

MATTAN TORAH

Text 19

SchemR 51, 8

Dieser Berg, [auf dem Gott sich Israel offenbarte,] wird mit drei Namen benannt, nämlich Berg Gottes, Berg Horeb und Berg Sinai. Berg Gottes, weil der Heilige, er sei gepriesen, dort seine Gottheit bekannt machte; Sinai, weil er die Oberen haßte *(śāne')* und die Unteren liebte; Horeb, weil dort die Torah gegeben wurde, die „Schwert“ *(ḥäräb)* genannt wird, wie es heißt: Lobpreisungen Gottes in ihrer Kehle und ein zweischneidiges Schwert in ihrer Hand (Ps 149, 6).

Vgl. BamR 1, 8; TanBu Nu § 7; Tan Nu § 7; Jalq Nu § 684 S. 438ao; Jalq Ps § 796 S. 927bm; b Schab 89a Ende.

A. Anonymer amoräischer Midrasch; nur hier.

B. Der Midrasch ist der weitverbreiteten und sehr alten[1] Gattung der Namendeutungen zuzuordnen; wahrscheinlich gehört die Auslegung bestimmter (oft nicht unmittelbar verständlicher) Namen der Bibel zu den Anfängen des Midraschs überhaupt[2]. Der Name *śînaj* wird abgeleitet von *śāne'* – hassen, und so entsteht die Erklärung, daß der Sinai der Ort ist, an dem Gott die Oberen haßte und (im Gegensatz dazu) die Unteren liebte. Diese Erklärung ist im Zusammenhang mit der Gabe der Torah zu sehen: Als Gott am Sinai Israel die Torah gab, erwies sich seine besondere Liebe zu Israel. Die Hinwendung zu

---

welcher schwieg, wurde zu Leiden verurteilt; Jitro, welcher floh, dessen Söhne wurden gewürdigt, in der Quaderhalle *(liškat hag-gāzît)* zu sitzen“.

[11] Er wird zwar nur in II angegeben, ist aber in I ohne Zweifel vorausgesetzt.

[1] Sie findet sich schon im AT, vgl. das Beispiel: *Jiṣḥaq – jiṣḥaq-lî* (Gen 21, 6).

[2] Vgl. I. L. Seeligmann, „Voraussetzungen der Midraschexegese“, Suppl. VT 1, 1953, S. 150–81; R. Bloch, Art. Midrash, Supplément au Dictionnaire de la Bible, 1957, Bd. V, Sp. 1263 ff.

Israel ist radikal und ausschließlich und bedeutet gleichzeitig eine völlige Abkehr von den Oberen (= Engeln).

Diese sehr gezielte Aussage gewinnt ihre Pointe erst auf dem Hintergrund anderer Deutungen des Namens Sinai. Die in SchemR überlieferte Tradition ist nämlich nicht nur singulär, sie widerspricht auch allen sonst bekannten Auslegungen. In den Parallelstellen wird aus der Deutung *śînaj* = *śāne'* nicht ein Gegensatz zwischen Engeln und Menschen (= Israel), sondern zwischen den Völkern der Welt bzw. den Götzendienern und Israel abgeleitet: Der Berg Sinai heißt deswegen Sinai, „weil auf ihm die Völker der Welt dem Heiligen, er sei gepriesen, verhaßt waren"[3]. Diese Auslegung gehört in den Kontext der Erwählung Israels aus und vor den anderen Völkern. SchemR deutet nun diesen weitverbreiteten Midrasch (man darf voraussetzen, daß dem Verfasser des Midraschs in SchemR die sonst übliche Auslegung bekannt war) um, indem die Erwählung Israels vor den Heidenvölkern zu einer Erwählung vor den Engeln wird! Damit erhält der Midrasch eine polemische Spitze gegen die Engel, wie sie schärfer kaum formuliert werden könnte.

Die theologische Aussage (Hinwendung Gottes zu Israel zum Nachteil der Engel) dient ohne Zweifel auch einem – nicht explizit ausgesprochenen – homiletischen Zweck. Wenn die Erwählung Israels, die in der Gabe der Torah zum Ausdruck kommt, die Abwendung Gottes von den Engeln zur Folge hat, ist die Torah für Israel ein unermeßlicher Wert. Der Midrasch enthält also gleichzeitig die Mahnung, die Torah nicht zu verachten und zu vernachlässigen.

C. Der Midrasch versteht die Beziehung zwischen Engeln und Menschen als Konkurrenzverhältnis um die Liebe Gottes. Mit der Gabe der Torah an Israel hat Gott sich für Israel entschieden; diese Entscheidung ist exklusiv und bedingt eine Abwendung von den Engeln.

Text 20

DebR 7, 9

Und Moses rief ganz Israel (Dt 29, 1) ... Das ist es, was geschrieben steht: Mein Sohn, wenn du meine Worte annimmst und meine Gebote bei dir aufbewahrst (Spr 2, 1). Was bedeutet: Wenn du meine Worte annimmst? R. Huna i. N. R. Achas sagt: Der Heilige, er sei gepriesen, sprach zu Israel: Meine Torah sei euch nicht wie ein Mensch, der eine heiratsfähige Tochter hat und bei dem einzuführen wünscht, den er gerade findet. Was bedeutet: Wenn du meine Worte annimmst? Wenn ihr das Verdienst habt, werdet ihr meine Torah empfangen, nach der die Dienstengel verlangten, die ich ihnen aber nicht gegeben habe, wie es heißt: Die Könige der Heerscharen, sie werfen, sie werfen[4] (Ps

---

[3] BamR 1, 8 parr.; Tan Nu § 7 parr. liest statt „Völker der Welt": „Götzendiener".

[4] *jiddôdûn*. So wahrscheinlich in diesem Zusammenhang; vgl. dazu unten Text 31, II; S. 144 Anm. 154; Text 43.

68, 13). Und was meint der Vers[5]: Und die Zierde des Hauses verteilst du als Beute[6] (Ps ebd.)? [Die Dienstengel] sprachen[7] vor ihm: Herr der Welt, die Zierde, die du bei den Oberen hast, verteilst du unter die Unteren?! Siehe: Wenn du meine Worte annimmst (Spr ebd.) – wenn du das Verdienst hast!

DebRL S. 111 (nahezu wörtlich).
Tan *'eqäb* § 5 (verkürzt und i. N. R. Abba b. Kahanas).

A. Amoräischer Midrasch; ob R. Acha (DebR)[8] oder R. Abba b. Kahana (Tan)[9] der Autor ist, ist für die Datierung unerheblich.

B. Homiletischer Midrasch zu Dt 29, 1 (kombiniert mit Spr 2, 1). Die Auslegung R. Achas besagt: Spr 2, 1 ist ein Bedingungssatz, d. h. die Gabe der Torah ist kein freies und zufälliges Geschenk Gottes, sondern setzt eine Bereitschaft und ein Entgegenkommen auf der Seite Israels voraus. W e n n du meine Worte annimmst etc., wirst du verstehen die Furcht des Herrn und Gotteserkenntnis[10] finden, denn der Herr gibt die Weisheit[11] ... (Spr 1, 5.6). Die Gabe der Torah ist an das Verdienst Israels gebunden, Geschenk Gottes und Verdienst Israels bedingen sich[12].

Der besondere Wert der Torah ergibt sich daraus, daß sogar die Dienstengel nach ihr verlangten und dagegen protestierten, daß sie Israel gegeben wurde. Die theologische Aussage von der Zurückweisung der Engel und der Bevorzugung Israels bei der Gabe der Torah dient als Folie für die homiletische Tendenz des Midraschs: Wenn sogar die Engel sich um die Torah bemühten, wie sehr muß dann Israel daran gelegen sein, die Bedingungen für die Gabe der Torah und die Konsequenzen aus der Gabe der Torah (beides meint der Midrasch) auf sich zu nehmen.

C. Indem Gott Israel und nicht den Engeln die Torah gab, bevorzugte er Israel vor den Engeln. Diese Bevorzugung ist aber kein einmaliges historisches Ereignis, sondern reicht bis in die jeweilige Gegenwart. Nur wenn Israel sich dieser Bevorzugung ständig würdig erweist (die Torah annimmt), wird die Torah bei Israel bleiben.

---

[5] DebRL S. 111 hat die bessere La: Und was sagten sie (die Dienstengel)?

[6] So im Sinne des Midraschs.

[7] Im Text Sing.

[8] pA 4, um 320.

[9] pA 3, um 310.

[10] *da'at 'älohîm*, hier *da'at* = Torah.

[11] Synonym für Torah. Die Weisheit wird in der rabbinischen Tradition häufig mit der Torah gleichgesetzt, vgl. BerR 1, 1 parr.; FragmT und CN Gen 1, 1 u. ö. Diese Interpretationen gehen auf die Gleichsetzung der Weisheit mit der Torah in Sir Kap. 24 zurück. Vgl. dazu ausführlich Hengel, Judentum und Hellenismus, S. 275 ff.

[12] Darin liegt auch die Beziehung zwischen Dt 29, 1 und Spr 2, 1: Die Taten Gottes in Ägypten setzen ein Entgegenkommen von Seiten Israels voraus; vgl. auch Dt 29, 8.

Text 21

D e b R 8 , 2

Unsere Lehrer sagen: Der Heilige, er sei gepriesen, sprach: Wenn du über die Torah den Segen sprichst, sprichst du für dich selbst den Segen, wie es heißt: Denn durch mich[13] werden viel deine Tage, und hinzugefügt werden dir Jahre des Lebens (Spr 9, 11). Und wenn ihr meint, daß ich euch die Torah vielleicht zu eurem Unglück gegeben habe, so habe ich sie euch doch nur zu eurem Guten gegeben. Sogar die Dienstengel verlangten nach ihr, doch sie wurde vor ihnen verborgen, wie es heißt: Sie[14] ist verborgen vor den Augen alles Lebendigen (Job 28, 21) – das sind die [heiligen] Tiere. Und vor den Vögeln des Himmels ist sie verhüllt (Job ebd.) – das sind die Engel. Woher?[15] Weil geschrieben steht: Da flog[16] zu mir einer der Seraphim (Jes 6, 6). [Gott] sprach zu ihnen: Meine Kinder, für die Dienstengel ist sie unfaßbar *(niphle't),* für euch ist sie nicht unfaßbar. Woher [ist dies zu beweisen]? Von dem Vers: Dieses Gebot, das ich dir heute befehle, ist nicht unfaßbar für dich [und nicht fern] (Dt 30, 11).

DebRL S. 114 f. (wörtlich übereinstimmend).

A. Anonymer amoräischer Midrasch.

B. Wie im vorhergehenden Text ist eine eindeutige homiletische Tendenz erkennbar. Die Torah wurde um des Menschen willen und für den Menschen gegeben. Dies setzt voraus, daß sie nicht ein unerklärliches und überirdisches Geheimnis ist, sondern in ihrem Sinn und ihren praktischen Konsequenzen vom Menschen erfaßt werden kann. Sie wurde nicht für die Engel, sondern für die Menschen gemacht. So sehr die Engel auch nach ihr verlangt haben, sie wurde vor ihnen verborgen *(nä'älmāh mehän).* Dieses „verborgen" hat ohne Zweifel nicht nur eine lokale, sondern auch eine übertragene Bedeutung: der S i n n der Torah wurde den Engeln verborgen. Dies ergibt sich auch aus dem zweiten Teil des Job-Zitates *(nistārāh)* und aus der Aussage über Israel. Israel ist die Torah – im Gegensatz zu den Engeln – nicht „unfaßbar und nicht fern" (Dt 30, 11), und dieses unfaßbar hat eindeutig den Sinn von „unverständlich".

C. Der Midrasch richtet sich sehr wahrscheinlich gegen esoterische Kreise, in denen die Torah als überirdisches Geheimnis verehrt wurde, als „Torah der Engel", die den Menschen nicht zugänglich und angemessen ist. Er betont dagegen, daß nur die Menschen – und nicht die Engel – den Sinn der Torah erkennen können.

---

[13] Subjekt ist die Weisheit = Torah, s. dazu oben S. 113 Anm. 11.

[14] Auch hier ist die Weisheit = Torah Subjekt.

[15] Woher ist zu beweisen, daß mit dem *'ôph haš-šāmajim* im Job-Zitat die Engel gemeint sind?

[16] *wajjā'āph.*

Text 22

SchirR 8, 13 § 1

Die du in den Gärten wohnst, Gefährten lauschen aufmerksam, laß mich deine Stimme hören (HL 8, 13). R. Natan i. N. des R. Acha sagt: ... Der Heilige, er sei gepriesen, spricht zu [Israel]: Meine Kinder, erhebt lauter eure Stimmen, daß die Gefährten [sie] hören, die bei euch (über euch) sind. „Gefährten“ meint hier (in HL 8, 13) nichts anderes als Dienstengel. Seht zu, daß ihr einander nicht haßt, nicht eifersüchtig aufeinander seid, nichts [Übles] gegeneinander sinnt und einander nicht beschämt, damit die Dienstengel nicht vor mir sprechen können: Herr der Welt, Israel beschäftigt sich nicht mit der Torah, die du ihnen gegeben hast; siehe, es ist Feindschaft, Neid, Haß und Streit unter ihnen – aber ihr haltet sie in Frieden[17].

Bar Qappara sagt: Warum nennt er die Dienstengel „Gefährten“? Weil es unter ihnen keine Feindschaft, keinen Neid, keinen Haß, keinen Streit, keinen Abfall und keine Meinungsverschiedenheit gibt.

MHG Nu S. 369 (nahezu wörtlich).

A. Sehr wahrscheinlich amoräischer Midrasch. Die Überlieferungskette ist widersprüchlich, da nur Amoräer mit dem Namen Acha bekannt sind, deren Dicta schwerlich vom Tannaiten Natan (T 4) tradiert wurden.

B. Auslegungsmidrasch zu HL 8, 13 mit homiletischer Tendenz. Die „Gefährten“ im HL-Vers werden auf die Engel gedeutet, die Israels Verhalten aufmerksam verfolgen und Gott davon berichten. Diese Vorstellung ist nicht ungewöhnlich und hängt mit der Aufgabe der Engel als Fürsprecher und Ankläger[18] zusammen. Die besondere Aussage dieses Midraschs besteht aber darin, daß die Engel eifersüchtig über die Einhaltung der Torah wachen und geradezu einen Anlaß suchen, um zu beweisen, daß Israel der Torah nicht würdig ist. Diese Einstellung ist nicht weit entfernt von dem Bemühen des Satans, dessen Wunsch, Israel Sünden nachzuweisen, schließlich in die Absicht umschlägt, Israel zur Sünde zu verführen[19]. Diese, offensichtlich sehr schmale, Grenze zwischen Anklage und Verführung ist im vorliegenden Midrasch allerdings noch nicht überschritten. – Die homiletische Tendenz des Midraschs ist eindeutig: Israel soll die Torah befolgen, um den Engeln keinen Anlaß oder Vorwand zur Klage vor Gott zu geben.

C. Der Hintergrund des Midraschs ist die Eifersucht der Engel auf Israel, denen Gott die Torah gegeben hat, und der (unausgesprochene) Wunsch, die Unwürdigkeit Israels nachzuweisen.

[17] Dieser Satz ist als Fortsetzung der Rede Gottes schwer verständlich. Vielleicht ist zu lesen (als Fortsetzung der Rede der Engel): Wir aber werden sie in Frieden halten.

[18] Vgl. oben S. 62 f.

[19] Vgl. Text 8; 12; 13; 15.

Text 23

S c h i r R 1, 2 § 1

Er küsse mich mit den Küssen seines Mundes (HL 1, 2) ... Nach der Meinung Rabban Gamliels, der annimmt, daß die Dienstengel [das Hohe Lied] gesprochen haben, [bedeutet der Vers HL 1, 2]: Er gebe uns von den Küssen, mit denen er seine Kinder geküßt hat!

A. Tannaitischer Midrasch (wenn wirklich die ganze Interpretation von R. Gamliel stammt und nicht nur die Meinung, daß das Hohe Lied von den Dienstengeln verfaßt wurde); nur hier.

B. Auslegungsmidrasch zu HL 1, 2. Thema des Midraschs ist die Eifersucht der Engel über die Liebe Gottes zu Israel („denn deine L i e b e ist köstlicher als Wein", lautet die Fortsetzung des HL-Zitates). Der Hintergrund ist ohne Zweifel wieder die Gabe der Torah an Israel[20], in der sich die Liebe Gottes manifestierte.

Text 24

P e s R S. 95 a

Als der Heilige, er sei gepriesen, Israel die Torah gab, freute sich die Erde, die Himmel aber weinten. Warum freute sich denn die Erde und weinten die Himmel? Das gleicht einem König, der den Brauthimmel für seine Tochter bereitete. Die Bewohner der Städte kamen nicht zu ihm und huldigten nicht. Die Bewohner der Dörfer aber kamen herbei und huldigten dem König auf Harfen und Leiern und allen möglichen Musikinstrumenten. Der Herold ging aus vor dem König und sagte: Nach dem Brauch der Welt sind es die Bewohner der Städte, die die Herrlichkeit des Königs kennen; ihnen käme es zu, die Tochter des Königs zu preisen!

So war es auch, als der Heilige, er sei gepriesen, Israel die Torah gab, da huldigte die Erde, aber die Himmel huldigten nicht. Da sprach der Heilige, er sei gepriesen, zu den Himmeln: Ihr, die ihr in der Höhe wohnt, euch käme es mehr zu, meine Herrlichkeit und meine Tochter zu preisen, als der Erde! Sie antworteten vor ihm: Herr der Welten, die Erde soll huldigen, denn ihr wurde die Torah gegeben. Wir aber, von denen sie fortgeht, wir sollen huldigen und nicht betrübt sein?! Wie geschrieben steht: Als du weggingst, Herr, von Seir, ausschrittest vom Felde Edoms, bebte die Erde, aber die Himmel troffen (von Tränen)[21] (Ri 5, 4).

A. Anonymer amoräischer Midrasch; nur hier.

B. Der Midrasch ist so, wie er hier steht, nur schwer verständlich, wenn nicht überhaupt verderbt. Auf den ersten Blick ist sein Thema die Rivalität zwischen

---

[20] So auch *Mattenôt kehunnāh* z. St.

[21] So ist im Sinne des Midraschs zu ergänzen.

Himmel (= Engel) und Erde (= Menschen), die bei der Gabe der Torah zum Ausdruck kommt. Gott gibt seine Torah den Menschen, die entsprechend Grund zur Freude haben; die Engel dagegen fühlen sich benachteiligt und trauern[21a]. Darüber hinaus scheint der Midrasch eine polemische Spitze gegen die Engel zu enthalten: Die Engel, die die Herrlichkeit Gottes (= König im Gleichnis) und seiner Tochter (= Torah) am besten kennen müßten, überlassen den Lobpreis Gottes und der Torah den Menschen.

Mit dieser Aussage sind aber einige Motive des Midraschs nur schlecht in Einklang zu bringen. Zunächst gehört das Bild vom Brauthimmel, den der König seiner Tochter bereitet, eher zur Errichtung des Stiftszeltes (wobei die Tochter für Israel steht) als zur Gabe der Torah am Sinai; vielleicht ist das Gleichnis ursprünglich in diesem Kontext beheimatet. Vor allem aber paßt der abschließende Schriftbeweis kaum zur übrigen Aussage des Midraschs; daß die „Erde bebte" steht sogar in direktem Widerspruch dazu. Der Hintergrund des Schriftbeweises ist vielmehr ganz offensichtlich der Midrasch vom Versuch Gottes, die Torah zunächst den anderen Völkern anzubieten (als du ausschrittest vom Felde E d o m s)[22]. Die Erde bebte dann entweder aus Furcht, Edom könnte die Torah annehmen und Israel zuvorkommen oder (dies ist wahrscheinlicher) aus Furcht, Israel könnte wie die anderen Völker die Torah abweisen[23]; auf jeden Fall ist die „Erde" des Schriftbeweises nicht mehr mit der Erde = Israel im vorangehenden Midrasch identisch. Nur der letzte Teil des Schriftbeweises („die Himmel troffen [von Tränen]") hat einen direkten Bezug zum übrigen Text.

C. Der Midrasch ist nur mit Vorbehalt als Beleg für den Gegensatz Engel – Israel bei der Gabe der Torah auszuwerten.

Text 25

P e s R S. 96 a f.

In der Stunde, als der Heilige, er sei gepriesen, Israel die Torah gab, freuten sich die Engel, aber der Heilige, er sei gepriesen, war traurig, wie es heißt: Und als ihr die Stimme aus dem Dunkel heraus vernahmt (Dt 5, 20). . . . Das gleicht einem König aus Fleisch und Blut, der seine Tochter einem seiner Fürsten gab, mit ihm übereinkam und zu ihm sagte: Du weißt, daß ich König bin und meine Tochter eine Prinzessin. Du weißt, daß meine Tochter zart und empfindlich ist und keinen heftigen Wind[24] vertragen kann. Führe sie nicht des nachts hinaus, daß nicht etwas auf ihr Kleid falle[25]; und befasse dich nicht mit üblen Dingen,

---

[21a] Vgl. zum Motiv der Trauer *Pirqê hêkhālôt rabbātî,* BatMidr I, S. 114.

[22] Vgl. SiphDt § 343 S. 396 und Parallelen.

[23] Vgl. auch Braude, S. 400 Anm. 9.

[24] *rûaḥ rāʿāh;* wörtl.: übler Wind.

[25] Der Text ist verderbt. Vgl. die Laa bei Friedmann, S. 96 b Anm. 25 und Braude, S. 403 Anm. 24.

die sie haßt! [Der Fürst] nahm alle diese Bedingungen an, und [der König] übergab seine Tochter ihren Brautführern. Als diese sie – die Königstochter – brachten und im äußeren Hof niedersetzten[26], sahen sie den Schwiegersohn des Königs mit einer Dirne, die auf seinem Schoße saß. Da sagte einer [der Brautführer] zum anderen: Was sollen wir tun?! Wenn wir sie zurückbringen, wird sie es ihrem Vater sagen, und der wird seinen Schwiegersohn[27] töten. Was sollen wir tun? Töten wir sie![28] Sofort töteten sie sie.

So war es auch, als der Heilige, er sei gepriesen, Israel die Torah gab: Alle Heere der Höhe freuten sich, aber der Heilige, er sei gepriesen, war traurig[29]. Da sprachen [die Engel] vor ihm: Herr der Welt, ist die Freude, die du in deiner Welt geschaffen hast, nicht dein?! Er antwortete ihnen: Ihr kennt nicht das Ende der Sache, denn die Torah wurde auf den ersten Tafeln [unter der Bedingung] gegeben: Ihr sollt keine anderen Götter haben (Ex 20, 3). Als aber Moses und Josua sie (die Tafeln) brachten, sahen sie das Goldene Kalb und Israel, wie sie sich vor ihm niederwarfen. Da sprachen sie: Was sollen wir tun?! Kehren wir zum Heiligen, er sei gepriesen, zurück, wird er Israel vernichten. Was sollen wir tun? Wir wollen sie zerbrechen! Und sie zerbrachen [die Tafeln], wie es heißt: Und [Moses] zerbrach sie unten am Berge (Ex 32, 19).

A. Anonymer amoräischer Midrasch; nur hier.

B. Thema des Midraschs ist die Frage, warum Moses die ersten Tafeln zerbrochen hat. Der Zorn des Moses, der in der Bibel (Ex 32, 19) als Grund angegeben wird, scheint dem Verfasser des Midraschs nicht zu genügen oder sogar anstößig zu sein. Die Antwort des Midraschs ist dagegen: Als Moses und Josua (= Brautführer im Gleichnis) den Abfall Israels (= Fürst) von Gott sahen, fürchteten sie sich, die Torah (= Königstochter) zu Gott zurückzubringen, weil Gott Israel zur Strafe vernichten würde. Sie zogen es daher vor, die Bundestafeln zu zerbrechen[30].

Die Trauer Gottes über den Abfall Israels, noch bevor die Torah ihnen übergeben wurde, hat keinen Anhaltspunkt im Gleichnis. Es sind deswegen wahrscheinlich zwei ursprünglich selbständige Midraschim zu unterscheiden, nämlich a) Klage Gottes über Israel und b) Begründung für das Zerbrechen der Tafeln durch Moses.

C. Die Aussage (die hier auch nur ganz am Rande steht), daß die Engel sich

---

[26] Wörtl.: hinstellten.

[27] So mit den Hss, vgl. Braude, S. 404 Anm. 26. Im Text: *'ôtānû*.

[28] *nišmôṭ 'ôtāh*. Die genaue Bedeutung von *šāmaṭ* in diesem Zusammenhang ist fraglich. Jastrow, s. v. übersetzt die Stelle: „let us abandon her (that she may not find her way home)", doch erfordert das Zerbrechen der Tafeln in der Sachhälfte des Gleichnisses einen stärkeren Ausdruck.

[29] Hs Parma nach Braude, S. 404 Anm. 27: weinte und klagte.

[30] In diesem Punkt ist die Analogie zwischen Bild- und Sachhälfte des Gleichnisses besonders fragwürdig (vgl. auch Friedmann, S. 96 b Anm. 29). Das Gleichnis wirkt überhaupt sehr gekünstelt und wenig geschickt durchgeführt.

über die Gabe der Torah an Israel freuten, ist ganz singulär. Sie zeigt immerhin, daß das Thema der Gabe der Torah nicht ausschließlich polemisch und auf einen Gegensatz zwischen Menschen und Engeln hin interpretiert wird.

Text 26

I. PesR S. 128a f.

Als der Heilige, er sei gepriesen, [Israel] die Torah geben wollte, fingen die Dienstengel an, Zettelchen[31] zu werfen vor dem Heiligen, er sei gepriesen: ... (Ps 8, 5). Herr, unser Gott, wie mächtig ist dein Name auf der ganzen Erde, mache groß deinen Preis[32], gib[33] deinen Glanz über die Himmel (Ps 8, 2). R. Acha sagt: Die Engel sprachen zu ihm (Gott): Es ist zu deinem Preis[34], wenn du deinen Glanz über die Himmel gibst und uns deine Torah überläßt. Da sprach der Heilige, er sei gepriesen, zu ihnen: Meine Torah kann nicht bei euch bleiben, man findet sie nicht im Lande der Lebenden[35] (Job 28, 13).

Das gleicht einem König, der wollte seinen Sohn Seidenweberei lernen lassen. Dessen Finger aber waren stumpf[36]. Als sein Meister ihn sah, sprach er zum [König]: Geh, laß deinen Sohn ein anderes Handwerk lernen. Denn dieses ganze Handwerk beruht nur auf der Fingerfertigkeit – und du wolltest ihn [ausgerechnet] Seidenweberei lernen lassen!

So sprach auch der Heilige, er sei gepriesen, zu [den Engeln]: Was sagt ihr: ... (Ps 8, 2)?! Sie kann nicht bei euch bleiben! – Warum? – Es steht in ihr geschrieben: Ich bin der Herr, dein Gott (Ex 20, 2). Leugnet ihr etwa [jemals] mein Königtum?! Seid ihr nicht bei mir und seht ihr nicht das Bild meiner Herrlichkeit jeden Tag?! Und weiter steht in ihr geschrieben: Stirbt jemand in einem Zelt ... (Nu 19, 14). Sterbt ihr denn?! [Ferner] steht in ihr geschrieben: Dies dürft ihr essen (Lev 11, 9) und: Dies dürft ihr nicht essen (ebd. V. 4). Esst und trinkt ihr denn, daß ihr darum bittet, euch meine Torah zu geben?!

Was tat der Heilige, er sei gepriesen? Nichts anderes, als daß er sie wegschickte (*mᵉsalleq 'ôtām*) und die Torah Israel gab. Nach 40 Tagen aber verstießen sie gegen [das Gebot]: Du sollst keine anderen Götter [neben mir] haben (Ex 20, 3)[37]. Da begannen die Engel vor dem Heiligen, er sei gepriesen,

---

[31] D. h. gegen seine Entscheidung zu protestieren. Statt *pjrqm* ist mit den Parallelen MidrTeh 8, 2; SchirR 8, 11 § 2, EsthR 1, 10 wohl *pîtqîn* bzw. *pîṭqîn* zu lesen. *pîtqîn* kann sowohl „Steine" als auch „Stimmzettel" heißen. Wahrscheinlich ist letzteres hier gemeint (im Sinne von Beschwerdeschriften, gegen Braude, S. 520); vgl. auch Text 43.

[32] *'šr* als Imp. von Piel *'āšar* aufgefaßt?

[33] *tnh* hier als Imp. von *nātan* verstanden.

[34] *'îššûrᵉkhā*, von *'āšar* – preisen abgeleitet; vgl. Jastrow, s. v.

[35] D. h. bei denen, die ewiges Leben haben, bei den Engeln. Im Job-Zitat ist die Weisheit Subjekt, die mit der Torah gleichgesetzt wird (s. oben S. 113 Anm. 11).

[36] *mᵉqûṭṭā'ôt*, wörtl.: abgehauen.

[37] Sie errichteten das Goldene Kalb.

zu sprechen: Herr der Welt, haben wir dir nicht gesagt, daß du ihnen die Torah nicht geben sollst? Und ebenso, als der Heilige, er sei gepriesen, [die zehn Gebote] ein zweites Mal schreiben wollte, ließen die Engel ihn nicht. Da sprach der Heilige, er sei gepriesen, zu ihnen: Seid ihr diejenigen, die die Torah halten?! Ein gerade entwöhntes Kind in Israel hält sie mehr als ihr! Wenn es aus der Schule kommt, und Fleisch und Milch werden ihm vorgesetzt, es trinkt niemals die Milch, bevor es nicht seine Hände vom Fleisch gereinigt hat[38]! Ihr aber, als ihr zu Abraham geschickt wurdet, setzte er euch Fleisch und Milch zusammen vor und ihr aßet, wie es heißt: Er nahm Rahm und Milch und das Kalb, das er bereitet hatte und setzte es ihnen vor. Er aber stand bei ihnen unter dem Baum, und sie aßen (Gen 18, 8). ...

II. MidrTeh 8, 2 S. 74 f.

Als der Heilige, er sei gepriesen, am Sinai Israel die Torah geben wollte, fingen die Dienstengel an, vor dem Heiligen, er sei gepriesen, zu rechten und sprachen: ... (Ps 8, 5 und 2). Sie sagten vor ihm: Herr der Welt, es geziemt dir, daß du deine Torah in den Himmeln gibst. – Warum? – Weil wir heilig und rein sind, und auch sie ist heilig und rein; wir leben [ewig], und deine Torah ist ein Baum des Lebens. Es ist angemessen, daß sie bei uns bleibt!

[Gott] antwortete ihnen: Sie ist nicht dafür vorgesehen, bei den Oberen erfüllt zu werden, wie es heißt: ... (Job 28, 13). Gibt es denn oben ein Land? Und wo besteht sie? Bei den Unteren[39], wie es heißt: Ich habe das Land gemacht, und den Menschen darauf habe ich erschaffen (Jes 45, 12).

R. Nechemja i. N. des R. Jehuda sagt: ... (folgt das Gleichnis). So sprach auch der Heilige, er sei gepriesen: Die Torah kann nicht bei euch bestehen, denn bei euch ist keine Fruchtbarkeit und Vermehrung, keine Unreinheit, kein Tod und keine Krankheit: ihr alle seid heilig, in der Torah aber steht geschrieben: ... (folgen die Schriftbeweise Nu 19, 14; Lev 14, 2; 12, 2; 15, 25; 11, 9; 11, 4). Und der Heilige, er sei gepriesen, übte Gnade und gab sie Moses, nachdem er aufgehört hatte, dies alles mit den Engeln zu bereden. Als aber Moses hinaufstieg und nicht wieder herabkam, da beging Israel jene Tat[40], und die Tafeln wurden zerbrochen. Da freuten sich die Dienstengel und sprachen: Jetzt kehrt die Torah zu uns zurück! Als [dann] Moses hinaufstieg, um sie ein zweites Mal in Empfang zu nehmen, sprachen die Dienstengel: ... (Fortsetzung ähnlich wie I).

---

[38] Besser umgekehrt: Es ißt niemals Fleisch, bevor es nicht seine Hände von der Milch gereinigt hat. Vgl. Friedmann, S. 128 b Anm. 44. Gen 18, 8 (bei den Engeln) ist die Reihenfolge auch Milch und Fleisch.

[39] So gegen Buber z. St. Nach der Kommasetzung Bubers wäre zu lesen: „Gibt es denn oben ein Land? Und wo besteht sie bei den Unteren, wie es heißt ...". Das gibt offensichtlich keinen Sinn.

[40] Die Errichtung des Goldenen Kalbes.

Jalq Ps § 639 S. 886 au/bo (fast wörtlich, aber ohne den letzten Teil, den zweiten Versuch der Engel; das Gleichnis i. N. R. Jehudas i. N. R. Nechemjas).

III. SchirR 8, 11 § 2

R. Pinchas und R. Acha im Namen des R. Alexandrai sagen: Es steht geschrieben: ... (Ps 8, 2). R. Jehoschua von Sichnin sagt im Namen des R. Levi: *t^enāh hôd^ekhā* steht hier nicht geschrieben, sondern *'^ašär t^enāh hôd^ekhā*. Dein Glanz ist an ihr; es ist zu deinem Preis *('iššûr^ekhā)*, daß deine Torah im Himmel bleibe! [Gott] antwortete ihnen: Von euch ist keine Erfüllung [der Torah] zu erwarten[41]!

R. Judan sagt: ... (folgt das Gleichnis).

So stießen auch die Dienstengel in der Stunde, als der Heilige, er sei gepriesen, Israel die Torah geben wollte, Israel weg[42], begaben sich[43] selbst vor den Heiligen, er sei gepriesen, und sprachen: Herr der Welt, dein Preis *('iššûr^ekhā)* ist es, dein Glanz, deine Herrlichkeit, daß deine Torah im Himmel bleibe. Er antwortete ihnen: Von euch ist keine Erfüllung zu erwarten. Es steht nämlich in ihr geschrieben: ... (folgen die Schriftbeweise Lev 15, 25; Nu 19, 14).

IV. TanBu *b^eḥuqqotaj* § 6

Als der Heilige, er sei gepriesen, den Menschen erschaffen wollte, sprachen die Dienstengel vor dem Heiligen, er sei gepriesen: ... (Ps 8, 5). Was erwartest du von diesem Menschen?! Der Heilige, er sei gepriesen, antwortete ihnen: Wer wird meine Torah und meine Gebote halten?! Sie gaben zur Antwort: Wir werden deine Torah halten! Er sprach zu ihnen: Ihr seid nicht imstande! Sie fragten[44] ihn: Warum? Er antwortete ihnen: Es steht geschrieben in ihr: ... (folgen die Schriftbeweise Nu 19, 14; Lev 12, 2; 11, 9). Folglich: Die Torah findet[45] sich nicht bei euch, wie es heißt: ... (Job 28, 13). (Folgt die Errichtung des Stiftszeltes als Erfüllung der Gebote durch Israel.)

Tan *b^eḥuqqotaj* § 4 (fast wörtlich übereinstimmend).

A. Im vorliegenden Midrasch sind wahrscheinlich mehrere Traditionen verarbeitet, die nicht unbedingt immer in dieser Weise zusammengehörten. So ist etwa anzunehmen, daß die Auslegung von Ps 8, 2 mit dem nachfolgenden Gleichnis ursprünglich ein eigener Midrasch war (I–III); dasselbe gilt vermutlich für den zweiten Versuch der Engel, die Torah zu erhalten und die Antwort Gottes mit der Verfehlung der Engel bei Abraham (nur in I und II; in Jalq Ps, dessen Text deutlich von II abhängig ist, fehlt dieser Teil wohl nicht von un-

---

41 Wörtl.: Es geht keine Befriedigung von euch aus.

42 *m^edaddîn*, von *ddj*, *ddh* (B. H. *zwz*) – wegbewegen.

43 *midd^edîn*, so mit Jastrow, s. v.

44 Sing. im Text.

45 Statt *jāṣā'* ist wohl (mit dem Schriftbeweis) *māṣā'* zu lesen.

gefähr). Der Anfang in I (die Engel warfen Zettelchen) ist ein selbständiger Midrasch zu Ps 68, 13, der auch im Schluß von III (die Engel stießen Israel weg) anklingt. Ob IV von einer der anderen Versionen abhängig ist, läßt sich nicht mehr feststellen.

Die Auslegung von Ps 8, 2 wird in I unter dem Namen R. Achas, in II anonym und in III unter den Namen verschiedener Rabbinen überliefert, wobei R. Acha[46] sicher am Ende der Traditionskette steht und nicht der Urheber der Überlieferung ist. Der älteste in III genannte Tradent ist R. Alexandrai (pA2), der allerdings schlecht eine Tradition im Namen R. Levis (pA3) vortragen kann. Es ist aber denkbar, daß statt R. Jehoschua von Sichnin im Namen R. Levis: R. Jehoschua b. Levi zu lesen ist, denn R. Alexandrai hat vor allem Aussprüche seines etwas älteren Kollegen R. Jehoschua b. Levi überliefert[47]. Dann wäre R. Jehoschua b. Levi[48] das älteste Glied der Kette, auf das sich die Auslegung von Ps 8, 2 zurückführen läßt. Dies besagt aber keineswegs, daß R. Jehoschua b. Levi wirklich der Urheber dieser Auslegung ist, da gerade mit seinem Namen zahllose aggadische Traditionen verknüpft sind, die kaum alle von ihm stammen. Seine Berühmtheit als Aggadist muß schon sehr früh dazu geführt haben, daß er aggadische Traditionen, die ursprünglich anonym überliefert wurden, an sich zog[49].

Das Gleichnis wird in I anonym (wenn nicht für I R. Acha auch als Verfasser des Gleichnisses galt), in II unter dem Namen R. Jehudas (Jalq Ps: R. Nechemja) und in III unter dem Namen R. Judans überliefert. Daß R. Jehuda (b. Elai) oder R. Nechemja (beide T3) die Autoren des Gleichnisses sind, dürfte unwahrscheinlich sein, da beide zwar oft gegensätzliche Meinungen vertreten, aber kaum im Namen des anderen überliefern[50]. Es ist deswegen noch am ehesten denkbar, daß das Gleichnis auf die Amoräer R. Acha oder R. Judan[51] zurückgeht (wenn es nicht überhaupt ursprünglich anonym überliefert wurde).

Eine Entscheidung darüber, welche der einzelnen Fassungen den besten Text bietet oder gar eine Datierung des Midraschs (bzw. der Midraschim) ist bei den komplizierten Textverhältnissen unmöglich.

B. Auslegungsmidrasch zu Ps 8, 2. Thema des Midraschs ist die Frage nach dem Ort der Torah. Die Torah wurde nach verbreiteter rabbinischer Auf-

---

[46] pA 4 (um 320)?

[47] Vgl. Strack, Einleitung, S. 138.

[48] pA 1, 1. Hälfte des 3. Jh.s.

[49] Eine Monographie über R. Jehoschua b. Levi in der Aggada wäre eine lohnende Aufgabe. Es gibt sogar einen eigenen Midrasch über R. Jehoschua b. Levi in verschiedenen Rezensionen unter dem Titel *Ma'aśäh deRabbî Jehôšua' bän Lewî* und *Sedär gan-'edän* (vgl. BHM II, S. 48–51; S. 52 f.).

[50] Der Redaktor in Jalq Ps löst diese Schwierigkeit, indem er unter R. Jehuda offensichtlich R. Jehuda ha-Nasi (T 4) versteht (was in MidrTeh nicht möglich ist, da R. Nechemja nicht i. N. R. Jehuda ha-Nasis tradieren kann).

[51] pA 4 (um 350)?

fassung schon vor der Erschaffung der Welt erschaffen[52], ihr ursprünglicher Ort ist also der Himmel. Dies ist jedenfalls die Auffassung der Engel, die der Gabe der Torah an Israel widersprechen und den Himmel als den eigentlichen Ort der Torah ansehen. Dies kommt besonders deutlich in II zum Ausdruck, wo das Verlangen der Engel mit der Reinheit und Heiligkeit der Torah begründet wird, die nur bei den reinen und heiligen Engeln den ihr angemessenen Ort finden kann.

Die Antwort Gottes ist eindeutig: Die Torah findet sich nicht im Lande der (ewig) Lebenden, sie wurde gerade für die sterblichen und sündigen Menschen gemacht und nicht für unsterbliche und sündenlose Engel. Das Gleichnis illustriert diese Antwort sehr gut und gibt ihr gleichzeitig eine polemische Wendung: So wie die Seidenweberei bestimmte Voraussetzungen erfordert, sind auch für die Beschäftigung mit der Torah bestimmte Voraussetzungen notwendig. Diese Voraussetzungen sind beim Seidenweben voll ausgebildete und sensible Hände und bei der Beschäftigung mit der Torah (wenn man die Parallele zwischen Bild- und Sachhälfte des Gleichnisses konsequent durchführt) – Sterblichkeit und Sündhaftigkeit. Hier decken sich also auf den ersten Blick Bild- und Sachhälfte nicht genau, da die für die Seidenweberei geforderte Fingerfertigkeit durchaus etwas Positives ist, während man dies von der Sündhaftigkeit des Menschen kaum sagen kann. Dennoch liegt gerade in diesem Punkt die Pointe des Gleichnisses: Die Sündhaftigkeit und Unreinheit des Menschen, die die Engel gegen die Gabe der Torah an Israel anführen, ist der Vorzug Israels gegenüber den Engeln; das Argument der Engel kehrt sich also gegen sie selbst! Gott weiß nicht nur um die Sündhaftigkeit des Menschen, sondern zieht diesen Menschen sogar seinen reinen und heiligen Engeln vor.

Es ist anzunehmen, daß der Midrasch sich gegen (gnostische?) Kreise richtet, die die Torah als überirdisches Geheimnis verehren, das dem sündigen Menschen nicht zugänglich und angemessen ist[53]. Der eigentliche Ort der Torah wäre für die Vertreter dieser Meinung der Himmel, der eigentliche Adressat die Engel. Der Mensch müßte dann – das wäre die Konsequenz dieser Auffassung – möglichst sündenlos und den Engeln gleich werden, um der Torah würdig zu sein. Dagegen betont der Midrasch zweifellos in polemischer Absicht[54], daß die Sündhaftigkeit wesentlich zum Menschen gehört und daß die Torah eben für diesen sündigen Menschen von Gott geschaffen wurde, mit der Absicht, sie ihm am Sinai zu geben.

Der zweite Teil des Midraschs (nur in I und II) hebt die Aussage des ersten Teiles nahezu wieder auf. Gott begegnet dem Vorwurf der Engel hier nämlich,

---

[52] Vgl. dazu A. Goldberg, „Schöpfung und Geschichte", Judaica 24, 1968, S. 27–44.

[53] Vgl. auch Text 21; *Pirqê hêkhālôt rabbātî*, BatMidr I, S. 115.

[54] Nicht von ungefähr beziehen sich die Schriftbeweise (mit der einen Ausnahme Ex 20, 2) alle auf Reinheitsvorschriften; vgl. dagegen Text 29; 30 und 33. Zum Ganzen vgl. Schultz, Angelic Opposition, S. 300 f.

indem er ihnen einen Verstoß gegen die Halakhah nachweist. Der Tenor des Midraschs ist also: Die Engel haben keinen Grund, den Menschen anzuklagen, weil sie selbst fehlbar sind. Dies widerspricht dem zentralen Gedanken des vorhergehenden Midraschs, wonach gerade die Sündhaftigkeit eine Voraussetzung für die Gabe der Torah ist. Konsequenterweise müßten dann die Engel die Torah ebenso erhalten wie die Menschen, da sie dieselben Voraussetzungen mitbringen. Man wird deswegen davon ausgehen müssen, daß im zweiten Teil ein selbständiger Midrasch vorliegt, der nicht unter dem Gesichtspunkt der im ersten Teil vorgetragenen Aussage zu interpretieren ist.

C. Die Torah wurde nicht für die Engel, sondern für den Menschen geschaffen, und zwar für den sündigen Menschen und nicht für ein Wesen, das sich erst durch möglichst weitgehende Angleichung an die Engel der Torah würdig erweisen müßte. Mit der Erschaffung der Torah trug Gott von Anfang an der Sündhaftigkeit Israels Rechnung; der Vorwurf der Engel gegen Israel trifft also ins Leere. Bemerkenswert ist die Tatsache, daß die Engel sich hier nicht so sehr zum Anwalt der (objektiven) Heiligkeit Gottes machen[55], sondern eher (subjektiv) ihre eigene Heiligkeit gegen die Sündhaftigkeit des Menschen ausspielen. Diese ihre subjektive Heiligkeit und Sündenlosigkeit erweist sich im Wettstreit zwischen Israel und den Engeln um die Liebe Gottes nicht als Vorteil, sondern geradezu als Nachteil.

Text 27

PesR S. 100 a

R. Abbahu sagt i. N. R. Jochanans. Das gleicht einem König, der am Eingang seines Palastes stand und laut Befehle erteilte[56]. Als sie ihn so beschäftigt sahen, sprach der General *(dwkws)*: Mit mir wird er sich beschäftigen, und der oberste Heerführer *(ʾjsṭrṭjlws)* meinte: Mit mir wird er sich beschäftigen. Als sie ihn aber die Hand seines Sohnes ergreifen sahen, sprachen sie: Mit seinem Sohn wird er sich beschäftigen! So war es auch mit dem Heiligen, er sei gepriesen, als er auf dem Berg Sinai stand und Befehle erteilte[57], wie es heißt: Und Gott redete alle diese Worte und sprach (Ex 20, 1). Da sagte Michael: Mit mir wird er sich beschäftigen, und Gabriel meinte: Mit mir wird er sich beschäftigen. Als er aber sprach: Ich [bin der Herr, dein Gott] (ebd. V. 2), sagten sie: Mit seinem Sohn will er sich beschäftigen und die Torah gibt er seinen Kindern!

A. Amoräischer Midrasch; nur hier. Wenn R. Jochanan der Autor des Midraschs war, läßt dieser sich in die 2. Hälfte des 3. Jh.s datieren[58].

---

[55] Vgl. Text 7.

[56] *mekharker*, wörtlich: um sich versammeln, um etwas zu verkünden, s. Jastrow und Levy s. v.

[57] *mekharker*, d. h. hier: die Gebote gab.

[58] R. Abbahu (pA 3, um 300) war ein Schüler R. Jochanan b. Nappachas, pA 2.

B. Der Sinn dieses Midraschs ist nur schwer verständlich. Die Schwierigkeit besteht zunächst in einer adäquaten Übersetzung des *m^ekharker* im Gleichnis. Ziegler[59] versteht *l^ekharker* – entsprechend dem biblischen Sprachbrauch[60] – als „tanzen" und glaubt in dem „tanzenden König" des Gleichnisses den vor dem Volk tanzenden „Circuskaiser" wiederzuerkennen, der sich an öffentlichen Spielen beteiligte[61]; die Offenbarung Gottes am Sinai wäre dann von R. Jochanan im Bild eines solchen tanzenden Kaisers geschildert. Diese Vermutung ist sicher ganz unwahrscheinlich. Die oben vorgelegte Übersetzung ist zwar auch nicht sehr befriedigend[62], entspricht aber immerhin dem „Gott redete" (Ex 20, 1) in der Bildhälfte des Gleichnisses und hat deswegen einige Wahrscheinlichkeit für sich.

Eine weitere Frage, von deren Beantwortung das Verständnis des Gleichnisses entscheidend abhängt, ist die, was mit dem „mit mir wird er sich beschäftigen" des Generals und des Heerführers (= Michaels und Gabriels) gemeint ist. Braude übersetzt die Stelle: „He is about to commission me to explain his orders"[63]. Nach dieser Übersetzung wären Michael und Gabriel der Meinung gewesen, daß Gott die Torah Israel nicht direkt, sondern durch ihre Vermittlung zu geben beabsichtigte. Das Verhalten Gottes zeigt ihnen aber: „In giving His children the Torah, He is commiting His commandments, fully explained, directly[64] to Israel His son"[65]. Die Absicht des Gleichnisses wäre somit, die Vorstellung einer Mittlerschaft der Engel bei der Gabe der Torah zurückzuweisen, und Braude hätte mit seiner Vermutung sicher recht, daß „R. Abbahu's parable thus has an anti-Gnostic or anti-Christian turn"[66].

Eine weitere Möglichkeit, die fragliche Stelle zu erklären, wäre folgende: Es ist auch denkbar (und vielleicht ungezwungener als die Interpretation Braudes), daß Michael und Gabriel hofften, Gott werde die Torah ihnen und nicht Israel geben. Das *'immî hû' 'ôseq* würde dann bedeuten: Das, womit Gott beschäftigt ist (nämlich die Verkündigung der Torah) betrifft Michael und Gabriel, d. h. die wichtigsten Repräsentanten der Engel. Erst als Gott Israel direkt anredet („Ich bin der Herr, dein Gott, der dich aus dem Lande Ägypten geführt hat", Ex 20, 2), erkennen sie, daß die Torah für Israel ist und nicht für die Engel. Die Absicht des Midraschs wäre nach dieser Interpretation, das Verlangen der Engel nach der Torah zurückzuweisen.

Doch sind beide Erklärungen nicht sehr wahrscheinlich. Sie tragen beide

---

[59] Königsgleichnisse, S. 314.

[60] Nur 2 Sa 6, 14 und 16.

[61] Ziegler, Königsgleichnisse, S. 312–14.

[62] Jastrow und Levy s. v. geben als Beleg nur unsere Stelle PesR Kap. 21 an.

[63] S. 420.

[64] Hervorhebung von mir.

[65] Braude, ebd. (unter Berufung auf den Kommentar *Zära' 'Äphrajim* in der PesR-Ausgabe Warschau 1893).

[66] Braude, ebd. Anm. 19.

von außen Vorstellungsbereiche an den Midrasch heran, die zwar in den Quellen zu belegen sind, aber keinen Anhaltspunkt im Midrasch selbst haben, und lassen vor allem den Kontext unberücksichtigt. Nach dem Kontext gehört der Midrasch nämlich zu einer Reihe von Auslegungen über Ps 76, 9 f.: „Du ließest hören vom Himmel das Urteil; die Erde fürchtet sich und wird ruhig, wenn Gott zum Gericht sich erhebt, zu helfen allen Elenden des Landes". Die Zusammenstellung mit diesem Psalmvers kann nur bedeuten, daß die Epiphanie Gottes am Sinai in Analogie zum endzeitlichen Gericht vorgestellt wurde und daß die Engel (nicht von ungefähr sind es der General und der oberste Heerführer im Gleichnis) glaubten, Gott werde sich ihrer bedienen, die Welt zu vernichten. Die Tatsache aber, daß er sich „mit seinem Sohn beschäftigt", zeigt ihnen, daß es um die Gabe der Torah an Israel geht und nicht um den Untergang der Welt[67]. Ist diese Interpretation richtig, sind die Engel hier nichts weiter als die mit Gott auf den Sinai herabgekommenen Engel[68] und weder die Vermittler der Torah noch die Rivalen des Menschen um die Gabe der Torah. Der Midrasch kann also nicht für unser Thema herangezogen werden.

Text 28

I. WaR 31, 5

R. Jehoschua i. N. R. Achas legt aus *(pātaḥ):* Die Stadt der Helden *(gibbôrîm)* erstieg ein Weiser (Spr 21, 22). *g^ebārîm* (Männer) steht geschrieben [und nicht *gibbôrîm* – Helden], weil sie alle Männer sind und nichts Weibliches sich unter ihnen findet[69]. Ein Weiser stieg auf (Spr ebd.) – das ist Moses [wie es heißt:] Und Moses stieg hinauf zu Gott (Ex 19, 3). Und er brachte hinab die Macht, auf die sie vertraute (Spr ebd.). R. Jehuda, R. Nechemja und die Rabbinen [äußern sich dazu]: R. Jehuda sagt: Mit „Macht" ist die Torah gemeint, wie geschrieben steht: Der Herr verleihe Macht seinem Volke (Ps 29, 11)[70]. „Auf die sie vertraute": die Engel hatten ihr Vertrauen auf sie gesetzt, da sie glaubten, daß die Torah ihnen gegeben wurde, bis der Heilige, er sei gepriesen, zu ihnen sagte: Man findet sie nicht im Lande der Lebenden (Job 28, 13). ...

JalqMa Spr 21, 22 (als Zitat aus WaR).

Jalq Spr § 959 S. 993au (Nur Aussprüche von R. Jehuda und R. Nechemja, und zwar gibt R. Jehuda den Ausspruch R. Nechemjas in WaR wieder und R. Nechemja den der Rabbinen in WaR; der Ausspruch R. Jehudas in WaR fehlt).

---

[67] So auch Friedmann, z. St. Anm. 24.

[68] S. dazu oben S. 43 ff.

[69] Die Engel.

[70] Zur Gleichsetzung „Macht = Torah" vgl. die bei Margulies, S. 722 Anm. zu Zeile 4 angegebenen Belege.

II. MidrMisch S. 89 f.

Die Stadt der Helden erstieg ein Weiser (Spr 21, 22). „Die Stadt der Helden": das sind die Himmel, die die Stadt der Engel sind. „Bestieg ein Weiser": das ist Moses, der gen Himmel stieg. „Und er brachte hinab die Macht, auf die sie vertraute": das ist die Torah. Und woher wissen wir, daß die Engel „Helden" genannt werden? Weil es heißt: ... (Ps 103, 20). Und woher wissen wir, daß Moses zum Himmel stieg? Weil es heißt: ... (Ex 19, 3). Und woher wissen wir, daß die Torah „Macht" genannt wird? Weil es heißt: ... (Ps 29, 11).

JalqMa Spr 21, 22 (Zitat aus MidrMisch).

A. I ist ein homiletischer Midrasch zu Lev 24, 2, II ein Auslegungsmidrasch zu Spr 21, 22. Es ist anzunehmen, daß der Auslegungsmidrasch ursprünglich selbständig überliefert und in WaR sekundär zu einem homiletischen Midrasch verarbeitet wurde. Dies besagt allerdings nicht, daß der Auslegungsmidrasch, wie er in II vorliegt, älter sein muß als I. I wird im Gegenteil auf eine ältere Fassung des Auslegungsmidraschs zurückgehen, da die Auslegung von *mibṭāḥāh* – ein wichtiger Bestandteil des Midraschs – in II fehlt.

B. Spr 21, 22 wird auf den Aufstieg Moses' in den Himmel gedeutet: Moses stieg auf zum Himmel und brachte die Torah hinab. In diesem Punkt stimmen alle Versionen des Midraschs überein. R. Jehuda in WaR geht noch einen Schritt weiter und bringt den Gesichtspunkt der Rivalität zwischen Engeln und Menschen in die Auslegung ein: Die Engel hatten gehofft, daß die Torah ihnen gegeben würde und nicht den Menschen. Die Vermutung liegt nahe (und ergibt sich vor allem aus dem Schriftbeweis Job 28, 13)[71], daß wir es hier mit einer weitverbreiteten Tradition zu tun haben, die kaum von R. Jehuda stammt und kaum ursprünglich in diesen Kontext gehörte. Dafür spricht auch die in Jalq Spr überlieferte Version der Kontroverse zwischen R. Jehuda und R. Nechemja, die den Ausspruch R. Jehudas, wie er in WaR vorliegt, nicht kennt.

Text 29

I. MHG Ex S. 395

Der Herr rief Moses zum Gipfel des Berges, und Moses stieg hinauf (Ex 19, 20). Als Moses zum Raqia aufstieg, da rotteten sich die Dienstengel gegen ihn zusammen *(ḥābᵉrû ʿālâw)* und sprachen zu ihm: Was hat ein Weibgeborener hier zu suchen?! Er antwortete ihnen: Ich bin gekommen, die Torah in Empfang zu nehmen. Sie sprachen: Herr der Welt, begnüge dich mit den Oberen, wie es heißt: ... (Ps 8, 2). Gib deinen Glanz über die Himmel, denn sie sind[72] würdig. Welche Gemeinsamkeit besteht zwischen dir und den Staubbewohnern?! Da sprach der Heilige, er sei gepriesen, zu Moses: Sohn des Amram, gib du ihnen

---

[71] Vgl. Text 26.

[72] Text Sing.

Antwort. Er sagte vor ihm: Herr der Welt, kann ich denn deinen Engeln antworten?! Er sprach zu ihm: Halte dich fest am Thron [der Herrlichkeit] und gib ihnen Antwort. Das ist es, was geschrieben steht: Der da anfaßt vorne den Thron[73], er breitet über ihn seine Wolke (Job 26, 9). Dies lehrt, daß er den Thron anfaßte und [Gott] über ihn vom Glanze seiner Wolke ausbreitete und ihn beschirmte, damit die Engel ihn nicht mit ihrem Feuer verbrannten. Und ebenso steht geschrieben: Ich halte meine Hand über dich, bis ich vorüber bin (Ex 33, 22)[74]. Nachdem er sich am Thron festgehalten hatte, sprach er zu ihnen: Ihr sagt: Die Torah begnüge sich mit den Oberen! Wozu braucht ihr sie denn? Sie fragten ihn: Was steht in ihr geschrieben? Er antwortete ihnen: Es steht in ihr geschrieben: ... (Ex 20, 3) – gibt es bei euch denn Götzendiener? (usw., folgen die Schriftbeweise Ex 20, 7.13.12). Als [die Dienstengel] dies hörten, sprachen sie: Herr der Welt, gib sie ihm, daß die Unteren durch sie zufriedengestellt werden, denn die Oberen bedürfen ihrer nicht. Das ist es, was geschrieben steht: ... (Ps 8, 2). Als die Dienstengel sahen, daß der Heilige, er sei gepriesen, ihm die Torah gab, standen auch sie auf und offenbarten ihm viele Geheimnisse, wie geschrieben steht: Du stiegst zur Höhe empor, brachtest Beute mit, nahmst Geschenke an um des Menschen willen[75] (Ps 68, 19). Als der Todesengel sah, daß alle Engel ihm Geheimnisse offenbarten, offenbarte sogar er ihm Geheimnisse und sagte zu ihm: In der Stunde, wenn die Seuche kommt, räuchere Räucherwerk, und sie kommt zum Stillstand ... (folgen Schriftbeweise aus Nu 17, 12 f.).

Abgedruckt MekhRS S. 247 f. (nach MHG Ex).
Vgl. auch ARN S. 153; ebd. Kap. 2 Vers. A S. 10.

II. b Schab 88 b f.

R. Jehoschua b. Levi sagt: ... (vgl. I) Da sprachen sie zu ihm: Die Köstliche und Verwahrte, die du 974 Generationen vor der Weltschöpfung verborgen gehalten hast, willst du [einem Menschen] aus Fleisch und Blut geben?! ... (vgl. I) R. Nachum sagt: Dies lehrt, daß Gott den Glanz seiner Schekhinah über ihn ausbreitete und ihn beschirmte (Fortsetzung ähnlich wie I, aber Schriftbeweise Ex 20, 2.3.8.7.12.13) ... Darauf wurde ihm jeder ein Freund und übergab ihm etwas ... (Fortsetzung ähnlich wie I) ...

Jalq Ps § 641 S. 886 bu (fast wörtlich, der Ausspruch R. Nachums hier als Ausspruch R. Tanchums).
b Suk 4 b (nur der Ausspruch R. Tanchums).
Jalq Jitro § 284 S. 171 am (der Ausspruch R. Tanchums).
Jalq Kö § 225 S. 761 bo (der Ausspruch R. Tanchums).
Vgl. auch PesR S. 96 bff. (Text 30); PRE Kap. 46 S. 110 b (Text 33).

---

[73] So im Sinne des Midraschs.

[74] Dieser Schriftbeweis ist wahrscheinlich ein Einschub.

[75] *bā'ādām*. So im Sinne des Midraschs. Oder im Sinne von *ba'ᵃśär 'ādām* – obwohl du doch nur ein Mensch bist?

A. Der Midrasch ist, so wie er in den beiden Versionen vorliegt, ohne Zweifel aus mehreren – ursprünglich selbständigen – Midraschim zusammengestellt. Deutlich erkennbar ist ein Midrasch zu Ps 8, 2[76], zu Job 26, 9[77] und zu Ps 68, 19[78]; sehr wahrscheinlich war auch der Beweis des Moses, daß die Torah für die Menschen bestimmt ist und nicht für die Engel, ein ursprünglich selbständiger Midraschkomplex[79].

Was das Verhältnis zwischen I und II betrifft, so läßt die Überlieferung unter den Namen R. Jehoschua b. Levis und R. Nachums – gegenüber der anonymen Überlieferung in I – grundsätzlich Bedenken gegen die Priorität von II aufkommen. Darüberhinaus ist R. Jehoschua b. Levi aus den genannten Gründen aus Tradent verdächtig[80]. Die Überlieferung des Midraschs zu Job 26, 9 unter dem Namen R. Nachums ist ganz unwahrscheinlich, da nur zwei Tannaiten des Namens Nachum bekannt sind[81], die kaum als Tradenten dieses aggadischen Midraschs in Frage kommen. Die Version in Jalq Ps und Parallelen wird hier vorzuziehen sein, die R. Tanchum (vermutlich R. Tanchum b. Chanilai, der Schüler und Tradent R. Jehoschua b. Levis) als Tradenten nennt. Mit großer Wahrscheinlichkeit wurden die Midraschim also ursprünglich anonym überliefert und in einem späteren Stadium der Redaktion mit den Namen R. Jehoschua b. Levis und seines Schülers R. Tanchum b. Chanilai versehen. Dies bedeutet nun nicht, daß I in allen Einzelheiten den besseren Text bietet und daß II von I direkt abhängig ist; es ist eher anzunehmen, daß beide Versionen auf eine gemeinsame Vorlage zurückgehen[82].

B. Die einzelnen Motive sind getrennt zu besprechen:

1. Widerstand der Engel gegen Moses beim Aufstieg: Dieses Motiv klingt vor allem in I kurz an („die Engel rotteten sich gegen ihn zusammen"), vgl. aber den folgenden Text. Die Benennung Moses' als „Weibgeborener" in beiden Versionen gibt den Grund für diesen Widerstand an. Moses dringt als unreiner Mensch in Gebiete ein, die nur den Reinen und Heiligen vorbehalten sind.

2. Widerspruch der Engel gegen Gott mit Ps 8, 2: Aus der Interpretation von Ps 8, 2 („gib deinen Glanz über die Himmel"!) leiten die Engel ihren Anspruch auf die Torah ab. In II liegt der Akzent ganz auf der Kostbarkeit und Heiligkeit der Torah, deren eigentlicher Ort im Himmel ist. Dies wird besonders durch den eingeschobenen Midrasch von den 974 Generationen betont: 974 Generationen vor der Erschaffung der Welt war die Torah im Himmel, warum sollte sie jetzt den Menschen gegeben werden?! Vgl. ARN Vers. A Kap. 31 S. 91: „R.

---

[76] Vgl. Text 26.

[77] Vgl. auch Text 30; 36; 38.

[78] Vgl. Text 32–35.

[79] Vgl. Text 26.

[80] Vgl. Text 26 und 40. Auch dieser Midrasch gehört zu den in b Schab 88 b/89 a unter dem Namen R. Jehoschua b. Levis zusammengestellten Midraschim.

[81] Nachum der Meder und Nachum aus Gimzo, der Lehrer R. Aqibas (beide T 2).

[82] Vgl. auch Text 9.

Elieser, der Sohn des R. Jose ha-Glili sagt: 974 Generationen vor der Erschaffung der Welt war die Torah geschrieben und verwahrt im Schoß des Heiligen, er sei gepriesen, und sang das [Lob-] Lied zusammen mit den Dienstengeln, wie es heißt: ... (Spr 8, 31 f.)"[83].

In II steht das Gemeinschaftsmotiv mehr im Vordergrund: Mit der Gabe der Torah ist eine besondere Hinwendung Gottes zu den Empfängern der Torah verbunden. Diese Hinwendung (= Liebe) Gottes gebührt aber nur den Engeln und nicht den „Staubbewohnern".

3. Gott beschützt Moses vor den Engeln: Moses fürchtet sich vor dem Feuer der Engel und wagt deswegen nicht, vor ihnen zu sprechen. Erst die Berührung mit dem Thron der Herrlichkeit gibt ihm die nötige Kraft. Dieses Motiv des kraftspendenden Thrones ist offensichtlich eine mystisch-magische Umdeutung (Merkabah-Mystik?) der Auslegung des Job-Verses von R. Tanchum. Der eigentliche Kontext der Interpretation R. Tanchums ist nämlich die Frage, ob Gott am Sinai wirklich auf die Erde herabgekommen ist und ob Moses wirklich zu Gott emporstieg[84]; eine Beziehung zu dem hier vorherrschenden Schutzmotiv ergibt sich aus keiner der Parallelstellen[85].

4. Moses beweist, daß die Torah für die Menschen ist: Die Schriftbeweise sind in den beiden Versionen nicht einheitlich, aber alle aus dem Dekalog genommen. Zu vergleichen ist Text 26, wo Gott den Beweis gegenüber den Engeln führt (hier stammen die Schriftbeweise nicht aus dem Dekalog, sondern aus den Reinheitsgeboten).

5. Die Engel offenbaren Moses Geheimnisse: Die übliche Deutung von Ps 68, 19 („brachtest Beute mit") auf die Torah wird um die Auslegung des zweiten Halbverses erweitert: „nahmst Geschenke an" – nämlich von den Engeln. Die Beweisführung Moses' überzeugt die Engel so sehr, daß sie Moses nicht nur die Torah überlassen, sondern ihm sogar ihrerseits Geschenke machen. Welcher Art diese Geschenke waren, wird nicht gesagt, aber sicherlich ist an Heil- und Zaubermittel gedacht, die den Menschen vor Krankheiten bewahren sollen[86]. Genannt wird dagegen in allen Versionen das Geschenk des

---

[83] Vgl. auch b Chag 13 b; SERFr S. 9, 61, 130. Diesem Midrasch liegt wahrscheinlich Ps 105, 8 zugrunde, woraus abgeleitet wird, daß Gott die Torah der 1000. Generation geben wollte. Da von der Weltschöpfung bis Moses nur 26 Generationen waren, wurde die Torah folglich 974 Generationen vor der Weltschöpfung erschaffen. Eine andere Tradition siehe BerR 28, 4 parr., wo aus Gen 6, 7 gefolgert wird, daß Gott 974 von den 1000 Generationen vernichtet hat.

[84] Siehe die unter II angegebenen Texte; vgl. auch Goldberg, Schekhinah, Abschnitt 18 b.

[85] Mit Ausnahme von Jalq Ps, der aber vermutlich von b Schab abhängig ist; vgl. Hyman, *Meqôrôt* z. St.

[86] Vgl. PRE Kap. 46 S. 110 b (Text 33): „Briefe und Zettel zur Heilung des Menschen"; *Ma'jan ḥåkhmāh,* BHM I, S. 61: „jeder überlieferte ihm ein Heilmittel und das Geheimnis der Namen, die sich aus jeder Paraschah ergeben (und) deren Gebrauch".

Todesengels, der Moses offenbar Macht über den Tod verleiht. Die folgenden Schriftbeweise grenzen dies zwar auf einen konkreten in der Bibel erwähnten Fall ein (Nu 17, 9–15), die Vermutung liegt aber nahe, daß diese Macht grundsätzlicher und absoluter verstanden wird, als aus den Schriftbeweisen hervorgeht.

Aus der Zusammenstellung der verschiedenen Midraschim ergibt sich ein klar erkennbarer Gedankengang: Die Engel bedrohen den in den Himmel aufgestiegenen Moses und widersprechen der Absicht Gottes, Moses die Torah zu geben. Unter dem Schutz Gottes kann Moses den Engeln beweisen, daß die Torah für Israel und nicht für die Engel bestimmt ist. Die Engel lassen sich überzeugen und geben Moses Geschenke mit.

C. Im Vordergrund steht das Motiv vom Widerstand der Engel gegen die Gabe der Torah an Israel. Hinzu kommt aber andeutungsweise das Motiv von der Abwehr des in den Himmel eindringenden Menschen (Mystikers?) in den Bereich der Reinheit und Heiligkeit Gottes und der Engel und (stärker betont) das Motiv von den Engeln, die dem Menschen Geheimnisse offenbaren. Die beiden letzten Motive gehören eng zusammen und sind vor allem in der Hekhalot-Literatur verbreitet (s. den folgenden Text), während das erste Motiv sonst selbständig überliefert wird und primär im Midrasch beheimatet ist.

Text 30

PesR S. 96bff.

Unsere Rabbinen lehren: Ich bin der Herr, dein Gott (Ex 20, 2). Als Moses zur Höhe emporstieg, kam eine Wolke und lagerte sich ihm gegenüber. Moses wußte nicht, ob er sie besteigen oder sich an ihr festhalten sollte. Sofort öffnete sie sich, und er ging hinein, wie es heißt: Moses ging mitten in die Wolke (Ex 24, 18); und die Wolke bedeckte [ihn][87] (Ex 24, 15). Die Wolke trug ihn, und als er im Raqia umherging, traf auf ihn der Engel Qemuel[88]. Dieser ist gesetzt über 12 000 Engel des Schreckens *(mal'ᵃkhê ḥabbālāh)*, die am Tor des Raqia sitzen. Dieser schrie Moses an und sagte: Was willst du bei den Heiligen der Höhe[89]?! Du kommst vom Ort des Schmutzes und gehst umher am Ort der Reinheit?! Ein Weibgeborener geht umher am Ort des Feuers?! Da antwortete ihm Moses: Ich bin der Sohn Amrams und gekommen, die Torah für Israel in Empfang zu nehmen. Als [Qemuel] ihn nicht [vorbei] ließ, schlug ihn Moses mit einem Schlag und trieb ihn aus der Welt[90].

Und Moses ging umher im Himmel wie einer, der auf der Erde umhergeht, bis er zum Platz des Engels Hadarniel[91] gelangte, der 60 Myriaden

Letzteres zielt ohne Zweifel auf bestimmte mystische Praktiken. Vgl. auch *'Otijjôt deRabbî 'Aqîbā'*, BatMidr II, S. 354 f.

87 So im Sinne des Midraschs.

88 Vgl. die von Margalioth, *Mal'ᵃkhê 'äljôn,* s. v. *qmw'l,* gesammelten Stellen.

89 *Ma'jan ḥåkhmāh:* Engel des Feuers.

90 *'ibbᵉdô min hā-'ôlām.* Er tötete ihn.

Parasangen größer ist als sein Gefährte; mit jedem einzelnen Wort, das aus seinem Munde kommt, kommen zwei[92] feurige Blitze hervor. Dieser trat an Moses heran und sprach zu ihm: Was willst du bei den Heiligen der Höhe?! Als [Moses] seine Stimme hörte, erschrak er vor ihm, seine Augen ließen Tränen fließen und er fiel beinahe von der Wolke. In dieser Stunde erbarmte sich[93] der Heilige, er sei gepriesen, und eine Himmelsstimme ging aus und sagte zu Hadarniel: Wisset, daß ihr schon immer streitsüchtig wart. Als ich den ersten Menschen erschaffen wollte, wart ihr Ankläger vor mir und sagtet: ... (Ps 8, 5) und ließet nicht eher von mir ab, bis ich einige Klassen von euch im Feuer verbrannt habe[94]. Und auch jetzt steht ihr auf im Streit und laßt mich[95] nicht Israel die Torah geben. Aber wenn Israel die Torah nicht erhält, wird weder für mich noch für euch eine dauernde Wohnung sein[96]. Als Hadarniel dies hörte, sprach er vor [Gott]: Offenbar und bekannt ist vor dir, daß ich nicht wußte, daß [Moses] mit deiner Erlaubnis kam. Jetzt werde ich sein Gesandter sein und vor ihm hergehen wie ein Schüler vor seinem Lehrer.

Und er ging vor ihm her, bis sie zum Feuer des Sandalphon[97] gelangten. Da sprach Hadarniel zu Moses: Bis hierhin habe ich Erlaubnis zu gehen; aber von hier an habe ich keine Erlaubnis zu gehen wegen des Feuers von Sandalphon, daß es mich nicht verbrenne.

Als Moses den Sandalphon sah, erschrak er vor ihm, seine Augen ließen Tränen fließen und er fiel beinahe von der Wolke. Deswegen bat er um Erbarmen vor dem Heiligen, er sei gepriesen, und [dieser] antwortete ihm. Komm und sieh, wie geliebt Israel vor dem Heiligen, er sei gepriesen, ist, denn in dieser Stunde stieg der Heilige, er sei gepriesen, selbst von seinem Thron herab und stellte sich vor Sandalphon, bis [Moses] vorbei war. Über diese Stunde sagt die Schrift: Und Gott ließ ihn an ihm vorübergehen[98] (Ex 34, 6). ...

Als Moses [an Sandalphon] vorübergegangen war, wandte sich Rigion, der Feuerfluß[99], gegen ihn, dessen Kohlen Engel und Menschen verbrennen[100]. Da nahm ihn der Heilige, er sei gepriesen, und brachte [ihn] über ihn hinweg. Dann traf Gallizur[101] auf ihn, über den geschrieben steht: Aus dem Munde

---

[91] Vgl. Margalitoh, *Mal'akhê 'äljôn,* s. v. *hdrnj'l.*

[92] *Ma'jan ḥåkhmāh:* 12 000.

[93] Wörtl.: wälzten sich die Erbarmen des Heiligen, er sei gepriesen.

[94] *Ma'jan ḥåkhmāh:* mit meinem kleinen Finger; vgl. b San 38 b, oben Text 9.

[95] *'ôtô* ist in *'ôtî* zu verbessern.

[96] Die Welt wird aufhören zu existieren. *Ma'jan ḥåkhmāh*: wird für euch keine Bleibe sein im Raqia.

[97] Vgl. Margalioth, *Mal'akhê 'äljôn,* s. v. *sndlphwn.*

[98] So im Sinne des Midraschs. Vielleicht ist ein al-tiqri-Midrasch impliziert: Lies nicht *ja'abôr,* sondern *ja'abîr.*

[99] Vgl. b Chag 13 b.

[100] Im *Ma'jan ḥåkhmāh* findet sich eine lange Passage über den Rigion und seine glühenden Kohlen.

[101] Vgl. Margalioth, *Mal'akhê 'äljôn,* s. v. *gljṣwr.*

des Höchsten kommt nichts Böses, nur Gutes[102] (Echa 3, 38). Er offenbart die Geheimnisse[103] Gottes[104]. Seine Flügel breiten sich aus, um den [feurigen] Atem der heiligen Tiere aufzufangen; würde er ihn nämlich nicht auffangen, würden die Dienstengel vom Atem der heiligen Tiere verbrannt. ... Der Heilige, er sei gepriesen, nahm [Moses] und ließ ihn an [Gallizur] vorübergehen.

Dann traf eine Abteilung der Engel des Schreckens auf ihn, die den Thron der Herrlichkeit umgeben, stark und mächtig[105]. Als Moses zu ihnen kam, wollten sie ihn mit dem Atem ihres Mundes verbrennen. ... (Fortsetzung ähnlich wie b Schab 88 bf., Text 29, II, mit der Job-Auslegung R. Nachums, der Antwort Moses' an die Dienstengel[106] und den Geschenken der Engel).

Ma'jan ḥåkhmāh, BHM I, S. 58–61 (fast wörtlich, Varianten s. in den Anm.).
MHG Ex S. 560 f. (fast wörtlich, aber nur bis zur Begegnung mit Sandalphon).
Vgl. auch TanBu Einleitung, S. 128 f. (Oxforder Tanchuma-Hs): „... als Moses zur Höhe emporstieg, traf Michael, der große Fürst, auf ihn und wollte ihn mit dem Hauch seines Mundes verbrennen. Er sprach zu ihm: Was will ein Weibgeborener in der Gemeinschaft der Heiligen?! ...".

A. Vgl. Text 29. Der lange Anfangsteil (Aufstieg in den Himmel) mutet wie eine Ausgestaltung des *ḥābᵉrû ʿālâw malʾᵃkhê haš-šāret* in MHG Ex S. 395 (Text 29, I) an; der Schluß (Ergreifen des Thrones, Antwort an die Engel, Geschenke) stimmt fast wörtlich mit Text 29 überein. Beide Texte hängen ohne Zweifel eng zusammen, aber über ihr Verhältnis zueinander läßt sich nichts mehr ausmachen. Eine gegenseitige Verkürzung bzw. Ausgestaltung ist ebensogut denkbar wie eine beiden Texten zugrundeliegende gemeinsame Tradition. Schließlich ist auch mit der Möglichkeit zu rechnen, daß PesR den (mit Text 29 gemeinsamen) Schluß sekundär durch die Aufnahme einer ursprünglich selbständigen Tradition vom Aufstieg Moses' in den Himmel erweitert hat[107].

B. Der vorliegende Text weist viele Ähnlichkeiten mit der weitverbreiteten Gattung der Himmelsreisen auf, wie sie vor allem in der Hekhalot-Literatur überliefert werden. Der früheste Beleg für diese Himmelsreise in der rabbinischen Literatur findet sich in dem Bericht von den vier Rabbinen, die in das

---

[102] So im Sinne des Midraschs. Der Text ist vermutlich verkürzt: Verhängnisse, die über den Menschen bestimmt sind, spricht Gallizur aus, weil ... (Echa 3, 38). Vgl. Braude, S. 408.

[103] Wörtlich: Gründe.

[104] *ṣûr* – Fels, hier als Gottesbezeichnung verwendet. *glîṣwr* wird vom Midrasch also interpretiert als *gālê ṣûr* – er offenbart die Geheimnisse Gottes. Es folgt im *Ma'jan ḥåkhmāh* eine längere Passage über Gallizur = Rasiel.

[105] *Ma'jan ḥåkhmāh:* Stärker und mächtiger als alle Engel.

[106] Schriftbeweise Ex 20, 2.3.12.14.

[107] Dagegen spricht allerdings, daß dieser Aufstieg nicht gesondert überliefert wird (vgl. jedoch MHG Ex S. 560 f., doch scheint diese Version eher eine Verkürzung von PesR zu sein).

„Paradies" eintraten[108], die voll ausgebildete Himmelsreise ist vorwiegend mit der Person R. Jischmaels verknüpft[109]. Ein Zusammenhang mit der Gestalt des Moses scheint sehr selten zu sein[110]. Die Vermutung liegt deswegen nahe, daß in PesR und Parallelen der Aufstieg des Moses sekundär mit Motiven aus der Hekhalot-Mystik ausgestaltet wurde[111] und die voll ausgebildete Himmelsreise als literarische Gattung vorauszusetzen ist[112]. Neben den Engelnamen, die sich vor allem in der Hekhalot-Literatur und im Sohar finden[113], seien folgende mit der Hekhalot-Mystik gemeinsame Motive hervorgehoben: Torwächtermotiv (Qemuel ist über die Engel des Schreckens gesetzt, die das Tor des Raqia bewachen); Reinheits- und Heiligkeitsmotiv (Engel = Heilige der Höhe; Moses = Weibgeborener; Ort des Schmutzes – Ort der Reinheit und des Feuers); Führung des Merkabah-Mystikers durch die verschiedenen Bereiche des Himmels (Hadarniel geht als Führer vor Moses her); Gefährdungsmotiv (die Worte aus dem Munde Hadarniels sind feurige Blitze; das Feuer des Sandalphon; das Feuer des Rigion verbrennt Engel und Menschen; der feurige Atem der heiligen Tiere verbrennt die Dienstengel[114]); dem Gefährdungsmotiv entspricht das Furchtmotiv (Moses weint und stürzt beinahe von der Wolke herab); übertriebene Schilderung der Grössenordnung (Hadarniel ist 60 Myriaden Parasangen größer als Qemuel; aus seinem Munde kommen mit jedem einzelnen Wort 12 000 Blitze; Sandalphons Größe etc.).

Einige Passagen im vorliegenden Text sind allerdings nicht in die Gattung der Hekhalot-Literatur einzuordnen. So spielt die Himmelsstimme, die zu Hadarniel spricht, ohne Zweifel auf den Midrasch vom Widerspruch der Engel gegen die Erschaffung des Menschen an; möglicherweise liegt sogar ein direktes Zitat aus b San 38 b vor[115]. Auch die Reaktion Moses' auf Qemuel, den ersten

---

[108] t Chag 2, 3 f.; j Chag K 2 H 1 S. 77 b; b Chag 14 b. Vgl. dazu A. Neher, „Le voyage mystique des quatre", RHR 140, 1951, S. 59–82; J. Maier, „Das Gefährdungsmotiv bei der Himmelsreise in der jüdischen Apokalyptik und ‚Gnosis'", Kairos 5, 1963, besonders S. 28 ff.; ders., Vom Kultus zur Gnosis, S. 140; zuletzt E. E. Urbach, *„Ham-māsôrôt ʿal tôrat has-sôd bitqûphat hat-tannāʾîm"*, Studies in Mysticism and Religion, pres. to G. G. Scholem, Jerusalem 1967, besonders S. 12 ff.

[109] Vgl. Maier, Gefährdungsmotiv, S. 29 mit Belegen.

[110] Vgl. BatMidr II, S. 354 f., wo Metatron Moses das Geheimnis des Gottesnamens offenbart.

[111] Vgl. auch Maier, Gefährdungsmotiv, S. 28 Anm. 31.

[112] Die umgekehrte Annahme, daß der vorliegende Text älter ist als die Himmelsreisen der Hekhalot-Literatur, ist äußerst unwahrscheinlich.

[113] Vgl. die Stellenangaben bei Margalioth, *Malʾakhê ʿäljôn*, s. v.

[114] Maier, Gefährdungsmotiv, S. 30 ff. hat hervorgehoben, daß das Feuer in der Hekhalot-Literatur vor allem als Reinigungs-Feuer zu verstehen und nicht so sehr unter dem Aspekt der Gefährdung zu betrachten ist. Im vorliegenden Text scheint aber die vom Feuer ausgehende Gefahr im Vordergrund zu stehen.

[115] S. oben Text 9. Auffallend ist allerdings der Schluß, der die Existenz der (himmlischen und irdischen) Welt von der Annahme der Torah durch Israel abhängig macht.

Engel, der ihm begegnet, läßt sich kaum mit dem Verhalten des Mystikers bei seiner Himmelsreise vereinbaren. Sie erinnert eher an Moses' Abwehr des Todesengels, der gekommen ist, seine Seele zu holen[116].

C. Vgl. Text 29. Der Akzent liegt im vorliegenden Midrasch allerdings sehr stark auf der Abwehr des in den Himmel eindringenden Mystikers (mit dem Moses gleichgesetzt wird) durch die Engel.

Text 31

I. DebR 9, 2

Siehe, die Zeit deines Todes ist nahe (Dt 31, 14). Das ist es, was geschrieben steht: Und wieder sah ich unter der Sonne, daß nicht den Schnellen der Wettlauf gelingt usw. [und nicht den Helden der Krieg] (Koh 9, 11). Was bedeutet: daß nicht den Schnellen der Wettlauf gelingt (Koh ebd.)? R. Tanchuma sagt: Dieser Vers spricht von Moses. Wie das? Gestern noch stieg er wie ein Adler zum Raqia empor und jetzt möchte er den Jordan überqueren und kann es nicht, wie es heißt: Denn du wirst diesen Jordan nicht überqueren (Dt 3, 27). Und nicht den Helden der Krieg (Koh ebd.): Gestern noch zitterten die Engel vor ihm, und jetzt sagt er: Denn mir graut vor dem Zorn und dem Grimm (Dt 9, 19).

...

II. DebR 11, 3

(Beim Tod des Moses:) Jakob sagte zu Moses: Ich bin größer als du, da ich mit dem Engel gekämpft und ihn besiegt habe. Da sagte Moses zu ihm: Du hast gegen den Engel auf deinem Gebiet[117] (= auf der Erde) gekämpft; ich aber stieg zu ihnen empor in ihr Gebiet (= in den Himmel), und sie haben sich vor mir gefürchtet, wie es heißt: Die Fürsten der Heerscharen, sie weichen, sie weichen (Ps 68, 13).

Vgl. auch *Midraš peṭîrat Mošäh,* BHM VI, S. 72 (mit einem Gleichnis).

III. DebR 11, 10

Ich stieg empor, bahnte einen Weg in den Himmel, führte Krieg gegen die Engel, empfing die Torah aus Feuer[118], wohnte unter dem Feuerthron und schlug meine Wohnung auf unter der Feuersäule; ich sprach mit ihm (= Gott) von Angesicht zu Angesicht, siegte über die obere Familie *(pāmaljā' šäl maʿlāh)*[119], offenbarte ihre Geheimnisse den Menschenkindern, empfing die

---

[116] S. unten Text 73.

[117] *pjrbwrjn* = *perîkhôrîn* (περίχωρα)? vgl. Jastrow, s. v.

[118] Vgl. Dt 33, 2 *('eš dāt lāmô).*

[119] Oder auch „himmlische Familie", Hofstaat Gottes, ein in der rabbinischen Literatur geläufiger Terminus, vgl. dazu oben S. 41.

Torah aus der Rechten des Heiligen, er sei gepriesen, und lehrte sie Israel ...

Jalq *wajjeläkh* § 940 S. 667 au (nahezu wörtlich, aber stellenweise korrupt).
Vgl. auch *Midraš peṭîrat Mošäh,* BHM I, S. 128: ich besiegte die obere Familie und empfing die Torah.

A. Die übersetzten Texte sind verschiedenen Versionen des umfangreichen Midraschkomplexes vom Tod des Moses entnommen. Obwohl der Midrasch in seiner Endredaktion *(Midraš peṭîrat Mošäh)* relativ spät ist[120], werden einzelne Traditionen bedeutend älter sein als die mutmaßliche Endredaktion. Dies dürfte auch für die vorliegenden Texte gelten.

B. I ist ein homiletischer Midrasch zu Dt 31, 14. Dem Schnellen (= Moses, der einst wie ein Adler zum Himmel aufstieg, um die Torah zu holen) gelingt der Wettlauf mit dem Tod nicht, er muß sterben wie jeder andere Mensch. Moses, der einst die Engel besiegte, fürchtet sich nun vor dem Todesengel[121]. Die homiletische Tendenz ist eindeutig: Wenn schon Moses, vor dem die Engel zitterten, sterben mußte, um wieviel mehr dann der gewöhnliche Mensch; eine Flucht vor dem Tod ist zwecklos.

II stammt aus einem längeren Textstück, in dem Moses seine Überlegenheit über Adam, Noah, Abraham, Isaak und Jakob beweist (um das Argument zu entkräften, daß ja auch die Gerechten vor ihm gestorben sind). Jakob besiegte den Engel nur auf der Erde (und wurde dennoch von ihm geschlagen[122]), Moses dagegen besiegte die Engel im Himmel und schlug sie in die Flucht (so ist das *jiddodûn* des Schriftbeweises Ps 68, 13 zu verstehen[123]).

---

[120] Eine neue Edition des Textes sowie eine Analyse der verschiedenen Versionen wäre dringend notwendig, da der Text von Jellinek (BHM I, S. 115–30; VI S. 71–78) sehr fehlerhaft ediert wurde. Aus der umfangreichen Literatur seien nur folgende Titel genannt: Die beste Darstellung der Textverhältnisse gibt M. Abraham, Légendes juives apocryphes sur la vie de Moise, Paris 1925, S. 28–45; den besten Überblick über die verschiedenen Traditionen vom Tod des Moses bietet Sch. A. Löwenstamm, *„Môt Mošäh"*, Tarbiz 27, 1958, S. 142–57. Vgl. auch L. J. Weinberger, The Death of Moses in the Synagogue Liturgy, ungedruckte Phil. Diss. Brandeis University 1963 (auf diese Arbeit hat mich freundlicherweise Herr Prof. A. Altmann, Brandeis University, aufmerksam gemacht); ders., *„Midrāš 'al peṭîrat Mošäh šän-nä'ābad"*, Tarbiz 38, 1969, S. 285–93.

[121] Dies widerspricht in gewisser Weise der Überlieferung im *Midraš peṭîrat Mošäh,* wo Moses den Todesengel in die Flucht schlägt, vgl. unten Text 73. Immerhin betet Moses dort auch: „Barmherziger und gnädiger Gott, gib mich nicht in die Hand des Todesengels" und stirbt schließlich durch den Kuß Gottes; vgl. BHM VI, S. 77. – „Zorn und Grimm" (Dt 9, 19) gehören an anderer Stelle zu den fünf Engeln des Schreckens, die Moses beim Abstieg vom Berg bedrohen, vgl. Text 38.

[122] So (wohl besser) BHM VI, S. 72.

[123] Vgl. dagegen die Deutung von *medaddîn* in Text 43. – BHM VI, S. 72 sagt ausdrücklich, daß die Engel vor ihm flohen, bringt dann aber als Schriftbeweis Ps 68, 19.

III ist ein Teil des Streitgespräches zwischen Moses und Samael, der von Gott ausgeschickt wurde, Moses' Seele zu holen. Moses (geradezu als Prototyp des *jôred märkābāh* dargestellt) rühmt sich seiner außergewöhnlichen Taten, um den Beweis zu erbringen, daß er über den Tod erhaben ist.

C. Allen drei Texten gemeinsam ist die starke Betonung der Überlegenheit Moses' über die Engel: Die Engel zittern vor Moses, fürchten sich vor ihm und werden schließlich besiegt. Die Torah ist wirklich die „Beute" (Ps 68, 19), die den Engeln entrissen wurde. Das Verhältnis zwischen Engeln und Menschen ist (vor allem in III) ganz auf Konfrontation abgestellt, auf einen unversöhnlichen Gegensatz zwischen himmlischen und irdischen Mächten, die miteinander um die Torah kämpfen.

Text 32

SchemR 28, 1

Und Moses stieg hinauf zu Gott (Ex 19, 3). Das ist es, was geschrieben steht: Du stiegst zur Höhe empor, brachtest Beute mit (Ps 68, 19). Was heißt: Du stiegst empor (Ps ebd.)? Du wurdest erhöht *(nitʿallîtā)*, du hast gerungen *(nitgaššaštā)* mit den Engeln der Höhe.

A. Anonymer amoräischer Midrasch; nur hier.

B. Der Hintergrund dieses Textes ist wahrscheinlich die Diskussion darüber, ob Gott jemals auf den Sinai herabkam und Moses wirklich zur Höhe (= in den Himmel) emporstieg[124]. Nach R. Jose in Mech S. 217 und Parallelen[125] „sind Moses und Elia nicht nach oben gestiegen und ist die Herrlichkeit [Gottes] nicht herabgekommen". Der vorliegende Midrasch scheint dagegen den Aufstieg Moses' ganz real zu verstehen: Moses kämpfte gegen die Engel und besiegte sie[126], er wurde erhöht – so ist das *nitʿallîtā* wohl zu interpretieren – über die Engel.

C. Widerstand der Engel gegen die Gabe der Torah; Moses bringt die Torah gegen den Willen der Engel herab. Ein Mensch ist den Engeln überlegen.

Text 33

PRE Kap. 46 S. 110 b

Die Dienstengel sprachen zu ihm: Moses, die Torah wurde nur um unseretwillen *(lemaʿanênû)* gegeben! Moses antwortete ihnen: Es steht geschrieben in der Torah: Ehre deinen Vater und deine Mutter (Ex 20, 12) – Habt ihr denn Vater und Mutter?! Ferner steht in der Torah geschrieben: Wenn ein Mensch

---

[124] So Maharso z. St.

[125] Vgl. Goldberg, Schekhinah, Abschnitt 18.

[126] So auch *Ḥiddûšê ha-RŠ"Š* z. St., wo auf 1 Sa 14, 10 verwiesen wird („wir wollen zu ihnen hinaufsteigen, denn der Herr hat sie in unsere Hand gegeben").

im Zelt stirbt (Nu 19, 14) – Weil es bei euch keinen Tod gibt, deswegen wurde die Torah um unseretwillen gegeben! Da waren sie bestürzt und antworteten nicht mehr[127].

Von hier sagt man: Moses stieg auf in seiner Weisheit zu den Oberen und brachte herab die Macht, auf die die Dienstengel vertrauten[128], wie es heißt: Die Stadt der Helden[129] erstieg ein Weiser[130], und er brachte herab die Macht[131], auf die sie vertraute (Spr 21, 22).

Als die Dienstengel sahen, daß der Heilige, er sei gepriesen, Moses die Torah gab, standen auch sie auf und gaben ihm Geschenke, Briefe und Zettel[132] zur Heilung der Menschen, wie es heißt: ... (Ps 68, 19).

A. Der Midrasch ist so, wie er hier vorliegt, kaum selbständig. Der erste und letzte Teil ist eng mit Text 26 (PesR parr.); 29 (MHG Ex parr.) und Text 30 verwandt, der mittlere Teil stimmt fast wörtlich mit Text 28 (WaR) überein. Es ist denkbar, daß wir es mit einer (literarisch) relativ späten Überarbeitung des in Text 26; 29 und 30 überlieferten Midraschkomplexes zu tun haben, in den der Midrasch aus WaR 31, 5 eingefügt wurde.

B. Zu den einzelnen Motiven vgl. Text 26 und 28–30. Die Aussage des Midraschs erschöpft sich allerdings keineswegs in einer Summierung der aus anderen Texten bekannten Motive. Aus dem Zusammenhang unseres Midraschs geht nämlich hervor, daß hier nicht – wie in allen Parallelen – die ersten Tafeln gemeint sind, sondern die zweiten Tafeln, die nach der Sünde Israels mit dem Goldenen Kalb angefertigt wurden[133]. Dadurch ergibt sich eine ganz überraschende und völlig eigenständige Interpretation des (zweifellos vorgegebenen) Midraschs durch den Verfasser bzw. Redaktor der PRE. Nicht mehr die (subjektive) Eifersucht der Engel ist der Grund für ihren Widerspruch gegen die Gabe der Torah an Israel, sondern ganz konkret die Sünde Israels. Israel hat bewiesen, daß es der Torah nicht würdig ist und ihrem Anspruch nicht gerecht werden kann. Die Engel sind also nicht grundsätzlich gegen die Gabe der Torah an Israel, sie protestieren nur gegen den zweiten (in ihren Augen zwecklosen) Versuch Gottes.

Diese Interpretation hat, dies sei hervorgehoben, keinen Anhaltspunkt im vorgelegten Midrasch selbst; der letzte Teil (die Geschenke der Engel an Moses) scheint ihr sogar zu widersprechen. Dennoch möchte ich annehmen, daß der Redaktor der PRE den vorgegebenen Midrasch ganz bewußt und ohne ihn inhaltlich zu verändern in einen anderen Kontext gestellt hat, um ihm nur durch

[127] Nach Job 32, 15. Wahrscheinlich ist statt *ḥāšû* mit Job z. St. *ḥattû* zu lesen.
[128] *ʿôz mibṭān šäl malʾakhê haš-šāret*. So im Sinne des Midraschs.
[129] Der Engel.
[130] Moses.
[131] Die Torah.
[132] Auf denen Heilmittel geschrieben waren; vgl. auch Text 29.
[133] So auch Radal z. St.

den Kontext einen neuen Sinn zu geben. Der Grund für diese sehr geschickte Änderung in der Aussage des Midraschs kann nur die Absicht des Redaktors sein, den Widerstand der Engel gegen die Gabe der Torah zu motivieren.

Text 34

SchemR 28, 1

Eine andere Erklärung zu: Du stiegst zur Höhe empor, brachtest Beute mit (Ps 68, 19). ... In dieser Stunde wollten die Dienstengel Moses überfallen *(liphgô$^{a^c}$ b^{e}Mošäh)*. Da machte der Heilige, er sei gepriesen, die Gesichtszüge Moses' ähnlich denen Abrahams und sprach zu [den Engeln]: Schämt ihr euch nicht vor ihm? Ist es nicht der, zu dem ihr hinabgestiegen seid und in dessen Haus ihr gegessen habt[134]? Und zu Moses sagte der Heilige, er sei gepriesen: Die Torah wurde dir nur um des Verdienstes Abrahams willen gegeben, wie es heißt: Du hast Geschenke genommen um des Menschen willen (ebd.), und „Mensch" bedeutet hier nichts anderes als Abraham, wie es heißt: Der große Mensch unter den Riesen[135] (Jos 14, 15). Siehe: Und Moses stieg auf zu Gott (Ex 19, 3).

A. Anonymer amoräischer Midrasch; nur hier.

B. Homiletischer Midrasch zu Ex 19, 3. Im Vordergrund steht ein Sakhutmotiv: Die Torah wurde nicht um des Verdienstes Israels und nicht um des Verdienstes Moses' willen, sondern ausschließlich um des Verdienstes Abrahams willen gegeben. Der Midrasch greift hier eine weitverbreitete Tradition auf, nach der schon Adam um des Verdienstes Abrahams willen erschaffen wurde[136] und bezieht diese auch auf die Gabe der Torah. Das Verdienst Abrahams ist maßgebend für die gesamte Geschichte Gottes mit Israel, sowohl für die Zeit vor Abraham als auch für die Zeit nach ihm.

C. Die Engel widersetzen sich dem Aufstieg Moses' in den Himmel und der Gabe der Torah. Von einem Kampf Moses' mit den Engeln oder gar einem Sieg über die Engel[137] ist nicht die Rede. Die Gestalt des Moses tritt im Gegenteil ganz hinter der Gestalt Abrahams zurück, der Moses vor den Engeln schützt und dem Israel letztlich die Torah verdankt.

---

[134] Vgl. Gen 18.

[135] Oder (im Sinne des Midraschs?): Der Mensch, der größer ist als die Riesen der Vorzeit.

[136] Vgl. BerR 14, 16 und Parallelen (ebenfalls mit dem Schriftbeweis Jos 14, 15) mit der Anm. Albecks z. St.

[137] Vgl. Text 32.

Text 35

I. TanBu *ha'ᵃzînû* § 3

Es träufle meine Rede wie Regen[138] (Dt 32, 2). R. Jehoschua b. Levi sagt: Als Moses zur Höhe emporstieg, standen die Engel auf, ihn zu töten. Da sagte er zu ihnen: Um zweier Dinge willen[139], die ich bei mir habe, und die mir im Himmel gegeben wurden, wollt ihr mich töten. Laßt sie [doch][140]! Ein Gleichnis, wem diese Sache gleicht. Einem reichen Kaufmann, der sich an eine gefahrvolle Stelle begab und den Räuber ergriffen und töten wollten. Da sagte er zu ihnen: Wegen fünf Minen, die ich bei mir habe, wollt ihr mich töten?! Sie wußten aber nicht, daß er unbezahlbare Edelsteine und Perlen bei sich hatte. Da sprachen sie zueinander: Welchen Gewinn haben wir, wenn wir ihn töten? Er hat doch nichts bei sich, laßt ihn! Als er in die Stadt gelangte, fing er an, die Edelsteine und Perlen zu verkaufen. Da sprachen sie zu ihm: Gestern, als wir dich ergriffen, sagtest du: Ich habe nichts bei mir außer fünf Minen. Jetzt aber holst du [plötzlich] Edelsteine und Perlen hervor?! Er antwortete ihnen: Als ich euch dies sagte, war ich in Gefahr! So sagte auch Moses, unser Lehrer, zu den Engeln: Zwei Dinge habe ich [nur] bei mir, und in Wirklichkeit waren sie ein großes Geschenk, wie es heißt: Du stiegst zur Höhe empor, brachtest Beute mit, nahmst Geschenke an um des Menschen willen (Ps 68, 19). Deswegen sagt David: Die Torah deines Mundes ist mir lieber als tausend Stücke Gold und Silber (ebd. 119, 72); ferner: [Des Herrn Satzungen sind] teurer als Gold und Feingold in Menge (Ps 19, 11); ferner: Die Worte des Herrn sind lautere Worte (Ps 12, 7). Da sprach Israel zu Moses, unserem Lehrer: Gepriesen seist du, daß du [diese] Geschenke genommen hast. Er antwortete ihnen: Hätte ich zu den Dienstengeln nicht gesagt, daß sie [nur] zwei Dinge sind, wäre ich verbrannt worden von ihrem Feuer. Aber diese Torah, sie hat mich aus ihrer Hand gerettet[141]. Darüber sagt [die Schrift]: ... (Dt 32, 2). *ja'ᵃroph* meint [hier] nämlich „töten", wie es heißt: Dort sollen sie der jungen Kuh das Genick brechen *(wᵉ'ārᵉphû)* (Dt 21, 4)[142]. Und *liqḥî* meint [hier] „Torah", wie es heißt: Denn gute Lehre *(läqaḥ)* habe ich euch gegeben, meine Torah, verschmäht sie nicht (Spr 4, 2)[143].

Jalq *ha'ᵃzînû* § 942 S. 671 ao.
Jalq Ps § 797 S. 928 ao.
Tan *ha'ᵃzînû* § 1 S. 123 a: ... um zweier Dinge willen, die mir die M e n s c h e n gegeben haben, wollt ihr mich töten ...
DebRL S. 126 (wie Tan).

---

[138] So die übliche Übersetzung. Wie der Midrasch den Vers versteht s. u.

[139] Die beiden Bundestafeln.

[140] Zu verbessern in: laßt mich? (So eine Hs, s. Buber z. St. Anm. 8).

[141] Dieser Satz ist möglicherweise eine Glosse.

[142] Zur Deutung von *ja'ᵃroph* als „töten" vgl. auch SiphDt § 306 S. 337 Zeile 4 ff. (R. Elieser b. R. Jose ha-Glili).

[143] Dazu vgl. SiphDt S. 335 Zeile 12. – Nach Buber z. St. Anm. 11 wurde dieser Schriftbeweis erst seit dem Druck Mantua hinzugefügt.

II. SiphDt § 306 S. 337

Eine andere Erklärung zu: Es träufle meine Rede wie Regen (Dt 32, 2). Die Weisen sagen: Moses sprach zu Israel: Wißt ihr denn nicht, wie sehr ich gelitten habe um die Torah und wie sehr ich mich um sie gemüht und gequält habe, wie es heißt: Und er war dort beim Herrn 40 Tage und 40 Nächte (Ex 34, 28); ferner: 40 Tage und 40 Nächte verweilte ich auf dem Berg (Dt 9, 9). Ich habe mich unter die Engel, unter die [heiligen] Tiere und unter die Seraphim begeben, von denen ein einziger die ganze Welt samt ihren Bewohnern verbrennen kann, wie es heißt: Seraphim standen über ihm (Jes 6, 2). Meine Seele und mein Blut habe ich um ihretwillen gegeben. So wie ich sie mit Schmerzen gelernt habe, so lernt auch ihr sie mit Schmerzen; so wie ihr sie mit Schmerzen lernt, so lehrt sie auch mit Schmerzen....

JalqMa Jes 6, 2 S. 52 (verkürzt, Zitat aus Siphre).

A. Die beiden übersetzten Texte sind kaum zwei Versionen desselben Midraschs, und es wäre ein müßiges (weil völlig hypothetisches) Unterfangen, das Verhältnis der beiden Texte näher bestimmen zu wollen. II hat allerdings einige Elemente mit I gemeinsam, deswegen werden die Texte hier zusammen behandelt.

B. Beide Texte sind ein Auslegungsmidrasch zu Dt 32, 2. I versteht das *liqḥî* des Bibelverses als „Torah"[144] und das *ja'aroph* als „töten" und deutet den Bibelvers somit auf den Versuch Moses', die Torah herabzuholen sowie die Absicht der Engel, ihn dabei zu töten. Im Unterschied zu einigen bisher behandelten Traditionen[145] und im Widerspruch zum einleitenden Satz R. Jehoschua b. Levis (dieser Satz scheint eher einem Midrasch zu Ex 19, 3 bzw. 20 anzugehören) richtet sich dieser Widerstand der Engel gegen den vom Himmel herabsteigenden und nicht gegen den in den Himmel eindringenden Moses. Der Grund für den Tötungsversuch der Engel ist also wohl ausschließlich die Torah, nicht das unbefugte Eindringen des Menschen in das Gebiet der Engel.

Moses entkommt den Engeln nur (dies ergibt sich aus dem Gleichnis), indem er sie überlistet und den wahren Wert der Torah vor ihnen verheimlicht. Damit ergibt sich eine doppelte Aussage des Midraschs, nämlich a) eine Polemik gegen die Engel, die nicht imstande sind, den unermeßlichen Wert der Torah zu erkennen und zu würdigen und b) eine homiletische Tendenz: Der Wert der Torah für Israel mißt sich an der Größe der Gefahr, in der Moses sich befand, als er sie herabholte. Der Hörer bzw. Leser dieses Midraschs wird ermahnt, dieses kostbare Geschenk nicht zu mißachten und zu vernachlässigen (so zusammenfassend der letzte – wahrscheinlich erst spät hinzugefügte, aber durchaus sinngemäße – Schriftbeweis aus Spr 4, 2), sondern entsprechend seinem wahren Wert zu behandeln.

---

[144] So auch die Targumim und Kommentare z. St.

[145] Vgl. Text 28 ff.

In II klingt das Thema von der Bedrohung durch die Engel ebenfalls an, aber der Akzent liegt vorwiegend auf der Mühe, die Moses auf die Torah verwandte. Offensichtlich ist hier vorausgesetzt, daß Moses in den 40 Tagen und 40 Nächten auf dem Sinai die Torah l e r n t e, bevor er sie Israel übergab. Moses ist also – dies ist die homiletische Absicht des Midraschs – das Vorbild Israels. So wie er die Torah lernte, nämlich unter Mühen und Schmerzen, so soll auch jeder einzelne die Torah lernen und dann weitergeben (lehren). Jede ernsthafte Beschäftigung mit der Torah setzt voraus, daß man sich um sie bemüht und mit ihr abmüht.

Schwierig ist allerdings zu verstehen, wie diese Erklärung aus Dt 32, 2 abgeleitet wird. Das Schlüsselwort wird wie in I *jaʿaroph* sein, aber die Bedeutung „leiden, abmühen" ist für *ʿāraph* nicht belegt. Es wäre denkbar, daß *jaʿaroph* auch hier im Sinne von „Genick brechen = töten" verstanden wird, doch ist dies nach dem oben Gesagten nicht sehr wahrscheinlich. Will man nicht annehmen, daß der Midrasch in II ursprünglich nichts mit Dt 32, 2 zu tun hatte, wäre eine Interpretation von *ʿāraph* = Genick brechen = leiden zu erwägen[146]. Aber auch diese Erklärung ist ganz hypothetisch und nicht sehr befriedigend.

C. Polemik gegen die Engel, die den Wert der Torah verkennen und sich von Moses überlisten lassen.

Text 36

S c h e m R 42, 4

Eine andere Erklärung zu: Geh, steig hinab [denn entartet ist dein Volk] (Ex 32, 7). R. Jizchaq legt aus *(pātaḥ)*. Ich habe den Menschen bedrängt (Zeph 1, 17). Das ist Moses. Sie gehen einher wie Blinde (ebd.). Das ist Israel. Warum? Weil sie wider den Herrn sündigten (ebd.), indem sie sprachen: Diese sind deine Götter (Ex 32, 4). . . .

R. Jizchaq sagt: Als der Heilige, er sei gepriesen zu [Moses] sprach: Geh, steig hinab (Ex ebd.), da wurde das Angesicht des Moses finster und er wurde vor Angst *(min haṣ-ṣārôt)*[147] wie ein Blinder und wußte nicht, von wo er hinabsteigen sollte. Die Dienstengel wollten ihn [nämlich] töten und sprachen: Dies ist die Stunde, ihn zu töten! Der Heilige, er sei gepriesen, wußte aber, was die Engel vorhatten, ihm zu tun. Was tat der Heilige, er sei gepriesen? R. Berekhja sagt i. N. des R. Chelbo i. N. des Rab Chanan b. Josef i. N. des R. Abba b. Aibo: Der Heilige, er sei gepriesen, öffnete ihm ein Pförtchen unter dem Thron seiner Herrlichkeit und sprach: Geh, steig hinab (Ex ebd.), wie es heißt: Da sprach der Herr zu mir: Auf, steig hinab von diesem Berg [denn entartet ist dein Volk] (Dt 9, 12). R. Asarja i. N. des R. Jehuda b. R. Simon i. N. des R. Jehuda b. R. Elai sagt: Als Moses hinabsteigen wollte, kamen die Engel, ihn zu töten. Was tat er? Er griff nach dem Thron des Heiligen, er sei gepriesen, und

---

[146] Vgl. David Pardo in seinem Kommentar zu SiphDt (Saloniki 1804, S. 298 d): ... *kammāh ṣaʿar niṣṭaʿartî wᵉzāhû lᵉšôn ʿarîphāh* ...

[147] Dies ist nur eine mögliche Übersetzung, s. unten.

der Heilige, er sei gepriesen, breitete seinen Gebetsmantel über ihn, daß die Engel ihm nichts anhaben konnten, wie es heißt: Der da anfaßt vorne den Thron, er breitet über ihn seine Wolke (Job 26, 9). Was heißt *paršez?* Dies ist ein Notarikon: Es breitet der Barmherzige, der Allmächtige, den Glanz seiner Wolke über ihn[148].

A. Amoräischer Midrasch. Der Midrasch R. Jizchaqs[149] findet sich nur hier, ebenso der Midrasch R. Berekhjas etc.[150]. Der Midrasch R. Asarjas[151] etc. gibt eine weitverbreitete Deutung von Job 26, 9 wieder und ist hier kaum ursprünglich[152]. Die Rückführung des Midraschs auf R. Jehuda b. Elai (T3) ist mit Sicherheit sekundär. In den meisten Parallelen gilt R. Tanchum b. Chanilai (pA2) als Autor, dessen Name im j Talmud häufig auch Tanchum b. Ilai lautet[153]. Es liegt auf der Hand, daß der Redaktor des Midraschs in SchemR den Namen in Jehuda b. Elai „verbessert" hat.

B. Homiletischer Midrasch zu Ex 32, 7. R. Jizchaq erläutert diesen Vers mit Hilfe von Zeph 1, 17. Seine erste Erklärung bezieht Zeph 1, 17 auf Moses (er wurde von den Engeln bedrängt) und Israel (als sie das Goldene Kalb anfertigten, waren sie „wie Blinde"). Seine zweite Erklärung bezieht beide Teile des Zephanjaverses auf Moses: Die Engel wollten ihn töten; deswegen wurde er blind vor Angst und wußte nicht mehr, wo er vom Sinai herabsteigen sollte. Dies wäre eine mögliche Interpretation der beiden Aussprüche R. Jizchaqs; sie geht davon aus, daß die Aussprüche zwei verschiedene Erklärungen des Zephanjaverses sind und – wenn überhaupt – nur lose zusammengehören. Nimmt man sie dagegen nicht als zwei separate Aussprüche, sondern als Dicta, deren Sinn sich erst durch die Zusammenstellung ergibt, kann man auch interpretieren: Moses wurde „wie ein Blinder", aber nicht aus Angst (vor den Engeln), sondern weil Israel blind geworden war und Götzendienst trieb (*min haṣ-ṣārôt* würde dann heißen: „wegen der Leiden, Bedrängnisse" durch Israel). Erst nachdem Israel gesündigt hat, gewinnen die Engel Macht über Moses und können ihn töten. Dazu paßt auch das betonte „Dies ist die Stunde, ihn zu töten" der

---

[148] *p = pāraš; r = raḥûm; š = šaddaj; z = zîw.*

[149] Der bekannte Aggadist R. Jizchaq II., pA 3 (um 300) oder R. Jizchaq b. Nachmani, ebenfalls pA 3, um 280, der Schüler R. Jehoschua b. Levis?

[150] Wenn man der Kette der Tradenten vertrauen darf, ließe sich der Midrasch von R. Berekhja (pA 5), dem Schüler R. Chelbos, über R. Chelbo (pA 4), Rab Chanan b. Josef (= Rab Chanin, der Schüler Rabs, bA 2?; vgl. Margalioth, Encyclopedia, s. v.) bis auf R. Abba b. Aibo (= Rab, bA 1, gest. 247) zurückverfolgen.

[151] pA 5, tradiert häufig Aussprüche R. Jehuda b. Simons (pA 4), vgl. Strack, Einleitung, S. 147.

[152] Vgl. Text 29 (MHG Ex S. 395 parr.). Im Unterschied zu den anderen Versionen ist hier nur vom Gebetsmantel statt der (wohl ursprünglichen) Wolke bzw. Schekhinah die Rede; ebenso wird die Deutung von *paršez* als Notarikon eine relativ späte Erweiterung sein.

[153] Vgl. Strack, Einleitung, S. 139; Margalioth, Encyclopedia, s. v.

Engel. Vor der Sünde Israels konnten die Engel Moses nichts anhaben; sie hätten machtlos zusehen müssen, wie er die Torah gegen ihren Willen zur Erde brachte. Die Sünde Israels aber macht Moses wehrlos und liefert ihn den Engeln aus[154]. Der Midrasch wirft, wenn diese Interpretation zutrifft, ein sehr interessantes Licht auf die Bedeutung der Sünde mit dem Goldenen Kalb. Diese Sünde ist in ihren Folgen fast vergleichbar der Sünde des ersten Menschen, die diesen sterblich machte und unter die Engel erniedrigte[155].
Der Ausweg, den der anschließende Midrasch Rabs aus der bedrängten Lage Moses' findet, ist höchst originell und konsequent: Da die Engel alle Eingänge des Himmels bewachen (diese Vorstellung ist hier sicher vorausgesetzt), öffnet Gott Moses ein Pförtchen unter dem Thron seiner Herrlichkeit, zu dem die Engel keinen Zugang haben, und läßt ihn entkommen. Zwischen Gott und dem Menschen gibt es also auch rein räumlich einen Bereich im Himmel, der dem Zugriff der Engel entzogen ist. Bezeichnenderweise ist dies der Bereich in unmittelbarer Nähe des göttlichen Thrones und der Herrlichkeit *(kābôd)* Gottes, die die Engel zwar preisen, aber nach weitverbreiteter Auffassung nicht sehen können[156].

Text 37

PesR S. 37a

Der [große] Mann wird erniedrigt (Jes 2, 9). Das ist Moses: Der Mann Moses war sehr gedemütigt[157] (Nu 12, 3). Warum? Weil in der Stunde, als er hinaufstieg, die Tafeln [des Bundes] von oben herabzubringen, Israel unten sündigte *(qîlqelû)*. Sofort standen die Engel auf, ihn zu töten. Was tat der Heilige, er sei gepriesen? Er sprach: Bleibst du hier, hast du keine Kraft, ihnen [zu widerstehen][158]. Steh auf, steig schnell herab von hier, denn entartet ist dein Volk (Dt 9, 12). Als [Israel] würdig war und emporgehoben wurde, wurdest du mit ihnen emporgehoben, wie es heißt: Und Moses stieg auf (Ex 19, 3). Jetzt aber, da sie gesündigt haben, steigen sie hinab[159], und ebenso du: Geh, [steig hinab] (Ex 32, 7). Warum? Weil du von ihnen abhängig bist. ...

A. Amoräischer Midrasch, anonym oder von R. Jonatan aus Bet-Gubrin[160] (der am Anfang des Abschnittes als Tradent genannt wird).

---

[154] Vgl. auch PesR S. 69 a; PRK S. 84; SchirR 3, 6 § 5; KohR 9, 11 § 2; BamR 11, 3; Jalq Ps § 795 S. 927 au; MidrSam 17, 4 Ende: Auslegung von Ps 68, 13 i. N. R. Aibos: Vor der Sünde Israels konnten nicht einmal Michael und Gabriel den Anblick des Moses ertragen *(jiddôdûn* = sie weichen); nach der Sünde fürchtete Moses sich sogar vor den niederen Engeln.

[155] Vgl. Text 3 und 8.

[156] Vgl. unten Text 50; 65; 69.

[157] Im MT: demütig.

[158] Zum Text vgl. Friedmann, S. 37 a Anm. 53; Braude, S. 179.

[159] Im Sinne von: werden sie erniedrigt.

[160] pA 2.

B. Der Midrasch verbindet zwei Motive, die in verschiedenen Paralleltexten getrennt überliefert werden.

1. Nach der Sünde Israels mit dem Goldenen Kalb gewinnen die Engel Macht über Moses und wollen ihn töten. Die Sünde Israels und der Tötungsversuch der Engel stehen ohne Zweifel in einem direkten kausalen Verhältnis.

2. Davon zu unterscheiden ist ein Erhöhungsmotiv: Der Aufstieg Moses' in den Himmel und zu Gott ist eine Erhöhung, die mit der Gabe der Torah und dem Widerstand der Engel gegen die Gabe der Torah unmittelbar nichts zu tun hat[161]. Diese Erhöhung ist ebenfalls von Israel abhängig, denn die Sünde Israels verursacht die Erniedrigung Moses'. Die Quelle dieses Midraschs ist möglicherweise Ber 32 a: „Was bedeutet: Geh, steig hinab (Ex 32, 7)? R. Elasar sagt: Der Heilige, er sei gepriesen, sprach zu Moses: Moses, steig von deiner Größe[162] hinab[163]. Nur um Israels willen habe ich dir Größe verliehen – jetzt aber, da Israel gesündigt hat, wozu brauche ich dich?! Sogleich erschlaffte die Kraft des Moses, und er hatte keine Kraft zu reden".

C. Erst die Sünde gibt den Engeln Macht über die Menschen. Vgl. Text 36; 38.

Text 38

Ia. KohR 4, 1 § 3

Und glücklicher als beide (= die Lebenden und Toten) noch ist der, der noch gar nicht war, der das üble Treiben unter der Sonne nicht gesehen hat (Koh 4, 3). ... R. Jehoschua legt den Vers auf Israel aus, als sie am Berg Sinai standen. Als sie diese Tat[164] begangen hatten, ließ Moses kein Fleckchen vom Boden des Berges aus, auf dem er sich nicht niedergeworfen und im Gebet um Erbarmen für Israel gefleht hätte, aber er fand kein Gehör. Es gesellten sich nämlich fünf Engel des Schreckens *(mal'ᵃkhê ḥabbālāh)* zu ihm: Wut, Verderber, Vertilger, Zorn und Grimm. Sofort fürchtete sich Moses vor ihnen. Was tat er? Er berief sich auf das Werk[165] der Väter. Sofort rief er in Erinnerung und sagte: Gedenke des Abraham, Isaak und Israel, deiner Knechte (Ex 32, 13). Da antwortete der Heilige, er sei gepriesen: Moses, welche Forderungen können die Väter der Welt mir stellen[166]? Wollte ich es genau nehmen mit ihnen, hätte ich ihnen Forderungen zu stellen[167] ... (es folgen drei Schriftbeweise dafür). Als Moses aber [im Vers Ex 32, 13 fortfuhr und] sagte: Denen du

---

[161] Vgl. dagegen Text 32 (SchemR 28, 1): Erhöhung über die Engel.

[162] Im Sinne von „Würde".

[163] So auch PRE Kap. 45 S. 107 b.

[164] Die Errichtung des Goldenen Kalbes.

[165] Im Sinne von Verdienst *(zᵉkhût)*.

[166] *māh ješ lāhäm ʿālaj.*

[167] *'ᵃni ješ lî 'ᵃlêhäm.* D. h. ihr Verdienst ist keineswegs so groß, daß es auch noch für andere reicht; im Gegenteil, es reicht genaugenommen nicht einmal für sie selbst.

bei dir selbst geschworen hast um deines Namens willen[168], da wurde der Heilige, er sei gepriesen, voll Erbarmen, wie es heißt: Es gereute den Herrn des Unheils usw. [das er seinem Volk angedroht hatte] (Ex 32, 14). Sofort entfernten sich drei Engel des Schreckens von ihm, [nämlich] Wut, Verderber und Vertilger, und es blieben nur noch die zwei: Zorn und Grimm. Das ist es, was geschrieben steht: Denn mir graute vor dem Zorn und dem Grimm (Dt 9, 19). Er sprach vor ihm: Herr der Welt, kann ich vor diesen beiden bestehen? Übernimm[169] du den einen, und ich will den anderen übernehmen. Das ist es, was geschrieben steht: Steh auf, Herr, gegen[170] deinen Zorn usw. (Ps 7, 7). Und woher wissen wir, daß Moses vor dem anderen bestand, dem Engel „Grimm"? Weil es heißt: Er sprach, sie zu vernichten, hätte nicht Moses, sein Erwählter, in der Bresche vor ihm gestanden, um seinen Grimm zu wenden vom Vernichten (Ps 106, 23). ...

Tan *tiśśā'* § 20 (kürzer und mit einigen Varianten).

DebRL S. 87 f.; DebR 3, 11: R. Chijja b. Abba sagt: Als der Heilige, er sei gepriesen, zu Moses im Raqia sagte: Steh auf, steige hinab vom Berg (Dt 9, 12), hörten [dies] fünf Engel des Schreckens und wollten ihm Schaden zufügen. ...

I b. MidrTeh 7, 6

R. Schmuel b. Nachmani sagt: In der Stunde, als Moses zur Höhe emporstieg und Israel gesündigt hatte, gesellten sich fünf Engel des Schreckens zu ihm ... (weiter fast wörtlich wie KohR, aber:) Sofort entfernten sich drei Engel des Schreckens von Israel ... (Schluß mit Koh 4, 3).

Jalq Ps § 637 S. 885 bo (wie MidrTeh, aber: ... sofort entfernten sich drei Engel des Schreckens von ihm).

Jalq *'eqäb* § 853 S. 589 ao (als Zitat aus MidrTeh, aber: ... sofort entfernten sich drei Engel des Schreckens von ihm).

MidrTeh 18, 13 (verkürzt).

I c. TanBu *ki tiśśā'* § 13

... Geh, steige hinab (Ex 32, 7). In dieser Stunde wollte Moses hinabsteigen, traf aber auf Engel des Schreckens und fürchtete sich hinabzusteigen, wie geschrieben steht: ... (Dt 9, 19). Was tat er? Er ging hin und hielt sich am Thron [der Herrlichkeit] fest, wie es heißt: ... (Job 26, 9). Der Heilige, er sei gepriesen, schützte ihn und breitete vom Glanz seiner Schekhinah über ihn. Komm und sieh, was die Sünden bewirken: Gestern kämpfte Moses gegen [die Engel des Schreckens], jetzt aber fürchtet er sich vor ihnen: ... (Dt 9, 19). ... (weiter ähnlich wie I a). Darauf sprach der Heilige, er sei gepriesen: Geh, steig

---

[168] „Um deines Namens willen" fehlt im MT.

[169] *sebol* – wörtl.: trage!

[170] So im Sinne des Midraschs.

hinab (Ex ebd.). Es ist ein Abstieg[171] für dich. [Moses] fragte ihn: Warum? [Gott] antwortete: Weil dein Volk entartet ist (ebd.). ...

SchemR 41, 7 (fast wörtlich übereinstimmend).

II a. PRE Kap. 45 S. 108 b

Die Heilige, er sei gepriesen, sandte fünf Engel aus, ganz Israel zu verderben. Und diese sind es: Wut, Zorn, Grimm, Verderber und Zornesglut[172]. Dies hörte Moses, ging zu Abraham, Isaak und Jakob und sagte: Wenn ihr Kinder der zukünftigen Welt seid, stellt euch vor mich hin in dieser Stunde, denn eure Kinder sind hingegeben wie Schafe zur Schlachtung[173]. Die drei Väter stellten sich dort vor ihn hin. Moses sprach vor [Gott]: Herr aller Welten, hast du jenen nicht geschworen, ihren Samen zu vermehren, wie die Sterne des Himmels, wie es heißt: Gedenke des Abraham, Isaak und Israel usw. (Ex 32, 13)?! Durch das Verdienst der drei Väter wurden die drei Engel Wut, Zorn und Grimm von Israel ferngehalten und es blieben nur noch zwei übrig. Er sprach vor ihm: Herr der Welt, um des Schwures willen, den du ihnen geschworen hast, halte den Verderber zurück von Israel, wie es heißt: ... (Ex ebd.); und der Verderber wurde ferngehalten, wie es heißt: Er ist barmherzig, erläßt die Schuld und vertilgt nicht (Ps 78, 38). Dann sprach Moses vor ihm: Um des Schwures willen, den du mir geschworen hast, halte die Zornesglut zurück von Israel, wie es heißt: Kehre um von der Glut deines Zornes (Ex 32, 12) ...[174].

Jalq Ps § 637 S. 885 bm (nahezu wörtlich).

II b. SchemR 44, 8

Eine andere Erklärung zu: Gedenke des Abraham [Isaak und Israel ...] (Ex 32, 13). Was beabsichtigte Moses damit, die drei Väter in Erinnerung zu rufen? R. Aloni b. Tabri sagt im Namen des R. Jizchaq: Als [Israel] diese Tat begangen hatte, gingen fünf Engel des Schreckens aus, sie zu vernichten: der Zorn, der Grimm, die Wut, der Vertilger und der Verderber, wie geschrieben steht: ... (Dt 9, 19). [Moses] sprach: Herr der Welt, du stehst gegen einen und ich gegen einen. Du stehst gegen den Zorn, wie es heißt: ... (Ps 7, 7), und ich gegen den Grimm, wie es heißt: ... (Ps 106, 23). Der Heilige, er sei gepriesen, antwortete ihm: Siehe, ich stehe gegen einen und du gegen den anderen – was machst du aber mit den drei übrigen?! Da antwortete Moses: Siehe, die drei Väter werden gegen die [übrigen] drei stehen. Darum rief er sie in Erinnerung.

---

171 Im Sinne von Erniedrigung.

172 *ḥārôn*. Nur hier, vgl. die Parallelen.

173 Vgl. Jer 12, 3.

174 Es folgt eine Tradition, nach der Moses die „Zornesglut" nahm und in der Erde begrub. Vgl. dazu Hen. 10, 4 (die Bestrafung Asasels: Raphael gräbt in der Wüste Dudael ein Loch und wirft ihn hinein); ebd. V. 12; 2 Petr 2, 4; Jud 6.

A. Allen Versionen gemeinsam ist die Tradition von den fünf Engeln des Schreckens, die aber offensichtlich mit verschiedenen Motiven verknüpft und entsprechend den jeweiligen Bedürfnissen erweitert wurde.

In I a bietet KohR sicher nicht die ursprüngliche Textform dieser Version. Die Ableitung des Midraschs aus Koh 4, 3[175] ist ebenso suspekt wie die Überlieferung unter dem Namen R. Jehoschua (b. Levis?); ob deswegen mit MidrTeh (I b) R. Schmuel b. Nachmani[176] als Tradent glaubwürdiger ist, sei dahingestellt. Die Tradition von der Fürbitte des Moses für Israel (nur in KohR und Tan) wird ein eigener Midrasch sein und nicht hierhergehören; sie paßt eher zur in II überlieferten Version.

I b stimmt fast wörtlich mit KohR überein, ist aber deutlich von II beeinflußt. Die Bemerkung, daß sich die drei Engel des Schreckens von Israel entfernten, paßt nicht in den Kontext und wird von II übernommen sein[177].

I c ist literarisch ohne Zweifel die jüngste Fassung des Midraschs. Neben dem Midrasch von den fünf Engeln des Schreckens ist der Midrasch zu Job 26, 9[178] und der Midrasch von der Erniedrigung des Moses wegen der Sünde Israels[179] zu unterscheiden.

II a und b unterscheiden sich vorwiegend im Aufbau und im Stil (SchemR ein typischer Auslegungsmidrasch, PRE dagegen breit paraphrasierend). Der Überlieferung im Namen R. Jizchaqs in II b könnte deswegen einiges Gewicht zukommen, weil in Text 36 (SchemR 42, 4) die Bedrohung Moses' durch die Engel ebenfalls im Namen R. Jizchaqs tradiert wird.

Vergleicht man I und II miteinander, ist zu erwägen, ob nicht II die ursprüngliche Version des Midraschs ist. I enthält zu viele Elemente, die sich mit einer Bedrohung des Moses nicht vereinbaren lassen, während II einen einheitlichen und klar erkennbaren Gedankengang bietet. Es wäre also möglich, daß ein (vorgegebener) Midrasch von der Bedrohung Israels durch die fünf Engel sekundär auf Moses bezogen (bzw. mit einer ebenfalls vorgegebenen Tradition von der Bedrohung Moses' durch die Engel verknüpft) wurde und so die in I vorliegende Mischform entstand.

B. Der wesentliche Unterschied zwischen I und II ist die Tatsache, daß die fünf Engel des Schreckens einmal Moses (I) und einmal Israel (II) bedrohen. Der Grund für diese Bedrohung ist in beiden Versionen derselbe: die Errichtung des Goldenen Kalbes. Obwohl diese beiden Traditionen zunächst zu unterscheiden sind, zeigen die verschiedenen Mischformen des Midraschs doch, daß sie

---

[175] Sie könnte aus MidrTeh übernommen sein, wo der Midrasch mit Koh 4, 3 schließt.

[176] pA 3, um 260.

[177] Sie ist allerdings nach dem Schriftbeweis Ex 32, 14 konsequent, da Gott sich ja des Volkes erbarmt und nicht des Moses. Strenggenommen gehört schon dieser Schriftbeweis nicht zu I.

[178] Vgl. Text 29; 30; 36.

[179] Vgl. Text 37.

sachlich eng zusammengehören: die Sünde Israels gibt den Engeln Macht sowohl über Israel als auch über Moses (der ja zum Zeitpunkt der Sünde noch im Himmel ist). Dabei ist die Macht der Engel über Moses ohne Zweifel (wie in Text 37) die direkte Folge der Sünde Israels.

Woher die Tradition von den fünf Engeln des Schreckens genommen ist – die Namen dieser fünf Engel werden in allen Versionen erstaunlich einheitlich überliefert[180] –, ist nicht mehr klar. Aus dem Schriftbeweis Dt 9, 19 ergeben sich nur die Namen „Zorn“ und „Grimm“, und es ist unwahrscheinlich, daß der ganze Midrasch aus diesem Bibelvers entwickelt wurde.

Die Errettung vor den Engeln verdankt Israel (bzw. Moses) vor allem dem Verdienst der Väter; es steht also ein Sakhut-Motiv im Vordergrund[181]. Dazu kommt allerdings das direkte Eingreifen Gottes, der einen Engel vertreibt, und sogar Moses' selbst, der den letzten Engel in die Flucht schlägt. Zu diesem letzten Motiv vgl. SchemR 43, 1: „Wem gleicht diese Sache? Einem König, der seinen Sohn richtete, und der Ankläger stand auf, ihn anzuklagen. Was tat der Erzieher des [Königs]sohnes? Als er sah, daß er schuldig gesprochen werden sollte, stieß er den Ankläger fort, warf ihn hinaus und trat an seine Stelle, um den Sohn zu verteidigen. So war es auch, als Israel das [Goldene] Kalb gemacht hatte. Der Satan trat auf und klagte drinnen[182] an, Moses aber stand draußen. Was tat Moses? Er stand auf, stieß den Satan fort, warf ihn hinaus und trat an seine Stelle, wie geschrieben steht: Er stand in der Bresche vor ihm (Ps 106, 23)“. Diese ausführliche Tradition läßt vermuten, daß es einen eigenen Auslegungsmidrasch zu Ps 106, 23 gegeben hat, auf den der oben vorgelegte Text zurückgeht[183].

C. Nach der Errichtung des Goldenen Kalbes gewinnen einige Engel (nicht allgemein die Engel, sondern „Engel des Schreckens“, eine bestimmte Gruppe von Engeln) Macht über Israel und Moses; vgl. Text 36 und 37. Gott selbst wendet sich gegen seine Engel.

Text 39

I a. TanBu *wā'erā'* § 9

... [Die Schrift ist die Schrift Gottes] eingegraben *(ḥārût)* auf die Tafeln (Ex 32, 16). Was heißt „eingegraben“ *(ḥārût)*? R. Jehuda sagt: Freiheit *(ḥêrût)* von den Königreichen. R. Nechemja sagt: Freiheit vom Todesengel. R. Pinchas ha-Kohen b. Chama i. N. des R. Jochanan i. N. des R. Elasar b. R. Jose ha-Glili sagt: Wenn der Todesengel kommt und zu mir (= Gott) spricht: Wozu wurde ich geschaffen?, werde ich ihm antworten: Als ich dich schuf, habe ich dich für die Völker der Welt geschaffen und nicht für meine Kinder! Warum? Weil ich

---

[180] Abweichungen nur in I c und II a.

[181] Vgl. auch Text 34 (SchemR 28, 1).

[182] Im Inneren des Kalbes? Vgl. Text 41.

[183] Vgl. auch MidrTeh 106, 6 S. 456; JalqPs § 864 S. 954 au.

sie zu Göttern[184] gemacht habe, wie es heißt: Ich sprach: Götter seid ihr und Söhne des Höchsten allesamt (Ps 82, 6). ...

Ähnlich TanBu Ergänzung zu P. *šelaḥ* § 1.

Ib. SchemR 51, 8

Dies sind die Verordnungen der Wohnung (Ex 38, 21). Was heißt „dies"? In der Stunde, da der Heilige, er sei gepriesen, Israel die Torah gab, war ihnen nicht bestimmt, daß der Todesengel über sie herrschen solle, wie es heißt: ... (Ex 32, 16). Was heißt *ḥārût*? (folgt die Auslegung R. Jehudas, R. Nechemjas und des R. Elieser b. R. Jose ha-Glili mit Varianten).

Ic. WaR 18, 3

... R. Jochanan i. N. des R. Elieser b. R. Jose ha-Glili sagt: In der Stunde, da Israel am Berg Sinai stand und sagte: Alles, was Gott geredet hat, werden wir tun und werden wir hören (Ex 24, 7), in eben dieser Stunde rief der Heilige, er sei gepriesen, den Todesengel und sprach zu ihm: Obwohl ich dich zum Kosmokrator über alle meine Geschöpfe gemacht habe, sollst du doch mit diesem Volk nichts zu schaffen haben! Warum? Weil sie meine Kinder sind! Das ist es, was geschrieben steht: Kinder seid ihr dem Herrn, eurem Gott (Dt 14, 1). ... Das ist es, was geschrieben steht: ... (Ex 32, 16). Lies nicht ... R. Jehuda sagt: ... R. Nechemja sagt: .... Unsere Lehrer sagen: Freiheit von den Züchtigungen ...

SchirR 8, 1 § 6 (fast wörtlich).

Id. SchemR 41, 7

Und die Tafeln sind das Werk Gottes (Ex 32, 16). R. Jehoschua b. Levi sagt: Jeden Tag geht eine Himmelsstimme vom Berge Horeb aus und sagt: Wehe den Geschöpfen wegen der Beleidigung der Torah, denn jeder, der sich nicht ständig mit der Torah befaßt, dem zürnt der Heilige, er sei gepriesen, wie es heißt: ... (Ex 32, 16). Was heißt *ḥārût*? (folgen die Aussprüche R. Jehudas, R. Nechemjas, unserer Lehrer und R. Elasars mit Varianten).

TanBu *kî tiššāʾ* § 12 (fast wörtlich).
Tan *tiššāʾ* § 16 (nahezu wörtlich, aber etwas erweitert).

Ie. BamR 10, 8

... Dort heißt es: Glücklich das Land, dessen König ein Freier ist (Koh 10, 17). Wann ist ein Land glücklich? Wenn sein König sich mit der Torah be-

---

[184] „Engel" im Sinne des Midraschs und des nachfolgenden Schriftbeweises, s. unten.

schäftigt, wie es heißt: ... (Ex 32, 16). Lies nicht *ḥārût*, sondern *ḥêrût* – denn nur der ist frei, der sich mit dem Studium der Torah befaßt.

ARN Vers. A Kap. 2 S. 10: ... Jeder, der sich mit der Torah beschäftigt, der ist wirklich frei.

II a. SchemR 32, 1

Siehe, ich sende einen Engel (Ex 23, 20). Das ist es, was geschrieben steht: Ich sprach: Götter seid ihr (Ps 82, 6). Hätte Israel auf Moses gewartet und diese Tat[185] nicht begangen, hätte es keine Exile gegeben und würde der Todesengel nicht über sie herrschen. Darum heißt es auch: ... (Ex 32, 16). Was heißt *ḥārût*? (folgt die Auslegung R. Jehudas und R. Nechemjas). In der Stunde, da Israel sagte: ... (Ex 24, 7), sprach der Heilige, er sei gepriesen: Dem ersten Menschen habe ich [nur] ein Gebot aufgetragen, daß er es halte, und ihn den Dienstengeln gleich gemacht, wie es heißt: Siehe, Adam[186] war wie einer von uns (Gen 3, 22). Jene (Israel) aber, die 613 Gebote außer dem Allgemeinen *(kᵉlālîm)*, Besonderen *(pᵉrāṭîm)* und Speziellen *(diqdûqîm)* halten – ist es nicht billig, daß sie leben und bestehen in Ewigkeit?! Und so heißt es auch: Von Matana[187] nach Nachaliel (Nu 21, 19) – sie erbten *(nāḥᵃlû)* nämlich vom Heiligen, er sei gepriesen, daß sie leben und bestehen sollten in Ewigkeit. Als sie aber sagten: Dies sind deine Götter, Israel (Ex 32, 4), da kam der Tod über sie. Der Heilige, er sei gepriesen, sprach: Nach der Weise des ersten Menschen seid ihr gegangen, der nicht drei Stunden in der Versuchung bestand und über den nach neun Stunden der Tod verhängt wurde. Ich sprach: Götter seid ihr (Ps 82, 6), aber ihr seid nach den Eigenschaften des ersten Menschen gegangen – deswegen werdet ihr wie Adam[186] sterben (Ps 82, 7). ...

SEZ S. 16 (im ganzen kürzer, aber mit ausführlicherer Auslegung von Nu 21, 19).

II b. BamR 16, 24

(Schriftanschluß Nu 14, 11) ... Was tat der Heilige, er sei gepriesen, bei der Gabe der Torah? Er ließ den Todesengel herbeibringen und sprach zu ihm: Die ganze Welt ist in deiner Gewalt mit Ausnahme dieses Volkes, das ich mir erwählt habe. R. Elasar b. R. Jose ha-Glili sagt: ... Siehe den Ratschluß, den der Heilige, er sei gepriesen, über sie gefaßt hat, daß sie leben und bestehen sollten, wie es heißt: Ihr aber, die ihr anhangt dem Herrn, eurem Gott, usw. [ihr alle lebt heute] (Dt 4, 4). Und weiter heißt es: ... (Ex 32, 16). Was bedeutet *ḥārût*? (folgt die Auslegung R. Jehudas, R. Nechemjas und Rabbis). Seht den Ratschluß, den der Heilige, er sei gepriesen, über sie gefaßt hat! Sie aber

---

[185] Die Errichtung des Goldenen Kalbes.

[186] So im Sinne des Midraschs.

[187] Vom Midrasch als „Geschenk, Gabe" (der Torah) verstanden.

verdarben diesen Ratschluß nach 40 Tagen[188]. Deswegen steht geschrieben: All meinen Rat habt ihr verworfen (Spr 1, 25). Der Heilige, er sei gepriesen, sprach zu ihnen: Ich habe gesagt, daß ihr nicht sündigen und leben und bestehen würdet wie ich, so wie ich lebe und bestehe in alle Ewigkeit: ... (Ps 82, 6) – wie die Dienstengel, die nicht sterben. Ihr aber wolltet nach dieser Größe sterben: ... (ebd. V. 7) (usw., Vergleich Israel-Adam, etwas ausführlicher als in II a, Schluß mit Spr 1, 25).

TanBu Erg. zu P. *šelaḥ* § 2 (ebenfalls im Anschluß an Nu 14, 11 und mit abschließendem Zitat aus Spr 1, 25, aber ohne den ganzen ersten Teil, den Midrasch R. Elasars etc.).

Tan *šelaḥ* § 13 (fast wörtlich, aber nur die erste Hälfte, bis zum Zitat von Spr 1, 25).

II c. Tan *ʿeqäb* § 8

(Schriftanschluß Jer 2, 20) ... (Ex 32, 16) – Freiheit vom Todesengel. R. Nechemja sagt: ... Rab sagt: Freiheit von den Züchtigungen. Sie waren nämlich wie die Dienstengel, wie es heißt: ... (Ps 82, 6). Als sie aber diese Tat begingen, heißt es: ... (ebd. V. 7).

BatMidr I, S. 175.

II d. PRE Kap. 47 S. 112 a f.

... Alle Tage, bevor sie diese Tat begingen, waren sie vor dem Heiligen, er sei gepriesen, besser als die Dienstengel[189], der Todesengel herrschte nicht über sie und sie verrichteten keine Notdurft *(lo' hājû jôṣeʾîn leniqbêhäm)* wie die Menschen. Als sie aber diese Tat begingen, zürnte ihnen der Heilige, er sei gepriesen, und sprach zu ihnen: Ich hatte gedacht, ihr würdet vor mir sein wie die Dienstengel, wie es heißt: ... (Ps 82, 6). Aber jetzt: ... (ebd. V. 7). ...

Vgl. auch b Jom 75 b; BamR 7, 4; PRE Kap. 41 S. 98 a.

A. Allen Versionen gemeinsam ist die Kontroverse zwischen R. Jehuda und R. Nechemja um die Auslegung von Ex 32, 16; man wird voraussetzen dürfen, daß diese Kontroverse der Kern unseres Midraschs war, um den sich dann verschiedene Traditionen gruppierten. Da kein Grund besteht, an der Autorschaft R. Jehudas und R. Nechemjas zu zweifeln (beide disputieren häufig miteinander), ist die Kontroverse relativ alt[190]. Es läßt sich aber schon nicht mehr sicher erschließen, welche Meinung R. Jehuda und welche Meinung R. Nechemja vertrat. Statistisch gesehen ist die Deutung von Ex 32, 16 auf den Todesengel

---

[188] 40 Tage, nachdem Moses zum Himmel emporgestiegen war, errichteten sie das Goldene Kalb, vgl. Text 40.

[189] Nach den von Friedlander für seine Übersetzung benutzten Hss ist zu lesen: „sie waren so gut wie die Dienstengel", s. Friedlander S. 367 mit Anm. 6.

[190] R. Jehuda und R. Nechemja sind beide Tannaiten der 3. Generation, um 150.

zweimal[191] im Namen R. Jehudas und fünfmal im Namen R. Nechemjas überliefert und umgekehrt die Deutung auf die Exile/Königreiche[192] fünfmal im Namen R. Jehudas und zweimal im Namen R. Nechemjas. Die naheliegende Folgerung, daß R. Jehuda Ex 32, 16 auf die Exile/Königreiche bezog und R. Nechemja auf den Todesengel, ist keineswegs schlüssig, solange nicht für alle Texte kritische Editionen vorliegen und sämtliche Hss ausgewertet wurden[193]; immerhin bezeugt der in seiner Endredaktion wohl älteste Text (WaR, I c) das Gegenteil.

Ebenso ist nicht mehr auszumachen, ob wir es ursprünglich nur mit einer Kontroverse zwischen R. Jehuda und R. Nechemja zu tun haben und die dritte Deutung erst später hinzugefügt wurde, oder ob die Erklärung „unserer Lehrer" (I c und d) bzw. Rabbis (II b) und Rabs (II c)[194] immer schon zur Kontroverse um Ex 32, 16 gehörte. Da immerhin in I a, I b und II a das dritte Glied fehlt, ist die Möglichkeit nicht auszuschließen, daß eine zunächst zweigliedrige Kontroverse zwischen R. Jehuda und R. Nechemja sekundär um eine dritte Deutung erweitert wurde (obwohl auch dagegen wieder die Überlieferung von I c spricht).

Der Midrasch des R. Elieser b. R. Jose ha-Glili gehört zwar nicht formal, aber doch sachlich und auch redaktionell eng zur Kontroverse R. Jehudas und R. Nechemjas (und „unserer Lehrer"). Er ist ein direkter Beitrag zur Deutung von Ex 32, 16 auf den Todesengel und wird – soweit ich sehe – auch nicht selbständig überliefert[195]. Welche Version dieses Midraschs allerdings die ursprüngliche ist (I a, I b und I d sind sehr ähnlich; I c ist die am breitesten ausgeführte Version mit eigenem Schriftanschluß Ex 24, 7; II b wird sekundär sein), läßt sich kaum noch entscheiden. Einigermaßen wahrscheinlich ist nur, daß der ausschließlich in I a bezeugte Schriftbeweis Ps 82, 6 nicht ursprünglich ist, sondern aus einem eigenen Midrasch zu Ps 82, 6.7 genommen wurde (s. unter II).

Der Midrasch R. Jehoschua b. Levis in I d ist ein selbständiger Midrasch; er hat mit der Kontroverse zwischen R. Jehuda und R. Nechemja direkt nichts zu tun. Auch I e ist ganz selbständig und hat offenbar nur die Deutung von *ḥêrût* = Freiheit aus der ursprünglichen Kontroverse übernommen.

Die unter II zusammengefaßten Versionen gestalten den Midrasch von R. Jehuda und R. Nechemja etc. weiter aus und bringen ihn in Zusammenhang mit Ps 82, 6.7. Mit Sicherheit war die Auslegung von Ps 82, 6 f. ursprünglich ein

---

191 In II c fehlt der Name R. Jehudas wohl nur zufällig.

192 Der Unterschied ist unwesentlich.

193 Gerade in SchemR, BamR und Tan ist die Textüberlieferung sehr schlecht.

194 Die Zuschreibung dieser Erklärung an Rab bzw. Rabbi ist mit großer Wahrscheinlichkeit sekundär.

195 Auch zeitlich paßt er zur Kontroverse zwischen R. Jehuda und R. Nechemja. R. Elieser (einige Texte: Elasar), der Sohn des R. Jose ha-Glili, ist ebenfalls ein Tannait der 3. Generation.

selbständiger Midrasch[196] und wurde in den übersetzten Texten sekundär mit der Kontroverse zwischen R. Jehuda und R. Nechemja verknüpft. II a und II b haben darüberhinaus noch den Midrasch zu Gen 3, 22 eingearbeitet, der an anderer Stelle (und sicher ursprünglich) von R. Pappos überliefert wird[197].

B. 1. Die Kontroverse zwischen R. Jehuda und R. Nechemja etc.: Alle Erklärungen gehen davon aus, daß in Ex 32, 16 nicht *ḥārût* (eingegraben), sondern *ḥêrût* (Freiheit) zu lesen ist (al-tiqri-Midrasch). Uneinigkeit besteht nur in der Frage, worauf die „Freiheit" zu beziehen ist: Freiheit vom Todesengel, von den Königreichen/Exilen oder von den Züchtigungen? Die beiden letztgenannten Auslegungen sind sachlich nahezu identisch, denn mit den „Züchtigungen" sind vermutlich eben die Folgen gemeint, die sich aus der Bedrückung durch die Fremdherrschaft ergeben. Der Sinn dieser Erklärungen wäre dann: Die Annahme der Torah durch Israel (dies ist der Kontext in allen Versionen) brachte – und bringt zweifellos auch in der Gegenwart – die Freiheit Israels von Unterdrückung und Fremdherrschaft mit sich; die Torah hat letztlich auch eine politische Bedeutung. Die dritte Auslegung (Freiheit vom Todesengel) geht noch einen Schritt weiter: Die Annahme der Torah gibt dem Todesengel keine Gewalt über Israel. Was damit gemeint ist, führt der Midrasch nicht weiter aus. Die Vermutung hat jedoch einiges für sich, daß R. Nechemja (?) nicht nur an die einmalige historische Situation am Sinai, sondern auch an die ständige Überwindung der Sünde (und damit letztlich des Todes) durch die Torah denkt[198].

2. Der Midrasch R. Eliesers besagt sachlich dasselbe wie die Auslegung R. Nechemjas (?). Der Todesengel wurde zwar von Gott über Leben und Tod aller Geschöpfe gesetzt (I c verwendet ein griechisches Lehnwort: Kosmokrator – Weltbeherrscher), er hat aber über Israel keine Gewalt. Auch hier ist der Kontext die Annahme der Torah durch Israel (besonders deutlich in I c mit dem Schriftanschluß Ex 24, 7).

3. I e hat einen deutlich homiletischen Akzent. Gemeint ist hier ganz offensichtlich die Freiheit, die sich in der Gegenwart aus der Beschäftigung mit der Torah ergibt: nur das Studium der Torah verleiht wirkliche und echte Freiheit. Welcher Art diese Freiheit ist (Freiheit wovon) wird nicht gesagt; es ist aber auf dem Hintergrund der Kontroverse zwischen R. Jehuda und R. Nechemja (auf die mit dem „lies nicht ..." deutlich angespielt wird) wahrscheinlich, daß die Freiheit von der Fremdherrschaft bzw. vom Todesengel gemeint ist.

Auch der Midrasch R. Jehoschua b. Levis (I d) hat eine homiletische Tendenz: Die Torah wurde von Gott selbst geschrieben. Deswegen ist es eine

---

[196] Vgl. Mech S. 237; b AbZa 5 a; JalqPs § 831 S. 938 bo: „R. Jose (ha-Glili, der Vater R. Eliesers?) sagt: Nur um der Bedingung willen, daß der Todesengel nicht über sie herrsche, stand Israel am Berg Sinai, wie es heißt: ... (Ps 82, 6 f.)".

[197] Vgl. Text 2 (Mech S. 112).

[198] Vgl. Text 58–60.

Beleidigung der Torah (und das heißt auch: eine Beleidigung Gottes), wenn Israel sich nicht mit der Torah befaßt.

4. Der Midrasch zu Ps 82, 6.7: II a ist ein homiletischer Midrasch zu Ex 23, 20 in Verbindung mit Ps 82, 6 f. Die zugrundeliegende Frage lautet: Was heißt *'ᵃlohîm* in Ps 82, 6? Der Midrasch versteht – wie auch sonst häufig in der rabbinischen Literatur [199] – *'ᵃlohîm* als „Engel". Israel war, als es die Torah annahm, den Engeln gleichgestellt[200], nämlich unsterblich. Die Bedeutung dieser Aussage wird durch einen Vergleich mit Adam[201] verstärkt: Adam sollte nur ein Gebot halten (nämlich nicht vom Baum des Lebens essen), und wurde mit Unsterblichkeit belohnt und „den Dienstengeln gleich gemacht"; Israel dagegen ist bereit, alle 613 Gebote der Torah zu halten – um wieviel mehr kommt ihm dieser Lohn zu! Als Israel aber das Goldene Kalb errichtete und somit (wie Adam) sündigte, wurde es (wie Adam) bestraft[202]. Ps 82, 6.7 gibt also nach dem Verständnis des Midraschs in zwei Versen einen wichtigen Teil der Geschichte Israels wieder: Annahme der Torah und Erhöhung zu den Engeln; Sünde mit dem Goldenen Kalb und Erniedrigung wie Adam.

II b ist ein homiletischer Midrasch zu Nu 14, 11 in Verbindung mit Spr 1, 25. Sachlich fügt er der Auslegung in II a nichts Neues hinzu, gewinnt aber durch die Kombination mit Spr 1, 25 eine homiletische Tendenz, die in II a fehlt.

II c ist einem homiletischen Midrasch zu Dt 10, 1 in Verbindung mit Jer 2, 20 entnommen. Das Zerbrechen des Joches von Jer 2, 20 (im MT ist das Joch Gottes bzw. der Torah gemeint) wird auf die Befreiung vom Joch des Todesengels gedeutet; der Interpretation von Ps 82, 6 f. fügt der Midrasch keinen neuen Gesichtspunkt hinzu.

II d ist eine eigenständige Bearbeitung des Auslegungsmidraschs zu Ps 82, 6 f. Hier ist die Angleichung des Menschen an die Engel am radikalsten ausgesprochen: Israel war nach der Annahme der Torah nicht nur sündenlos und unsterblich, sondern legte auch alle menschlichen Eigenschaften ab. Die im Midrasch implizierte Aussage wäre möglicherweise die, daß nicht die Menschen mit ihren erbärmlichen und erniedrigenden Eigenschaften der Torah würdig sind, sondern nur die Engel[203].

---

[199] Vgl. MHG Gen S. 94 zu Gen 3, 5 (mit TO und TPsJ z. St.): *'ᵃlohîm* = Engel; Text 16 zu Gen 6, 2: *bᵉnê 'ᵃlohîm* = Dienstengel; MHG Gen S. 550 zu Gen 31, 24 (mit TPsJ z. St.): *'ᵃlohîm* = Michael; BerR 78, 3 zu Gen 32, 29 (mit TPsJ z. St.): *'ᵃlohîm* = Engel; Text 48 zu Job 38, 7 (mit TJ z. St.; vgl auch schon LXX): *bᵉnê 'ᵃlohîm* = Dienstengel.

[200] So auch TJ *(kᵉmal'ᵃkhajjā')* und Raschi z. St. Ibn Esra deutet das *bᵉnê 'äljôn* im Psalmvers als *kᵉmal'ākhîm*.

[201] Dieser Vergleich wurde offensichtlich durch den folgenden V. 7 assoziiert.

[202] Der Midrasch erwähnt die Errichtung des Goldenen Kalbes nur indirekt durch das Zitat Ex 32, 4 (das sind deine G ö t t e r , Israel) und spielt damit sehr geschickt auf das „ G ö t t e r seid ihr" von Ps 82, 6 an.

[203] Vgl. auch Text 26 (S. 119 ff.).

C. Für die Frage nach dem Verhältnis zwischen Engeln und Menschen ergeben sich aus der Analyse der vorgelegten Midraschim zwei voneinander zu unterscheidende Traditionen:

1. Die Annahme der Torah durch Israel befreite Israel von der Herrschaft des Todesengels. Der Todesengel hat zwar grundsätzlich Macht über alle Menschen – und diese Macht wird von den Rabbinen sehr konkret und real verstanden –, nicht aber über das erwählte Volk Gottes. Die Torah, nach der sich nach Auffassung mancher Rabbinen gerade die Engel sehnten[204], beschränkt also die Macht des sonst allmächtigen Todesengels.

2. Eine Weiterführung dieser Tradition ist die Vorstellung, daß Israel durch die Annahme der Torah den Engeln gleich wurde. Dieser Gedanke liegt zwar nahe (Unsterblichkeit ist schließlich das wesentliche Kennzeichen der Engel), er ist aber doch wohl mehr als nur die logische Konsequenz aus der Auslegung R. Nechemjas (?). Die unter II zusammengestellten Midraschim gehen alle davon aus, daß Israel eigentlich wie die Engel sein sollte und nur durch die Sünde mit dem Goldenen Kalb wieder zu „bloßen" Menschen wurde. Der Verdacht läßt sich nicht von der Hand weisen, daß diese Vorstellung von leibfeindlichen (gnostischen?, vgl. besonders II c!) Gedanken beeinflußt ist, die kaum von der Mehrzahl der Rabbinen gebilligt wurden.

Text 40

I. b Schab 89a Ende

Ferner sagt R. Jehoschua b. Levi: Es steht geschrieben: Und das Volk sah, daß Moses verzog [vom Berg herabzukommen] (Ex 32, 1). Lies nicht *bôšeš* (verzog), sondern *bāʾû šeš* (die sechs sind vorüber). Als nämlich Moses zur Höhe emporstieg, sprach er zu Israel: Nach Ablauf von 40 Tagen, zu Beginn der [ersten] sechs Stunden, komme ich zurück. Nach Ablauf der 40 Tage kam der Satan und brachte Verwirrung in die Welt. Er sprach zu ihnen: Wo ist euer Meister Moses? Sie antworteten ihm: Er ist zur Höhe emporgestiegen. Darauf sprach er zu ihnen: Die sechs [Stunden] sind ja bereits vorüber! Sie aber beachteten ihn nicht. – Er ist gestorben! – Sie aber beachteten ihn nicht. Da zeigte er ihnen das Bild seiner Bahre. Deshalb sagten sie zu Aaron: Denn d i e s e r ist der Mann Moses (ebd.).

Tan *tiśśāʾ* § 19: Und manche sagen, daß der Satan aufstand und ihnen vom Berg das Bild seiner Bahre zeigte, wie geschrieben steht: ... (Ex 32, 1).

II. TanBu *kî tiśśāʾ* § 13

Und das Volk sah, daß Moses verzog [vom Berg herabzukommen] (Ex 32, 1). Was heißt *bôšeš*? Die sechs Stunden sind vergangen, und Moses ist [noch] nicht herabgestiegen. Moses hatte nämlich mit ihnen vereinbart und zu ihnen gesagt: Nach 40 Tagen bringe ich euch die Torah. Als aber die [ersten]

---

[204] Oben Text 19 ff.

sechs Stunden [des 41. Tages] vergangen und er nicht herabgestiegen war, sofort: Und es versammelte sich das Volk gegen Aaron (ebd.). Unsere Lehrer haben gesagt: Der Satan kam und verwirrte die Welt. Er zeigte ihnen [jemanden] wie Moses[205], hängend von der Erde und seine Bahre in der Luft, und man zeigte mit dem Finger auf ihn und sagte: ... (ebd.).

BerR 18, 6 (die Erklärung des *bôšeš* als *bā'û šeš šā'ôt* im Namen des R. Laasar).

III. S c h e m R 41, 7

(Wie TanBu, aber:) Unsere Lehrer sagen: Der Satan hatte seine Gelegenheit *(māṣā' 'et jādāw)* in dieser Stunde, da man Moses schwebend zwischen Himmel und Erde sah, und man zeigte mit dem Finger auf ihn und sagte ... (Ex 32, 1).

A. Die Überlieferung des Midraschs ist nicht einheitlich. Wahrscheinlich haben wir es mit verschiedenen Traditionen zu tun, die sekundär zu einem Midrasch verarbeitet wurden. I bietet eine relativ glatte und einheitliche Komposition, aber II und III lassen deutlich erkennen, daß mindestens zwei verschiedene Midraschim zu unterscheiden sind, nämlich a) ein Midrasch zu Ex 32, 1, in dem der Satan wahrscheinlich ursprünglich keine Rolle spielte, und b) ein eigener Midrasch vom Betrug des Satans; a) ist anonym oder möglicherweise von R. Laasar (BerR), b) ist eine Tradition „unserer Lehrer", also ganz undatierbar. I bietet demnach kaum den ursprünglichen Text, sondern eine bereits harmonisierte Version; die Überlieferung unter dem Namen R. Jehoschua b. Levis ist ganz unzuverlässig, da der vorliegende Midrasch in b Schab der letzte in einer ganzen Reihe von Midraschim ist, die alle R. Jehoschua b. Levi zugeschrieben werden[206].

B. Die beiden (sekundär zusammengefaßten) Midraschim sind getrennt zu besprechen:

a) al-tiqri-Midrasch zu Ex 32, 1: lies nicht *bôšeš*, sondern *bā'û šeš (šā'ôt)*. Der Midrasch versucht, die Aufstellung des Goldenen Kalbes zu rechtfertigen. Das Volk wartete bis zur 6. Stunde des 41. Tages auf Moses; danach mußte es (mit guten Gründen) annehmen, daß Moses sein Versprechen nicht gehalten hatte. Israel ist also von einer Schuld weitgehend freizusprechen.

b) Auch dieser Midrasch versucht eine Rechtfertigung Israels. Er geht aber noch einen Schritt weiter als a), indem er die Schuld für die Errichtung des Goldenen Kalbes ausschließlich dem Satan anlastet. Die Anfertigung des Goldenen Kalbes geht nicht auf einen (mit a) durchaus verständlichen und

---

205 D. h. ein Trugbild.

206 Ein typisches Beispiel von „Midrasch-Kumulation". Gerade R. Jehoschua b. Levi hat sehr viele aggadische Midraschim an sich gezogen, die unmöglich alle von ihm stammen können; vgl. oben Text 26 mit Anm. 49.

begründeten) Entschluß Israels zurück, sondern auf einen Betrug des Satans; Israel ist ein unschuldiges Opfer des hinterlistigen Satans[207].

Der Betrug des Satans stellt sich in den einzelnen Versionen jeweils verschieden dar. Wahrscheinlich sind auch hier zwei Traditionen zusammengeflossen, die ursprünglich nicht zusammengehörten, nämlich 1. das Bild der Bahre (Satan spiegelt Israel vor, Moses sei tot und zeigt ihnen zum Beweis die Totenbahre) und 2. der zwischen Himmel und Erde hängende Moses[208]. Besonders diese letztere Tradition ist bemerkenswert. Die Vermutung liegt nahe, daß hier ein Zusammenhang mit den gefallenen Engeln besteht, die zur Strafe zwischen Himmel und Erde aufgehängt wurden. Vgl. DebR 11 Ende: Asa und Asael „... liebten die Töchter der Erde und verderbten ihren Weg auf der Erde, bis du sie aufhingst zwischen Erde und Raqia“[209]; „Schemchasai kehrte um in Buße und hing sich selbst auf zwischen Himmel [und Erde[210]] mit dem Kopf nach unten und mit den Füssen nach oben ...“[211]. Ist diese Vermutung richtig, hätte der Satan Israel vorgespiegelt, daß Moses wie die gefallenen Engel bestraft wurde: Die Engel kamen auf die Erde und wurden für diesen Frevel bestraft; Moses begab sich in den Himmel und wurde analog für seinen Frevel bestraft. Moses begab sich in den Himmel, um die Torah zu holen und scheiterte. Letztlich wäre also das Verlangen Israels nach der Torah ein Frevel wie das Verlangen der gefallenen Engel nach den Töchtern des Menschen!

C. Die Gabe der Torah an Moses erregt den Neid des Satans, der sogleich versucht, Israel zur Sünde zu verführen und damit den Beweis zu erbringen, daß Israel der Torah nicht würdig ist. Die Torah ist demnach das Unterpfand der besonderen Liebe Gottes zu Israel, die – in den Augen des Satans – nicht den Menschen, sondern ausschließlich den Engeln zukommt.

---

[207] Man kann den Unterschied zwischen den beiden Midraschim auch so formulieren, daß a) eine weitgehend rational begründete und b) eine legendarische Rechtfertigung gibt; a) ist deduzierbar und durch Kombination zu erschließen, b) dagegen nicht. Beide Arten der exegetischen Argumentation finden sich im aggadischen Midrasch, häufig direkt nebeneinander.

[208] I hat die Bahre, III dagegen den zwischen Himmel und Erde hängenden Moses; II ist sehr wahrscheinlich verderbt und vermischt beide Traditionen. Vielleicht ist (mit Jalq Gen, s. u.) statt *miṭṭātô: raglāw* zu lesen: Moses hängt zwischen Himmel und Erde mit dem Kopf nach unten und den Füßen oben.

[209] S. auch oben Text 13–15.

[210] So vermutlich zu ergänzen.

[211] Jalq Gen § 44 S. 24 bu = *Šemḥazāj wa'Azā'el,* BHM IV, S. 127 f., s. oben Text 14.

Text 41

PRE Kap. 45 S. 107b

R. Jehuda sagt: Der Satan[212] ging hinein [in das Goldene Kalb] und brüllte [von innen], um Israel in die Irre zu führen, wie es heißt: der Ochse[213] kennt seinen Eigentümer[214] (Jes 1, 3). Ganz Israel aber sah es (= das Goldene Kalb), küßte es, warf sich vor ihm nieder und opferte ihm ...

Vgl. auch TPsJ zu Ex 32, 1: ... da ging der Satan aus und verführte sie ...
Vgl. SchemR 43, 1 (o. S. 149); der Satan klagt Israel im Inneren des Goldenen Kalbes an.

A. Nur hier; eine genauere Datierung ist nicht möglich.

B. Vgl. Text 40. Der Satan brüllt aus dem Inneren des Goldenen Kalbes und täuscht Israel damit vor, daß das Kalb lebendig ist. Erst daraufhin verehrt Israel das Goldene Kalb als Gott. Möglicherweise (dies sei nur am Rande bemerkt) gehört das Dictum vom Satan, der in den Tagen des Nisan zwischen den Hörnern des schwarzen Ochsen springt[215] in diesen Zusammenhang[216].

C. Vgl. Text 40.

STIFTSZELT

Text 42

SchirR 8, 11 § 2

... Unsere Lehrer sagen: Das gleicht einem König, der seine Tochter ins Ausland verheiratete. Da sprachen die Bewohner des Landes zu ihm: Unser Herr König, es ist zu deinem Preis und ziemt sich, daß deine Tochter bei dir im Lande bleibe. Er antwortete ihnen: Und was geht es euch an? Sie sprachen zu ihm: Du könntest morgen zu ihr gehen und aus Liebe zu ihr[1] bei ihr und mit ihr wohnen wollen! Er antwortete ihnen: Meine Tochter verheirate ich ins Ausland, ich aber werde bei euch im Lande wohnen bleiben.

So sprachen in der Stunde, da der Heilige, er sei gepriesen, Israel die Torah geben wollte, die Dienstengel zum Heiligen, er sei gepriesen: Herr der Welt, mache groß deinen Preis, gib deinen Glanz über die Himmel (Ps 8, 2). Dein Preis ist es, dein Glanz, dein Lob, daß die Torah im Himmel bleibe. Er antwortete ihnen: Und was geht es euch an? Sie sprachen zu ihm: Du könntest morgen deine Schekhinah auf den Unteren ruhen lassen wollen! Da antwortete

---

[212] Friedlander, S. 355 (mit einigen Hss): Samael.
[213] Das Goldene Kalb nach dem Verständnis des Midraschs.
[214] Der Satan.
[215] b Ber 33 a; Pes 112 b.
[216] So auch Radal z. St.
[1] Wörtl.: um ihrer Liebe willen, d. h. die Liebe geht von der Tochter aus.

ihnen der Heilige, er sei gepriesen: Meine Torah gebe ich zu den Unteren, ich aber wohne bei den Oberen[2]. Ich gebe meine Tochter mit ihrem Ehevertrag in ein anderes Land, damit sie mit ihrem Gemahl wegen ihrer Schönheit und Anmut und weil sie die Tochter eines Königs ist, geehrt werde. Ich aber wohne mit euch in den oberen [Himmeln][3]. Und wer hat dies erklärt? Habakuk, denn es heißt: ... (Hab 3, 3). R. Simon i. N. des R. Jehoschua b. Levi sagt: Überall, wo der Heilige, er sei gepriesen, seine Torah ruhen ließ, dort ließ er auch seine Schekhinah ruhen. Und wer hat dies erklärt? David. Das ist es, was geschrieben steht: ... (Ps 148, 13). Zuerst [steht geschrieben]: Über der Erde, und dann [erst]: Über den Himmeln.

A. Zum Ganzen vgl. Goldberg, Schekhinah, Abschnitt 33. Der Midrasch hängt sowohl mit den Midraschim des vorangehenden Abschnittes eng zusammen als auch mit Text 43. Mit Text 26 hat er das Thema der Torah gemeinsam (Widerspruch der Engel gegen die Gabe der Torah), mit Text 43 das Thema der Schekhinah (Widerspruch gegen die Herabkunft der Schekhinah). So wie er hier vorliegt, wird der Midrasch eine sekundäre Bearbeitung der beiden vorgegebenen Themata sein.

B. Vgl. Text 26 und 43. Die eigene Aussage des Midraschs besteht in der Verknüpfung der beiden Motive von der Gabe der Torah und der Herabkunft der Schekhinah. Die Herabkunft der Schekhinah ist die direkte Folge der Gabe der Torah. Die Engel erkennen diesen engen Zusammenhang zwischen Torah und Schekhinah und protestieren deswegen gegen die Gabe der Torah an Israel; sie wissen, daß die Gabe der Torah nur der Anfang der Hinwendung Gottes zu Israel ist, der die „Wohngemeinschaft" Gottes mit seinem Volk notwendig folgen wird. Der Ausspruch R. Jehoschua b. Levis verschärft diese Konsequenz, indem er sie offensichtlich aktualisiert und auf die eigene Zeit bezieht: Überall, wo die Torah ist (und dies bedeutet wohl: beim Studium und in der Synagoge[4]), dort ist auch die Schekhinah gegenwärtig. Die Herabkunft der Schekhinah als Folge der Gabe der Torah an Israel war nicht nur ein einmaliges historisches Ereignis, sondern sie wiederholt sich in der Gegenwart beim Studium und bei der Lehre der Torah[5].

C. Widerspruch der Engel gegen die Gabe der Torah (vgl. Text 26) und die Herabkunft der Schekhinah ins Heiligtum (vgl. Text 43). Gott beruhigt die Engel nur scheinbar, in Wirklichkeit läßt er seine Schekhinah doch bei den Menschen wohnen; Polemik gegen die Engel („was geht es euch an"!).

---

[2] Den Engeln.

[3] *ʿäljônîm*. Es ist nicht immer mit Sicherheit zu entscheiden, ob „die Oberen" (= Engel) gemeint sind oder „die oberen [Himmel]". Hier trifft allerdings eindeutig letzteres zu.

[4] So auch Goldberg, Schekhinah, S. 68.

[5] Vgl. auch MidrTeh 91, 5 (ebd. 90, 19; BamR 12, 3 und Parallelen = Goldberg, Schekhinah, Abschnitt 34), wo ebenfalls ein direkter Zusammenhang zwischen Torah und Wohnung der Schekhinah vorausgesetzt ist.

Text 43

Ia. MidrTeh 8, 2 S. 75 f.

... Als der Heilige, er sei gepriesen, seine Schekhinah in der Wohnung ruhen lassen wollte, sprachen die Engel vor dem Heiligen, er sei gepriesen: Herr der Welt, ... (Ps 8, 5). R. Jehuda i. N. R. Aibos und R. Jehuda b. R. Simon sagten beide von demselben Vers: Die Könige der Heerscharen[6], sie werfen *(jiddodûn),* sie werfen[7] (Ps 68, 13). Zettelchen[8] warfen sie, wie es heißt: Und über mein Volk warfen sie *(jaddû)* das Los (Joel 4, 3). Der Heilige, er sei gepriesen, sprach zu ihnen: Bei eurem Leben, so tue ich! Die Himmel deckt sein Glanz, aber seines Preises ist die Erde voll (Hab 3, 3). Er sprach zu ihnen: Bei eurem Leben, die Schekhinah ist bei mir, wie es heißt: Aber seines Preises ist die Erde voll (Hab ebd.)[9]. Da sprachen die Engel zu ihm: Ist sie also nicht auf der Erde?! Da antwortete ihnen David: Dennoch sollst du wissen, daß es so ist[10], denn es heißt: Preiset den Herrn vom Himmel (Ps 148, 1); sein Glanz ist über Erde und Himmel (Ps 148, 13). Zuerst [steht]: „Über der Erde" und dann [erst]: „Über den Himmeln". Deshalb heißt es: ... (Ps 8, 2).

Jalq Ps § 640 S. 886 bo (verkürzt).

Ib. Tan *t^erûmāh* § 9

... Als die Dienstengel dies hörten, begannen sie und sprachen: Herr der Welt, warum verläßt du die Oberen und steigst hinab zu den Unteren? Herr, unser Gott, wie mächtig ist dein Name auf der ganzen Erde, mache groß deinen Preis, gib deinen Glanz über die Himmel[11] (Ps 8, 2), denn es ist zu deinem Preis, daß du im Hinmel bist. Der Heilige, er sei gepriesen, antwortete ihnen: Bei eurem Leben, so wie ihr zu mir gesagt habt, werde ich tun! Habakuk sagte: ... (Hab 3, 3) ... David aber sagte zu ihnen: Er spottet über euch, er gibt seinen Glanz über die Erde, wie es heißt: ... (Ps 148, 13). Der Heilige, er sei gepriesen, sprach zu ihnen: Was wundert ihr euch darüber? Seht, ich liebe die Unteren so sehr, daß ich hinabsteige und in Ziegenfellen wohne, wie es heißt: Du sollst Vorhänge aus Ziegenfellen machen (Ex 26, 7).

TanBu *t^erûmāh* § 8 (fast wörtlich, aber am Ende etwas verkürzt).

---

[6] Die Engel.

[7] So versteht der Midrasch das *jiddodûn* des MT; vgl. auch Text 20 (DebR 7, 9); Text 31, II und S. 144 Anm. 154 dagegen: sie weichen (diese Auslegung geht wahrscheinlich auf R. Aibo zurück).

[8] Beschwerdeschriften; d. h. sie protestierten, vgl. Jastrow, s. v. *ddj.*

[9] Während sein Glanz (= Schekhinah) im Himmel ist.

[10] Daß die Schekhinah auf der Erde ist.

[11] So im Sinne des Midraschs.

II a. PesR S. 20 b f.

Eine andere Erklärung: Es war [als Moses vollendet hatte, die Wohnung aufzurichten] (Nu 7, 1). Wer sagte „wehe“[12]? Die Engel sagten „wehe“! Sie sprachen: Jetzt verläßt der Heilige, er sei gepriesen, die Oberen, steigt hinab und wohnt bei den Unteren. Dennoch besänftigte der Heilige, er sei gepriesen, die Oberen und sprach zu ihnen: Bei eurem Leben, die Hauptsache[13] ist oben, wie geschrieben steht: ... (Hab 3, 3). R. Simon i. N. des R. Schimon i. N. des R. Jehoschua sagt: Der Heilige, er sei gepriesen, spottete über sie, als er sagte, daß die Hauptsache oben sei. Es steht nämlich geschrieben: ... (Ps 148, 13) ... Deswegen sagten die Engel „wehe“, als Moses vollendet hatte, die Wohnung aufzustellen (Nu 7, 1).

BamR 12, 7 (nahezu wörtlich, aber: R. Simon i. N. R. Jehoschua b. Levis).

II b. Tan *nāśo'* § 12

Eine andere Erklärung: ... (Nu 7, 1). „Wehe“ riefen die Dienstengel an dem Tage, da Moses vollendet hatte [die Wohnung aufzustellen]. Sie sprachen: Nun nimmt [Gott] seine Schekhinah von uns fort und läßt seine Herrlichkeit unten bei seinen Kindern ruhen. Da antwortete ihnen der Heilige, er sei gepriesen: Achtet nicht darauf, denn meine Schekhinah wird immer bei euch oben sein, wie es heißt: ... (Ps 8, 2). Doch mit leerem Trost tröstete er sie – wenn man so sagen dürfte *(kibjākhôl)* – denn im Gegenteil, die Hauptsache seiner Schekhinah ist unten, wie es heißt: ... (Ps 148, 13)[14].

A. Zum Ganzen vgl. Goldberg, Schekhinah, Abschnitt 32; Kuhn, Selbsterniedrigung, S. 44 mit Anm. 181. Allen Texten gemeinsam ist die antithetische Auslegung der Verse Hab 3, 3 und Ps 148, 13[15], sie unterscheiden sich jedoch durch den jeweiligen Schriftanschluß (I a: Ps 8, 5 und 68, 13; I b: Ps 8, 2; II a und b: Nu 7, 1). In I a scheint die Auslegung von Ps 68, 13 nicht ursprünglich zum Midrasch zu gehören, da das folgende „so tue ich“ in diesem Zusammenhang keinen Sinn ergibt[16]. Es ist zu erwägen, ob der ursprüngliche Schriftanschluß nicht wie in I b Ps 8, 2 war. Das „so wie ihr gesagt habt, werde ich tun“ ist dort als Antwort Gottes auf die Bitte der Engel („Gib deinen Glanz über die Himmel“) verständlich. I b ist von II a beeinflußt („er spottet über euch“); außerdem scheint der Schluß mit Ex 26, 7 eine spätere Ergänzung zu sein.

Die Frage, ob I oder II den Midrasch in seiner ursprünglichen Gestalt wiedergibt, ist nicht mehr zu entscheiden und wohl auch müßig. Es ist sehr gut

---

[12] Wortspiel. Der Midrasch versteht *wajehî* als *waj* (wehe).

[13] *hā-'iqqār*. Zur Bedeutung s. unten.

[14] Das Schriftzitat ist verderbt. Offensichtlich ist die Erklärung (vgl. die Parallelen) schon mit in das Zitat hineingenommen.

[15] Nur in II b fehlt Hab 3, 3, ist aber ohne Zweifel vorausgesetzt.

[16] So auch Buber, S. 76 Anm. 27.

möglich, daß der Kern des Midraschs sowohl im Zusammenhang mit Ps 8, 2.5 als auch mit Nu 7, 1 tradiert wurde[17].

B. Der Midrasch ist nur schwer verständlich. Die Schwierigkeit ergibt sich – wie Goldberg gezeigt hat[18] – vor allem daraus, daß die zugrundeliegende Fragestellung nicht mehr sicher zu ermitteln ist. Zunächst scheint es sich um eine Kontroverse über den Ort der Schekhinah zu handeln, die Frage nämlich, ob die Schekhinah im Himmel o d e r auf der Erde ist. So ist wohl die antithetische Gegenüberstellung von Hab 3, 3 (der Glanz = Schekhinah im Himmel; der Preis auf der Erde) und Ps 148, 13 (der Glanz = Schekhinah auf der Erde)[19] zu verstehen. Dagegen spricht aber, daß die Frage nach dem Ort der Schekhinah wohl niemals alternativ in dem Sinne beantwortet wurde, daß die Schekhinah entweder nur im Himmel oder nur auf der Erde sein konnte[20]. Die Verwendung des Terminus *ʿiqqār* (nur in II!) könnte deswegen darauf hindeuten, daß es sich in Wirklichkeit um eine Kontroverse darüber handelt, ob die Schekhinah z u e r s t im Himmel und dann auf der Erde war oder umgekehrt (zeitliche Reihenfolge)[21]. Doch ist dies nicht sehr wahrscheinlich, da der Wunsch der Engel, daß die Schekhinah im Himmel bleiben möge, im Rahmen einer solchen Kontroverse völlig unverständlich ist.

Man wird bei der Interpretation der Texte überhaupt vom Wunsch der Engel ausgehen und darin das zentrale Thema des Midraschs sehen müssen. Die Engel widersetzen sich der Absicht Gottes, seine Schekhinah im Stiftszelt ruhen zu lassen und verlangen, daß er bei ihnen wohnen bleibt. Gott kommt diesem Wunsche scheinbar nach, betrügt sie aber in Wirklichkeit (I b und II a: er spottete über sie; II b: mit leerem Trost tröstete er sie) und läßt die Schekhinah auf der Erde ruhen. Der Skopus des Midraschs ist also nicht so sehr die Frage nach dem Ort der Schekhinah (absolut oder zeitlich verstanden), sondern eine Polemik gegen die Engel. Die Herabkunft der Schekhinah ins Heiligtum bedeutete gleichzeitig einen Affront Gottes gegen seine Engel; die Hinwendung zu den Menschen bedingt eine Abkehr von den Engeln[22]. Im Blick auf diese

---

[17] Die Tatsache, daß II a den Midrasch wohl in der ältesten literarisch greifbaren Fassung bietet und daß II überhaupt besser überliefert ist als I, ist jedenfalls kein schlüssiges Argument für die Priorität von II.

[18] Schekhinah, S. 66 f.

[19] Sehr schön wird (nur) in I a auch das zweite Glied des Habakukverses (Preis auf der Erde) mit Ps 148, 1 (Preis vom Himmel) in die Antithese einbezogen.

[20] Vgl. Goldberg, Schekhinah, S. 478 f.

[21] Der Terminus „Wurzel (Hauptsache) der Schekhinah" bezeichnet sonst die Vorstellung, daß die Schekhinah ursprünglich auf Erden war und dann erst in den Himmel aufstieg; vgl. Goldberg, Schekhinah, S. 67 und Abschnitte 1 und 3.

[22] Vielleicht ist auch in den zahlreichen Midraschim, nach denen Gott die Oberen verließ (*ʾanî menîaḥ ʾet hā-ʿäljônîm* – ich lasse ab von den Oberen bzw. ich v e r l a s s e die Oberen), herabstieg und unter den Menschen Wohnung nahm, eine polemische Spitze gegen die Engel enthalten; vgl. vor allem: BamR 2, 6; Tan Nu § 13 (mit der Einschränkung „wenn man so sagen könnte"); Tan *tiśśāʾ* § 8; Tan Lev § 4 (mit der

gezielte polemische Absicht (der die Kontroverse über den Ort der Schekhinah nur als Folie dient) erübrigt sich eine Interpretation des Midraschs im Rahmen der theologischen Frage nach dem Ort der Schekhinah[23].

C. Widerspruch der Engel gegen die Herabkunft der Schekhinah ins Stiftszelt; Polemik gegen die Engel.

ISRAEL

Text 44

I. MidrTann S. 71

Söhne seid ihr dem Herrn, eurem Gott (Dt 14, 1)....

Die Kinder Israels werden Söhne genannt, wie es heißt: ... (Dt 14, 1); die Dienstengel werden Söhne genannt, wie es heißt: Es geschah aber eines Tages, daß die Söhne Gottes kamen und sich hinstellten vor den Herrn (Job 1, 6). Ich weiß aber nicht *('ênî jôde$^{a^c}$)*, welcher von ihnen geliebter *(ḥābîb)* ist. Da sagt die Schrift: Sprich zum Pharao. So spricht der Herr: Mein erstgeborener Sohn ist Israel (Ex 4, 22).

Israel wird Knechte genannt: Denn meine Knechte sind sie (Lev 25, 42); die Dienstengel werden ebenfalls Knechte genannt: Siehe seinen Knechten traut er nicht und an seinen Engeln nimmt er Anstoß (Job 4, 18). Ich weiß aber nicht, welcher von ihnen geliebter ist. Da sagt die Schrift: Denn mir sind die Söhne Israels Knechte (Lev 25, 55).

Israel wird Sänger genannt: Singt unserem Herrn, singet (Ps 47, 7); die Dienstengel werden ebenfalls Sänger genannt: Beim gemeinsamen Lobgesang der Morgensterne (Job 38, 7) – und danach [heißt es]: als alle Söhne Gottes jauchzten (ebd.). Ich weiß aber nicht, welcher von ihnen geliebter ist. Da sagt die Schrift: Lieblich unter den Liedern [ist das Lied] Israels[1] (2 Sa 23, 1).

Israel nennt den [Gottes]namen nach zwei Worten: Höre Israel, der Herr[2] ist unser Gott, der Herr ist einer (Dt 6, 4); die Dienstengel aber nennen den [Gottes]namen nach drei Worten: Einer rief es dem anderen zu und sprach: Heilig, heilig, heilig ist der Herr[3] (Jes 6, 3)....

Begründung: „wegen der Liebe Israels"); TanBu *b^{e}ḥuqqotaj* § 5 (mit homiletischer Tendenz: „wenn ihr meine Gebote haltet"); Tan *p^{e}qûdê* § 11; PRK S. 8.

[23] Vgl. dagegen die Vermutung Goldbergs (Schekhinah, S. 67), daß der Midrasch eine Kontroverse darüber enthielt, „ob die Schekhinah je in ihrer Herrlichkeit auf Erden war" bzw. „ob die Schekhinah schon einmal auf Erden gewesen ist".

[1] So im Sinne des Midraschs. Im MT: Der Liebliche (nämlich David) der Lieder Israels.

[2] Vor dem Gottesnamen stehen die beiden Worte „Höre Israel".

[3] Vor dem Gottesnamen steht das dreimalige „Heilig".

II. ARN Vers. B Kap. 43 S. 124

Israel wird Knechte genannt, wie es heißt: ... (Lev 25, 55); die Dienstengel werden ebenfalls Knechte genannt, wie es heißt: ... (Job 4, 18). Du weißt nicht, welcher von ihnen geliebter *(ḥābîb)* ist. Da die Schrift aber sagt: ... (Lev 25, 42) – Israel, ihr seid geliebter vor mir als die Dienstengel!

Israel wird Söhne genannt, wie es heißt: ... (Dt 14, 1); ... (Job 1, 6). Du weißt nicht, welcher von ihnen geliebter *('āhûb)* ist. ... (Ex 4, 22) – Israel, ihr seid geliebter vor mir als die Dienstengel!

Israel wird Könige genannt, ebenso auch die Dienstengel. Israel ... (Spr 8, 15); die Dienstengel ... (Ps 68, 13). Du weißt nicht, welcher von ihnen geehrter ist. Da die Schrift aber sagt: ... (Ex 19, 6) – Israel, ihr seid geehrter vor mir als die Dienstengel!

Israel wird Heerscharen genannt, ebenso auch die Dienstengel. Israel ... (Ex 12, 17); die Dienstengel ... (Ps 68, 13). Du weißt nicht, welcher von ihnen größer ist. Da die Schrift aber sagt: ... (Ex 7, 4) – Israel, ihr seid größer vor mir als die Dienstengel!

Israel wird Heilige genannt, ebenso auch die Dienstengel. Israel ... (Jer 2, 3); die Dienstengel ... (Dan 4, 14). Du weißt nicht, welcher von ihnen heiliger ist. Da die Schrift aber sagt: ... (Jer 2, 3) – Israel, ihr seid heiliger vor mir als die Dienstengel!

Israel singt [das Loblied] und die Dienstengel singen. Israel ... (Dt 6, 4); die Dienstengel ... (Job 38, 7). Du weißt nicht, welcher Preis preiswürdiger ist. Da die Schrift aber sagt: ... (2 Sa 23, 1) – das Preislied, das ihr vor mir singt, ist preiswürdiger als das der Dienstengel! Deswegen heißt es auch: ... (Ps 22, 4).

Vgl. auch Jalq *re'eh* § 890 S. 607 bm (Zitat aus dem Jelammedenu. Stichworte: Engel, Heilige, Stehende, Götter, Söhne. Wahrscheinlich die späteste literarische Fassung des Textes).

III. PRE Kap. 22 S. 51 a

R. Jehoschua b. Qorcha[4] sagt: Israel wird Söhne Gottes genannt, wie es heißt: ... (Dt 14, 1). Ebenso werden die Engel Söhne Gottes genannt, wie es heißt: ... (Job 38, 7). Jene aber wurden Söhne Gottes genannt, nur solange sie am Ort ihrer Heiligkeit, im Himmel, waren, wie es heißt: Und auch danach, als die Söhne Gottes [zu den Töchtern des Menschen] kamen [... diese wurden[5] die Helden, die von Ewigkeit sind, Männer von Namen] (Gen 6, 4).

A. Der Midrasch hatte kaum jemals eine einheitliche Form. Tradiert wurden wahrscheinlich nur bestimmte Verse, die beliebig erweitert werden konnten. Die anonyme Überlieferung und formale Kriterien (z. B. *'ênî jôde$^{a'}$)* sprechen allerdings für ein relativ hohes Alter des Midraschs.

---

[4] „b. Qorcha" fehlt in den Hss (Friedlander, S. 161 Anm. 5).
[5] So im Sinne des Midraschs.

In I ist der Schluß („Israel nennt den Gottesnamen nach zwei Worten" etc.) mit großer Wahrscheinlichkeit sekundär. Er wird an anderer Stelle selbständig überliefert[6] und paßt auch stilistisch nicht hierher.

I und II sind in verschiedenen Punkten identisch: die Schriftbeweise zum Stichwort „Söhne" stimmen wörtlich überein; ebenso die Schriftbeweise zum Stichwort „Knechte" (nur vertauscht). Beim Stichwort „Sänger" sind die Bibelverse bis auf den Schriftbeweis für Israel identisch. Darüberhinaus läßt II aber deutlich Spuren einer späteren literarischen Bearbeitung erkennen. Das Stichwort „Heerscharen" ist ohne Zweifel aus Ps 68, 13 (zum Stichwort „Könige") entwickelt. Außerdem begnügt sich II nicht mit der einfachen Gegenüberstellung der Schriftbeweise, sondern variiert das Thema des Midraschs (wer von beiden ist geliebter?) sehr kunstvoll und paßt es dem jeweiligen Stichwort an: Knechte – geliebter *(ḥābîb);* Söhne – geliebter *('āhûb);* Könige – geehrter; Heerscharen – größer; Heilige – heiliger; Sänger – preiswürdiger[7].

III ist eine eigenständige Bearbeitung des Midraschs.

B. Thema des Midraschs ist das Verhältnis der Engel und Israels zu Gott, d. h. konkret die Frage, wen Gott mehr liebt – Israel oder die Engel. Diese Frage wird in allen Versionen gleich beantwortet: Israel ist geliebter vor Gott (und mit der Erweiterung in II auch geehrter, größer, heiliger und preiswürdiger) als die Engel; die Hoheitstitel „Knecht", „Sohn", „König", „Sänger" etc. kommen in Wirklichkeit nur Israel zu und nicht den Engeln. Dies ist die direkte Aussage des Midraschs. Indirekt erschließen läßt sich (und dies macht den Midrasch besonders interessant), daß die Rabbinen offenbar relativ früh in den Engeln Rivalen sahen, die mit Israel um die Liebe Gottes wetteiferten bzw. (schärfer formuliert) die das Liebesverhältnis zwischen Gott und Israel störten. Die Liebe Gottes verstand man demnach so exklusiv, daß man keinen Rivalen neben sich duldete, nicht einmal die Engel.

III verknüpft mit dem (vorgegebenen) Midrasch die Tradition vom Fall der Engel[8]. Israel und die Engel sind „Söhne Gottes", grundsätzlich also gleich. Als die Engel sich aber auf die Erde begaben und mit den Töchtern des Menschen sündigten, verloren sie diesen Status[9]. Die Überlegenheit Israels resultiert also nach dem Verständnis von PRE aus der Sünde der Engel[10].

---

[6] Vgl. Text 46.

[7] Diese Beobachtung geht von der (an sich völlig unbeweisbaren und wohl selten zutreffenden) Voraussetzung aus, daß die einfache Form eines Textes die primäre ist. In diesem Fall wird man allerdings annehmen dürfen, daß der kunstvolle Text in II ein späteres literarisches Stadium widerspiegelt als I.

[8] Vgl. Text 12–16 und Anm. 10 in der Einleitung.

[9] Sie sind – nach dem Verständnis des Midraschs – keine Söhne Gottes mehr, sondern nur noch „Helden", vgl. auch Radal z. St.

[10] Möglicherweise impliziert der Midrasch sogar, daß die Israeliten (im Gegensatz zu den Engeln) auch noch „Söhne Gottes" genannt werden und bleiben, wenn sie gesündigt haben.

Text 45

M H G N u S. 260 f.

R. Berekhja sagt: Siehe, es steht geschrieben: [Mache dir Schnüre] an den vier Flügeln[11] deines Gewandes (Dt 22, 12) – Geliebt ist Israel, denn der Heilige, er sei gepriesen, hat sie größer gemacht als die Dienstengel. Die Dienstengel nämlich können sich – obwohl sie sechs Flügel haben – nur zweier bedienen. Wie das? Mit zweien verhüllt er sein Angesicht (Jes 6, 2) – auf daß er die Schekhinah nicht anblicke! Mit zweien bedeckt er seine Füße (ebd.) – damit er nicht verbrannt werde vom Fluß Dinur! Somit bleiben ihnen zu ihrer Verfügung nur noch zwei, nämlich: Mit zweien fliegt er (ebd.). Israel aber hat vier Flügel, wie es heißt: ... (Dt ebd.). ...

A. Amoräischer Midrasch; nur hier.

B. R. Berekhja[12] vermischt offenbar die beiden vorgegebenen Dicta von Israel und den Gerechten (Israel ist g e l i e b t e r als die Engel[13]; der Gerechte ist g r ö ß e r als die Engel[14]) und verknüpft sie mit einer Auslegung zu Dt 22, 12/Jes 6, 2: Die vier Quasten an den vier Zipfeln (= Flügeln) des Gewandes erheben Israel über die Engel, die nur zwei (von ihren sechs) Flügeln zu ihrer Verfügung haben. Diese nur auf den ersten Blick vordergründige Auslegung meint in Wirklichkeit: Israel ist den Engeln überlegen, weil es das Zizit-Gebot erfüllen und somit Verdienst erwerben kann; dies aber ist den Engeln (trotz ihrer scheinbaren „Größe“: sechs statt vier Flügel!) verwehrt. Der mit Sicherheit späte Midrasch ist also eine sehr tiefgehende Bearbeitung und Begründung des Dictums von der Überlegenheit Israels (bzw. des Gerechten) über die Engel.

Text 46

I a. S i p h D t § 306 S. 341

Denn den Namen des Herrn rufe ich (Dt 32, 3). Wir finden, daß Moses den Namen des Heiligen, er sei gepriesen, erst nach 21 Worten nannte[15]. Von wem lernte er [dies]? Von den Dienstengeln. Die Dienstengel nennen den [Gottes]namen nämlich erst nach dem dreimaligen „Heilig“, wie es heißt: Heilig, heilig, heilig, ist der Herr der Heerscharen (Jes 6, 3). Moses sprach: Es genügt mir, daß ich 1/7 von den Dienstengeln bin[16]. Siehe, dies erlaubt einen Schluß vom Leichteren auf das Schwerere: Wenn schon Moses, der Weiseste der

---

[11] So im Sinne des Midraschs.

[12] pA 5, um 340.

[13] Vgl. Text 44; 45, II.

[14] Vgl. Text 61.

[15] Bis zum Gottesnamen in der Qeduschah *(n^e^qaddeš ...)* des Morgengebetes sind es 21 Worte. Vgl. auch Friedmann, SiphDt z. St.

[16] 21 = 3 × 7. Zu den verschiedenen Laa dieses Satzes vgl. Finkelstein, SiphDt z. St. und Hoffmann, MidrTann z. St.

Weisen, der Größte der Großen und der Vater [aller] Propheten den Namen Gottes erst nach 21 Worten nannte – um wieviel mehr darf dann [der Mensch] den Namen des Heiligen, er sei gepriesen, nicht unnütz (*'al ḥinnām*) nennen[17].

MidrTann S. 186 (nahezu wörtlich).

Ib. FrgmT Dt 32, 3

Moses, der Prophet, sprach: Wehe den Frevlern, die den heiligen Namen mit Schmähungen nennen[18], denn keinem der Engel der Höhe ist es möglich, den unaussprechlichen Gottesnamen[19] zu nennen, bevor sie nicht dreimal gesagt haben: Heilig, heilig, heilig. Von ihnen lernte Moses und sprach den unaussprechlichen Gottesnamen nicht aus, ehe er nicht seinen Mund vorbereitete (*maḥnîkh pûmêh*) mit 21 Worten, die aus 85 Buchstaben bestehen. ...

TPsJ z. St. (fast wörtlich, aber ohne den ausdrücklichen Hinweis, daß die Engel den Gottesnamen nach drei Worten aussprechen).

CN z. St.: ... denn keinem der Dienstengel ist es möglich, den heiligen Namen zu nennen, bevor sie[20] nicht dreimal gesagt haben ...

IIa. b Chul 91b

... Israel ist vor dem Heiligen, er sei gepriesen, geliebter als die Dienstengel, denn Israel singt das Loblied jede Stunde, die Dienstengel aber nur einmal am Tage; manche sagen, einmal in der Woche; manche sagen, einmal im Monat; manche sagen, einmal im Jahr; manche sagen, einmal in sieben Jahren; manche sagen, einmal im Jobel; und manche sagen, einmal in der Ewigkeit.

Ebenso nennt Israel den [Gottes]namen nach zwei Worten, wie es heißt: Höre Israel, der Herr usw. (Dt 6, 4); die Dienstengel aber nennen den [Gottes]-namen [erst] nach drei Worten, wie es heißt: ... (Jes 6, 3).

Ebenso singen die Dienstengel oben das Loblied erst, nachdem Israel es unten gesungen hat, wie es heißt: ... (Job 38, 7) – und danach: ... (ebd.).

Jalq Jes § 404 S. 777 bu f. (als Baraita; wörtlich).
MHG Gen S. 572 f. (nahezu wörtlich; im zweiten Teil ohne die Schriftbeweise).
Jalq *wā'äthannan* § 836 S. 581 bm (wörtlich).
Neue Pesikta, BHM VI, S. 37 (fast wörtlich, aber in anderer Reihenfolge).
Vgl. auch MidrTann S. 71 (Text 44, I).

IIb. DebRL S. 69

Israel ist geliebter als die Dienstengel. Die Dienstengel nennen den [Gottes]-namen nämlich erst nach drei Worten, wie es heißt: ... (Jes 6, 3); Israel aber

---

[17] So mit einer Variante (vgl den kritischen Apparat, SiphDt S. 341 zu Zeile 14).

[18] D. h. lästern.

[19] *šemā' mephārešā'* = *šem ha-mephôrāš*.

[20] Das folgende *deJiśrā'el* dürfte eine in den Text eingedrungene Glosse sein. Die darüberstehenden und von anderer Hand hinzugefügten Worte konnte ich anhand der Photokopie nicht entziffern.

nennt den Gottes[namen] [schon] nach zwei Worten, wie es heißt: ... (Dt 6, 4).

A. I ist ein anonymer tannaitischer Midrasch und eindeutig palästinischen Ursprungs; II findet sich nur im b Talmud (mit Parallelen) und in DebRL. Diese Überlieferung macht es einigermaßen wahrscheinlich, daß II eine spätere Bearbeitung der in I vorgelegten Versionen ist.

B. Thema des Midraschs in I ist die Heiligkeit des göttlichen Namens und die notwendige Ehrfurcht des Menschen vor diesem Namen. Da sogar die Engel den Gottesnamen erst nach dem Trishagion aussprechen, ziemt es sich für den Menschen um so mehr, in der Aussprache des Gottesnamens zurückhaltend zu sein und möglichst viele Worte vorzuschalten. Die homiletische Tendenz ist eindeutig: Es ist verboten, den Gottesnamen unnütz (d. h. außerhalb bestimmter Stellen im Gebet) auszusprechen oder ihn sogar zu lästern. Das Verhältnis Engel-Menschen wird im Midrasch nicht direkt angesprochen (es sei denn, man sähe in dem Ausspruch Moses' eine ausdrückliche Unterordnung Moses' unter die Engel).

Die Aussage des Midraschs in II ist genau entgegengesetzt. Hier ist der Midrasch in den thematischen Zusammenhang der Rivalität zwischen Engeln und Menschen um die Liebe Gottes gestellt[21]: Israel ist vor Gott geliebter als die Dienstengel. Dies ergibt sich daraus, daß sie das Loblied jederzeit singen dürfen, den Gottesnamen schon nach zwei Worten aussprechen und die Dienstengel mit dem Gotteslob warten müssen, bis Israel sein Loblied beendet hat. Die Vermutung liegt nahe, daß das (in I) vorgegebene Motiv vom Aussprechen des Gottesnamens in II aufgegriffen und tendenziös im Sinne des Themas von II umgedeutet wurde.

Text 47

b Chag 12b

Im Maon[22] befinden sich Klassen von Dienstengeln, die des Nachts das Loblied singen und am Tage schweigen wegen der Ehre Israels, wie es heißt: Am Tage entbietet der Herr seine Gnade, und des Nachts ist das Lied bei mir[23] (Ps 42, 9).

A. Anonymer amoräischer Midrasch; nur hier. Ein thematischer Zusammenhang mit den Midraschim in Text 46; 48 ist zwar offensichtlich, das Maß einer möglichen Abhängigkeit aber nicht genauer zu bestimmen.

B. Auslegungsmidrasch zu Ps 42, 9. Die Engel preisen Gott nur in der Nacht, weil Gott am Tage Israel „seine Gnade entbietet", d. h. so sehr mit Israel beschäftigt ist, daß keine Zeit für das Loblied der Engel bleibt.

---

21 Vgl. den vorangehenden und den folgenden Text.

22 Einer der sieben Himmel, vgl. oben S. 102 Anm. 137.

23 So im Sinne des Midraschs.

C. Vgl. Text 44; 46 und 48. Israel ist Gott so wichtig, daß sogar das Loblied der Engel zurückstehen muß.

Text 48

I. BerR 65, 21

Die Stimme ist die Stimme Jakobs (Gen 27, 22). Das ist die Stimme dessen, der die Oberen und die Unteren zum Schweigen bringt. R. Pinchas sagt i. N. des R. Abin: Es steht geschrieben: Wenn sie stehen *(b^e^åmdām)*, senken sie ihre Flügel (Ez 1, 24 oder 25). ... (Folgt eine Diskussion über die Frage, ob die Engel im Himmel sitzen.) Was heißt *b^e^åmdām?* Kommt das Volk [Israel] *(bā' 'ām)*, schweige *(dom)*. Wenn Israel spricht: Höre Israel (Dt 6, 4), schweigen [die Engel]. Und danach: [Wenn sie stehen[24]] senken sie ihre Flügel (ebd.)[25]. Und was sagen sie?: Gepriesen sei der Name der Herrlichkeit seines Reiches in alle Ewigkeit[26].

R. Pinchas i. N. des R. Levi und unsere Lehrer i. N. des R. Simon sagen: Es steht geschrieben: Beim gemeinsamen Lobgesang der Morgensterne (Job 38, 7). [Was bedeutet:] Beim gemeinsamen Lobgesang der Morgensterne? Nachdem der Same Jakobs, der den Sternen verglichen wird – es steht über sie [nämlich] geschrieben: Die vielen zur Gerechtigkeit verhelfen, sind wie die Sterne in alle Ewigkeit (Dan 12, 3) –, das Loblied gesprochen hat, [erst] danach: Es sollen jauchzen alle Söhne Gottes (Job ebd.) – das sind die Dienstengel[27]. Was sagen sie?: Gepriesen sei die Herrlichkeit des Herrn von ihrem Ort (Ez 3, 12).

R. Berekhja i. N. des R. Schmuel sagt: Es steht geschrieben: Ich hörte hinter mir *('aḥ^a^raj)* die Stimme eines gewaltigen Lärmens (Ez 3, 12). Was heißt *'aḥ^a^raj?* Nachdem *(l^e^'aḥar)* ich und meine Gefährten das Loblied gesprochen hatten, hörte ich die Stimme eines gewaltigen Lärmens. Und was sagen sie?: ... (Ez 3, 12).

Jalq *tôl^e^dôt* § 115 S. 69 bm (wörtlich, aber anonym).

Jalq Ez § 340 S. 834 bm (fast wörtlich, aber nur bis: [erst] danach: Es sollen jauchzen alle Söhne Gottes (Job ebd.); als Zitat aus BerR gekennzeichnet).

Jalq Job § 923 S. 1019 bm (nur der Anfang der Job-Auslegung und Verweis auf Jalq Ez § 341).

BatMidr I, S. 45 f. (nur der Midrasch zu Job 38, 7; der Lobpreis der Engel ist Jes 6, 3).

Vgl. auch b Chul 91 b (Text 46, II a; nur die Auslegung von Job 38, 7).

Zur Auslegung von Ez 1, 24/25 vgl. auch Piyyute Yannai, ed. M. Zulay, S. 241 Zeile 59 und 60.

---

[24] Dieser Teil des Bibelverses ist hier überflüssig.

[25] Das Schlagen der Flügel „wie das Rauschen vieler Wasser" (Ez 1, 24) ist das Lied der Engel.

[26] Responsion auf das Aussprechen des Gottesnamens (nach dem ersten Vers des Schma); zitiert auch SiphDt § 306 S. 342.

[27] So auch TJ z. St.

II. TanBu *b^e^šallaḥ* § 13

R. Chelbo i. N. des R. Schmuel b. Nachman sagt: Sieh, was geschrieben steht: ... (Ez 3, 12) ... R. Pinchas ha-Kohen b. Chama sagt: Was bedeutet der Vers: ... (Ez 1, 24/25) ... (Folgt die Diskussion über das Sitzen im Himmel.) Was bedeutet: Wenn sie stehen (Ez ebd.)? Vielmehr: Wenn Israel steht und den Heiligen, er sei gepriesen, preist, senken sie ihre Flügel.

Jalq *b^e^šallaḥ* § 241 S. 148 au (anonym).

III. Tan *q^e^došîm* § 6

R. Pinchas ha-Kohen b. Chama i. N. des R. Reuben sagt: ... (Ez 3, 12). Was heißt *'aḥ^a^raj*? Ezechiel sprach: Nachdem ich und meine Gefährten das Loblied gesprochen hatten, hörte ich, wie die Dienstengel ihn (Gott) nach mir priesen und sprachen: Gepriesen sei die Herrlichkeit des Herrn von ihrem Ort (Ez ebd.). Wisse, daß Moses, als er in die Höhe stieg, die Stimme der Dienstengel hörte, wie sie [Gott] so priesen. Da stieg er hinab und lehrte Israel, daß sie flüsternd ebenso sprechen sollten: Gepriesen sei der Name der Herrlichkeit seines Reiches in alle Ewigkeit. R. Schmuel b. R. Nachman sagt: Sieh, was dort geschrieben steht: ... (Ez 1, 24/25) ... (Folgt die Diskussion, ob die Engel im Himmel sitzen.) Und was bedeutet: Wenn sie stehen, senken sie ihre Flügel (Ez ebd.)? Wenn Israel das Loblied spricht, senken die Dienstengel ihre Flügel und hören auf, das Lied zu sprechen[28], denn mit ihren Flügeln sprechen sie das Lied. Und so heißt es auch: ... (Job 38, 7).

TanBu *q^e^došîm* § 6 (fast wörtlich, es fehlt aber der Aufstieg Moses' und der Midrasch zu Ez 1, 24/25).
Jalq Ez § 341 S. 835 ao (wörtlich wie TanBu, Zitat aus dem Tanchuma).

IV. DebRL S. 68 f.

Geliebt ist das Sprechen[29] des Schma, das Israel gegeben wurde, daß sie [Gott damit] zuerst preisen – und danach erst die Dienstengel – und sagen: Der Herr ist unser Gott, der Herr ist Einer (Dt 6, 4). Erst danach sprechen die Dienstengel: Gepriesen sei der Name der Herrlichkeit seines Reiches in alle Ewigkeit. So heißt es auch: ... (Ez 1, 24/25) ... (Folgt die Diskussion über das Sitzen im Himmel.) Und was heißt *b^e^âmdâm?*: Wenn Israel spricht: Höre Israel (Dt 6, 4), verstummen *(dôm^e^mîm)*[30] ([die Engel] und sprechen flüsternd: Gepriesen sei der Name der Herrlichkeit seines Reiches in alle Ewigkeit – zur selben Stunde preisen sie! So sagt auch Ezechiel: ... (Ez 3, 12) – nachdem ich das Loblied gesprochen hatte, sagten die Dienstengel: Gepriesen sei der Name

---

[28] *'ôm^e^dîm mil-lômar šîrâh* – sie stehen, ohne das Lied zu sprechen.

[29] Wörtl.: Lesen *(q^e^rî'at š^e^ma')*.

[30] Das *dâmam* scheint hier auszudrücken, daß die Engel eine Pause zwischen dem *'âḥâd* und dem *bârûkh* machen, vgl. die Anm. Liebermanns auf S. 138 (zu S. 68).

der Herrlichkeit seines Reiches. Und warum spricht Israel ihn (= den Lobspruch[31]) flüsternd? Vielmehr: Als Moses zur Höhe emporstieg, stahl er ihn von den Engeln und lehrte ihn Israel. ... (Folgt ein Gleichnis R. Schmuel b. Nachmans.) ...

DebR 2, 36.

V. SiphDt § 306 S. 343

Woher wissen wir, daß die Dienstengel oben den Namen des Heiligen, er sei gepriesen, erst nennen, nachdem Israel ihn unten genannt hat, wie es heißt: Höre Israel, der Herr ist unser Gott, der Herr ist Einer (Dt 6, 4)? Die Schrift sagt: Beim gemeinsamen Lobgesang der Morgensterne (Job 38, 7) – und danach: Es sollen jauchzen alle Söhne Gottes (ebd.). Die Morgensterne – das ist Israel, die den Sternen verglichen werden, wie es heißt: Viel machen will ich deinen Samen wie die Sterne des Himmels (Gen 22, 17). Es sollen jauchzen alle Söhne Gottes – das sind die Dienstengel. Und so heißt es auch: Die Söhne Gottes kamen und stellten sich hin vor den Herrn (Job 1, 6).

MidrTann S. 187 (etwas kürzer).

VI. Ps-SEZFr S. 47

R. Elieser b. R. Jose ha-Glili sagt: Gepriesen sei sein großer Name, denn er liebt Israel mehr als die Dienstengel. Die Dienstengel singen nämlich oben vor ihm das Loblied erst, nachdem Israel [es] unten gesungen hat, wie es heißt: ... (Job 38, 7) – und danach: ... (ebd.).

SEZ S. 113 (fast wörtlich).

A. Der Midrasch hatte kaum jemals eine einheitliche Gestalt. Tradiert wurden wahrscheinlich nur die Auslegungen bestimmter Bibelverse, die dann unter thematischen Gesichtspunkten zusammengefaßt wurden.

I bringt drei Auslegungen zu Ez 1, 24/25, Job 38, 7 und Ez 3, 12; die Zusammenstellung in dieser Form dürfte das Werk des Redaktors sein. Für die Auslegung von Ez 1, 24/25 ist I allerdings die älteste literarisch greifbare Quelle, da II–IV mit großer Wahrscheinlichkeit von BerR abhängig sind und der Midrasch – soweit ich sehe – nicht selbständig überliefert wird; eine genauere Datierung ist nicht möglich[32].

Für die Auslegung von Job 38, 7 ist ohne Zweifel V die Primärquelle; I,

[31] Gemeint ist das „Gepriesen sei der Name der Herrlichkeit seines Reiches in alle Ewigkeit", das flüsternd gesprochen wird.

[32] Er wird wahrscheinlich in allen Quellen anonym überliefert, da R. Pinchas, pA 5, i. N. des R. Abin, pA 4 (so I) bzw. R. Pinchas b. Chama (II) bzw. R. Schmuel b. Nachman, pA 3 (III), wohl nur als Tradenten der Diskussion über das Sitzen der Engel anzusehen sind.

III und VI sind hier kaum ursprünglich[33]. Deswegen ist es auch unwahrscheinlich, daß mit I R. Levi (pA3) bzw. R. Simon (ebenfalls pA3) oder mit VI R. Elieser b. R. Jose ha-Glili (T3) der Autor dieser Auslegung ist. Die älteste literarisch greifbare Quelle für die Auslegung von Ez 3, 12 ist wieder I. Dennoch ist keineswegs sicher, daß R. Schmuel b. Nachman[34] (I und II) der erste Tradent dieser Auslegung ist. Es muß auch mit der Möglichkeit gerechnet werden, daß sich in Tan/TanBu (III) mit der Überlieferung im Namen R. Reubens[35] eine ältere Tradition erhalten hat.

In III und IV ist nach der Auslegung von Ez 3, 12 ein Midrasch vom Aufstieg Moses' zu den Engeln eingeschoben, der hier kaum ursprünglich ist[36]. Er führt das „Gepriesen sei der Name der Herrlichkeit seines Reiches in alle Ewigkeit" im Synagogengottesdienst auf die Liturgie der Engel zurück und will darüber hinaus erklären, warum dieser Lobspruch nur flüsternd gesprochen wird. Der Grund für die Einfügung des Midraschs an dieser Stelle ist unschwer zu erkennen: er wurde vermutlich durch das ähnlich klingende „Gepriesen sei die Herrlichkeit des Herrn von ihrem Ort" in Ez 3, 12 assoziiert.

B. Folgende Interpretationen sind zu unterscheiden:

1. Auslegung von Ez 1, 24/25. Der Midrasch versteht den ersten Teil des Verses *(beåmdām)* als Notarikon[37] und interpretiert: Wenn Israel das Schma[38] spricht, schweigen die Engel. Erst nach dem von Israel gesprochenen ersten Satz des Schma dürfen die Engel mit dem „Gepriesen sei der Name der Herrlichkeit seines Reiches in alle Ewigkeit" in den Lobpreis einfallen (dies ergibt sich aus dem zweiten Teil des Verses: das Senken der Flügel ist der Lobpreis der Engel[39]).

2. Auslegung von Job 38, 7. Hier findet sich ein bemerkenswerter Unterschied zwischen V und I/VI. Nach SiphDt dürfen die Dienstengel den Namen Gottes erst nach Israel nennen, nach BerR/Ps-SEZ dagegen dürfen sie das Loblied erst nach Israel sprechen. Zweifellos sind hier zwei verschiedene Gebete gemeint, nämlich einmal das Schma (V; hier deckt sich die Auslegung von Job 38, 7 also mit dem Midrasch zu Ez 1, 24/25) und zum anderen die Qeduschah (I/VI). Daß sich das „Loblied" auf die Qeduschah bezieht, ergibt sich eindeutig aus den beiden Versen Ez 3, 12 (I, BerR) bzw. Jes 6, 3 (I, BatMidr), die bekanntlich beide zur Qeduschah gehören.

---

[33] Auch b Chul 91 b (Text 45, II a) wird von SiphDt abhängig sein.

[34] pA 3; „b. Nachman" lesen die meisten Hss zu BerR, vgl. den kritischen Apparat bei Theodor-Albeck z. St.

[35] pA 2.

[36] Vgl DebR 2, 36, wo er separat überliefert wird.

[37] *Mattenôt kehunnāh* und Albeck z. St. Genaugenommen ist die Auslegung wohl eine Mischung aus Notarikon und al-tiqri-Midrasch.

[38] Der Terminus „Loblied" *(šîrāh)* statt „Schma" in III ist sicher sekundär.

[39] So sicher ursprünglich (mit BerR). In II und III wird dagegen (genau entgegengesetzt) das Senken der Flügel als Verstummen der Engel gedeutet. Vgl. dazu sehr ausführlich Maharso, BerR z. St.

3. Auslegung von Ez 3, 12. Impliziert ist ein al-tiqri-Midrasch, der statt (lokal) *'aḥ^araj* (temporal) *'aḥ^arê*[40] bzw. *l^e'aḥar/me'aḥar*[41] liest. Die Aussage des Midraschs ist identisch mit den beiden vorangehenden Auslegungen: Die Engel preisen Gott erst nach Ezechiel, d. h. nach dem Menschen. Das „Loblied" dürfte, wie in der Auslegung zu Job 38, 7 (I/VI), die Qeduschah sein.

C. Für die Frage nach dem Verhältnis zwischen Engeln und Menschen lassen die vorgelegten Midraschim zwei gegensätzliche Tendenzen erkennen:

1. Die primäre Aussage des Midraschs ist ohne Zweifel die, daß die Menschen beim Gebet (Schma, Qeduschah) den Engeln gegenüber bevorzugt sind. Das Gebet der Menschen – und insbesondere das Schma, Höhepunkt und Summe aller Gebete – ist Gott wichtiger als der Lobpreis der Engel. Hier ist eine polemische Spitze gegen die Engel impliziert[42].

2. Daneben ist aber – vor allem in III und IV („zur selben Stunde preisen sie"!), aber auch in I anklingend – eine andere Aussage zu erschließen. Das geflüsterte „Gepriesen sei der Name der Herrlichkeit seines Reiches in alle Ewigkeit" ist der eigentliche Lobpreis der Engel und wurde von den Engeln übernommen (so vor allem der eingeschobene Midrasch vom Aufstieg Moses'). Wenn Israel somit im Synagogengottesdienst nach dem ersten Satz des Schma diesen Lobpreis leise ausspricht, ist es im Einklang mit der Liturgie der Engel[43]. Irdische und himmlische Liturgie entsprechen sich also (zumindest in diesem Punkt), und zwar nicht nur sachlich, sondern auch zeitlich. Dieser Gedanke ist mit der oben festgestellten polemischen Tendenz kaum zu vereinbaren.

Text 49

MidrTeh 104, 1

Preise meine Seele den Herrn, Herr, mein Gott, du bist sehr groß, in Pracht und Herrlichkeit bist du gekleidet (Ps 104, 1). Das ist es, was geschrieben steht: Dein, Herr, ist die Größe und Macht usw., du bist erhoben über alles zum Haupte[44] (1 Chr 29, 11). R. Huna[45] sagt: Was bedeutet *ham-mitnaśśe' l^ekhol l^ero'š?* Du findest, daß alle den Heiligen, er sei gepriesen, preisen, wie es heißt: Vom Aufgang der Sonne bis zu ihrem Untergang ist gepriesen der Name des Herrn (Ps 113, 3 f.). Es gibt aber keinen größeren Lobpreis für den Heiligen, er sei gepriesen, als den Lobpreis Israels: Dieses Volk habe ich mir geschaffen,

---

[40] II und III (TanBu): *'aḥ^arê šäqqillastî; miššäqqillastîw* in III (Tan) ist sicher sekundär.

[41] I und IV: *l^e'aḥar (me'aḥar) šäqqillastî.*

[42] Vgl. besonders b Chul 91 b (Text 46, II a), wo die polemische Tendenz durch das Stilmittel der Übertreibung („manche sagen ...") besonders deutlich wird.

[43] Am Versöhnungstag dürfen sie ihn laut aussprechen, weil sie dann wie die Engel sind (DebRL S. 69; DebR 2, 36).

[44] So ist der Sinn dieses Verses im MT. Zum Verständnis des Midraschs s. u.

[45] b. Abin?, pA 4 (um 350).

meinen Ruhm sollen sie erzählen (Jes 43, 21). Du kannst daraus erkennen, daß es sich so verhält. Oben heißt es: Preiset den Herrn, ihr seine Engel, Helden der Kraft, Vollbringer seines Wortes, zu hören die Stimme seines Wortes (Ps 103, 20). „Zu tun die Stimme seines Wortes" müßte es doch heißen[46], denn das, was man hört, tut man. Warum lautet der Vers also so?[47] Vielmehr redet die Schrift von Israel, die am Sinai standen und das Tun dem Hören vorangehen ließen, wie es heißt: Alles, was der Herr gesagt hat, wollen wir tun und wollen wir hören (Ex 24, 7). Erst nachdem Israel den Lobpreis gesprochen hat, preisen die Engel nach ihnen. Denn was steht danach[48] geschrieben?: Preiset den Herrn, all seine Heerscharen (Ps 103, 21) – das sind die Engel, wie geschrieben steht: Es wird heimsuchen der Herr am Heer der Höhe in der Höhe (Jes 24, 21). Das wollen die Worte sagen[49]: Der [Israel] über alle zum Haupt erhebt (1 Chr ebd.). . . .

Jalq Ps § 861 S. 950 bu f.
Vgl. auch MidrMisch S. 75.

A. Amoräischer Midrasch, der – wenn R. Huna wirklich der Autor ist – in die Mitte des 4. Jh.s zu datieren wäre. Die Überlieferung des Jalqut ist in manchen Punkten dem Text des MidrTeh vorzuziehen.

B. Homiletischer Midrasch zu Ps 104, 1 in Verbindung mit 1 Chr 29, 11. 1 Chr 29, 11 wird mit Hilfe von Ps 103, 20 (auf Israel gedeutet) und Ps 103, 21 (auf die Engel gedeutet) dahingehend ausgelegt, daß der Lobpreis Israels dem der Engel in der Reihenfolge („erst nachdem Israel den Lobpreis gesprochen hat, preisen die Engel nach ihnen") und im Wert („es gibt keinen größeren Lobpreis . . . als den Lobpreis Israels") vorangeht. Vgl. Text 48.

Text 50

Jalq *wā'ätḥannan* § 825 S. 577 a u

Siehe, daß die Ehre, die der Heilige, er sei gepriesen, Israel erwiesen hat, größer ist als die der Dienstengel. Denn die Dienstengel preisen, wenn sie [Gott] preisen, mit lauter Stimme, wie es heißt: Und einer rief dem anderen zu und sprach: [Heilig, heilig, heilig] (Jes 6, 3). Was steht danach geschrieben?: Und es erbebten die Zapfen der Schwelle von der Stimme der Rufer (ebd. V. 4). Auch die [heiligen] Tiere preisen mit lauter Stimme, wie es heißt: Ein Wind hob mich in die Höhe und ich hörte hinter mir die Stimme eines gewaltigen Lärmens (Ez

[46] Der Text ist verderbt. Im Jalqut z. St. heißt es richtig: „zu hören seine Stimme und zu tun sein Wort, müßte es heißen".

[47] Die Fragestellung ist: Warum ist in Ps 103, 20 die Reihenfolge: 1. Vollbringer seines Wortes; 2. zu hören die Stimme seines Wortes (= 1. tun; 2. hören). Zu erwarten wäre das Gegenteil.

[48] Nach dem oben ausgelegten Vers Ps 103, 20.

[49] In diesem Licht ist der fragliche Vers 1 Chr 29, 11 zu interpretieren.

3, 12). Warum [preisen die Engel und die heiligen Tiere mit lauter Stimme]? Weil sie weit entfernt sind vom Heiligen, er sei gepriesen, und nicht wissen, wo seine Herrlichkeit sich befindet, wie es heißt: Gepriesen sei die Herrlichkeit des Herrn von ihrem Ort[50] (Ez ebd.). Israel aber weiß, wenn sie stehen und beten, daß der Heilige, er sei gepriesen, neben ihnen steht, wie es heißt: Denn er stellt sich hin zur Rechten des Armen (Ps 108, 31). ...

A. Anonymer amoräischer Midrasch. Die Quelle ist offenbar verlorengegangen (der Jalqut überliefert ihn im Namen des Jelammedenu). Der Midrasch verknüpft zwei verschiedene (ursprünglich selbständige) Traditionen, nämlich a) die Überlieferung, daß die Engel und heiligen Tiere den genauen Ort Gottes nicht kennen[51] und b) die Überlieferung, daß der Lobpreis Israels vor Gott angesehener ist als der Lobpreis der Engel[52].

B. Die Aussage des Midraschs ist eindeutig: Weil die Engel und die heiligen Tiere von Gott weit entfernt sind, müssen sie ihren Lobpreis laut vortragen. Israel dagegen ist Gott so nah, daß es genügt, den Lobpreis zu flüstern. Mit dieser Aussage stellt der Midrasch das traditionelle Bild von der räumlichen Entfernung bzw. Nähe zu Gott genau auf den Kopf: Der Hofstaat Gottes, der Gott nach traditioneller Vorstellung direkt umgibt (und ihn von den Menschen abschirmt), ist ihm in Wirklichkeit ferner als der räumlich so weit entfernte Mensch. Der Lobpreis des Menschen erreicht Gott direkt, der Lobpreis der Engel ist dagegen auf ein unbestimmtes und somit letztlich auch unbekanntes Ziel gerichtet; der wahre Lobpreis kann folglich nur vom Menschen kommen und nicht vom Engel.

Text 51

I. TanBu *b^e^šallaḥ* § 13

Eine andere Erklärung: Damals sang Moses (Ex 15, 1). Als Israel am [Roten] Meer lagerte, wollten die Dienstengel den Heiligen, er sei gepriesen, preisen. Der Heilige, er sei gepriesen, ließ sie aber nicht, wie es heißt: Sie nahten einander nicht (Ex 14, 20), und: Sie riefen einander zu (Jes 6, 3)[53]. Wem waren sie zu vergleichen? Einem König, dessen Sohn in Gefangenschaft geraten war. Da bekleidete sich [der König] mit Rache an seinen Feinden und zog aus, ihn zu befreien. Da kamen die Menschen und wollten ein Preislied[54] vor ihm singen. Er sprach zu ihnen: Während ich ausziehe, meinen Sohn zu befreien, wollt ihr mich preisen?! So war auch Israel in Bedrängnis am Meer. Da wollten die

---

[50] Im Sinne von: entfernt von ihrem Ort?

[51] S. unten Text 69.

[52] Vgl. Text 46, II – 49; 51.

[53] *g^e^zerāh šāwāh*. In Jes 6, 3 sind die Engel gemeint (die vor Gott das Loblied sprechen), also – so schließt der Midrasch – auch in Ex 14, 20 (Stichwort: *zäh*).

[54] *'jmnwn* = ὕμνος.

Dienstengel den Heiligen, er sei gepriesen, preisen, er aber zürnte ihnen und sprach zu ihnen: Meine Söhne sind in Bedrängnis und ihr preiset mich?!

Als sie [nun] aus dem Meer emporstiegen, wollten Israel und die Dienstengel ein Loblied singen. R. Abin ha-Levi sagt: Wem gleicht diese Sache? Einem König, der in den Krieg zog und siegte. Da kamen sein Sohn und sein Diener mit einer Krone in ihren Händen, um sie dem König aufs Haupt zu setzen. Man meldete dem König: Dein Sohn und dein Diener stehen [draußen] mit einer Krone in ihren Händen – wer soll zuerst eintreten? Er sprach zu ihnen: Ihr Frevler, geht mein Diener etwa meinem Sohn voran?! Mein Sohn soll zuerst eintreten! So war es auch, als Israel aus dem Meer emporstieg, da wollten Israel und die Dienstengel ein Loblied singen. Der Heilige, er sei gepriesen, aber sprach zu den Dienstengeln: Laßt Israel zuerst [singen]!: Dann sollen singen Moses [und die Söhne Israel][55] (Ex 15, 1).

Da stehen aber die Frauen und die Dienstengel – wer darf zuerst preisen? R. Chijja b. Abba sagt: Groß ist der Friede, denn er stiftete Friede zwischen ihnen[56], wie es heißt: Es gehen voran die Sänger, danach die Saitenspieler[57] inmitten von paukenschlagenden Jungfrauen (Ps 68, 26). Es gehen voran die Sänger – das ist Israel; danach die Saitenspieler – das sind die Engel; inmitten von paukenschlagenden Jungfrauen – das sind die Frauen. R. Levi sagt: Beim Himmel, diese Erklärung kann ich nicht annehmen. Natürlich priesen die Frauen zuerst! Denn: Danach die Saitenspieler – das ist Israel; inmitten von paukenschlagenden Jungfrauen – das sind die Frauen[58]. Da murrten die Dienstengel vor dem Heiligen, er sei gepriesen, und sprachen: Genügt es nicht, daß die Männer uns vorangehen – müssen denn auch noch die Frauen [vor uns singen]?! Der Heilige, er sei gepriesen, antwortete ihnen: Bei eurem Leben, so ist es!

Jalq *b^e^šallaḥ* § 241 S. 148 am: wörtlich, bis auf: R. Levi sagt: ... inmitten von paukenschlagenden Jungfrauen – die Jungfrauen sind dazwischen *(b^e^tôkh)!*

Jalq Ps § 799 S. 928 au f. (Zitat aus dem Tanchuma, fast wörtlich; Schriftanschluß Ps 68, 26; der Ausspruch R. Levis hier im Namen Rabbis): Rabbi sagt: Beim Himmel, diese Erklärung kann ich nicht annehmen. Vielmehr: die Frauen priesen zuerst. D a - n a c h die Saitenspieler – das sind die Engel, die zuletzt priesen ...

II. S c h e m R 23, 7

Eine andere Erklärung: ... (Ex 15, 1). Das ist es, was geschrieben steht: ... (Ps 68, 26). R. Jochanan sagt: In der Nacht, als Israel durch das [Rote]

---

55 So im Sinne des Midraschs, vgl. II und III.

56 Der Text ist korrupt; vgl. die verschiedenen Laa bei Buber, S. 61 Anm. 60 und 61.

57 So im Sinne des Midraschs.

58 Der Text ist korrupt; vgl. die Laa bei Buber, S. 61 Anm. 65. Möglicherweise stützt sich die ursprüngliche Auslegung auf das *b^e^tôkh* (vgl. Jalq *b^e^šallaḥ* und SchemR): Die Frauen preisen Gott in der Mitte, nämlich z w i s c h e n Israel und den Engeln. Die Reihenfolge war also – wie auch aus dem Schlußsatz oben hervorgeht –: 1. Israel, 2. Frauen, 3. Engel.

Meer zog, wollten die Dienstengel ein Lied vor dem Heiligen, er sei gepriesen, singen. Aber der Heilige, er sei gepriesen, ließ sie nicht, sondern sprach zu ihnen: Meine Legionen sind in Bedrängnis, und ihr wollt ein Lied vor mir singen?! Das ist es, was geschrieben steht: ... (Ex 14, 20), und: ... (Jes 6, 3).

Als Israel [nun] aus dem Meer emporstieg, wollten die Engel zuerst ein Lied vor dem Heiligen, er sei gepriesen, singen. Der Heilige, er sei gepriesen, aber sagte zu ihnen: Meine Söhne sollen zuerst [singen]. Das ist es, was geschrieben steht: Dann soll Moses singen *(jāšîr)* (Ex 15, 1). „Er sang" *(šār)* steht nicht geschrieben, sondern „er soll singen" *(jāšîr)*. Der Heilige, er sei gepriesen, sagte nämlich: Moses und die Söhne Israels sollen zuerst singen. Denn so sagt auch David: ... (Ps 68, 26) ... Und warum? Der Heilige, er sei gepriesen, sprach zu den Engeln: Nicht etwa, weil ich euch erniedrigen will, sage ich, daß [Israel] zuerst [singen] soll, sondern weil sie aus Fleisch und Blut sind, sollen sie zuerst singen, daß nicht einer von ihnen [vorher] sterbe; ihr aber, [ihr könnt singen], wann immer ihr wollt, [denn] ihr lebt und besteht [ewig][59].

Das gleicht einem König, dessen Sohn in Gefangenschaft geraten war. Er ging und befreite ihn. Da kamen die Bewohner des Palastes, den König zu preisen, und auch sein Sohn wollte ihn preisen. Sie fragten ihn: Unser Herr, wer soll dich zuerst preisen? Er antwortete ihnen: Mein Sohn! Danach kann mich preisen, wer mich preisen will. So war es auch, als Israel aus Ägypten zog und der Heilige, er sei gepriesen, ihnen das Meer spaltete, da wollten die Dienstengel ein Lied vor ihm singen. Da sprach der Heilige, er sei gepriesen, zu ihnen: Zuerst sollen Moses und die Söhne Israel singen und danach ihr! So heißt es auch: ... (Ps 68, 26) – das ist Israel; ... (ebd.) – das sind die Engel; ... (ebd.) – das sind die Frauen, die in der Mitte preisen, wie geschrieben steht: ... (Ex 15, 20).

III. MidrTeh 106, 2

Als Israel aus Ägypten zog und der Heilige, er sei gepriesen, ihnen Wunder tat, ihnen das Meer spaltete und sie trocken hindurchziehen ließ, da wollten die Dienstengel den Heiligen, er sei gepriesen, preisen. Aber der Heilige, er sei gepriesen, ließ sie nicht, wie es heißt: ... (Ex 14, 20). *zäh* bedeutet nichts anderes als Lobpreis *(qîllûs)*, wie es heißt: ... (Jes 6, 3). Der Heilige, er sei gepriesen, sprach: Moses und Israel sollen mich preisen, wie es heißt: ... (Ex 15, 1). ...

IV. b Meg 10b

Ferner sagte R. Jochanan: Es steht geschrieben: ... (Ex 14, 20). Die Dienstengel wollten [nämlich] ein Lied singen. Da sagte der Heilige, er sei gepriesen, zu ihnen: Das Werk meiner Hände versinkt im Meer, und ihr wollt ein Lied singen?!

---

[59] So wohl zu ergänzen, denn der Satz „Ihr aber lebt und besteht, wann immer ihr wollt" gibt keinen Sinn.

b San 39 b (wörtlich, aber: R. Schmuel b. Nachman i. N. R. Jonatans).

Jalq *bešallaḥ* § 233 S. 145 am (wörtlich, aber im Namen R. Schmuel b. Nachmanis; als Zitat aus b Meg 10 b gekennzeichnet).

A. Das Verhältnis der einzelnen Versionen zueinander zu bestimmen, ist äußerst schwierig, da keine Version einen einwandfreien Text bietet. Sicher ist zunächst (dies ergibt sich vor allem aus IV), daß ein eigener Auslegungsmidrasch zu Ex 14, 20 bestand. In IV fehlt allerdings der wichtige Verweis auf Jes 6, 3 (vgl. I–III; III besonders ausführlich), ohne den der Midrasch nicht verständlich ist. Auch III wird nicht die ursprüngliche Fassung dieses Auslegungsmidraschs bieten, da er sich (wohl ursprünglich) in I, II und IV[60] auf die Situation v o r dem Durchzug durch das Schilfmeer bezieht, in III dagegen auf die Situation nach dem Durchzug. Wer der erste Tradent dieses Midraschs war, läßt sich ebenfalls kaum noch erschließen. I und III sind anonym, II und IV (b Meg) nennen R. Jochanan als Tradenten, IV (Jalq) dagegen R. Schmuel b. Nachmani[61] und IV (b San) R. Schmuel b. Nachman i. N. R. Jonatans[62]. Berücksichtigt man, daß (der bekanntere) R. Jochanan leicht aus „R. Jonatan" verlesen sein kann und daß R. Schmuel b. Nachman(i) und R. Jochanan Schüler R. Jonatans waren, ist zu erwägen, ob nicht R. Jonatan der erste Tradent unseres Midraschs war (was natürlich nicht bedeutet, daß er auch als Autor anzusehen ist; dagegen spricht die anonyme Überlieferung in I und III).

I und II haben insofern einen gemeinsamen Grundriß, als beide (im Anschluß an Ex 15, 1) je zwei getrennte Midraschim zur Situation vor und nach dem Durchzug durch das Rote Meer bringen. Darüber hinaus sind aber große Unterschiede zu beobachten.

a) 1. Midrasch: Hier fehlt in II das Gleichnis. Es ist nicht mehr mit Sicherheit zu entscheiden, ob II eine verkürzte Fassung bietet oder ob das Doppelgleichnis in I aus dem Gleichnis in II (2. Midrasch) sekundär entwickelt wurde.

b) 2. Midrasch: Hier hat II einige deutlich sekundäre Elemente. Die Erklärung Gottes den Engeln gegenüber, warum Israel ihnen vorangeht, wird ebenso ein Einschub sein wie die doppelte Auslegung von Ps 68, 26 (am Anfang und am Schluß). In I ist die Kontroverse zwischen R. Chijja b. Abba[63] und R. Levi[64] um Ps 68, 26 allerdings auch kaum ursprünglich, da sie nur sehr ungeschickt („da stehen die Frauen und die Dienstengel ...") mit dem vorangehenden Gleichnis verknüpft wurde. Wahrscheinlich wurde ein ursprünglich selbständiger (aber in dieser Form nicht mehr erhaltener) Auslegungsmidrasch zu Ps 68, 26 in I und II eingearbeitet.

---

[60] IV bezieht sich im vorliegenden Kontext allerdings auf die Ägypter, was jedoch eine sekundäre Übertragung des Motivs von den Israeliten auf die Ägypter nicht ausschließt.

[61] pA 3, um 260.

[62] b. Elasar, pA 1, um 220.

[63] R. Chijja II. b. Abba (?), pA 3, um 280.

[64] pA 3, um 300.

B. 1. Auslegung von Ex 14, 20 und Jes 6, 3: Auch während Israel in Gefahr ist, wollen die Engel ihr (gewohntes) Loblied vor Gott anstimmen. Gott weist die Engel zurecht (I: „er zürnte ihnen"); das Schicksal Israels ist ihm wichtiger als der Lobpreis der Engel.

2. Auslegung von Ex 15, 1 und Ps 68, 26: Nach dem Durchzug Israels durch das Rote Meer wollen die Engel Gott preisen. Auch hier müssen sie zurückstehen und dürfen das Loblied erst nach Israel anstimmen. Die Auslegung von Ps 68, 26[65] verschärft die implizierte polemische Tendenz: Nicht nur Israel (d. h. hier die Männer), sondern auch die Frauen preisen Gott vor den Engeln.

Interessant sind in diesem Zusammenhang die Unterschiede in den beiden Fassungen des Gleichnisses. Während I nämlich den Sohn (= Israel) und den Diener (= Engel) des Königs darum streiten läßt, wer dem König zuerst huldigen darf, sind die Rivalen in II der Sohn und die Bewohner des Palastes. II ist also deutlich bemüht, die in I scharf akzentuierte Herabsetzung der Engel („Ihr Frevler, geht mein Diener etwa meinem Sohn voran?!") abzuschwächen.

3. Ganz besonders auffällig ist diese ausgleichende Tendenz in dem Einschub (II), der die Bevorzugung Israels erklären will. Israel darf zuerst singen, weil es sterblich und somit den Engeln unterlegen ist. Die Tatsache, daß Israel Gott zuerst preisen darf, ist also keine Auszeichnung (vor den Engeln), sondern nur die Rücksichtnahme auf das schwache und vergängliche Menschengeschlecht.

C. Die Midraschim lassen zwei gegenläufige Tendenzen erkennen, nämlich a) Polemik gegen die Engel (Bevorzugung Israels) und b) Abschwächung dieser Polemik und Betonung der Überlegenheit der Engel.

Text 52

EchRBu Pet. 24 S. 24

Resch Laqisch sagt: An drei Stellen wollten die Dienstengel ein Lied vor dem Heiligen, er sei gepriesen, singen, er aber ließ sie nicht. Und diese sind es: Beim Geschlecht der Sintflut, am [Roten] Meer und bei der Zerstörung des Tempels. Beim Geschlecht der Sintflut, was steht da geschrieben?: Und Gott sprach: Mein Geist bleibe nicht in Ewigkeit im Menschen (Gen 6, 3). Am [Roten] Meer steht geschrieben: Und einer nahte dem anderen nicht die ganze Nacht (Ex 14, 20). Und bei der Zerstörung des Heiligtums steht geschrieben: Darum sage ich: Wendet euch ab von mir, bitterlich weine ich, drängt nicht danach, mich zu trösten (Jes 22, 4). *'al-te'āsᵉphû* (versammelt euch nicht) steht hier nicht geschrieben, sondern *'al-tā'îṣû*. Der Heilige, er sei gepriesen, sprach zu den Dienstengeln: Die Tröstungen, die ihr vor mir sprecht, sind Beleidigungen

---

[65] Nach R. Levi (I); wahrscheinlich ist dies aber auch die Meinung des anonymen Verfassers in II (s. o. Anm. 58). R. Chijja, der Kontrahent R. Levis, meint mit seinem Ausspruch vielleicht, daß Gott einen Teil Israels (nämlich die Männer) vor den Engeln und einen Teil (die Frauen) nach den Engeln singen ließ. Damit hätte er dann Friede zwischen Menschen und Engeln gestiftet.

(nî'ûṣîn)[66] für mich. Warum?: Denn es ist ein Tag des Getümmels, der Zertretung und der Verwirrung für[67] Gott, den Herrn der Heerscharen (Jes 22, 5).

EchR Pet. 24 (wörtlich); Jalq Jes § 421 S. 783 bo (R. Schimon b. Elasar).

A. Amoräischer Midrasch; in dieser Form nur hier. Wenn man der Überlieferung unter dem Namen Resch Laqischs[68] trauen darf, war Resch Laqisch mit Sicherheit nur der Redaktor dieser drei Midraschim, nicht der Autor. Dies ergibt sich aus der sehr verkürzten Darstellung (vor allem der beiden ersten Auslegungen) und aus der Tatsache, daß die Midraschim zu Ex 14, 20 und Jes 22, 4 getrennt überliefert werden[69]; außerdem paßt der Midrasch zu Jes 22, 4 thematisch nicht ganz hierher (es geht nicht um ein Lied, sondern um den Trost der Dienstengel, s. Text 53).

B. Auslegung von Gen 6, 3: Impliziert ist offensichtlich ein al-tiqri-Midrasch, nämlich „lies nicht *jādôn,* sondern *jārôn*"[70]. Gen 6, 3 wäre dann im Sinne des Midraschs zu lesen: Meine Geister (= Engel)[71] sollen nicht jubeln.

Zur Auslegung von Ex 14, 20 s. Text 51; zur Auslegung von Jes 22, 4 Text 53.

C. Polemik gegen die Engel. Wenn Israel in Gefahr ist bzw. bestraft wird, ist das Loblied der Engel unangemessen. Möglich ist auch die Deutung, daß die Engel Gottes Gerechtigkeit besingen wollen, während Gott den Untergang seiner Geschöpfe beklagt.

Text 53

I. PesR S. 135 a f.

R. Acha b. Abba sagt: In dieser Stunde (gemeint ist die Wegführung des Volkes ins babylonische Exil) wollte der Heilige, er sei gepriesen, die ganze Welt in das Chaos zurückverwandeln. Der Heilige, er sei gepriesen, sprach: Alles, was ich geschaffen habe, habe ich nur um ihretwillen erschaffen, wie es heißt: ... (Ez 21, 22) ...

R. Tachlipha b. Qeruja sagt: In dieser Stunde kamen alle Dienstengel zusammen, standen vor dem Heiligen, er sei gepriesen, und sprachen vor ihm: Herr der Welt, die Welt und alles was in ihr ist, ist dein. Genügt es dir nicht, daß du deine untere Wohnung zerstört hast – willst du auch noch deine obere Wohnung zerstören?! Er antwortete ihnen: Bedarf ich [euer] Tröstungen?! Bin ich Fleisch und Blut, daß ich eurer Tröstungen bedarf?! Siehe, ich kenne [den Anfang und][72] das Ende, wie es heißt: Bis zum Alter bin ich derselbe, bis zum Ergrauen

---

[66] Der Midrasch leitet *tā'îṣû* also von *nā'aṣ* – „beleidigen, schmähen" ab (statt von *'ûṣ,* wie im MT): Lies nicht *tā'îṣû,* sondern *tin'āṣû.*

[67] So im Sinne des Midraschs.

[68] pA 2, um 250.

[69] Vgl. Text 51 und 53.

[70] So auch Maharso z. St.

[71] Zur Gleichsetzung „Geister – Engel" vgl. Ps 104, 4.

[72] So wohl zu ergänzen (mit Hs Parma, Braude S. 556 Anm. 14).

will ich [euch] tragen; ich habe getan und ich will tragen (Jes 46, 4). Deswegen sage ich: Wendet euch ab von mir, bitterlich weine ich, drängt nicht danach, mich zu trösten (Jes 22, 4). „Fahrt nicht fort *('al-tôsîphû)* [mich zu trösten]", sagt die Schrift nicht, sondern *'al-tā'îṣû!* Er sprach zu ihnen: Eure Tröstungen, mit denen ihr mich tröstet, sind Beleidigungen *(nî'ûṣîn)* vor mir! ...

Jalq Ps § 884 S. 965 bm (wörtlich).
MidrTeh 137, 3 (fast wörtlich, i. N. von R. Ilpha).
Vgl. auch MidrTeh 20, 1.

II. SEZ S. 28

... Auch der Heilige, er sei gepriesen, wollte mit ihnen in die Gefangenschaft ziehen. Sofort versammelten sich die Dienstengel vor dem Heiligen, er sei gepriesen, ihn zu begütigen und zu trösten und sprachen vor ihm: Herr der Welt, du hast doch noch die Götzendiener auf der Welt und [auch] wir, wir sind nicht zu ergründen und nicht zu zählen. Da sprach der Heilige, er sei gepriesen, zu den Dienstengeln: Bin ich denn aus Fleisch und Blut, daß ich Tröstungen brauche?! (usw., fast wörtlich wie I) ...

SEZFr S. 188 f. (fast wörtlich, aber: ... Du hast doch noch 70 Völker auf der Welt ...).

A. Vgl. Text 52. Es ist nicht mehr mit Sicherheit zu entscheiden, welche Version die ursprüngliche ist; möglicherweise ist aber II bereits eine tendenziöse Bearbeitung. Die Tradierung unter dem Namen R. Tachlipha b. Qerujas gibt keinen Anhaltspunkt, da ein Rabbi dieses Namens sonst nicht bekannt ist (vielleicht ist mit MidrTeh „R. Ilpha"[73] zu lesen).

B. Thema des Midraschs ist das Verhältnis zwischen Gott und Israel, d. h. konkret die Frage, ob (nach der Wegführung Israels in das babylonische Exil) ein Ersatz für Israel möglich ist. Diese Frage wird von den Engeln in beiden Versionen grundsätzlich positiv bantwortet: Gott soll sich mit der himmlischen Welt begnügen. II spitzt diesen Vorschlag insofern zu, als die Engel hier auch noch die 70 Heidenvölker (SEZFr) bzw. die Götzendiener[74] (SEZ) einbeziehen. Die Anmaßung der Engel besteht also darin, daß sie es nicht nur überhaupt wagen, Gott zu trösten, sondern vor allem auch sich selbst und die übrigen Völker als Ersatz für Israel anbieten. Da die Welt (und zwar sowohl die irdische als auch die himmlische Welt) nur um Israels willen erschaffen wurde[75], ist dieser Vorschlag eine Beleidigung Gottes.

C. Die theologische Aussage (das Verhältnis zwischen Gott und seinem Volk ist so eng und einzigartig, daß ein Ersatz nicht möglich ist) wird polemisch zugespitzt: Der Versuch der Engel, sich selbst (oder gar die Völker der Welt) als

[73] pA 2, Zeitgenosse R. Jochanans, vgl. Strack, Einleitung, S. 138 und Margalioth, Encyclopedia, s. v.

[74] Beide Termini meinen dasselbe.

[75] Vgl. Text 30; b Schab 88 a parr.

Ersatz anzubieten, kommt einer Blasphemie gleich. Impliziert ist außerdem (in I) die Vorstellung, daß die Existenz der Engel vom Bestand Israels abhängig ist; ohne Israel ist die ganze Schöpfung (zu der eben auch die Engel gehören) sinnlos.

Text 54

Ps-SEZFr S. 30 f.

So hat Rabbi[76] ausgelegt: Einst bringt der Heilige, er sei gepriesen, den Thron des Gerichtes herbei und setzt sich auf ihm nieder. Zuerst ruft er Himmel wie es heißt: ... (Gen 1, 1). Warum habt ihr zugesehen, wie meine Schekhinah und Erde und sprcht zu ihnen: Vor allem anderen habe ich euch erschaffen, sich entfernte, mein Haus zerstört und meine Kinder zwischen den Völkern der Welt zerstreut wurden und habt nicht um Erbarmen für sie gefleht?! Er richtet sie und läßt sie sich auf einer Seite hinstellen.

Er ruft Sonne und Mond ... (dasselbe).

Er ruft Sterne und Planeten ... (dasselbe).

Und so auch mit den Dienstengeln. Er ruft den Metatron[77] und spricht zu ihm: Ich habe deinen Namen nach meinem Namen genannt, wie es heißt: Denn mein Name ist in seinem Innern (Ex 23, 21). Warum habt ihr zugesehen, wie meine Schekhinah sich entfernte, mein Haus zerstört und meine Kinder verbannt wurden und habt nicht um Erbarmen für sie gefleht?! Er richtet sie und läßt sie sich auf einer Seite hinstellen.

Er ruft die Väter der Welt[78] ... (dasselbe).

Er ruft den Thron des Gerichtes ... Da lernst du, daß kein Geschöpf sich vom Gericht retten kann. Danach zerstört der Heilige, er sei gepriesen, die ganze Welt, wie es heißt: Denn der Herr allein ist erhaben an jenem Tage (Jes 2, 17).

SEZ S. 77 (fast wörtlich).

A. Der Midrasch findet sich nur im SEZ bzw. Ps-SEZFr (= PRE nach Friedmann); eine Datierung ist deswegen nicht möglich. Auch die Überlieferung unter dem Namen Rabbis erlaubt keine sicheren Rückschlüsse auf das Alter des Midraschs.

B. Thema des Midraschs ist die Endzeit. Jedes Geschöpf Gottes – und das bedeutet auch: Himmel und Erde, Sonne und Mond etc. – wird gemäß seinen Taten gerichtet. Diese Vorstellung ist in der rabbinischen Literatur geläufig. Die besondere Aussage dieses Midraschs besteht aber darin, daß nur ein Kriterium für das Urteil maßgebend ist, nämlich die Frage, wie die Geschöpfe sich zu Israel verhalten haben: Weil sie alle auf der Seite des strengen Rechtes *(middat had-dîn)* standen und es unterließen, für Israel um Erbarmen zu bitten, werden

---

[76] R. Jehuda ha-Nasi, T 4, um 200.

[77] Zu Metatron vgl. oben S. 71 f. und Margalioth, *Mal'akhê 'äljôn,* S. 73–108.

[78] Abraham, Isaak und Jakob.

sie schuldig gesprochen. Israel ist also auch nach diesem Midrasch[79] der absolute Mittelpunkt der Schöpfung; die anderen Geschöpfe (d. h. die ganze Welt, einschließlich des Himmels und seiner Bewohner) existieren nur um Israels willen.

C. Das Verhältnis zwischen Engeln und Menschen ist im Midrasch nicht direkt angesprochen. Immerhin mag in der Tatsache, daß nicht einmal die Engel vom Endgericht ausgeschlossen sind und daß auch sie an ihrem Verhalten zu Israel gemessen werden, eine polemische Absicht zum Ausdruck kommen.

Text 55

I. SiphNu § 42 S. 46

R. Elasar b. R. Elasar ha-Qappar sagt: Groß ist der Friede, denn selbst, wenn Israel Götzendienst treibt, aber Frieden untereinander [hält], sagt Gott, wenn man so sagen könnte *(kibjākhôl):* Der Satan rührt sie nicht an, denn es heißt: Ephraim ist den Götzen verbündet, [doch] laß ihn (Hos 4, 17)[80]. Aber wenn sie uneins werden, was steht da von ihnen geschrieben?: Zerstritten ist ihr Herz – jetzt sollen sie büßen (Hos 10, 2). Siehe, groß ist der Friede und verhaßt der Streit!

BamR 11, 7; Jalq *nāśo'* § 711 S. 464 ao (wörtlich).

II. BerR 38, 6

Rabbi sagt: Groß ist der Friede, denn selbst, wenn Israel Götzendienst treibt, aber Frieden untereinander [hält], sagt der Heilige, er sei gepriesen, wenn man so sagen könnte: Ich herrsche nicht über sie, denn es heißt: ... (usw. wie SiphNu).

DEZ Kap. 9: ... denn die Schekhinah kann sie nicht anrühren ...
Jalq Noah § 62 S. 33 bu: ... er kann nicht über sie herrschen ...

III. TanBu *ṣaw* § 10

R. Elasar ha-Qappar sagt: Groß ist der Friede, denn selbst, wenn Israel Götzendienst treibt, aber eines Sinnes ist *('ôśîn ḥᵃbûrāh 'aḥat),* rührt das Maß der Gerechtigkeit *(middat had-dîn)* sie nicht an, wie es heißt: ... (Hos 4, 17).

Tan *ṣaw* § 7 (wörtlich).
Tan *šophᵉṭîm* § 18 (wörtlich; Schluß:) Aber wenn sie uneins werden, rührt das Maß der Gerechtigkeit sie an, wie es heißt: ... (Hos 10, 2).

A. Tannaitischer Midrasch. Der Autor ist mit großer Wahrscheinlichkeit R. Elasar b. R. Elasar ha-Qappar[81]. Da er häufig auch R. Elasar ha-Qappar beRabbi

---

[79] Vgl. Text 53.

[80] So im Sinne des Midraschs: Obwohl Ephraim (= Israel) Götzendienst treibt, soll der Satan ihn nicht anrühren.

[81] Meist Bar Qappara genannt, T 5, um 210.

genannt wird[82], dürfte die La „Rabbi“ in II auf diese Form des Namens zurückgehen[83].

B. Der Midrasch gehört in SiphNu (und den meisten Parallelen) zu einem langen Lobpreis des Friedens, der – immer mit dem Ausruf „Groß ist der Friede“ eingeleitet – die Vorzüge und Bedeutung des Friedens aufzählt. Nach Bar Qappara ist der Friede so mächtig, daß er sogar den Abfall von Gott aufwiegt und die Bestrafung von Israel fernhält. Zu beachten ist, daß Bar Qappara nicht vom Frieden allgemein, sondern vom „Frieden untereinander“ – also innerhalb Israels – spricht. Er war vielleicht der Meinung, daß Streit und Unfriede innerhalb des Volkes ebenso gefährlich für den Bestand Israels sein kann, wie Götzendienst, d. h. der Abfall von Gott. Man wird das sehr extrem formulierte Dictum deswegen in einer Zeit ansetzen müssen, in der Unfriede und Parteienstreit (?) innerhalb Israels häufiger und gefährlicher waren als der offene Abfall von Gott. Die homiletische Tendenz des Ausspruches ist jedenfalls eindeutig.

Die einzelnen Versionen des Midraschs sind deswegen von besonderer Bedeutung, weil die (zu erwartende) Strafe für den Abfall von Gott jeweils verschieden formuliert wird. Nach I gewinnt der Satan Macht über Israel, nach II dagegen Gott selbst und nach III schließlich das Maß der Gerechtigkeit. Diese Formulierungen sind sicher nicht zufällig, und es wäre auch müßig, eine ursprüngliche La suchen zu wollen. Der Midrasch ist vielmehr ein sehr prägnantes Beispiel für den Sachverhalt, daß diese drei Termini im Grunde dasselbe meinen, also auswechselbar sind. Der Satan (ein Engel nach rabbinischer Auffassung!) vertritt das Maß der Gerechtigkeit, und dieses Maß der Gerechtigkeit streitet in Gott selbst mit dem Maß der Barmherzigkeit[84], kann also für Gott stehen. „Maß der Gerechtigkeit“ oder „Satan“ bezeichnen den Zweifel Gottes an der Welt und am Menschen. Gewöhnlich ist der Satan[85] (und seltener das Maß der Gerechtigkeit) der Anwalt dieses Zweifels; da dieser Zweifel aber in Gott selbst besteht, ist es nur konsequent, wenn in Version II Gott genannt wird. Daß mit den Termini „Satan“ und „Maß der Gerechtigkeit“ im Grunde Gott angesprochen ist, zeigt auch das in allen Fassungen eingeschobene *kibjākhôl* (wenn man so sagen könnte), das in der Regel bei einer gewagten oder anstößigen Aussage über Gott verwendet wird[86].

Auf diesem Hintergrund ist die Aussage des Midraschs weiter zu präzisieren: Wenn Israel Götzendienst treibt, liefert es sich damit dem Satan bzw.

---

[82] So auch Tan *šophᵉṭîm* § 18.

[83] Sie könnte auch dadurch entstanden sein, daß Bar Qappara Schüler R. Jehudas (Rabbis) war, vgl. Margalioth, Encyclopedia, Sp. 184.

[84] Vgl. dazu oben S. 92 Anm. 79.

[85] Als der Engel, dem diese Funktion in besonderer Weise zukommt. Daß auch die Engel (allgemein) diesen Zweifel artikulieren können, zeigen sehr viele der behandelten Texte.

[86] Vgl. dazu Marmorstein, Doctrine II, Kap. IV, 7; Bacher, Terminologie I, S. 72 f.; Billerbeck III, S. 138 f.

Maß der Gerechtigkeit aus. Der Abfall Israels von Gott gibt dem Zweifel in Gott selbst recht, der der Existenz Israels widerspricht. Die Folge wäre die Zerstörung der Welt und die Vernichtung Israels. Aber diese letzte Konsequenz ist – auch unter der extremen Voraussetzung des Götzendienstes – nach Bar Qappara nicht möglich, wenn Israel nur untereinander Frieden hält. Dies bedeutet letztlich: Satan bzw. Maß der Gerechtigkeit werden niemals zum Ziel kommen, das Verhältnis zwischen Gott und Israel ist im Grunde unauflösbar.

Die Gleichsetzung Satan-Maß der Gerechtigkeit-Gott macht deutlich, daß der Satan – das personifizierte, in Gott selbst gründende Maß der Gerechtigkeit – für die Rabbinen der Widersacher und Feind des Menschen schlechthin sein muß. Der Ausspruch Bar Qapparas versucht zu zeigen, daß Israel dieser Feindschaft nicht hilflos und endgültig ausgeliefert ist.

Text 56

PesR S. 185 b f.

Eine Unterweisung Davids. Glücklich, wem Frevel vergeben, Sünde verziehen (Ps 32, 1). Das ist es, was geschrieben steht: Du hast den Frevel deines Volkes vergeben, all ihre Sünde verziehen (Ps 85, 3). Du findest, daß Satan am Versöhnungstag kommt, um Israel anzuklagen. Er zählt die Frevel Israels einzeln auf und spricht: Herr der Welt, so wie es bei den Völkern der Welt Ehebrecher gibt, gibt es auch welche bei Israel. So wie es bei den Völkern der Welt Diebe gibt, gibt es sie auch bei Israel. Der Heilige, er sei gepriesen, aber zählt die Verdienste Israels einzeln auf. Was tut er? Er nimmt den Waagebalken und wägt Frevel und Verdienst. Sie werden gegeneinander abgewogen, Frevel und Verdienst, und die Schalen der Waage befinden sich im Gleichgewicht. Dann geht der Satan, um [weitere] Frevel zu bringen, sie auf die Schale der Frevel zu legen und [diese] sinken zu lassen. Was tut der Heilige, er sei gepriesen? Während der Satan Frevel sucht, nimmt der Heilige, er sei gepriesen, die Frevel von der Schale und versteckt sie unter seinem königlichen Purpurgewand. Wenn der Satan dann zurückkommt, findet er dort keinen Frevel mehr, wie geschrieben steht: Gesucht wird der Frevel Israels, aber es ist keiner mehr da (Jer 50, 20). Wenn der Satan dies sieht, spricht er vor dem Heiligen, er sei gepriesen: Herr der Welt, du hast den Frevel deines Volkes weggenommen, [all ihre Sünden hast du bedeckt][87] (Ps 85, 3)! Als David dies sah, sprach er: ... Glücklich, dessen Frevel weggenommen und dessen Sünde bedeckt[87] (Ps 32, 1).

Jalq Ps § 718 S. 906 am.
Vgl. auch WaR 21, 4 (die Fürsten der Völker der Welt klagen Israel an).

A. Anonymer amoräischer Midrasch; nur hier.

B. Homiletischer Midrasch zu Ps 32, 1 und 85, 3. Die Verben *nāšā'* und

[87] So im Sinne des Midraschs.

kissāh in den beiden Versen werden ganz konkret als „hochheben (wegnehmen)" und „bedecken (verbergen)" interpretiert: Gott hat die Sünden Israels von der Waagschale genommen und unter seinem Mantel verborgen. Satan, der Gegenspieler Israels, wird von Gott überlistet.

Auch hier vertritt der Satan den Standpunkt der Heiligkeit Gottes und ist mit dem Maß der Gerechtigkeit gleichzusetzen. Vielleicht hat man in dem Purpurmantel sogar das Attribut der göttlichen Barmherzigkeit zu sehen, das die Schuld Israels bedeckt[88]. Dann stünden sich in diesem Midrasch das Maß der Gerechtigkeit und das Maß der Barmherzigkeit gegenüber – das eine personifiziert im Satan, das andere konkretisiert im Purpurmantel Gottes –, und die Gerechtigkeit würde durch die Barmherzigkeit aufgehoben. Wie in Text 55 wird hier deutlich, daß Gott – indem er den Satan hintergeht – im Grunde sich selbst überlistet, denn der Satan ist schließlich beauftragt, die Sünden Israels vor Gott zu bringen. Der Bund Gottes mit Israel muß trotz der Sünden Israels aufrechterhalten werden und ist mit dem Maß der Gerechtigkeit allein nicht zu messen.

Text 57

I. WaR 21, 4

... Du findest, daß die Zahl der Tage des Sonnenjahres 365 Tage [beträgt], der Zahlenwert des Namens *haś-śāṭān* [aber nur die Zahl] 364 [ausmacht]. [Daraus folgt,] daß der Satan alle Tage des Jahres anklagt, nicht aber am Versöhnungstag.

BamR 18, 21; b Jom 20 a; b Ned 32 b; MHG Gen S. 116; MidrTeh 27, 4; Tan Korach § 12.

II. PRE Kap. 46 S. 111 a

Am Tage, da die Torah gegeben wurde[89], sprach der Satan vor dem Heiligen, er sei gepriesen: Herr der Welt, über alle Frevler hast du mir Macht gegeben, aber über die Gerechten gibst du mir keine Erlaubnis!?[90] Er sprach zu ihm: Siehe, du hast Macht über sie am Versöhnungstag, wenn sie gesündigt haben; wenn [sie aber] nicht [gesündigt haben], hast du keine Macht über sie.

---

[88] So Braude, S. 784 Anm. 5 mit Verweis auf MidrTeh 9, 13: „Jeder Gerechte, den die Völker der Welt töten, [dessen Name] schreibt der Heilige, er sei gepriesen, auf seinen Purpur[mantel]" (so ist der Text wohl zu verstehen; die Verbesserung von *pwrpwrj* in *pwpwrj* – παπυρος bei Buber, S. 89 Anm. 92, scheint nicht sehr überzeugend). Allerdings folgt danach als Schriftbeweis Ps 110, 6, wo vom Gericht über die Völker die Rede ist. Von daher würde sich eher die Erklärung des Purpurmantels als Attribut des Gerichtes (oder auch nur der Herrschaft) nahe legen.

[89] Gemeint ist die Gabe der zweiten Tafeln, die Moses – nach der Chronologie der PRE – am Versöhnungstag brachte.

[90] Friedlander (Hs Epstein) z. St. liest hier: „Thou hast given me power over all the nations of the world, but over Israel Thou hast not given me power".

... Als der Satan sah, daß sich am Versöhnungstag keine Sünde an ihnen fand, sprach er vor ihm: Herr der Welt, du hast ein Volk, das den Dienstengeln im Himmel gleicht[91]! So wie die Dienstengel keine Kniegelenke haben, so steht auch Israel auf seinen Füßen am Versöhnungstag [ohne sich zu setzen]. So wie die Dienstengel nicht essen und trinken, so ißt und trinkt auch Israel nicht am Versöhnungstag. So wie unter den Dienstengeln Friede herrscht, so herrscht auch in Israel Friede am Versöhnungstag[92]. Der Heilige, er sei gepriesen, erhört das Gebet Israels anstelle [der Anklage] ihres Anklägers[93] und entsühnt den Altar, die Priester und die ganze Gemeinde. ...

Vgl. auch DebRL S. 69; DebR 2, 36; MidrTeh 27, 4.

A. Die beiden Texte sind selbständige Midraschim und nur unter thematischen Gesichtspunkten hier zusammengestellt worden. Text I wird in den Parallelen in jeweils verschiedenen Kontexten überliefert, und es ist nicht mehr auszumachen, welcher der ursprüngliche Kontext ist (wenn nicht das Dictum überhaupt ursprünglich als selbständiges Dictum überliefert und erst sekundär in verschiedene Midraschim eingearbeitet wurde). Für die Interpretation kann der jeweilige Kontext deswegen nicht herangezogen werden.

In Text II scheint die von Friedlander übersetzte Hs Epstein an verschiedenen Stellen den besseren Text zu bieten. Dies gilt vor allem für die in Anm. 90 zitierte Variante, die auch sonst in der rabbinischen Literatur gut bezeugt ist[94]. Für die La des Druckes findet sich – soweit ich sehe – nicht nur keine einzige Parallele, sie paßt auch sachlich nicht sonderlich gut in den Kontext des Midraschs.

B. Das Dictum in I entzieht sich fast der Interpretation, weil ein ursprünglicher Kontext fehlt (bzw. nie tradiert wurde). Die Behauptung, daß der Satan nicht am Versöhnungstag anklagt, wird mit Hilfe der Gematrie bewiesen, die entscheidende Frage aber, w a r u m dies nicht der Fall ist, wird damit nicht beantwortet. Die ungezwungenste Antwort auf diese Frage wäre der Hinweis darauf, daß Israel am Versöhnungstag eben um Verzeihung für seine Sünden bittet und daß eine Anklage des Satans zu diesem Zeitpunkt wenig angemessen wäre. Gegen eine solche Antwort spricht aber vor allem die Tatsache, daß man sich gerade den Versöhnungstag offensichtlich als Gerichtsverfahren vorstellen konnte, bei dem der Satan die Rolle des Anklägers übernimmt: Nach PesR S. 185 bf.[95] ist der Versöhnungstag der Tag, an dem der Satan Israel anklagt, und auch Text II setzt, wenn auch mit Einschränkung, eine Anklage des Satans am

---

[91] So mit Friedlander (Hs Epstein) z. St. Im gedruckten Text fehlt dieser Satz.

[92] Friedlander (Hs Epstein), S. 364, zählt noch einige Punkte mehr auf, in denen sich Dienstengel und Israel gleichen.

[93] *qāṭêgôr* (κατήγορος); so wird der Satan häufig in der rabbinischen Literatur genannt.

[94] Vgl. besonders Text 39.

[95] Text 56.

Versöhnungstag voraus. Eine andere Möglichkeit – die aber rein hypothetisch ist, da nichts im Text darauf hinweist – wäre die Vermutung, daß der Satan am Versöhnungstag keine Macht über Israel hat, weil Israel an diesem Tag nahezu ausschließlich mit der Torah beschäftigt ist. Die Vorstellung jedenfalls, daß die Beschäftigung mit der Torah dem Todesengel (der ja häufig mit dem Satan gleichgesetzt wird) keine Macht über den Menschen verleiht, ist relativ gut bezeugt[96]. Eindeutig ist dagegen die Aussage in Text II. Hier hat der Satan zwar das Recht, am Versöhnungstag anzuklagen, aber diese Anklage hat nicht nur keinen Erfolg, sie verwandelt sich faktisch sogar in einen Lobpreis Israels aus dem Munde des Satans: Israel gleicht am Versöhnungstag den Dienstengeln, deswegen kann die Anklage keinen Erfolg haben. Ein Vergleich mit Text 56 läßt die Besonderheit dieser Aussage deutlich werden. Nach PesR befinden sich am Versöhnungstag die beiden Schalen der Sünde und des Verdienstes im Gleichgewicht, und nur die Barmherzigkeit Gottes gibt den Ausschlag zugunsten des Verdienstes. Israel ist also ganz auf die Gnade Gottes angewiesen, nicht auf eigenes Verdienst. In PRE dagegen ist die Gnade Gottes überflüssig: Israel gleicht den Dienstengeln und muß folglich sündenlos sein. Der Unterschied zwischen PesR und PRE ist also der, daß in PesR die Macht des Satans durch die Barmherzigkeit Gottes gebrochen wird, während in PRE der Mensch – der aber eben nicht mehr Mensch, sondern schon Engel ist – tatsächlich sündenlos ist und der Barmherzigkeit Gottes nicht bedarf. Die Konsequenz drängt sich auf, daß in PRE weder die Sündhaftigkeit des Menschen letztlich ernst genommen ist noch die Funktion des Satans noch schließlich (dies ist die logische Folgerung) die Barmherzigkeit Gottes.

Text 58

Tan *b^e ḥuqqotaj* § 1

Wenn ihr in meinen Satzungen [geht und meine Gebote bewahrt] ... (Lev 26, 3). Das ist es, was geschrieben steht: Wenn schon bestimmt sind seine Tage, seiner Monde Zahl bei dir liegt und seine Gebote du gesetzt hast, daß er sie nicht überschreite (Job 14, 5). ... [Was bedeutet:] Die Zahl seiner Monde liegt bei dir, seine Gebote hast du gesetzt, daß er sie nicht überschreite (Job ebd.)?[97] Der Heilige, er sei gepriesen, sprach zu Israel: Wenn ihr meine Gebote haltet, rührt der Satan euch nicht an, wie es heißt: dann geht er nicht vorüber (Job ebd.)[98]. Wenn ihr aber meine Gebote nicht haltet, rührt der Satan euch an, wie es heißt: Sooft er[99] vorübergeht, packt er euch (Jes 28, 19). ... So sprach ich auch zu Salomo, als er Weisheit begehrte. Was sagte ich zu ihm?: Auch das, worum

---

[96] Vgl. Text 39 und Text 58–60.

[97] Im MT ist Gott angesprochen.

[98] Der Midrasch interpretiert den Jobvers also: Wenn du seine (Gottes) Gebote hältst, dann wird er (der Satan) nicht vorübergehen (d. h. dich nicht heimsuchen).

[99] So versteht der Midrasch das schwierige *šôṭ* im MT (V. 18).

du nicht gebeten hast, gebe ich dir, Reichtum und Ehre (1 Kö 3, 13). Wenn du die Torah und die Gebote hältst, rührt der Todesengel dich nicht an, wie es heißt: Wenn du auf meinen Wegen wandelst und meine Gebote und Satzungen hältst, so wie dein Vater David getan hat, dann werde ich deine Tage verlängern (ebd. V. 14). ...

TanBu *b^e^ḥuqqotaj* § 1 (fast wörtlich).
Jalq Kö § 175 S. 746 bu; Jalq Job § 906 S. 1010 bo (fast wörtlich).
Jalq *b^e^ḥuqqotaj* § 671 S. 424 bo (ohne das Beispiel von Salomo).
Vgl. auch EstR 7, 13.

A. Anonymer amoräischer Midrasch. Die Tatsache, daß das Beispiel von Salomo in Jalq *b^e^ḥuqqotaj* fehlt, könnte auf einen ursprünglich selbständigen Midrasch zu 1 Kö 3, 13 f. hinweisen, der im Tanchuma mit dem Midrasch zu Lev 26, 3 zusammengestellt wurde.

B. Homiletischer Midrasch zu Lev 26, 3 in Verbindung mit Job 14, 5 und 1 Kö 3, 13. Der Wechsel in der Terminologie von „Satan" zu „Todesengel" legt sich zwar vom Inhalt her nahe (zu 1 Kö 3, 14 paßt der Todesengel besser als der Satan), zeigt aber auch, daß die Termini eng verwandt sind und nahezu synonym gebraucht werden können[100].

Sachlich besagt der Midrasch, daß das Halten der Torah und der Gebote den Menschen aus der Gewalt des Satans bzw. des Todesengels befreit. Die Macht des Satans/Todesengels ist also nicht unbegrenzt, sondern wird durch die Torah limitiert. Ähnlich wie in Text 39 impliziert der Midrasch eine enge Verbindung zwischen der Torah bzw. dem Halten der Torah und der Freiheit vom Satan/Todesengel. Die homiletische Tendenz dieser Aussage ist unverkennbar: Die Macht des Satans hängt ab vom Eifer Israels im Bewahren der Gebote, d. h. Israel selbst ist verantwortlich dafür, wieviel Einfluß der Satan gewinnt.

Text 59

I. b Schab 30 b

(Gott hat David kundgetan, daß er an einem Schabbat sterben werde.) Da saß nun David an jedem Schabbat und forschte den ganzen Tag [in der Torah]. An dem Tag, da seine Seele zur Ruhe einkehren sollte, trat der Todesengel vor ihn hin, vermochte aber nichts gegen ihn, da sein Mund nicht vom Studium abließ. Da sprach er: Was mache ich nun mit ihm? Es war aber ein Garten hinter dem Haus, dorthin ging der Todesengel und schüttelte die Bäume. Als [David] hinausging, um nachzusehen, wurde die Treppe, die er bestieg, unter ihm schadhaft. Da schwieg er[101], und seine Seele kehrte zur Ruhe ein.

Jalq Ps § 735 S. 911 bo (Zitat aus b Schab).
KohR 5, 10 § 2 (etwas kürzer).

---

[100] Dies ist auch sonst in der rabbinischen Literatur zu beobachten, s. oben S. 66 mit Anm. 165.

[101] D. h. er hörte auf, die Torah zu rezitieren.

II. b Mak 10a

(Die Worte der Torah bewahren vor dem Todesengel). Denn einst saß R. Chisda im Lehrhaus und studierte, und der Todesengel[102] konnte sich ihm nicht nähern, da sein Mund nicht vom Studium abließ. Da setzte sich [der Todesengel] auf die Zeder des Lehrhauses, und als diese zusammenbrach, schwieg [R. Chisda] und [der Todesengel] kam ihm bei.

III. b BMe 86a

... Der Todesengel vermochte nicht, sich [Rabba b. Nachmani] zu nähern, da sein Mund nicht vom Studium abließ. Währenddessen erhob sich ein Wind und blies zwischen dem Röhricht. Da glaubte er, es sei eine Reiterschar[103] und sprach: Eher mag meine Seele zur Ruhe einkehren, als daß ich der Hand der Regierung ausgeliefert werde! ...

A. Die drei Texte sind literarisch selbständige Midraschim, die aber sehr wahrscheinlich auf dasselbe Motiv zurückgehen. Allen Texten gemeinsam ist das Motiv vom Todesengel, der die Seele eines Menschen nicht holen kann, weil dieser nicht vom Studium der Torah abläßt. Er muß jeweils zu einer List greifen, damit der Mensch das Studium (bzw. ganz konkret das Rezitieren) der Torah unterbricht und kann ihn in diesem Moment töten. Nur in III ist die Erzählung nicht genau nach diesem Schema durchgeführt. Es ist aber sehr gut denkbar, daß der Text verderbt ist und der Wind im Röhricht ursprünglich die List des Satans war, Rabba b. Nachmani vom Studium abzulenken. Für diese Vermutung spricht die stereotype Einleitung („da sein Mund nicht vom Studium abließ"), die III mit I und II gemeinsam hat.

B. Auch diese drei Midraschim verbinden (wie Text 39; 58 und 60) Torah und Freiheit vom Todesengel: die Beschäftigung mit der Torah befreit den Menschen von der Macht des Todesengels. Diese Aussage ist hier allerdings sehr viel konkreter und „dinghafter" als in den anderen Texten. Es geht nicht so sehr um das Tun der Torah, als vielmehr um die fortgesetzte mechanische Beschäftigung mit der Torah, die keine Unterbrechung duldet[104]. Die Torah hat – geradezu wie ein Amulett – apotropäische Wirkung, indem sie den Todesengel vom Menschen fernhält. Der Todesengel gleicht eher einem Dämon, der sich dem Menschen mit List und Tücke nähert, als dem von Gott beauftragten

---

[102] So mit Hs München, Goldschmidt z. St.

[103] Der Regierung, die ihn verfolgte.

[104] Vgl. dazu m Ab 3, 7: „Wer sich auf dem Wege befindet, [Torah] lernt und sein Studium unterbricht und spricht: Wie schön ist dieser Baum [dort], wie schön ist dieses gepflügte Feld [da]! – an dem erfüllt sich die Schrift, wie wenn er an seiner Seele (= des Todes) schuldig geworden wäre". Anders als in diesem Dictum (vielleicht sogar in einer bewußt „übertriebenen" Auslegung des Dictums) ist die Torah in den übersetzten Midraschim (vgl. vor allem I) ein Mittel gegen den Tod(esengel).

Engel. Die homiletische Tendenz (vgl. den vorangehenden Text) ist in diesem Midrasch ganz hinter einer magischen Vorstellung von der Torah zurückgetreten.

Text 60

KohR 3, 2 § 3

(R. Schimon b. Chalaphta trifft den Todesengel, der ein neugeborenes Kind holen will.) Er sprach zu ihm: Bei deinem Leben, zeige mir mein Geschick[105] an! [Der Todesengel] antwortete: Über dich und deinesgleichen habe ich keine Gewalt. [R. Schimon] fragte: Warum nicht? Er antwortete: Weil ihr euch täglich mit der Torah und den Geboten abmüht und Liebeswerke ausübt, deswegen fügt der Heilige, er sei gepriesen, zu euren Tagen hinzu. Da sagte [R. Schimon]: Möge es der Wille des Heiligen, er sei gepriesen, sein, daß du, so wenig du über unser Geschick herrschst, auch nicht unseren ausgesprochenen Wünschen zuwider handeln könnest. Sie beteten um Erbarmen vom Himmel, und das Kind blieb am Leben.

DebR 9, 1; Jalq Spr § 947 S. 982 bu f. (kürzer, ohne den Schluß).

A. Legendarischer amoräischer Midrasch; nur hier.

B. Wie in Text 58 und 59 befreit die Beschäftigung mit der Torah und die Erfüllung der Gebote von der Macht des Todesengels. Dieses Thema ist allerdings sehr stark vom Motiv einer Wundererzählung zum Lob R. Schimon b. Chalaphtas überlagert. Eine besondere (theologisch begründete) Macht der Rabbinen über den Todesengel wird man der Erzählung nicht entnehmen können.

DER GERECHTE

Text 61

I. BerR 78, 1

R. Meir, R. Jehuda und R. Schimon. R. Meir sagt: Wer ist größer – der Beschützer oder der Beschützte? Aus dem Schriftvers: Seine Engel entbietet er für dich, dich zu beschützen (Ps 91, 11) [ergibt sich]: der Beschützte ist größer als der Beschützer.

R. Jehuda sagt: Wer ist größer – der Tragende oder der Getragene? Aus dem Schriftvers: Auf den Händen tragen sie dich (ebd. V. 12) [ergibt sich]: der Getragene ist größer als der Tragende.

R. Schimon sagt: Wer ist größer – der Sender oder der Gesandte? Aus dem Schriftvers: Sende mich (Gen 32, 27) [ergibt sich]: der Sender ist größer als der Gesandte.

---

[105] *pîṭqî*. Gemeint ist der Termin des Todes.

Jalq *wajjišlah* § 133 S. 81 au (wörtlich).
Jalq Ps § 843 S. 944 ao (wörtlich).
MidrTeh 91, 6: R. Jehuda sagt: Wer ist größer – der Verabschiedende oder der Verabschiedete? Als Jakob mit dem Engel zusammentraf, siehe, was steht da geschrieben?: ... (Gen 32, 27). –
Siehe, Jakob verabschiedet den Engel. R. Jose sagt: Wer ist größer – der Tragende oder der Getragene? ...
JalqMa Ps 91, 23 (Wie BerR, aber der Ausspruch R. Schimons wie der Ausspruch R. Jehudas in MidrTeh 91, 6).
MidrTeh 104, 3: R. Meir sagt: Wer ist größer – der Getragene oder der Tragende? ... der Beschützer oder der Beschützte? Der Beschützte. Warum? Hätte er keine guten Taten, wäre er nicht getragen und beschützt, wie es heißt: ... (Ps 91, 11.12).

II. MHG Gen S. 571 f.

Er sprach: Sende mich (Gen 32, 27). R. Schimon sagt: Wisse, daß die Gerechten größer sind als die Engel. Denn wer ist größer – der Sender oder der Gesandte? Der Sender! Schickt doch der Vater seinen Sohn, der Lehrer seinen Schüler, und von den Gerechten heißt es: ... (Gen ebd.) – Siehe, die Gerechten sind größer als die Engel!

Ebenso sagt die Schrift: Der Herr erhebt seine Stimme vor seinem Heer, denn sehr groß ist sein Lager; und mächtig sind die, die sein Wort tun[1] (Joel 2, 11). Wie verhält sich dies zueinander? Vielmehr sprach der Heilige, er sei gepriesen: Die Engel sind mächtig, wie geschrieben steht: Denn sehr groß ist sein Lager (Joel ebd.). Und wer ist mächtiger als sie? Das sind die Gerechten, die seinen Willen tun, wie geschrieben steht: Und mächtig sind die, die sein Wort tun (ebd.). Wer seine Torah hält, der ist der größte von ihnen. R. Meir sagt: Wisse daß die Gerechten größer sind als die Engel, denn wer ist größer – der Beschützer oder der Beschützte? Der Beschützte! Ist es doch die Weise der Diener des Königs, ihren Herrn zu beschützen, und von den Gerechten heißt es: ... (Ps 91, 11). ...

R. Jehuda sagt: Wisse, daß die Gerechten größer sind als die Engel, denn wer ist größer – der Tragende oder der Getragene? Der Getragene! Ist es doch die Weise der Diener des Königs, ihren Herrn zu tragen, und von den Gerechten heißt es: ... (ebd. V. 12). ...

R. Jochanan ha-Sandlar sagt: Wisse, daß die Gerechten größer sind als die Engel, denn die Gerechten singen das Loblied, wann immer sie wollen, die Engel dagegen nur einmal am Tage. Es wird nämlich gelehrt, daß der Heilige, er sei gepriesen, jeden Tag 12 000 Dienstengel erschafft – diese singen das Loblied vor ihm, und er vernichtet sie, wie es heißt: ... (Echa 3, 23).

A. Tannaitischer Midrasch; R. Meir, R. Jehuda[2] und R. Schimon[3] sind Zeitgenossen und gehören in die dritte Generation der Tannaim.

---

[1] Im MT Sing.
[2] b. Elai?
[3] b. Jochai?

Beide Versionen haben denselben Aufriß (nur in anderer Reihenfolge: in II steht konsequenterweise die Auslegung R. Schimons am Anfang), II ist aber im ganzen ausführlicher und hat einige deutlich sekundäre Einschübe: der Midrasch zu Joel 2, 11[4] wird ebensowenig ursprünglich hierhergehören wie der Ausspruch R. Jochanans[5] und die Baraita am Schluß[6]. In I ist dagegen der Text so verkürzt, daß er kaum noch verständlich ist. Das eigentliche Thema des Midraschs wird in I gar nicht ausgesprochen und läßt sich nur indirekt aus den Bibelversen erschließen. Es ist deswegen nicht ausgeschlossen, daß II (abzüglich der Einschübe) den besseren Text bietet.

B. Thema des Midraschs ist das Verhältnis zwischen Engeln und Menschen (Gerechten). Die zugrundeliegende Frage lautet: Wer ist größer, die Engel oder die Gerechten? Alle drei Rabbinen äußern dieselbe Meinung: Die Gerechten sind größer als die Engel. Die Engel sind von Gott dazu bestimmt, die Menschen zu beschützen (R. Meir und R. Jehuda), also sind sie die Diener des Menschen (so auch ausdrücklich Version II). Der Mensch hat sogar Macht über den Engel (R. Schimon), er schickt ihn wie ein Vater seinen Sohn oder ein Lehrer seinen Schüler (II). Diese Aussage des Midraschs zielt ohne Zweifel nicht nur auf die Vergangenheit (Jakob), sondern auch auf die Gegenwart der Verfasser. Es ist möglich, daß R. Meir und R. Jehuda die ursprünglich nur auf Jakob bezogene Auslegung R. Schimons bewußt aktualisiert haben. Der Schutz der Engel gilt auch für die Gegenwart – folglich sind auch in der Gegenwart die Gerechten größer als die Dienstengel.

Nun stellt sich aber die Frage, was die Gerechten vor den Engeln derart auszeichnet, daß sie sogar über die Engel erhoben werden. Auf diese naheliegende Frage gibt der Midrasch keine Antwort (jedenfalls nicht in der mutmaßlich ursprünglichen Fassung). Dem Verfasser bzw. Redaktor von II war diese Frage aber offensichtlich bewußt (bzw. die Antwort nicht so selbstverständlich wie möglicherweise dem Redaktor von I), denn die eingeschobene Auslegung zu Joel 2, 11 beantwortet genau diese Frage: Die Gerechten halten die Torah, deswegen sind sie größer als die Engel. Die Tragweite dieser Antwort ergibt sich erst auf dem Hintergrund der Aussagen über das Verlangen der Engel nach der Torah[7]. Den Engeln wurde die Torah vorenthalten, weil sie für den sündigen Menschen bestimmt ist und nicht für die vollkommenen und sündenlosen Engel. Jetzt zeigt sich, daß der Mensch, der die Torah hält, über den Engeln steht. Der Vorteil der Engel erweist sich also wieder[8] als Nachteil: Gerade wegen ihrer Sündenlosigkeit sind sie nicht in der Lage, Verdienst zu erwerben und sind deswegen dem Gerechten unterlegen. Daraus folgt letztlich,

---

[4] Vgl. Text 63.

[5] Vgl. Text 46, II a.

[6] Vgl. BerR 78, 1; b Chag 14 a; SchemR 15, 6 (hier aber ein Vergleich Israels mit den Engeln); Jalq *wajjišlaḥ* § 133 S. 81 au; Jalq Dan § 1065 S. 1025 bu.

[7] Vgl. Text 20 ff.

[8] Vgl. Text 26.

daß für die Verfasser dieses Midraschs der sündige Mensch (mit allen seinen positiven und negativen Möglichkeiten) höher einzuschätzen ist als die (ohne ihr Verdienst und ohne die Möglichkeit der eigenen Entscheidung) vollkommenen Engel.

Text 62

MidrTeh 103, 18

(Tanchum b. Chanilai) ... Und er rief den Moses (Lev 1, 1) und es schadete ihm nicht – um dich zu lehren, daß die Gerechten größer sind als die Dienstengel, denn die Dienstengel können seine Stimme nicht hören, sondern stehen zitternd und bebend; die Gerechten aber können seine Stimme hören, wie es heißt: Denn der Herr erhebt seine Stimme vor seinem Heer, denn sehr groß ist sein Lager (Joel 2, 11): Das sind die Dienstengel, wie es heißt: Ein Lager Gottes ist dies (Gen 32, 3), und es heißt: Tausend mal tausend dienen ihm (Dan 7, 10). Und wer kann seine Stimme hören?: Und mächtig ist der, der sein Wort tut (Joel ebd.) – das ist der Gerechte, der sein Wort tut, denn er ist größer als die Dienstengel. Und wer ist das? Das ist Moses, der die Stimme des Wortes *(dibbûr)* gehört hat, wie es heißt: ... (Lev 1, 1).

Tan Lev § 1: ... und wer ist mächtiger als sie? Die Gerechten ...
TanBu Lev § 1 S. 2 (dasselbe).
Jalq Joel § 534 S. 854 ao.
Vgl. auch Tan *wajjišlaḥ* § 2.

A./B. Der Midrasch ist in der vorliegenden Form nur schwer verständlich, wenn nicht überhaupt verderbt. Zwei Themen sind zu unterscheiden und scheinen vermischt zu sein:

1. Israel kann Gottes Stimme nicht hören, sondern muß sterben (Dt 5, 22). Moses dagegen ist imstande, Gottes Stimme zu ertragen, ohne zu sterben. Daraus ergibt sich als logische Konsequenz (die allerdings vom Midrasch nicht ausgesprochen wird), daß Moses größer ist als Israel. Die ursprüngliche Fassung dieses Midraschs (ebenfalls im Namen R. Tanchum b. Chanilais) wird WaR 1, 1 S. 5 f. überliefert.

2. Auslegung von Joel 2, 11: Die Gerechten sind größer als die Engel, weil sie Gottes Wort tun. Vgl. Text 63.

Text 63

Tan *wajjišlaḥ* § 2

... Denn sehr groß ist sein Lager (Joel 2, 11) – das sind die Engel, die für und wider [Israel] sprechen. Und mächtig ist der, der sein Wort tut (ebd.). – Wer ist der Mächtigste von ihnen? Der sein Wort tut! R. Huna i. N. des R. Chijja sagt: Das ist Israel, die das Tun dem Hören vorangehen ließen und sprachen: Alles, was der Herr gesagt hat, wollen wir tun und hören (Ex 24, 7). Dies lehrt dich, daß die Gerechten größer sind als die Dienstengel.

Wisse, in der Stunde, als Jesaja sprach: Denn ein Mann von unreinen Lippen bin ich und wohne unter einem Volk von unreinen Lippen (Jes 6, 5), da sprach der Heilige, er sei gepriesen, zu ihm: Jesaja, für dich selbst bist du berechtigt zu sagen: Ein Mann von unreinen Lippen bin ich, aber für Israel bist du nicht berechtigt, denn sie haben vor mir das Tun dem Hören vorangehen lassen und sie künden die Einheit meines Namens zweimal am Tag[9]. Was steht dort geschrieben?: Da flog einer der Seraphim zu mir, in der Hand eine glühende Kohle *(riṣpāh)* (ebd. V. 6). Was bedeutet *riṣpāh?* Zermalme den Mund *(rôṣ päh)* dessen, der üble Nachrede spricht gegen meine Kinder! Und was bedeutet *mälqāḥajim*[10] (ebd.)? Dies lehrt, daß es zwei Zangen waren. Der Engel ging hin, die glühende Kohle zu nehmen und verbrannte sich. Da nahm er eine Zange, um die Kohle zu nehmen, und verbrannte sich. Schließlich brachte er eine zweite Zange, ergriff die erste Zange mit Hilfe der anderen Zange und nahm [so] die glühende Kohle und legte sie auf den Mund Jesajas, wie es heißt: Er berührte meinen Mund und sprach: Siehe, dies hat deine Lippen berührt, es weicht deine Schuld und deine Sünde ist gesühnt (ebd. V. 7). Weil er gesagt hatte: Unter einem Volk von unreinen Lippen wohne ich (ebd. V. 5), deswegen nahm [der Engel] eine glühende Kohle ..., die selbst der Seraph nur mit zwei Zangen anfassen kann und legte sie auf den Mund Jesajas – dieser aber verbrannte sich nicht! Siehe: Mächtig sind die, die sein Wort tun (Joel ebd.) – das sind die Gerechten, die größer sind als die Engel[11].
Dies findest du auch von Moses, als Feuer gegen die Klagenden herabkam, wie es heißt: [Das Volk aber war wie Klagende, böse in den Ohren des Herrn] ... und Feuer vom Herrn flammte wider sie und fraß (Nu 11, 1). R. Jizchaq sagt: Moses, unser Lehrer, stellte sich hin und warf Wollflocken in das Feuer, und das Feuer sank in sich zusammen[12], wie es heißt: Und das Feuer versank (ebd. V. 2). Dies lehrt dich, daß die Gerechten größer sind als die Dienstengel. ...

JalqMa Jes 6, 6 (wörtlich; die erste Auslegung von R. Huna i. N. R. Achas).
MHG Nu S. 164 (fast wörtlich; aber andere Reihenfolge, und die erste Auslegung auf Israel fehlt).
PesR S. 150 b (nur die Erzählung über Jesaja).
Jalq Jes § 406 S. 778 au (wie PesR, aber mit kurzem Einschub in Anlehnung an Tan).
SchirR 1, 6 § 1 (verkürzt, nur die Erzählung über Jesaja).
MHG Nu S. 283 (Vergleich zwischen Gabriel und Elasar).

A. Hier scheint die Erzählung über Jesaja der ursprüngliche Kern des Midraschs gewesen zu sein (so PesR, Jalq Jes und SchirR), um den die Auslegung zu Joel 2, 11[13] und das Beispiel von Moses gruppiert wurden. Beide Zusätze

---

[9] So mit MHG Nu; der Text in Tan ist umständlicher.
[10] Traditionell mit Dochtschere übersetzt. Hier als Dual von *mälqaḥat* (Zange) verstanden; der Dual impliziert z w e i Zangen.
[11] So mit MHG Nu.
[12] Wörtl.: auf der Erde.
[13] Der Tradent ist wahrscheinlich mit JalqMa R. Huna i. N. R. Achas.

passen nicht sonderlich zum eigentlichen Midrasch. Die Erzählung über Moses wurde vermutlich nur durch das „Feuer“ assoziiert; ein Bezug zu den Engeln fehlt völlig.

B. Das Dictum „Die Gerechten sind größer als die Dienstengel“ ist offenbar schon als stehende Redewendung vorausgesetzt. Die Erzählung über Jesaja (deren Pointe in der paradoxen Gegenüberstellung von Engel und Mensch besteht) will dieses Dictum veranschaulichen: Der nach verbreiteter rabbinischer Auffassung aus Feuer bestehende Engel (es ist nicht von ungefähr ein Seraph)[14] verbrennt sich an der glühenden Kohle; der Mensch, der verbrannt (= entsühnt) werden soll, verbrennt sich nicht. Die polemische Tendenz dieses Midraschs liegt auf der Hand.

Text 64

PesR S. 160 b

... Komm und sieh auf Chananja, Mischael und Asarja, die, als Nebukadnezar sie in den Feuerofen geworfen hatte, in ihm umhergingen, wie jemand an einem kalten Tage in der Sonne spazierengeht, deren [Wärme] ihm angenehm ist, wie geschrieben steht: Er antwortete und sprach: Ich sehe aber vier Männer frei im Feuer umhergehen, keine Verletzung ist an ihnen; und der vierte gleicht in seinem Aussehen einem Göttersohn (Dan 3, 25). „Der erste“ steht hier nicht geschrieben, sondern „der vierte“ – das ist Gabriel, der hinter ihnen herging, wie der Schüler hinter[15] dem Lehrer. Dies lehrt dich, daß die Gerechten größer sind als die Dienstengel.

Jalq Dan § 1062 S. 1024 au f. (wörtlich).
b San 92 b/93 a (kürzer und im Namen R. Jochanans).

A. Anonymer amoräischer Midrasch; die Überlieferung im Namen R. Jochanans ist mit großer Wahrscheinlichkeit sekundär.

B. Vgl. den vorangehenden Midrasch. Auch hier wird die Auslegung von Dan 3, 25 eine polemisch gefärbte Illustration des vorgegebenen Dictums von den Gerechten sein, die größer sind als die Dienstengel.

Text 65

I. j Schab K 6 Ende

Was bedeutet: Und es gibt keine Zauberei (Nu 23, 23)?: Es gibt Zauberei![16] R. Acha b. Seira[17] sagt: Jeder, der nicht zaubert, dessen Gebiet (Platz)

[14] S. oben S. 51 mit Anm. 64.

[15] So Hs Parma, Braude S. 673 Anm. 9; im gedruckten Text: *liphnê* (in Gegenwart von).

[16] *kî lô naḥaš.* al-tiqri-Midrasch: lies nicht *lo'* (MT), sondern *lô*.

[17] Vermutlich R. Ahaba (so III) oder Achawa b. Seira, pA 4.

ist vorne (drinnen) wie [das] der Dienstengel[18]. ... Und was bedeutet: Zur Zeit spricht er[19] zu Jakob, und zu Israel, was Gott wirkt (ebd.)? ... R. Berekhja i. N. des R. Abba b. Kahana[20] sagt: Einst wird der Heilige, er sei gepriesen, das Gebiet *(m^eḥîṣātān)* der Gerechten vor dem Gebiet der Dienstengel *(l^ephānîm mimm^eḥîṣātān)* machen[21], und die Dienstengel werden sie fragen und zu ihnen sagen: Was tut Gott (ebd.)? Was lehrte euch der Heilige, er sei gepriesen? R. Levi b. Chijuta[22] sagt: Tat er dies nicht auch schon in dieser Welt? Das ist es, was geschrieben steht: Da antwortete Nebukadnezar und sprach: Ich sehe aber vier Männer frei im Feuer umhergehen, keine Verletzung ist an ihnen ...[23]; [und der vierte gleicht in seinem Aussehen einem Göttersohn] (Dan 3, 25): „das Aussehen des ersten" steht hier nicht geschrieben, sondern „das Aussehen des vierten". Sie unterdrückten *(m^ekhabb^ešîn)* vor ihm das Feuer[24]. ...

II. DebR 1, 12

R. Abba sagt: Einst wird das Gebiet der Gerechten vor dem der Dienstengel sein, und [die Engel] werden [Israel] fragen: Welche neuen Halakhot hat der Heilige, er sei gepriesen, heute vorgetragen? R. Levi b. Chanina sagt: Wundere dich nicht, auch in dieser Welt ist ihr Gebiet vor dem der Gerechten, wie es heißt: ... (Dan 3, 25): Sie waren weiter vorne [im Ofen] als der Engel, und er löschte das Feuer vor ihnen aus.

III. b Ned 32 a

R. [Levi[25]] sagt: Wer zaubert, dem haftet die Zauberei an, wie es heißt: Denn Zauberei ist an ihm, an Jakob[26] (Nu 23, 23). Es ist aber doch mit Lamed-Aleph geschrieben[27]?! Vielmehr: Maß um Maß[28]. Ahaba, der Sohn des R. Sera[29], lehrt: Jeder, der nicht zaubert, den bringt man in ein Gebiet, in das nicht einmal die Dienstengel Einlaß finden, wie es heißt: ... (Nu 23, 23).

---

[18] *liphnîm k^emal'^akhê haš-šāret.* Vielleicht ist aber (s. u.) zu lesen: *liphnîm mim-mal'^akhê haš-šāret;* so auch *Qårban hā-'edāh* z. St.

[19] So im Sinne des Midraschs.

[20] pA 3, um 310.

[21] D. h. die Gerechten werden im Himmel ihren Platz näher am göttlichen Thron haben als die Dienstengel. Weitere Belege zu *m^eḥîṣāh* s. bei Billerbeck II, S. 266.

[22] = b. Chaita?, pA 4, vgl. Margalioth, Encyclopedia, Sp. 620.

[23] Hier ist eine kurze Auslegung dieses Versteiles eingeschoben.

[24] *'ôr* – wörtl.: Licht; hier ist aber ohne Zweifel das Feuer gemeint.

[25] So mit Hs München.

[26] So im Sinne des Midraschs.

[27] D. h. im MT steht *lo'* und nicht *lô*.

[28] In dem Maße, in dem er sich damit beschäftigt, haftet die Zauberei ihm an.

[29] b. Seira, s. unter I.

IV. T a n B u B a l a q § 23

Zur Zeit wird zu Jakob gesprochen, und zu Israel, was Gott tut (Nu 23, 23). Sein (= Bileams) Auge sah Israel vor dem Heiligen, er sei gepriesen, sitzen wie einen Schüler vor seinem Lehrer; sie hörten [von] jedem einzelnen Abschnitt, warum er geschrieben wurde, wie es heißt: Denen, die vor dem Herrn sitzen, wird ihr Lohn zuteil usw. (Jes 23, 18); und es heißt: Dein Lehrer verbirgt sich fürderhin nicht, und deine Augen sehen deinen Lehrer (Jes 30, 20). Die Dienstengel aber fragen sie (= Israel): Was lehrte euch der Heilige, er sei gepriesen, da sie nicht in ihr Gebiet eindringen können, wie es heißt: Zur Zeit wird zu J a k o b gesprochen, und zu I s r a e l , was Gott tut (Nu ebd.)[30].

BamR 20, 20 (fast wörtlich).
Tan Balaq § 14 (fast wörtlich).
Jalq Balaq § 769 S. 532 ao (fast wörtlich).

A. j Schab ist die älteste literarische Fassung dieses Midraschs (bzw. der zwei Midraschim); die anderen Versionen dürften direkt von j Schab abhängig sein. Zu unterscheiden sind ein Midrasch zu Nu 23, 23 (in allen Versionen) und ein Midrasch zu Dan 3, 25 (nur in I und II). Letzterer wurde vermutlich erst vom Redaktor mit dem Midrasch zu Nu 23, 23 zusammengestellt; die in DebR (II) überlieferte Fassung ist mit Sicherheit sekundär und wahrscheinlich verderbt.

B. 1. Auslegung von Nu 23, 23: Der Midrasch wendet sich gegen das Unwesen der Zauberei und verheißt dem, der sich der Zauberei enthält, einen Lohn, der alles übersteigt, was mit Hilfe von Zauberei gewonnen werden könnte. Da, wie wir heute wissen, Zauberpraktiken in Palästina sehr viel verbreiteter waren, als die rabbinischen Quellen vermuten lassen[31], ist er ohne Zweifel aus aktuellem Anlaß entstanden. Die Verheißung, daß einst die Gerechten Gott näher sein werden als die Dienstengel und daß die Engel sogar die Geheimnisse Gottes (so wird das „Was tut Gott?“ wohl zu verstehen sein[32]) von den Gerechten erfragen müssen, ist auffallend und enthält ohne Zweifel eine gegen die Engel gerichtete polemische Tendenz. Es ist denkbar, daß die hier verworfenen Zauberpraktiken in irgendeiner Weise mit den Engeln verbunden waren (etwa indem man sich der Engelnamen zu bestimmten magischen Zwecken bediente?). So verstanden besagt der Midrasch: Die Gerechten sind größer als die Engel[33]. In dieser Welt könnte man noch meinen, daß die Engel Gottes Geheimnisse kennen, weil sie näher bei Gott sind als die Menschen, und daß sie dem Menschen Erkenntnisse

[30] D. h. Gott spricht in der Endzeit zu Israel und nicht zu den Engeln.

[31] Vgl. vor allem das von M. Margalioth edierte *Sephär hā-rāzîm* (A Newly Recovered Book of Magic from the Talmud Period, Jerusalem 1966) und Scholem, Jewish Gnosticism, S. 75 ff.; 84 ff.

[32] Die Frage nach den neuesten Halakhot (II) und das Bild vom Lehrer-Schüler-Verhältnis (IV) ist sicher eine Weiterentwicklung bzw. Umdeutung dieses ursprünglichen Gedankens.

[33] Vgl. Text 61 ff.

vermitteln. In der zukünftigen Welt wird sich aber die wirkliche Relation zwischen Engeln und Menschen herausstellen. Es wird sich nämlich zeigen, daß der Platz in unmittelbarer Nähe Gottes für die Menschen bestimmt ist und nicht für die Engel, und daß die Engel der Menschen bedürfen, um die Geheimnisse Gottes zu erfahren.

2. Auslegung von Dan 3, 25: Vgl. Text 64. Anders als in PesR besteht die Pointe des Midraschs hier nicht nur darin, daß der Engel (Gabriel) hinter Chananja, Mischael und Asarja geht, also geringer ist als diese. j Schab fügt noch die Erklärung hinzu: „Sie unterdrückten vor ihm das Feuer" und erzielt damit eine ähnlich paradoxe Wirkung wie Tan *wajjišlaḥ*[34]: Nicht nur, daß Chananja, Mischael und Asarja des Engels, der schließlich zu ihrer Rettung geschickt wurde, nicht bedürfen, sie löschen sogar das Feuer vor ihm aus, d. h. sie bahnen dem Engel einen Weg durch den brennenden Ofen[35]! Die polemische Tendenz dieses Midraschs könnte kaum schärfer formuliert werden.

3. In der redaktionellen Zusammenstellung des j Talmud besagt der Midrasch: Das Beispiel Chananjas, Mischaels und Asarjas zeigt, daß auch in dieser Welt die Gerechten den Engeln überlegen sind; um so mehr hat der Mensch es nicht nötig, in Zauberei und Magie sein Heil zu suchen. Der Mensch ist grundsätzlich näher bei Gott als die Engel und bedarf der Engel nicht, um zu Gott zu gelangen.

DER HOHEPRIESTER

Text 66

I a. j Suk K 4 H 8 S. 54 d

Man fragte vor R. Abbahu: [Man sagt, daß ein Engel den sadduzäischen Hohenpriester im Allerheiligsten ins Gesicht schlug[1]], aber es steht doch geschrieben: Kein Mensch sei im Stiftszelt, wenn er hineingeht, im Heiligtum zu entsühnen, bis er herauskommt (Lev 16, 17). [Man entnimmt daraus, daß] sogar diejenigen, von denen geschrieben steht: Ihre Gesichter gleichen Menschengesichtern (Ez 1, 10) nicht im Stiftszelt sein dürfen, wenn [der Hohepriester] hineingeht, um im Heiligtum zu entsühnen?! Er antwortete ihnen: [Dies gilt nur], wenn er hineingeht, wie es vorgeschrieben ist *(k^edarkô)*[2].

j Jom K 1 H 5 S. 39 a (wörtlich).

---

[34] Text 63.

[35] So auch *P^enê Mošäh* z. St.

[1] Vgl. b Jom 19 b; zum Text in j Suk vgl. die Übersetzung von Horowitz, Sukkah, S. 81.

[2] Der sadduzäische Hohepriester hatte aber gegen die pharisäische Vorschrift verstoßen und den Weihrauch schon vor Betreten des Allerheiligsten aufsteigen lassen.

Ib. j Jom K 5 H 3 S. 42c

40 Jahre lang diente Schimon der Gerechte Israel im Hohenpriesteramt, im letzten Jahr sagte er zu ihnen: In diesem Jahr werde ich sterben. Man fragte ihn: Woher weißt du [dies]? Er antwortete ihnen: Jedes Jahr, wenn ich ins Allerheiligste hineinging, ging ein weißgekleideter und weiß eingehüllter Greis mit mir hinein und wieder heraus. Dieses Jahr aber ging er zwar mit mir hinein, aber nicht wieder heraus! Man fragte vor R. Abbahu: Aber es steht doch geschrieben: ... (Lev 16, 17). Sogar diejenigen, von denen geschrieben steht: ... (Ez 1, 10) dürfen nicht im Stiftszelt sein?! Er antwortete ihnen: Wer sagt denn, daß es ein Mensch war? Ich behaupte, es war der Heilige, er sei gepriesen!

Zur Erzählung von Schimon dem Gerechten und dem Greis vgl. t Sot 13, 8 und Parallelen.

Ic. WaR 21, 12

... (wie j Jom K 5). R. Abbahu sagt: Wer sagt denn, daß es ein Mensch war und daß nicht vielleicht der Heilige, er sei gepriesen, in seiner Herrlichkeit mit ihm hinein- und wieder herausging? R. Abbahu sagt: War denn der Hohepriester kein Mensch?! Vielmehr: Die Antwort liegt in dem, was R. Simon[3] sagt: Als der hl. Geist auf Pinchas ruhte, brannte sein Gesicht wie Fackeln. Über ihn sagt die Schrift: Die Lippen des Priesters sollen Torah-Kenntnis bewahren, [daß man aus seinem Munde die Lehre der Torah suche, er ist nämlich ein Engel *(mal'ākh)* des Herrn der Heerscharen] (Mal 2, 7)[4].

Jalq *'aḥarê* § 571 S. 356 au/bo (fast wörtlich).
Vgl. auch WaR 1, 1.

IIa. PesR S. 190a

(Gott spricht zu Ijob:) Bist du denn größer als Aaron? Keinem Geschöpf auf der Welt habe ich solche Ehre zuteil werden lassen. Denn er war mit den acht Kleidern der Heiligkeit bekleidet[5], und wenn er ins Allerheiligste hineinging, flohen die Dienstengel vor ihm, [wie geschrieben steht]: ... (Lev 16, 17) – das sind die Dienstengel, [wie geschrieben steht]: ... (Ez 1, 10). Sie erwiesen ihm Ehre und flohen vor ihm. ...

IIb. PesR S. 191a

... Wäre nicht mit Aaron, wenn er ins Allerheiligste hineinging, viel Verdienst *(zᵉkhujjôt harbeh)* mit hineingegangen und hätte ihm geholfen, hätte er nicht eine einzige Stunde vor den Engeln bestehen können, die sich dort befanden. Wenn er am Versöhnungstag hineinging, kam der Satan, um [Israel]

---

[3] So wohl mit WaR 1, 1 zu lesen; vgl. Margulies, S. 493 Anm. zu Zeile 5.
[4] D. h. der Hohepriester gleicht den Engeln.
[5] S. m Jom 7, 5.

anzuklagen; doch wenn der Satan ihn sah, floh er vor ihm. Warum? Um des vielen Verdienstes willen, das mit ihm hineinging. ...

II c. MHG Ex S. 629 f.

Komm und sieh, wie groß die Heiligkeit des Hohenpriesters ist, denn weder ein Engel noch ein Seraph kann das Angesicht der Schekhinah sehen, der Hohepriester aber geht hinein mit den acht Kleidungsstücken und dem Mantel; seine Stimme ertönt, und die Dienstengel erzittern vor ihm; er geht hinein in Frieden und kommt heraus in Frieden. ... Große Ehre erwies der Heilige, er sei gepriesen dem Aaron, da er ihn „Engel" nannte, wie geschrieben steht: ... (Mal 2, 7).

A. Der Kern des Midraschs war sehr wahrscheinlich ein relativ alter Auslegungsmidrasch zu Lev 16, 17 bzw. (dies läßt sich nicht mehr entscheiden) ein homiletischer Midrasch zu Lev 16, 17 in Verbindung mit Ez 1, 10. Die älteste literarische Fassung dürfte deswegen in j Suk / j Jom (I) vorliegen. R. Abbahu[6] ist mit Sicherheit nicht der Verfasser des Midraschs, sondern hat ihn mit zwei konkreten Fällen (den Erzählungen über den sadduzäischen Hohenpriester und über Schimon den Gerechten) in Einklang gebracht.

Besonders problematisch ist in diesem Zusammenhang das zweite Dictum R. Abbahus in I c. Da es dem ersten direkt widerspricht, liegt die Vermutung nahe, daß die Überlieferung des Autors nicht korrekt ist.

II verbindet die Auslegung von Lev 16, 17 / Ez 1, 10 mit dem Hohenpriester Aaron; sehr wahrscheinlich ist dies nicht die ursprüngliche Fassung des Midraschs, sondern bereits eine Weiterentwicklung. II b weist zwar im Motiv des vor Aaron fliehenden Satans große Ähnlichkeit mit II a auf, ist aber im übrigen ganz eigenständig (Verdienstmotiv). II c dürfte sowohl von II a als auch von I c (zweiter Ausspruch R. Abbahus mit Zitat aus Mal) abhängig sein.

B. 1. Auslegung von Lev 16, 17 / Ez 1, 10: Ausgangspunkt des Midraschs ist die Vorschrift der Bibel, daß beim Dienst des Hohenpriesters am Versöhnungstag niemand außer dem Hohenpriester selbst im Heiligtum (Allerheiligsten) anwesend sein darf. Der Midrasch bezieht dieses Verbot auch auf die Engel, da es von ihnen heißt, daß ihre Gesichter Menschengesichtern gleichen. Die Erklärung R. Abbahus ist deswegen konsequent: Im Falle des sadduzäischen Hohenpriesters wurde eine Ausnahme gemacht, weil dieser gegen die Vorschrift verstoßen hatte; im Falle Schimons des Gerechten muß nicht ein Engel, sondern kann auch Gott selbst mit Schimon ins Heiligtum gegangen sein.

Ob in dieser Aussage des Midraschs eine gegen die Engel gerichtete polemische Tendenz zum Ausdruck kommt, läßt sich nur schwer beurteilen, da der ursprüngliche Midrasch sehr knapp formuliert ist. Mit Sicherheit läßt sich allerdings in Version II eine polemische Tendenz erkennen, denn dort fliehen die

[6] pA 3, um 300.

Dienstengel (II a) und Satan (II b) vor Aaron bzw. zittern vor ihm (II c); der Hohepriester ist also bei seinem Dienst im Heiligtum den Engeln überlegen. Besonders II b weist darauf hin, daß das Heiligtum als Ort der Konfrontation zwischen Engeln und Hohempriester aufgefaßt wurde, bei der die Engel schließlich dem Hohenpriester weichen müssen.

2. Eine ganz andere Aussage ergibt sich dagegen aus dem zweiten Ausspruch Abbahus in I c und aus dem Schluß des Midraschs in II c[7]. In I c nimmt R. Abbahu das „k e i n Mensch" von Lev 16, 17 ganz wörtlich und knüpft daran die Frage, wie denn der Hohepriester selbst in das Stiftszelt gehen könne, da er doch auch ein Mensch sei. Die Antwort gibt der Midrasch mit dem Ausspruch R. Simons: Pinchas, der Hohepriester, war kein gewöhnlicher Mensch, wenn er seinen Dienst im Allerheiligsten verrichtete, sondern er glich den Engeln. Dies ergibt sich auch aus dem Schriftvers Mal 2, 7, nach dem der Priester ein *mal'ākh* (im Sinne des Midraschs = Engel) Gottes ist. In diesem Midrasch kommt also eine entgegengesetzte Auffassung zum Ausdruck: Der Hohepriester ist kein „gewöhnlicher" Mensch, sondern gleicht bei seinem Dienst (am Versöhnungstag) den Engeln[8].

Text 67

B H M VI, S. 87

Der Priester, der größte von seinen Brüdern (Lev 21, 10). Er[9] ist größer als Michael, der große Fürst, von dem es heißt: Zu jener Zeit tritt Michael auf, der große Fürst (Dan 12, 1). Michael ist nämlich der Fürsprecher in Worten *(bidbārîm)*, doch der Hohepriester tut etwas *(ʿôśāh maʿaśîm)*, indem er ins Allerheiligste heineingeht und nicht weicht, bis ich die Sünden Israels verzeihe.

A. Jelammedenu-Fragment, das nur im Anhang des Jalqut Schimoni, Ed. Saloniki (1526/27 bzw. 1521), überliefert ist und von Jellinek in seinem Bet ha-Midrasch (VI, S. 79–90) abgedruckt wurde. Eine Aussage über das Alter ist nicht möglich.

B. Der Midrasch vergleicht Michael, den himmlischen Fürsprecher Israels[10], mit dem Hohenpriester, der am Versöhnungstag im Allerheiligsten für Israel um Erbarmen fleht. Dieser Vergleich fällt ganz zugunsten des Hohenpriesters aus, mit der Begründung nämlich, daß Michael nur mit Worten bitte, der Hohepriester dagegen mit Taten. Natürlich ist diese Begründung sehr fadenscheinig

---

[7] Vgl. zum folgenden Schäfer, Hl. Geist, S. 78.

[8] Vgl. dazu auch unten S. 228.

[9] Gemeint ist der Hohepriester. *hak-kohen hag-gādôl* ist doppelt interpretiert, nämlich a) (wie im MT): der Priester ist der größte von seinen Brüdern; b) der Hohepriester.

[10] Die Fortsetzung in Dan 12, 1 lautet: „... der über den Söhnen deines Volkes steht...". Diese Stelle ist das klassische Zitat für die Vorstellung von Michael als Schutzengel und Fürsprecher Israels.

– der Hohepriester kann auch nicht viel mehr tun als bitten[11] – und zeigt demnach die polemische Tendenz des Midraschs, dem es offensichtlich darum geht, Michael in seiner Funktion als Fürsprecherengel herabzusetzen. Die Fürsprache des Menschen, dies ist die zugrundeliegende Auffassung, ist grundsätzlich wirkungsvoller als die des Engels. Die implizierte homiletische Absicht läßt vermuten, daß der Midrasch gegen Kreise gerichtet ist, die den Engeln (insbesondere Michael) zuviel Macht und Einfluß einräumten[12].

JAKOB

Text 68

I. BerR 68, 12

Er träumte, und siehe, eine Leiter stand auf der Erde, ... und die Engel Gottes stiegen auf ihr hinauf und herab (Gen 28, 12) ... R. Chijja Rabba und R. Jannai [äußern sich dazu]. Einer sagt: Sie stiegen an der Leiter hinauf und herab; der andere sagt: Sie stiegen an Jakob hinauf und herab[1]. Die Meinung, daß sie an der Leiter hinauf- und herabstiegen, bedarf keiner Erklärung *(nîḥāh)*. Die Meinung, daß sie an Jakob hinauf- und herabstiegen [will sagen]: Manche erhöhten ihn, manche erniedrigten ihn, tanzten um ihn, hüpften um ihn und spotteten über ihn[2]. Es steht nämlich geschrieben[3]: Israel[4], in dir verherrliche ich mich (Jes 49, 3) – bist du es, dessen Bild *('îqônîn)* oben eingeritzt ist?! Sie stiegen hinauf und sahen sein Bild[5], sie stiegen hinab und fanden ihn schlafend. Das gleicht einem König, der auf einem freien Platz[6] saß und richtete.

---

[11] Es ist unwahrscheinlich, daß der Midrasch auf einen Gegensatz zwischen einer Fürsprache „in Worten" Michaels und der kultischen Sühne h a n d l u n g des Hohenpriesters im Allerheiligsten abhebt.

[12] Vgl. dazu oben S. 67 ff.

[1] Bezieht das *bô* des Bibelverses auf Jakob.

[2] *'ôpheẓîm bô qôpheẓîm bô sôneṭîm bô.* Vgl. dazu Albeck, S. 788 Anm. zu Zeile 1.

[3] Dies ist nicht der Schriftbeweis zum Spott der Engel, sondern leitet das folgende ein: Es steht doch geschrieben ... Bist du es wirklich?!

[4] = Jakob.

[5] Nämlich eingraviert im Thron der Herrlichkeit (vgl. die Parallelen, vor allem BerR 82, 2; TPsJ Gen 28, 12; BamR 4, 1). Nach dieser Vorstellung war das Gesicht Jakobs das menschliche Gesicht am Ez 1 beschriebenen Thronwagen.

[6] *parwār*, s. Jastrow (open place, court) und Levy (Vorstadt, Vorwerk, Vorhof), s. v. Ganz unwahrscheinlich ist die Bedeutung „Gerichtskammer" (so Albeck z. St.; Freedman, Midrash Rabbah, Genesis, z. St.; Altmann, Gnostic Background, S. 390), die offensichtlich durch das Bild des richtenden Königs assoziiert wurde. Die Analogie zur Sachhälfte des Gleichnisses erfordert jedoch die (wohl ursprüngliche) Bedeutung „freier Platz, freies Feld (vor der Stadt)", s. dazu unten.

Gingen die Leute hinauf in die Basilika, fanden sie ihn schlafend, gingen sie hinab zum freien Platz, fanden sie ihn, wie er saß und richtete. ...

II. b Chul 91b

Es wird gelehrt: Sie stiegen hinauf und betrachteten das Bild oben, dann stiegen sie hinab und betrachteten das Antlitz unten. Sie wollten ihm Schaden zufügen[7], sofort: Und siehe, der Herr stand über ihm (Gen 28, 13). R. Schimon b. Laqisch sagt: Wenn der Schriftvers nicht geschrieben stünde, könnte man es nicht sagen: Wie ein Mensch, der über seinem Sohn fächelt.

JalqMa Jes 49, 3 (Zitat aus BerR, mit Varianten).
Jalq *wajjeṣe'* § 119 S. 72 bu (wie b Chul).
PRE Kap. 35 S. 82 a (ohne Spott- bzw. Gefährdungsmotiv).
TanBu *šemînî* § 3 (verkürzt?).
BerR 78, 3; ebd. 82, 2; BamR 4, 1; TPsJ Gen 28, 12 (nur das Motiv vom Bild Jakobs); vgl. auch BatMidr I, S. 156.

A. Amoräischer Midrasch, der genau in den Übergang der Tannaiten- zur Amoräerzeit zu datieren ist. R. Chijja der Ältere gehört noch zur letzten Generation der Tannaiten, während sein Schüler und Diskussionspartner R. Jannai der 1. Generation der Amoräer zugerechnet wird. Version II ist sicher eine verkürzte Fassung des Midraschs, die auf BerR zurückgehen dürfte.

B. Besondere Schwierigkeit bereitet in I das Verständnis des Gleichnisses. Wie auch Albeck z. St. bemerkt, entsprechen sich in der übersetzten Fassung Bild- und Sachhälfte des Gleichnisses nicht: Während Jakob auf freiem Feld schläft und sein Bild im Himmel auf dem Thron der Herrlichkeit eingraviert ist, schläft der König in der Basilika und richtet auf einem freien Platz; den Orten (Basilika in der Bildhälfte = Himmel in der Sachhälfte; freier Platz = freies Feld) sind also in der Bild- und Sachhälfte verschiedene Tätigkeiten zugeordnet. In dieser Form ist das Gleichnis unverständlich und gewinnt auch durch die etwas vage Erklärung Albecks („vielleicht ist der Sinn des Gleichnisses der, daß der König an einem Ort sitzt und richtet und an einem anderen Ort schläft“[8]) keinen Sinn. Nun ist das Gleichnis gegen fast sämtliche Hss noch in einer anderen Fassung überliefert. Die Drucke und eine jemenitische Hs lesen nämlich[9]: „Das gleicht einem König, der da saß und richtete. Gingen die Leute hinauf in die Basilika, fanden sie ihn richtend, gingen sie hinaus zum freien Platz [vor der Stadt], fanden sie ihn schlafend“. In dieser Form ist das Gleichnis verständlich, und es hat sehr den Anschein, als sei dies einer der seltenen Fälle, wo in den Drucken ein besserer Text erhalten ist als in den bekannten Hss[10]. Die Aussage des Gleich-

[7] Raschi z. St.: aus Neid.

[8] S. 788 Anm. zu Zeile 3.

[9] Vgl. Albeck z. St. Ebenso auch JalqMa Jes 49, 3.

[10] Natürlich muß mit der Möglichkeit gerechnet werden, daß die Drucke den Text „verbessert“ haben. Aber es ist immerhin auch möglich, daß die Drucke in diesem konkreten Fall auf eine bessere (uns heute unbekannte) Hs zurückgehen.

nisses wäre nach dieser Fassung: Es ist für einen König angemessen, in der Basilika zu richten; es ist aber absolut unpassend für ihn, auf einem freien Feld (außerhalb der Stadt) zu schlafen. Entsprechend sind die Engel, die Jakob nur in seiner erhabenen Stellung im Himmel (nämlich eingraviert auf dem Thron der Herrlichkeit) kennen, überrascht, ihn auf der bloßen Erde schlafend zu finden. Das tertium comparationis zwischen Bild- und Sachhälfte läge somit in der unangemessenen Tätigkeit, nämlich dem Schlafen des Königs bzw. Jakobs. Der Umstand, daß das Unpassende der Tätigkeit in der Bildhälfte durch den unangemessenen Platz veranschaulicht werden muß (das Schlafen des Königs an sich wäre ja noch nicht unpassend), mag die Umstellung des Textes in der von den Hss bezeugten Fassung veranlaßt haben. Hier liegt der Akzent in der Bildhälfte nämlich auf der Unangemessenheit des Ortes für das Schlafen bzw. Richten (in der Basilika schläft man nicht und auf einem freien Feld richtet man nicht), doch kann dies in der Sachhälfte nicht gemeint sein, denn die Engel sind sicher nicht darüber erstaunt, Jakob gerade auf einem *freien Feld* schlafend zu finden.

Nach diesem Verständnis des Midraschs liegt die Pointe in der Tatsache, daß Jakob schläft und daß die Engel ihn so finden. Ohne Zweifel steht der Schlaf hier für Sterblichkeit und Vergänglichkeit[11]. Die Engel entdecken, daß das Bild, das sie täglich im Himmel sehen und das von Gott so sehr geehrt wird, in Wirklichkeit das Abbild eines ganz gewöhnlichen und sterblichen Menschen ist. Ihre Reaktion ist der Spott: Sie verspotten den in ihren Augen erbärmlichen Menschen und sind sich ihrer Überlegenheit gewiß. Daß der Midrasch darüberhinaus eine Anklage des Menschen vor Gott impliziere (ein Motiv, das ja aus verschiedenen Midraschim geläufig ist[12]), weil Jakob „has become forgetful of his image and counterpart upon the Divine Throne“[13], ist nicht sehr wahrscheinlich. Abgesehen davon, daß diese Interpretation auf der schlechter bezeugten La *sôṭ*^{e}*nîm* (anklagen) statt *sôn*^{e}*ṭîm* (verspotten) beruht, liegt der Akzent auch ganz auf der Überraschung und dem Spott der Engel über ihre unerwartete Entdeckung.

Doch geht die Aussage des Midraschs noch weiter. Zunächst ist es nicht einfach der Mensch, den die Engel verspotten, sondern ihr Spott gilt Israel, dem auserwählten Volk Gottes. Dies ergibt sich daraus, daß der Name Jakob ein Synonym für Israel ist (deswegen heißt es nicht von ungefähr im Schriftvers Jes 49, 3: „*Israel*, in dir verherrliche ich mich“). Außerdem (diese entscheidende Aussage des Midraschs ist nur noch indirekt zu erschließen) ist die geschilderte Reaktion der Engel nur auf dem Hintergrund eines Konkurrenzverhältnisses zwischen den Engeln und Israel denkbar. Israel, im Bild ständig vor Gott gegenwärtig, wird von den Engeln als Rivale (um die Liebe Gottes?)

---

[11] Vgl. auch Text 4.

[12] Vgl. Text 6, V und VI; 7; 9; 10.

[13] Altmann, Gnostic Background, S. 391.

und Eindringling empfunden. Dieser Rivale erweist sich als nicht ebenbürtiger und unterlegener Gegner, der nur Spott verdient.

Version II hat diese Aussage des Midraschs etwas verändert und geht gleichzeitig in der Konsequenz einen Schritt weiter. Das Motiv vom Schlaf und somit von der Niedrigkeit des Menschen fehlt völlig. Die Reaktion der Engel ist folglich nicht Spott, sondern der Versuch, Jakob zu töten. Diese Aussage ist nahezu identisch mit Text 11, wo die Engel den soeben erschaffenen Adam verbrennen wollen und Gott ihn vor ihrem Feuer schützen muß[14]. Das Bild des über Jakob fächelnden Gottes läßt vermuten, daß auch in b Chul an das Feuer der Engel gedacht ist[15].

MOSES

Text 69

I a. Siphra 4 a f.

R. Aqiba sagt: Denn der Mensch sieht mich nicht und lebt (Ex 33, 20) – sogar die heiligen Tiere, die den Thron der Herrlichkeit tragen, sehen die Herrlichkeit nicht. R. Schimon [b. Assai] sagt: Ich will den Worten meines Lehrers nicht widersprechen, sondern nur etwas hinzufügen ... (Ex 33, 20) – auch die Engel, die ewig leben, sehen die Herrlichkeit nicht.

Jalq Lev § 431 S. 247 ao (wörtlich).

I b. SiphNu § 103 S. 101

... (Ex 33, 20). R. Aqiba sagt: „der Mensch“ [ist] nach seinem Wortsinn [zu verstehen]; „und ein Lebendiger“[1] – das sind die Dienstengel. R. Schimon ha-Timni sagt: Ich will den Worten R. Aqibas nicht widersprechen, sondern nur etwas hinzufügen: „der Mensch“ [ist] nach seinem Wortsinn [zu verstehen]; „und ein Lebendiger“ – das sind die heiligen Tiere und die Dienstengel.

I c. *Midraš ḥakhāmîm* z. St.[2]

... R. Schimon ha-Timni sagt: „der Mensch“ – das sind die heiligen Tiere, wie geschrieben steht: Und ihre Gesichter glichen Menschengesichtern (Ez 1, 10); „und ein Lebendiger“ – das sind die Dienstengel.

---

[14] Vgl. auch Text 34 ff. (die Engel wollen Moses töten).

[15] Raschi z. St. erklärt: „um ihn vor dem Glutwind *(šārāb)* zu retten“. Diesem Bild mag in der Sachhälfte durchaus das sengende Feuer der Engel entsprechen.

[1] So im Sinne des Midraschs.

[2] Nach Horovitz, S. 101 Anm. zu Zeile 18; vgl auch Heschel, *Tôrāh* I, S. 269.

SchemR 23, 15[3]; SERFr S. 163; SER S. 245; MidrTeh 103, 5; PesR S. 97 a. Vgl. auch DebRL S. 45; BamR 14, 22[4]; BatMidr I, S. 255.

II. PRE Kap. 46 S. 111 b f.

Moses sagte vor dem Heiligen, er sei gepriesen: Herr der Welt, zeige mir doch deine Herrlichkeit (Ex 33, 18)! ... Da sprachen die Dienstengel vor dem Heiligen, er sei gepriesen: Siehe, wir dienen vor dir am Tage und in der Nacht, und wir können deine Herrlichkeit nicht sehen; dieser aber, ein Weibgeborener, will deine Herrlichkeit sehen?! Sie erhoben sich in Zorn und Schrecken, ihn zu töten, und seine Seele war dem Tode nahe. Was tat der Heilige, er sei gepriesen? Er offenbarte sich ihm in einer Wolke, wie es heißt: Da kam der Herr in der Wolke herab (Ex 34, 5). ...

A. In Version I ist nur noch schwer zu verifizieren, welche die ursprüngliche Fassung des Midraschs war. Geht man von der (wahrscheinlichen) Voraussetzung aus, daß der Midrasch beide Schlüsselworte des Bibelverses (*'ādām* und *ḥāj*) erklären will, liegt die Vermutung nahe, daß – im Anschluß an Ez 1, 10 – ursprünglich *'ādām* auf die heiligen Tiere und *ḥāj* auf die Dienstengel bezogen wurde. Dies sagt explizit R. Schimon ha-Timni in I c. Da auch nach dieser Fassung R. Schimon ha-Timni den Worten R. Aqibas nicht widersprechen will, scheint er der Ansicht gewesen zu sein, daß R. Aqiba *'ādām* auf die heiligen Tiere bezog[5]. Auf diesem Hintergrund könnte auch in I a die Erklärung R. Aqibas die Auslegung des *'ādām* im Bibelvers sein und die Erklärung R. Schimon b. Assais (folgerichtig als Ergänzung ausgewiesen) die Auslegung des *ḥāj* in Ex 33, 20. Gegen diese (sich also vermutlich nicht widersprechenden) Fassungen I a und I c steht die Version I b, die explizit *'ādām* nach dem Wortsinn erklärt und *ḥāj* auf die Dienstengel (R. Aqiba) bzw. die heiligen Tiere und die Dienstengel (R. Schimon ha-Timni) bezieht. Gegen diese Fassung spricht aber sowohl die auffallende Doppelung in der Erklärung R. Schimons[6] als auch der Fortgang der Kontroverse: Die am Schluß vertretene Meinung[7], die mög-

---

[3] Hier ist ein Gegensatz zwischen den heiligen Tieren und Israel aufgestellt: Die heiligen Tiere kennen den genauen Ort Gottes nicht; Israel am Schilfmeer hat Gott gesehen.

[4] Hier ist ein Gegensatz zwischen den Engeln und Moses impliziert: Moses hat Gott im Gegensatz zu den Engeln gesehen (DebRL) bzw. bei der Offenbarung am Sinai gehört (BamR).

[5] Vgl. dazu auch Heschel, *Tôrāh* I, S. 269.

[6] Sie ist vielleicht dadurch zustande gekommen, daß nach SiphNu beide Autoren *'ādām* nach dem Wortsinn erklären; für die Ergänzung bleiben deswegen nur noch die „heiligen Tiere" übrig, die aber zu den „Engeln" sachlich nichts Neues hinzufügen.

[7] „Solange [der Mensch] lebt, sieht er [Gott] nicht, aber er sieht [ihn] in der Stunde des Todes".

licherweise zur Schule R. Jischmaels gehört[8], versteht *ḥāj* als Apposition zu *'ādām*, bezieht also den ganzen Vers auf den Menschen. Es ist deswegen denkbar, daß in der ursprünglichen Kontroverse die einen (R. Aqiba und R. Schimon b. Assai bzw. ha-Timni) Ex 33, 20 ganz auf die himmlischen Wesen bezogen[9], die anderen dagegen (R. Jischmael und seine Schule?) auf die Menschen. Ob SiphNu eine Weiterentwicklung dieser mutmaßlich ursprünglichen Kontroverse ist oder ob diese nicht mehr verstanden wurde, läßt sich nicht entscheiden.

II ist ein selbständiger Midrasch, der aber nur auf dem Hintergrund der in I vorgelegten Kontroverse verständlich ist und deswegen in diesem Zusammenhang behandelt wird.

B. 1. Ist die oben versuchte Rekonstruktion des Midraschs richtig, haben wir es mit einer sehr alten Kontroverse über die Frage zu tun, ob es möglich ist, Gott zu sehen, d. h. konkret (dies ist ohne Zweifel die eigentliche Fragestellung), ob der Mensch Gott sehen kann. Dieses Problem ergibt sich aus der Bibel im Zusammenhang mit Moses, von dem es auf der einen Seite heißt: Von Mund zu Mund rede ich mit ihm, sichtbar, nicht in Rätseln; die Gestalt des Herrn erblickt er (Nu 12, 8); Laß mich doch deine Herrlichkeit[10] sehen (Ex 32, 18); Wenn ich dann meine Hand von dir tue, siehst du meinen Rücken (Ex 33, 23). Auf der anderen Seite findet sich dagegen die in ihrem Wortsinn eindeutige Aussage: Denn der Mensch sieht mich nicht und lebt (Ex 33, 20). Nach Heschel[11] vertrat R. Jischmael generell die Ansicht, daß anthropomorphe Aussagen von Gott fernzuhalten seien und daß demnach Moses auch unmöglich die Gestalt oder gar den Rücken Gottes sehen konnte; für diese Auffassung spricht vor allem der Wortsinn von Ex 33, 23[12]. Auf diesem Hintergrund ist das Dictum R. Aqibas[13] zu interpretieren, daß die Engel Gott nicht sehen. Dieses Dictum ist ohne Zweifel polemisch gemeint und richtet sich gegen die Meinung R. Jischmaels. Die eigentliche Schärfe dieser Aussage ergibt sich erst aus ihrer Umkehrung: Die Engel sehen zwar Gott nicht, wohl aber die Menschen (Moses)! R. Aqiba deutet also den einzigen Bibelvers, der dagegen spricht, daß Moses Gott gesehen hat[14], radikal um und bezieht ihn auf die Engel[15]. Seine Aussage enthält demnach gegenüber der Meinung R. Jischmaels

---

[8] Vgl. auch Kuhn, SiphNu, S. 270 Anm. 17.

[9] So auch Heschel, *Tôrāh* I, S. 269: „sie (= die Erklärungen von R. Aqiba und R. Schimon b. Assai) sind meiner Meinung nach ‚Mischna' im Rahmen der Engellehre".

[10] Der Terminus *kābôd* wird häufig mit *šekhînāh* gleichgesetzt.

[11] Vgl. vor allem *Tôrāh* I, S. 271–74.

[12] Auch deswegen ist anzunehmen, daß die Gegenposition zu R. Aqibas Ansicht (s. o.) aus der Schule R. Jischmaels stammt.

[13] Bzw. R. Schimon b. Assais (ha-Timnis). Der Einfachheit halber ist im folgenden nur von R. Aqiba die Rede.

[14] Ex 33, 23 c (mein Gesicht wird nicht gesehen werden) spricht nicht dagegen, daß Moses die Gestalt Gottes sah.

[15] Vgl. dazu besonders Heschel, *Tôrāh* I, S. 270, letzter Abschnitt.

eine doppelte Pointe: Nicht nur, daß nach R. Aqiba die Menschen (Moses) Gott sehen; diese Tatsache erhebt sie darüber hinaus auch über die Engel und heiligen Tiere, die Gott nicht sehen können, obwohl sie ihm doch viel näher sind. Ob R. Jischmael der Meinung war, daß die Engel (im Gegensatz zu den Menschen) Gott sehen, ist aus dem Midrasch nicht mehr mit Sicherheit zu erschließen. Ohne Zweifel impliziert jedenfalls das Dictum R. Aqibas nicht nur eine Polemik gegen die These R. Jischmaels, sondern auch gegen die Engel.

2. Während in I eine Rivalität zwischen Moses und den Engeln in der Frage, wer Gott sehen kann, nur indirekt zu erschließen ist, wird sie hier direkt ausgesprochen. Nach PRE geht die in Ex 33, 20 implizierte Drohung nicht von Gott, sondern von den Engeln aus. Die Engel bewachen eifersüchtig die Herrlichkeit und Heiligkeit Gottes und wollen den „Weibgeborenen" töten, der es wagt, Gottes Mysterium anzutasten[16]. Hier ist die Überlegenheit der Engel über den Menschen ganz selbstverständlich vorausgesetzt, da nur Gott Moses aus der Gewalt der Engel befreien kann. Sachlich und stilistisch gehört der Text eher zur Gattung der Apokalyptik, denn sowohl das Motiv vom „Weibgeborenen" als auch die Tatsache, daß die Engel (und nicht Gott) Moses feindlich entgegentreten[17], ist eindeutig apokalyptischen Ursprungs.

Text 70

I. SiphNu § 103 S. 101

In meinem ganzen Hause ist er vertraut *(nä'ᵃmān)* (Nu 12, 7) – außer den Dienstengeln! R. Jose sagt: Auch mehr als die Dienstengel!

II. SiphZ S. 276

... Nicht so mein Knecht Moses. Vielmehr: ... (Nu 12, 7): Alles, was oben und was unten ist, habe ich ihm offenbart; alles, was im Meere und alles, was auf dem Festland ist[18]. Eine andere Erklärung: ... (Nu 12, 7) – auch mehr als die Dienstengel und mehr als das Heiligtum[19] ist er vertraut!

III. Jalq *bᵉhaʿᵃlotᵉkhā* § 739 S. 483 bo

(Wörtlich wie SiphZ, aber ohne *dābār 'aḥer;* Fortsetzung:) Ich habe ihm gezeigt, was oben und was unten, was vorne und was hinten ist, was war und was sein wird[18]. Ein Gleichnis. Wem gleicht diese Sache? Einem König, der viele

[16] Sachlich entspricht diese Auffassung also in etwa der oben dargestellten Meinung R. Jischmaels.

[17] Vgl. oben Text 29 ff. und Maier, Gefährdungsmotiv, S. 28 mit Anm. 31.

[18] Diese Erklärung faßt *bajit* nicht konkret, sondern in übertragenem Sinne auf (Blick in das Verborgene). Vgl. dazu die Vision des Moses kurz vor seinem Tode Mech S. 183; MidrTann S. 206; SiphNu § 135 S. 182; *Midraš pᵉṭîrat Mošäh,* BHM I, S. 125; *'Ôṣār,* S. 379 b; TPsJ und FrgmT Dt 34, 1–4; SiphDt § 357 u. ö.

[19] Versteht *bajit* als *bêt ham-miqdāš.*

Verwalter hat. Der ist über diese Sache gesetzt, [ein anderer über jene Sache,] einer aber ist über alle gesetzt. So gibt es einen Engel, der über das Feuer gesetzt ist, einen, der über den Hagel und einen, der über die Heuschrecke gesetzt ist – Moses aber herrscht über alle!

Zitat aus dem verlorengegangenen *Midrāš 'Äsphāh*.

A. Die übersetzten Texte sind Fassungen desselben Midraschs, dessen ursprüngliche Gestalt vermutlich in I vorliegt (dies ist zwar nicht zu beweisen, aber doch die wahrscheinlichere Möglichkeit). Die Erwähnung des Heiligtums in II/III und das Gleichnis in III werden sekundäre Erweiterungen des ursprünglichen Midraschs (genauer: der ursprünglichen Kontroverse; der Charakter der Kontroverse fehlt in II/III) sein.

B. Auslegungsmidrasch zu Nu 12, 7. R. Jose versteht den Bibelvers wörtlich („mein g a n z e s Haus") und schließt auch die Engel, den himmlischen Hofstaat, in das „Haus" Gottes mit ein; sein anonymer Kontrahent nimmt dagegen die Engel ausdrücklich aus der Erklärung heraus. Die zugrundeliegende Frage betrifft also das Verhältnis zwischen Moses und den Engeln, d. h. wir haben eine vermutlich sehr alte Kontroverse darüber vor uns, ob Moses „vertrauter" (dies ist ohne Zweifel in Relation zu Gott gemeint: Gott näher) ist oder die Engel. In der Meinung R. Joses kommt eine sehr akzentuierte polemische Tendenz gegen die Engel zum Ausdruck, die offensichtlich nicht unwidersprochen blieb. Die Annahme Heschels[20], daß die Kontroverse auf einen Gegensatz zwischen den Schulen R. Aqibas[21] und R. Jischmaels[22] auch in dieser Frage zurückgeht, ist theoretisch möglich, läßt sich aber nicht beweisen.

Das Gleichnis in I c verstärkt die polemische Tendenz des Ausspruches von R. Jose. Die weitverbreitete rabbinische[23] Vorstellung, daß über alle Naturerscheinungen und Geschöpfe Engel gesetzt sind, die ursprünglich gerade Macht und Einfluß der Engel dokumentiert, wird radikal umgedeutet: Über dieser ganzen mächtigen Engelschar steht Moses als Herrscher und Vertrauter Gottes! Hier wird eine zweifellos sehr alte Vorstellung mit einfachen Mitteln genau in ihr Gegenteil verkehrt.

Text 71

M i d r T e h 90, 8

... Danach sprach der Heilige, er sei gepriesen, zu Moses: Hätte ich Israel getötet, hätte ich mich selbst zu Fall gebracht. Ich bin also Moses zu Dank ver-

---

[20] Heschel, *Tôrāh* I, S. 279.

[21] Wenn mit „R. Jose" R. Jose b. Chalaphta gemeint wäre (dies ist keineswegs sicher), spräche hier ein Schüler R. Aqibas.

[22] Heschel setzt (ohne dies beweisen zu können) voraus, daß der anonyme Ausspruch aus der Schule R. Jischmaels stammt.

[23] Die Wurzeln gehen allerdings weit in das nachexilische Judentum zurück, vgl. oben S. 26 f.

pflichtet, daß er um Erbarmen für sie gefleht hat, wie es heißt: Und Moses suchte [das Antlitz Gottes ...] zu besänftigen (Ex 32, 11). Ich erweise ihm Großes und nenne ihn Vater der Propheten, Vater der Engel, Vater der Beter! ...

Jalq Ps § 841 S. 942 bu (verkürzt).

A. Das Dictum von Moses, dem „Vater der Propheten, Engel und Beter" ist in der vorliegenden Form wahrscheinlich relativ spät. Es findet sich in dieser Fassung allein im MidrTeh und auch dort nur in der Hs Parma, die Buber seiner Edition zugrundelegte; die übrigen Hss und der Druck lesen nur „Vater der Propheten"[24]. Direkt abhängig von MidrTeh ist vermutlich Jalq Ps; dort fehlt aber gerade der oben übersetzte Schluß des Midraschs. Die einzige Stelle, mit der sich MidrTeh vergleichen läßt, findet sich – soweit ich sehe – im Sohar: „[Moses], der Meister *(rabbān)* der Propheten, der Meister der Weisen, der Meister der Dienstengel, mit dem der Heilige, er sei gepriesen, und seine Schekhinah direkt *(ʿal pûmôj)* sprechen"[25]. Bei diesem Textbefund legt sich der Verdacht nahe, daß das Epitheton „Vater der Engel" erst durch die Überlieferung des Sohar in den MidrTeh (bzw. die Hs Parma des MidrTeh) eingedrungen ist[26].

B. Der Midrasch (das übersetzte Stück ist Teil eines umfangreicheren Midraschs) gehört in den Kontext der Erwählung Israels. Nach Ansicht des anonymen Verfassers sind Erwählender (Gott) und Erwählte (Israel) so eng miteinander verbunden, daß nicht nur Israel ohne Gott nicht existieren kann, sondern daß auch Gott von der Existenz Israels abhängig ist. Auf diesem Hintergrund ist das Epitheton „Vater der Beter" unmittelbar einleuchtend: Moses hat vor Gott um Erbarmen für Israel gebeten. Diese Bitte ist so wesentlich, weil sie den Kern des Verhältnisses zwischen Gott und Israel berührt und Gott darauf hinweist, daß er mit Israel im Grunde sich selbst bestraft. Auch die beiden anderen Epitheta sind von diesem Kontext her zu interpretieren[27]. Eine hervorragende Funktion der Propheten und der Engel[28] ist die Fürsprache für Israel. Wenn Moses also als „Vater der Propheten und der Engel" bezeichnet wird, ist nach Auffassung des Midraschs die Fürsprache des Moses wertvoller als die Fürsprache der Propheten und der Engel. Ersteres (Überlegenheit über

---

[24] Buber, S. 390 Anm. 55.

[25] Sohar, Pinchas 232 a *(rāʿajā' mehêmenā')*.

[26] Die Vorstellung, daß Moses der „Meister der Engel" war, scheint im übrigen auch für den Sohar nicht uneingeschränkt zu gelten. Die Parallelstelle Pinchas 222 b unten liest auffälligerweise nur: „Moses ... der Meister der Propheten und der Weisen". So auch SER S. 68: „Moses, der Vater der Weisheit, der Vater der Propheten".

[27] Unbeschadet der Frage, ob die Bezeichnung „Vater der Engel" zum ursprünglichen Midrasch gehört oder erst durch den Sohar in den Text des MidrTeh eingedrungen ist.

[28] S. oben S. 28 f.; 62 f.

die Propheten) war wohl für die meisten Rabbinen selbstverständlich[29], letzteres (Überlegenheit über die Engel) ist dagegen ohne Zweifel polemisch gemeint und wird sich gegen Kreise richten, die auf die Fürsprache und Vermittlung der Engel besonderes Gewicht legten. Das, was der Gerechte (Moses) vermag, nämlich Gott auf die Bedeutung Israels für ihn selbst hinzuweisen, liegt nicht in der Macht der Engel.

Text 72

MidrTann S. 19

Steige zum Haupt des Pisga hinauf (Dt 3, 27). Der Heilige, er sei gepriesen, sprach zu ihm (Moses): Ich habe dich über die Dienstengel erhoben. Denn den Dienstengeln habe ich nur erlaubt, vor mir zu stehen, nicht aber, vor mir zu sitzen, wie geschrieben steht: Und Seraphim standen oben[30] (Jes 6, 2). Von dir aber steht geschrieben: Und ich saß auf dem Berg[30] 40 Tage (Dt 9, 9).

Vgl. dazu b Meg 21 a (Diskussion der Rabbinen über die Frage, ob Moses auf dem Berg gestanden oder gesessen hat).

A. Anonymer tannaitischer (?) Midrasch; in dieser Form nur hier.

B. Der Midrasch gehört in den Kontext der Midraschim vom Aufstieg des Moses in den Himmel. Dieser Aufstieg ist mit einem Kampf gegen die Engel verbunden[31] und bedeutet eine Erhöhung über die Engel[32]. Hier ist die Erhöhung allerdings nahezu absolut verstanden: Moses steht in der Rangfolge höher als die Engel.

Text 73

I. SiphDt § 305 S. 326 f.

In dieser Stunde sprach der Heilige, er sei gepriesen, zum Todesengel: Geh und bring mir die Seele des Moses! Er ging, stellte sich vor ihn hin und sprach zu ihm: Moses, gib mir deine Seele! Dieser antwortete: Da, wo ich sitze, ist dir nicht erlaubt zu stehen – und du sagst zu mir: Gib mir deine Seele?! Er schrie ihn an und beschimpfte ihn. Da ging der Todesengel weg und brachte dies vor Gott *(g^{e}bûrāh)*. Und wiederum befahl ihm der Heilige, er sei gepriesen: Geh und bring mir seine Seele! Da ging [der Todesengel] wieder hin und suchte ihn, konnte ihn aber nicht finden. ... (der Todesengel sucht Moses beim Meer, bei den Bergen und Höhen, im Gehinnom, bei den Dienstengeln und schließlich bei Israel, aber niemand hat ihn gesehen:) Gott kennt seinen Weg[33] (Job 28, 23), Gott nahm ihn weg für das Leben der zukünftigen Welt. ...

---

[29] Vgl. dazu besonders Heschel, *Tôrāh* II, S. 320 ff.

[30] So im Sinne des Midraschs.

[31] Vgl. Text 28–34.

[32] Vgl. besonders Text 32.

[33] So im Sinne des Midraschs.

ARN Vers. A Kap. 12 S. 50 (kürzer; der Schluß fehlt).
ARN Vers. B Kap. 25 S. 51 (kürzer; der Schluß fehlt).
MidrTann S. 224 f. (nur der Schluß).
Vgl. auch MidrTann S. 224; TanBu *wā'äthannan* § 6 S. 12; PRK S. 448; DebRL S. 129; DebR 11, 5 Anfang (Moses ist nicht in die Gewalt des Todesengels gegeben).

II. Jalq *wajjeläkh* § 940 S. 667 a m f.

In dieser Stunde sprach der Heilige, er sei gepriesen, zu Gabriel: Geh und bring mir die Seele des Moses! Dieser antwortete ihm: Herr der Welt, wie könnte ich den Tod dessen sehen, der 60 Myriaden[34] aufwiegt ...?! Danach sprach er zu Michael: Geh und bring mir die Seele des Moses! Dieser antwortete ihm: Ich war sein Lehrer und er war mein Schüler – wie könnte ich seinen Tod sehen?! Danach sprach er zu Samael: Geh und bring mir die Seele des Moses! Sofort bekleidete er sich mit Zorn, gürtete sein Schwert um, hüllte sich in Grausamkeit und ging zu Moses. Als er ihn aber erblickte, wie er saß und den unaussprechlichen Gottesnamen schrieb – der Glanz seines Angesichts *(mar'ehû)* glich der Sonne und er sah aus wie ein Engel des Herrn der Heerscharen – da fürchtete sich Samael vor Moses und sprach: In der Tat können die Engel die Seele des Moses nicht nehmen! ... Und er vermochte Moses nicht anzusprechen, bis Moses zu Samael sagte: Es gibt keinen Frieden, spricht der Herr, für die Frevler (Jes 48, 22) – was willst du hier?! Er antwortete: Deine Seele zu holen, bin ich gekommen. [Moses] fragte: Wer hat dich geschickt? [Samael] antwortete: Der, der die ganze Welt erschaffen hat. [Moses:] Du wirst meine Seele nicht nehmen! [Samael:] Alle Geschöpfe sind in meine Hand gegeben! [Moses:] Ich vermag mehr als alle Geschöpfe! [Samael:] Und was vermagst du? ... (Moses zählt Samael alle seine Großtaten auf.) Geh, flieh vor mir, ich gebe dir meine Seele nicht! Sofort kehrte Samael um und brachte dies vor Gott *(g^ebûrāh)*. Da antwortete ihm der Heilige, er sei gepriesen: Geh und bring mir die Seele des Moses! Sofort zog [Samael] sein Schwert aus der Scheide und stellte sich gegen Moses. Moses empfing ihn mit Zorn, nahm den Stab Gottes in seine Hand, auf dem der unaussprechliche Gottesname eingeritzt ist und schlug damit auf Samael mit aller Kraft, bis er vor ihm floh. [Moses] lief mit dem unaussprechlichen Gottesnamen hinter ihm her, nahm den Lichtstrahl *(qärän)* von seiner Stirn und blendete seine Augen.

DebR 11, 10 (fast wörtlich).
Midraš peṭîrat Mošäh, BHM I, S. 127 f. (= Druck Konstantinopel 1515/16: 1. Version des Midraschs); BHM VI, S. 75 ff. (= Hs Paris 710: 2. Version des Midraschs); *'Ôṣār,* S. 382 f. (= Druck Paris 1629[35]); Bat Midr I, S. 286. Vgl. auch DebR 11, 5 (der Todesengel kommt dreimal; beim dritten Mal fügt sich Moses).

---

[34] Nämlich Israel.

[35] Dies ist nicht, wie Jellinek, BHM VI, S. XXI meinte, eine dritte Rezension des *Midraš peṭîrat Mošäh,* sondern mit der Hs Paris identisch (der Druck geht auf die Hs zurück). Da in der Hs Paris der erste Teil des Midraschs fehlt (f. 106 r bis 122 r), ist der vollständige Midrasch aus dem Druck und aus der Hs Paris zu rekonstruieren.

A. Die beiden übersetzten Teile gehören zu einem umfangreichen Midraschkomplex über den Tod des Moses, der in seinen literarischen Beziehungen und Abhängigkeiten nur noch schwer zu durchleuchten ist. Sie sind aber insofern repräsentativ, als I ohne Zweifel die älteste greifbare Fassung ist, während II nicht nur die am breitesten ausgestaltete, sondern auch die literarisch jüngste Version sein dürfte[36].

B. Allen Versionen des Midraschs vom Tod des Moses ist eine sehr auffällige Polemik gegen den Todesengel gemeinsam. Der Grund für diese Polemik ist zunächst im Kontext der offenbar sehr alten Frage zu suchen, ob und wie Moses gestorben ist. Josephus hat dieses Problem jedenfalls schon gekannt, wenn er (im Anschluß an Dt 34, 5 ff.) bemerkt: „Aber er schrieb von sich selbst in den heiligen Büchern, er sei gestorben, aus Furcht, man könnte sagen, daß er wegen seiner hervorragenden Tugend zur Gottheit zurückgegangen sei“[37]. Die Rabbinen haben diese Frage eindeutig und fast einmütig[38] dahingehend beantwortet, daß Moses zwar gestorben ist, aber nicht durch die Gewalt des Todesengels (Samaels[39]), sondern durch das direkte Eingreifen bzw. den Kuß[40] Gottes. Die Zurückdrängung des Todesengels – gewissermaßen ein Kompromiß zwischen den beiden extremen Anschauungen, der zwar am Tod des Moses festhält, Moses aber dennoch nicht der Gewalt des sonst nahezu allmächtigen Todesengels unterstellt – scheint also zunächst einmal die rabbinische Antwort auf das alte Problem zu sein, ob Moses gestorben ist oder nicht.

Doch reicht dies nicht aus, die so offensichtliche Polemik gegen den Todesengel, die sich im Laufe der literarischen Ausgestaltung des Midraschs immer mehr verschärft, zu erklären. Während in I der zweite Versuch Samaels immerhin noch damit endet, daß er Moses vergeblich sucht, wird Samael in II dagegen von Moses geschlagen (um nicht zu sagen: verprügelt) und sogar geblendet (vgl. den Namen *Sammāʾel!*). Auf dem Hintergrund der gemeinrabbinischen Anschauung, daß der Todesengel Herr über alle Geschöpfe ist, ist dies eine unerhörte Aussage. Einige Einzelheiten in Version II geben Aufschluß über eine Intention des Midraschs, die offenbar immer stärker in den Vordergrund trat und das andere, oben erwähnte Motiv, überlagerte. Hier weigern sich die Engel Gabriel und Michael ausdrücklich, die Seele des Moses zu holen, und sogar Samael erkennt angesichts des mit der Torah beschäftigten Moses: „In der Tat können die Engel die Seele des Moses nicht nehmen!“. Dies deutet auf eine

---

[36] Auf die Unterschiede zwischen Jalq/DebR einerseits und *Midraš peṭîrat Mošäh* andererseits kann hier nicht eingegangen werden.

[37] Ant. IV, 326. Vgl. dazu und zum folgenden ausführlich K. Haacker-P. Schäfer, „Nachbiblische Traditionen vom Tod des Mose“, Festschrift O. Michel, Göttingen 1974, S. 147 ff.

[38] Vgl. aber auch b Sot 13 b Ende: „Manche sagen: Moses starb überhaupt nicht“.

[39] Der Todesengel wird in der rabbinischen Literatur häufig mit Samael gleichgesetzt, s. oben S. 66 f.

[40] Eine konkretisierende Auslegung des *ʿal-pî JHWH* in Dt 34, 5.

sehr grundsätzliche Einstellung nicht nur gegen Samael, sondern überhaupt gegen die Engel hin, die nur am Beispiel Samaels (der ja schließlich von Gott beauftragt ist) exemplifiziert wird. Bedenkt man darüberhinaus, daß dieser Midrasch – der sich im zweiten Teil fast wie ein angelologischer Traktat liest – äußerlich ganz in den Farben der Apokalyptik ausgestaltet ist[41], wird diese gegen die Engel gerichtete Tendenz besonders deutlich. Der Midrasch ist in Wirklichkeit die genaue Umkehrung der in den außerkanonischen Schriften verbreiteten Engelvorstellung: Nicht der Mensch ist der Macht der Engel ausgeliefert, sondern die Engel fürchten sich vor dem Menschen. Die Macht des Menschen über die Engel resultiert ohne Zweifel aus der Beschäftigung mit der Torah *(šem ha-m^{e}phorāš)*, die den Engeln verwehrt ist.

C. Der Midrasch vom Tod des Moses in allen Versionen ist ein besonders aufschlußreiches Beispiel für das Bestreben mancher Rabbinen, die Rolle der Engel zu reduzieren. Dieses Bestreben drückt sich (wie in den verschiedenen Fassungen des Midraschs zu verfolgen ist) in immer schärfer werdender Polemik gegen die Engel und besonders gegen den Todesengel (Samael) aus. Die ursprüngliche Funktion Samaels als des von Gott beauftragten und legitimierten Engels ist zwar formal beibehalten, wird durch diese Polemik aber nahezu in ihr Gegenteil verkehrt.

MANASSE

Text 74

j San K 10 H 2 S. 28c

(Bei der Wegführung König Manasses nach Babylon, 2 Chr 33, 11:) Als [Manasse] sah, daß er in Bedrängnis war, gab es keinen Götzendienst der Welt, mit dem er es nicht versucht hätte. Als ihm [dies] nichts nützte, sprach er: Ich erinnere mich, daß mein Vater mir in der Synagoge den Vers vorlas: Wenn du in Not bist und alle diese Dinge dich finden, am Ende der Tage, dann sollst du zum Herrn, deinem Gott, umkehren und auf seine Stimme hören. Denn ein barmherziger Gott ist der Herr, dein Gott, er gibt dich nicht auf, er läßt dich nicht verderben, er vergißt nicht den Bund deiner Väter, den er ihnen geschworen hat (Dt 4, 30f.). So will ich denn zu ihm rufen – antwortet er mir, so ist es gut, wenn nicht, dann sind alle Gesichter gleich![1] Da verstopften die Dienstengel die Fenster [des Himmels], damit das Gebet Manasses nicht vor den Heiligen, er sei gepriesen, aufsteige. Die Dienstengel sprachen vor dem Heiligen, er sei gepriesen: Herr der Welt, einen Menschen, der Götzendienst getrieben und ein Götzenbild im Tempel aufgestellt hat[2], willst du in Buße auf-

[41] So auch Urbach, *ḤZ"L*, S. 154f.

[1] Gott und die Götzen.

[2] Vgl. 2 Chr 33, 7.

nehmen?! Er antwortete ihnen: Wenn ich ihn nicht in Buße aufnehme, dann verschließe ich die Türe vor allen Bußwilligen! Was tat der Heilige, er sei gepriesen? Er bohrte ein Loch unter dem Thron seiner Herrlichkeit und erhörte sein Flehen. Das ist es, was geschrieben steht: Er betete zu ihm und [der Herr] ließ sich von ihm umstimmen. Er erhörte sein Flehen und führte ihn zurück nach Jerusalem in sein Königtum (2 Chr 33, 13).

PRK S. 364 f.; DebR 2, 20; RutR 5, 14; JalqKö § 246 S. 769 au; TJ 2 Chr 33, 13 (fast wörtlich).

Die Erzählung findet sich auch nahezu wörtlich im *Sephär ham-ma'asijjôt,* f. 173 bf. (ed. Gaster, S. 167 f.).

WaR 30, 3; PRE Kap. 43 S. 101 af.; b San 101 b; ebd. 103 a (ohne Erwähnung der Engel).

A. Anonymer amoräischer Midrasch. Über das Alter ist keine Aussage möglich. Der Text ist mit nur geringen Abweichungen ungewöhnlich einheitlich überliefert.

B. Thema des Midraschs ist die Kraft der Buße, die grundsätzlich jedem Sünder – ungeachtet der Größe seiner Sünde – die Umkehr ermöglicht und ihn Verzeihung bei Gott erlangen läßt. In manchen Parallelen – vgl. vor allem PRE, wo der Buße ein eigenes Kapitel gewidmet ist – gehört der Midrasch zu verschiedenen (historischen) Beispielen, die alle die Macht der Buße preisen.

Für unseren Zusammenhang von Interesse ist die Einfügung der Engel in diesen Midrasch, die Gott davon abhalten wollen, Manasses Gebet zu erhören und sogar die himmlischen Fenster verschliessen[3], damit sein Gebet nicht zu Gott emporsteigen kann. Die Engel vertreten also wieder einseitig den Standpunkt der strafenden Gerechtigkeit *(middat had-dîn)*[4] und lassen die göttliche Barmherzigkeit *(middat hā-raḥamîm)* unberücksichtigt. Die Antwort Gottes zeigt die Konsequenz dieses Ansinnens der Engel auf: Wenn Gott e i n e n Bußwilligen zurückweist, so stellt er damit die Institution der Buße überhaupt in Frage. Da die Buße aber für den Menschen wesentlich ist – ohne Buße[5] kann der sündige Mensch nicht existieren –, muß er auch dem größten Sünder verzeihen, wenn er nicht den Menschen überhaupt aufgeben will. Das Ansinnen der Engel rührt also an die Grundlagen des Verhältnisses zwischen Gott und Mensch, es ist letztlich gegen die Existenz des Menschen gerichtet – und damit sogar (was aber in der direkten Aussage des Midraschs sicher nicht mehr impliziert ist) gegen die Existenz Gottes, der, wie die Rabbinen oft betont haben, nur als Gott Israels Gott ist.

Bemerkenswert ist schließlich die Art und Weise, in der sich Gott gegen die Engel durchsetzt. Er bestraft sie nicht etwa und verbrennt sie – wie in

---

[3] Vgl. zu diesem Motiv BHM I, S. 120 *(Midraš peṭirat Mošäh),* wo Gott den „Fürsten des Firmaments" befiehlt: „Steigt hinab und verschließt alle Tore [des Himmels], damit das Gebet des Moses nicht [zu mir] aufsteigen kann".

[4] Vgl. vor allem Text 7.

[5] Das deutsche Wort „Buße" ist irreführend. Sachgemäßer ist die wörtliche Übersetzung des hebräischen Terminus *tešûbāh* – Umkehr (zu Gott).

Text 9 –, sondern er überlistet sie, indem er ein Loch unter dem Thron der Herrlichkeit bohrt, dem einzigen Ort, zu dem die Engel keinen Zutritt haben. Zwischen Gott und dem Menschen gibt es also eine Beziehung, die den ganzen hierarchischen Aufbau der Himmel und Engel umgeht. Der um Verzeihung bittende Mensch *(ba'al tᵉšûbāh)* findet direkten Zugang zu Gott und ist auf den mühsamen und gefährlichen Weg durch die sieben Himmel und an den verschiedenen Engeln vorbei nicht angewiesen[6].

[6] Vgl. auch Text 36.

B. ERGEBNISSE

Dieses abschließende Kapitel versucht eine zusammenfassende Darstellung der durch die Einzelinterpretationen des Hauptteils gewonnenen Ergebnisse auf dem Hintergrund des religionsgeschichtlichen Überblickes in Teil I. Eine solche Systematisierung der verschiedenen Aussagen ist, wenngleich für das Verständnis des modernen Lesers und für die religionsgeschichtliche Einordnung der rabbinischen Engelvorstellung notwendig, so doch eine der rabbinischen Denkweise fremde und im Grunde auch unangemessene Abstraktion; sie ist deswegen immer anhand der differenzierenderen Einzelinterpretationen zu überprüfen und gegebenenfalls zu modifizieren.

I. Widerspruch der Engel gegen den Menschen

Eine große Zahl der interpretierten Texte handelt vom Widerspruch und von der Opposition der Engel gegen den Menschen. Dieser Widerspruch wird insbesondere bei drei entscheidenden Ereignissen in der Geschichte Israels geäußert: bei der Erschaffung des Menschen[1], bei der Gabe der Torah[2] und bei der Herabkunft der Schekhinah in das Heiligtum[3]. Bei allen drei Gelegenheiten sprechen die Engel eifersüchtig gegen den Menschen und versuchen, Gott von seiner Erschaffung abzuhalten bzw. zu verhindern, daß er Israel die Torah gibt oder sogar selbst unter den Menschen Wohnung nimmt.

Auf der Suche nach Gründen für diese sehr auffällige Feindschaft der Engel gegen den Menschen im allgemeinen und gegen Israel im besonderen hat man schon vor längerer Zeit auf Übereinstimmungen mit gewissen gnostischen Vorstellungen aufmerksam gemacht. In den Midraschim von der Opposition der Engel gegen die Erschaffung des Menschen sieht Altmann „a reflection of the enmity which in Gnostic literature exists between the principle of evil and Primordial Man"[4]. Für den Themenkreis der Opposition gegen den Aufstieg

---

[1] Text 6 ff.

[2] Text 20 ff.

[3] Text 42 f.

[4] Gnostic Background, S. 373 ff. Zusätzlich zu den von Altmann genannten Belegen wäre jetzt vor allem noch auf Apocr. Joh. Cod. III 24, 14 ff. (= II 19, 34 ff. = BG 52, 1) zu verweisen. – Vgl. zum Ganzen auch Marmorstein, *Wikkûḥê hammal'ākhîm,* S. 98 ff.; H.-M. Schenke, Der Gott „Mensch" in der Gnosis, Göttingen 1962.

Moses' in den Himmel[5] und die Herabholung der Torah haben Altmann[6] und zuletzt Schultz[7] auf den gnostischen (insbesondere mandäischen) Mythos vom Aufstieg der Seele in die Lichtwelt des Himmels verwiesen, den die feindlich gesinnten Planetenengel zu verhindern trachten[8]; auch hier sei der Hintergrund die unversöhnliche Feindschaft zwischen den Mächten des Lichts (im Judentum die Torah) und den Mächten der Finsternis (den Engeln). Der dritte Midraschkomplex schließlich (Widerspruch gegen die Herabkunft der Schekhinah ins Heiligtum) ist in der rabbinischen Literatur so wenig bezeugt[9], daß der Gedanke an eine sekundäre Übertragung des Motivs vom Widerspruch der Engel auch auf diesen Themenkreis nahe liegt; nach direkten gnostischen Parallelen zu suchen wäre deswegen wenig sinnvoll.

Es ist nicht das Anliegen dieser Untersuchung, das Maß des gnostischen Einflusses auf die besprochenen Texte und die Frage einer Abhängigkeit bestimmter rabbinischer Motive von gnostischen Vorstellungen zu prüfen[10]. Für diesen Zusammenhang ist allein von Interesse, welche Vorstellungen die Rabbinen mit den Aussagen vom Widerspruch der Engel gegen den Menschen verbunden haben.

1. Sündhaftigkeit des Menschen; Engel als Anwälte der göttlichen Strafgerechtigkeit

Fast alle Texte, in denen ein Grund für die Opposition der Engel gegen den Menschen angegeben ist, führen diese Opposition auf die Sündhaftigkeit des Menschen zurück. Im einzelnen ist genannt (in der Reihenfolge der Bearbeitungen): die Verderbnis der Generation Enoschs[11] und des Geschlechts der Sintflut[12]; die Sündhaftigkeit des Menschen überhaupt[13]; der Götzendienst

---

[5] Vgl. auch den Widerstand der Engel gegen die Erhöhung Henochs, Text 10.

[6] Gnostic Background, S. 379.

[7] Angelic Opposition, S. 288 f.

[8] Freilich beziehen sich Scholem (Major Trends, S. 49 ff. = Jüdische Mystik, S. 52 ff.), auf den sich Schultz als Gewährsmann beruft, und die von Schultz angegebenen Belege aus dem mandäischen Ginza nur auf den Aufstieg der Seele zum Licht und nicht auf ihren „descent with the powers of light" (Schultz, Angelic Opposition, S. 288 mit Anm. 33). Auch Altmann a. a. O. spricht (ohne nähere Begründung) vom „familiar Gnostic motif of the planetary powers not allowing the downwards passage of the powers of light". Es fragt sich überhaupt, wieweit man die gnostische Himmelsreise der Seele und den Aufstieg des Merkabahmystikers in den Himmel (darum handelt es sich ja beim Aufstieg Moses') vergleichen kann.

[9] Text 42 und 43.

[10] Dies wäre zweifellos eine lohnende Aufgabe, die aber nur in größerem Zusammenhang und auf breiterer Textbasis bewältigt werden könnte.

[11] Text 6, V und 13.

[12] Text 6, VI.

[13] Text 7; 9; 56.

Israels[14]; die Sünde des Goldenen Kalbes[15]; der Götzendienst Manasses[16]. In all diesen Fällen vertreten die Engel ausschließlich und einseitig das Prinzip der strafenden Gerechtigkeit *(middat had-dîn)* und der absoluten Heiligkeit Gottes[17], die mit der Sünde des Menschen schlechterdings unvereinbar ist. Die Konsequenz dieser Aussage wird besonders deutlich in Text 7 (vgl. auch Text 9; 55; 56; 74), wo es ausdrücklich heißt, daß das Maß der Gerechtigkeit alleine die Erschaffung des Menschen nicht zugelassen hätte. Die Kritik der Engel ist also keine Verurteilung einzelner Vergehen und Sünden des Menschen, sondern sie richtet sich gegen die Existenz des Menschen überhaupt. Die Berufung auf die Gerechtigkeit und Heiligkeit Gottes schließt die Erschaffung eines seiner Natur nach sündigen Menschen aus. Die Brisanz dieser Kritik am Menschen hat Altmann verkannt, wenn er (etwas abwertend) von einer „moral argumentation" der Engel im Midrasch spricht, die nicht das ursprüngliche Motiv des Widerspruchs der Engel sein könne, da Gottes Antwort sich sonst auf demselben Niveau der moralischen Argumentation bewegen würde[18]. Ob die Kritik der Engel im Midrasch ursprünglich ist oder ein gnostisches Motiv adaptiert hat, sei dahingestellt; ohne Zweifel jedenfalls könnte sie in ihrer Schärfe und theologischen Tragweite nicht grundsätzlicher sein. Einige Midraschim halten deswegen auch den Engeln entgegen, daß Gott von Anfang an um die Sündhaftigkeit des Menschen gewußt und diese akzeptiert hat[19]. Die Barmherzigkeit Gottes und die Buße des Menschen ermöglichen die Existenz des Menschen[20].

Doch die Kritik der Engel reicht noch weiter. Da sie die Barmherzigkeit Gottes nicht berücksichtigt bzw. bewußt ignoriert, ist sie letztlich nicht nur eine Kritik am Menschen, sondern auch an Gott. Sie versucht, die Gerechtigkeit Gottes zu verabsolutieren und beschränkt Gott somit auf sich selbst und die Engel. Diese Hybris der Engel ist der Grund für ihre rigorose Bestrafung, nicht eine vage „moral argumentation": Gott wirft die Wahrheit auf die Erde[21] und verbrennt die ihm widersprechenden Engel[22].

Einige Midraschim vermeiden jedoch auffälligerweise die Konsequenz der Bestrafung und lassen Gott stattdessen die Engel überlisten. Dies gilt für Text 56

---

[14] Text 17; 18; 55.

[15] Text 33; vgl. auch SchemR 43, 1, oben S. 148 f.

[16] Text 74.

[17] Nach rabbinischer Auffassung sind in Gott ständig die beiden „Prinzipien" oder „Eigenschaften" der Strafgerechtigkeit *(middat had-dîn)* und der Barmherzigkeit *(middat hā-raḥ^{a}mîm)* – repräsentiert in den beiden Gottesnamen *JHWH* und *'^{ä}lohîm* – in Widerstreit. Nur ein ausgewogenes Verhältnis beider Prinzipien garantiert den Bestand der Welt. Vgl. oben S. 92 Anm. 79 und Gross, *'Oṣar hā-'aggādāh,* s. v. *middāh;* Marmorstein, Doctrine I, S. 181 ff.

[18] Gnostic Background, S. 372.

[19] Vgl. besonders Text 9.

[20] Text 9; 56; 74.

[21] Text 7.

[22] Text 9.

(Gott verbirgt die Frevel des Menschen vor dem Satan) und vor allem Text 74 (Gott bohrt ein Loch unter dem Thron der Herrlichkeit, um der Buße Manasses Eingang zu verschaffen)[23]. Offensichtlich tragen diese Midraschim dem Gedanken Rechnung, daß die Engel, wenn sie die göttliche Strafgerechtigkeit vertreten, im Grunde auch für Gott selbst sprechen[24]. Hier stößt die Aussage des Midraschs an eine nicht auflösbare Aporie: Gott will den Menschen trotz seiner Sündhaftigkeit, oder anders formuliert: Gott will den Menschen gegen seinen eigenen Willen und bestraft bzw. überlistet sich mit den Engeln im Grunde selbst. Wenn die Rabbinen das Problem auch niemals auf diese abstrakte Formel gebracht hätten, ist dennoch nicht zu bezweifeln, daß sie bei aller Polemik gegen den Widerspruch der Engel klar erkannt haben, daß dieser Widerspruch letztlich in Gott selbst gründet.

2. Eifersucht der Engel

Mit dem bisher verwendeten Terminus „Widerspruch" der Engel ist bewußt ein relativ neutraler Ausdruck gewählt worden, der verschiedene Deutungsmöglichkeiten offen läßt und die Vielschichtigkeit der rabbinischen Aussagen nicht von vorneherein negativ einengt. Im vorangehenden Abschnitt ermöglichte er, herauszustellen, daß die Engel sich bei ihrer Opposition gegen den Menschen als Anwälte der objektiven göttlichen Gerechtigkeit und Heiligkeit verstehen. Dieses Ergebnis ist durch einen weiteren Gesichtspunkt zu ergänzen.

In einigen Midraschim kann der Widerspruch der Engel nicht oder nicht ausschließlich auf die Sündhaftigkeit des Menschen zurückgeführt werden, sondern gründet offensichtlich in der subjektiven Eifersucht der Engel auf den Menschen. Naturgemäß sind hier vor allem die Texte zu nennen, in denen die Engel den Menschen als Konkurrenten um die Liebe Gottes betrachten. Da die Hinwendung Gottes zum Menschen insbesondere in der Gabe der Torah und der Herabkunft der Schekhinah ins Heiligtum zum Ausdruck kommt, sind es gerade diese beiden Ereignisse, die die Eifersucht und den Neid der Engel wecken. So fürchten die Engel, daß Gott, wenn er bei den Menschen Wohnung nimmt, sich gleichzeitig von ihnen abwenden könnte[25]; sie beneiden den Menschen um die Torah, die sie für sich selbst in Anspruch nehmen[26] und versuchen sogar, ihre eigene (subjektive) Heiligkeit und Sündenlosigkeit gegen die Sündhaftigkeit des Menschen ins Feld zu führen[27]; sie sind eifersüchtig auf die Liebe Gottes zu Israel[28].

[23] Vgl auch Text 36.
[24] Vgl. besonders Text 55 und 56.
[25] Text 13 und 42 f.
[26] Text 22; 24; 26; 28 ff.
[27] Text 26, II.
[28] Text 23; vgl. auch Text 68.

Trotz der notwendigen Differenzierung zwischen der (objektiven) Heiligkeit Gottes und der (subjektiven) Eifersucht der Engel als Motive für den Widerspruch der Engel gegen den Menschen ist zu betonen, daß beide Aspekte nicht grundsätzlich zu trennen sind[29]. Je nach Aussage und Tendenz des Midraschs kann der eine oder der andere Aspekt mehr in den Vordergrund treten, und es ist nicht immer zu entscheiden, welcher Gesichtspunkt dominiert.

3. Feindschaft der Engel

Aus dem von den Engeln vertretenen Anspruch der absoluten Heiligkeit Gottes und der Eifersucht der Engel resultiert die in zahlreichen Midraschim zu beobachtende Feindschaft der Engel gegenüber dem Menschen. Folgende Traditionen sind zu unterscheiden:

1. Wenn die göttliche Strafgerechtigkeit alleiniges Kriterium für die Beurteilung des Menschen ist und die Sündhaftigkeit seiner Existenz radikal widerspricht, ist es nur konsequent, daß die Engel versuchen, den Menschen zur Sünde zu verführen. Hier sind vor allem die Texte 8 (Samael verführt Adam mit Hilfe der Schlange), 12 (Samael versucht mit seinem Sohn Kain, das Menschengeschlecht von Grund auf zu verderben), 13/15 (die Engel Usa, Asa und Asiel lehren die Menschen Götzendienst) und 40/41 (der Satan verführt Israel zur Sünde des Goldenen Kalbes) von Bedeutung. In allen Fällen richtet sich der Verführungsversuch der Engel grundsätzlich gegen die Existenz des Menschen bzw. Israels (Text 40 und 41)[30].

In den genannten Texten ist in der Regel nicht von den Engeln allgemein die Rede, sondern von Satan/Sammael und einer bestimmten Engelgruppe (Usa, Asa und Asiel). Es wäre allerdings unangemessen, wollte man daraus den Schluß ziehen, daß wir es hier mit einer Gruppe von „bösen" Engeln zu tun hätten, die im übrigen für die rabbinische Engelvorstellung ganz unrepräsentativ seien. Satan/Samael ist im Gegenteil die Personifikation des Widerspruchs der Engel (und, wie gezeigt wurde, Gottes) gegen den Menschen. Dieser Widerspruch äußert sich aktiv im ständigen und eifersüchtigen Versuch des Satans (als Repräsentanten der Engel), den Menschen zu verführen und somit Gott nur zu einem Gott der Engel zu machen.

---

[29] Vgl. besonders Text 13, wo beide Motive deutlich vermischt sind.

[30] Darüber hinaus sei noch auf einige Midraschim verwiesen, in denen der Satan einzelne (meist biblische) Personen zu verführen sucht. Bis auf wenige Ausnahmen beziehen sich die Stellen auf den Themenkreis der Opferung Isaaks: a) der Satan versucht, Isaak zu verführen (BerR 56, 4; TanBu *wajjerāʾ* § 46; PesR S. 170 b); b) Samael will Abraham davon abhalten, Isaak zu opfern (BerR 56, 4; Tan *wajjerāʾ* § 22 f.; MHG Gen S. 346 f.); c) der Satan spiegelt Sara die erfolgte Opferung vor (MHG Gen S. 360; PRE Kap. 32 S. 72 bf.); d) der Satan verführt David zum Ehebruch mit Batscheba (b San 107 a); e) der Satan versucht (meist in Gestalt einer schönen Frau) bestimmte Rabbinen (b Qid 81 af.; Jalq *wajᵉḥî* § 161 S. 102 bu, s. oben S. 107).

2. Häufig mit dem Motiv der Verführung verbunden (obgleich grundsätzlich davon zu trennen[31]) ist ein weiteres Motiv: Die Engel (bzw. wieder Satan/Samael oder eine bestimmte Gruppe von Engeln) verfallen dem Menschen[32]. In allen Texten ist es die sexuelle Anziehungskraft der Frau (Text 14–16) bzw. konkret Evas (Text 12), durch die die Engel verführt werden. Die Verführung des Menschen mit dem Zweck, ihn zum Abfall von Gott zu bewegen, kehrt sich somit in ihr Gegenteil: Selbst die Engel sind der Versuchung und Gefahr nicht gewachsen, der der Mensch ausgesetzt ist; sie werden schuldig und führen ihr Vorhaben ad absurdum[33].

3. Eine weitere, vor allem im Zusammenhang mit der Gabe der Torah bezeugte Konsequenz ist der Versuch der Engel, den Menschen zu töten:

a) Die Feindschaft der Engel richtet sich gegen den neugeschaffenen ersten Menschen[34], gegen Jakob (als Repräsentanten Israels)[35] und gegen Moses (der Gott zu sehen begehrt)[36]. In allen Fällen dürfte der Grund für diese Feindschaft die Eifersucht auf den sündigen und sterblichen Menschen sein, der den reinen und heiligen Engeln vorgezogen wird.

b) Die Engel bedrohen den in den Himmel aufsteigenden Moses und wollen ihn töten[37]. Hier resultiert ihre Feindschaft zweifellos aus der Anmaßung des in den heiligen Bezirk Gottes (und der Engel!) eindringenden sündigen Menschen.

c) Die Engel versuchen, Moses beim Abstieg aus dem Himmel zu töten[38]. Der Grund dafür ist ihr Neid auf die Torah, die Moses den Himmlischen geraubt hat.

d) Davon zu unterscheiden ist ein weiteres Motiv: Die Engel bedrohen den vom Himmel herabsteigenden Moses, weil Israel inzwischen gesündigt (Goldenes Kalb) und sich der Torah somit als nicht würdig erwiesen hat[39]. Die Sünde gibt den Engeln Macht über den Menschen.

II. Gleichheit von Engeln und Menschen?

Im ersten Kapitel wurde nach den Gründen für den Widerspruch der Engel gegen den Menschen gefragt. Es hat sich gezeigt, daß die Gründe sehr weitreichender Natur sind und ein zentrales Thema der rabbinischen Anthropologie berühren. Die aus dem Anspruch der unbedingten Heiligkeit Gottes abgeleitete

---

[31] Das Motiv des Verfallens alleine (ohne die gleichzeitige Absicht, zur Sünde zu verführen) findet sich in Text 14 und 16.

[32] Text 12; 14–16.

[33] Vgl. besonders Text 14 und 15.

[34] Text 11.

[35] Text 68, II.

[36] Text 69, II.

[37] Text 29; 30; 34.

[38] Text 35; vgl. auch Text 31 und 32.

[39] Text 36–38.

radikale Ablehnung der Sündhaftigkeit des Menschen stellt den Menschen überhaupt in Frage. In diesem und im nächsten Kapitel ist nun zu untersuchen, welche Antwort die Rabbinen auf das im Widerspruch der Engel angeschnittene Problem der Sündhaftigkeit gefunden haben.

1. Wie einige Midraschim (wenn auch nur noch in Spuren) erkennen lassen, vertraten manche Rabbinen die Auffassung, daß der Mensch ursprünglich (vor dem „Sündenfall") den Engeln gleich war und daß seine eigentliche Aufgabe darin besteht, diesen verlorenen Status wieder zu erreichen. Die Schöpfungsabsicht Gottes hätte demnach darin bestanden, den Menschen gewissermaßen als Engel und nicht als Menschen (mit allen Konsequenzen) zu schaffen; die Sündhaftigkeit des Menschen wäre im Schöpfungsplan Gottes nicht vorgesehen gewesen.

Im Zusammenhang mit der Erschaffung des Menschen ist uns bereits in einem sehr frühen Midrasch der umstrittene R. Pappos[40] als Vertreter dieser Auffassung genannt: Der Mensch war ursprünglich wie einer von den Dienstengeln, also sündenlos und unsterblich[41]. Die scharfe Antwort R. Aqibas stellt klar, daß dies dem Wesen des Menschen widerspricht: Der Mensch ist von Gott mit einem freien Willen geschaffen worden, der es ihm ermöglicht, sowohl das Gute als auch das Böse zu wählen. Folglich gehört auch die Möglichkeit der Sünde wesentlich zum Menschen und unterscheidet ihn gerade von den Engeln[42]. Jeder Versuch, die Sündhaftigkeit des Menschen zu negieren, bringt, so argumentiert R. Aqiba (und zweifellos ist dies die Meinung der meisten Rabbinen), den Menschen um das, was ihn als Menschen ausmacht.

Der Vorstellung von einem ursprünglich sündenlosen Status des Menschen entspricht die Auffassung, daß der Mensch durch die Gabe der Torah den Engeln gleich wurde und diesen besonderen Status durch die Sünde des Goldenen Kalbes sofort wieder verlor: die Annahme der Torah bedeutet die Erhöhung des Menschen zu den Engeln, die Errichtung des Goldenen Kalbes seine Erniedrigung wie Adam[43]. Die Gabe der Torah ermöglicht nach Ansicht des (anonymen) Verfassers unseres Midraschs nicht nur die ständige Überwindung der Sünde, sondern sie hebt die Sündhaftigkeit des Menschen überhaupt und in einem einzigen Akt auf. Durch den ebenfalls einmaligen Akt der Sünde mit dem Goldenen Kalb fällt Israel wieder (und wie es scheint endgültig) in den Zustand der Sündhaftigkeit zurück.

Auch diese (sehr statische und ungeschichtlich denkende) Auffassung wurde

---

[40] Zu Pappos/Papias vgl. Bacher, Tannaiten I, S. 281 ff., 317.

[41] Text 2; vgl. auch Text 1.

[42] Ebenso natürlich auch die andere Möglichkeit, die Wahl des Guten; s. dazu unten S. 229.

[43] Text 39, II. – In diesen Zusammenhang gehört auch die Vorstellung, daß die Torah nur für die Engel und „engelgleiche" Menschen bestimmt ist und daß der Mensch den Engeln gleich werden muß, um der Torah würdig zu sein, vgl. Text 21; 26 (S. 123); 39, II d (S. 155).

zweifellos von der Mehrheit der Rabbinen nicht geteilt und konnte nicht unwidersprochen bleiben. Die extremste Gegenposition bezieht R. Schimon b. Laqisch[44] in einem Midrasch, der – soweit ich sehe – nur noch im b Talmud erhalten ist[45]:

„R. Schimon b. Laqisch sagt: Wir wollen unseren Vorfahren dankbar sein, denn hätten sie nicht gesündigt, wären wir nicht auf die Welt gekommen, wie es heißt: Ich sprach, Götter seid ihr, Söhne des Höchsten allesamt (Ps 82, 6). Doch ihr habt eure Werke verdorben, deswegen werdet ihr wie Adam sterben usw. (ebd. V. 7)[46] – das heißt: Hätten sie nicht gesündigt, wären sie nicht gestorben[47] und hätten sie keine Kinder gezeugt!".

Dieser Midrasch Resch Laqischs erkennt der Sünde Israels mit dem Goldenen Kalb kaum die einschneidende negative Bedeutung zu wie die oben vorgelegte anonyme Erklärung. Resch Laqisch wird nicht der Ansicht gewesen sein, daß Israel durch die Annahme der Torah den Dienstengeln gleichgestellt wurde und diesen besonderen Status durch seine Sünde wieder verlor. Er ist im Gegenteil ganz offensichtlich – in einer nahezu paradoxen Formulierung – der Meinung, daß die Sündhaftigkeit wesentlich zum Menschen gehört und ein integraler Bestandteil der Geschichte Gottes mit Israel ist. Ohne die Sünde gäbe es kein Volk Israel in der Geschichte. Die Vermutung liegt nahe, daß Resch Laqisch dieselbe Meinung vertritt wie R. Aqiba in Text 2, der mit Pappos einen ähnlichen Gegner vor sich haben dürfte wie Resch Laqisch mit dem anonymen Verfasser des Midraschs zu Ps 82, 6 f. (Text 39, II).

Ein weiterer Versuch, die Sündhaftigkeit durch die Angleichung des Menschen an die Engel aufzuheben, ist schließlich in Text 57, II bezeugt: Israel gleicht am Versöhnungstag den Engeln und ist deswegen sündenlos. Diese Auffassung kehrt den Sinn des Versöhnungstages in sein Gegenteil und macht, wie oben gezeigt wurde[48], die Barmherzigkeit Gottes überflüssig. Damit ist aber nicht nur das Wesen des Menschen, sondern auch das Wesen Gottes verkannt.

2. Von den oben genannten Texten sind die zahlreichen Midraschim abzugrenzen, in denen die Propheten und die Priester mit den Engeln verglichen werden (Engel als Vergleichsmaßstab). Beide Vorstellungen haben eine lange, bereits im Alten Testament begründete, Tradition und unterscheiden sich deutlich von der im ersten Abschnitt charakterisierten Auffassung einer ursprünglichen (und wesenhaften) Gleichheit von Engeln und Menschen.

---

[44] Resch Laqisch, pA 2, um 250.

[45] b AbZa 5 a; zitiert Jalq Ps § 831 S. 938 au. Vgl. auch R. Meir BerR 9, 5.

[46] Der Anfang („ihr habt eure Werke verdorben") gehört nicht zum Psalmvers. Er scheint direkt dem Midrasch zu Ps 82, 6 f. entnommen zu sein; vgl. Text 39, II b: „ihr habt euch selbst verdorben" (und in der Parallele TanBu: „ihr habt eure Werke verdorben").

[47] So mit Jalq Ps z. St.

[48] S. 189.

Propheten

Der wichtigste Beleg ist WaR 1, 1:

„Eine andere Erklärung [zu Lev 1, 1]: Die Propheten werden Engel genannt. Das ist es, was geschrieben steht: Und er sandte einen Engel[49] und führte uns heraus aus Ägypten (Nu 20, 16). War das denn ein Engel und nicht vielmehr Moses?! Warum nennt [der Vers] ihn dann Engel? Vielmehr: Aus dieser Stelle [ist zu ersehen], daß die Propheten Engel genannt werden. Ein weiterer Beleg: Der Engel des Herrn zog hinauf von Gilgal nach Bochim (Ri 2, 1). War das denn ein Engel und nicht Pinchas?![50] Warum nennt er ihn dann Engel? R. Simon sagt: Als der heilige Geist auf Pinchas ruhte, brannte sein Gesicht wie Fackeln. Die Rabbinen sagen: Was sagte die Frau des Manoach zu ihm (ihrem Mann)?: Siehe, ein Mann Gottes kam zu mir, und sein Anblick war wie der Anblick eines Engels Gottes (Ri 13, 6) – sie hielt ihn für einen Propheten, es war aber ein Engel! R. Jochanan sagt: Von ihrer Funktion[51] her werden die Propheten Engel genannt. Das ist es, was geschrieben steht: Da sprach Haggai, der Engel[49] des Herrn, im Auftrag *(b^e^mal'^a^khût)* des Herrn zum Volk: Ich bin bei euch, Spruch des Herrn (Hag 1, 13) – da bist du gezwungen zu folgern, daß die Propheten von ihrer Funktion her Engel genannt werden."[52]

Der Midrasch stützt sich auf die Doppeldeutigkeit des Wortes *mal'ākh* (= Engel und Bote) und erbringt den Nachweis, daß die Bibel sowohl die Propheten Engel (Moses, Pinchas, Haggai) als auch die Engel Propheten (der Engel bei der Frau Manoachs)[53] nennen kann[54]. Das tertium comparationis liegt in der gemeinsamen Aufgabe: beide sind von Gott gesandt und beauftragt, beide sind Boten Gottes.

---

[49] So versteht der Midrasch das Wort *mal'ākh*.

[50] Vgl. dazu SOR Kap. 20 und Raschi, Ralbag und Radaq zu Ri 2, 1.

[51] Wörtl.: von ihrem Vaterhaus her.

[52] Parallelen: JalqMa Hag 1, 13 S. 8; TanBu Lev § 1; MidrTeh 103, 17; MHG Nu S. 369 (mit der sekundären Ergänzung, daß auch die „Weisen" Engel genannt werden); BamR 16, 1; TanBu *š^e^laḥ* § 1; Tan ebd. (nur der Beleg Nu 20, 16; vgl. dazu auch Margulies, S. 2 Anm. zu Zeile 5 mit weiteren Stellenangaben); MekhRS S. 155; Siph Dt § 306 S. 328; MidrTann S. 180 (2 Chr 36, 16: *mal'^a^khê 'ālohîm* = Propheten); MekhRS S. 219; MHG Ex S. 545 (mit dem *mal'ākh* ist Moses gemeint); TanBu *wā'äthannan* § 6 S. 10 und 12; Erg. zu P. *wā'äthannan* § 1; MidrTeh 90, 6 (Moses glich bei seinem Aufstieg in den Himmel den Dienstengeln); ARN Vers. B Kap. 37 S. 95 (einer von den zehn Namen, mit denen der Prophet benannt wird, ist „Engel").

[53] Der Beleg paßt insofern nicht zu den übrigen Stellen, als die Frau Manoachs einen (wirklichen) Engel mit einem Propheten verwechselt (sonst hätten sie ihm auch nichts zu essen angeboten, vgl. V. 15).

[54] Zu beachten ist die vorsichtige Formulierung in allen Texten: die Propheten werden Engel genannt.

Priester

Der biblische Anknüpfungspunkt für den Vergleich von Priestern und Engeln ist in der Regel Mal 2, 7:

„Lieb sind [Gott] die Priester. Wenn er sie [einmal] mit einem anderen Namen benennt, nennt er sie nur Dienstengel, wie es heißt: Denn die Lippen des Priesters bewahren [Torah]kenntnis und die [Lehre der] Torah sucht man von seinem Munde, denn ein Engel des Herrn der Heerscharen ist er (Mal 2, 7). Wenn die [Lehre der] Torah aus seinem Munde kommt, ist er wie die Dienstengel. Wenn aber nicht, ist er wie das Wild und wie das Vieh, das seinen Schöpfer nicht kennt."[55]

Das tertium comparationis dürfte auch in diesem Midrasch die von Gott legitimierte „Botenfunktion" sein: Solange der Priester Torah verkündet, ist er ein Bote Gottes und gleicht somit den Engeln; wenn er dies unterläßt, ist er nicht nur wieder ein gewöhnlicher Mensch, sondern gleicht (da er seiner Sendung untreu wurde und sich von Gott losgesagt hat) den Tieren.

Daneben finden sich auch in der rabbinischen Literatur Spuren der alten Vorstellung einer im Vollzug des Kultes gründenden Gemeinschaft zwischen Priestern und Engeln[56]:

„Da träumte er (= Jakob), und siehe, eine Leiter stand auf der Erde (Gen 28, 12) – das ist der Tempel. Und ihre Spitze reicht bis an den Himmel (ebd.) – das sind die Opfer, die dargebracht werden und deren Duft bis in den Himmel steigt. Und siehe, die Engel Gottes steigen an ihr hinauf und herab (ebd.) – das sind die diensttuenden Priester *(koh^anîm ha-m^ešār^etîm)*, die hinauf- und herabsteigen auf den Stufen [des Altares] ..."[57]

III. Überlegenheit des Menschen über die Engel

In auffälligem Gegensatz zu den Midraschim vom Widerspruch der Engel gegen den Menschen und zu dem im vorangehenden Kapitel behandelten Versuch, diesem Widerspruch durch eine Angleichung des Menschen an die Engel zu begegnen, stehen die zahlreichen Aussagen von der Überlegenheit des Menschen über die Engel. Diese Aussagen beziehen sich nicht nur auf Adam, den ersten Menschen[58], sondern auch auf das Volk Israel in seiner Gesamtheit[59], die

---

[55] Siph Nu § 119 S. 143. Vgl. auch BamR 16, 1; TanBu und Tan *š^elaḥ* § 1 (die Priester werden den Engeln verglichen); TanBu *m^eṣorā'* § 3; MHG Nu S. 241 (der Hohepriester wird Engel genannt).

[56] Vgl. dazu oben S. 32 Anm. 131 und S. 36 ff. – Nicht zuletzt kommt gerade auch in der (rabbinischen!) Bezeichnung der Engel als „D i e n s t engel" diese kultische Komponente zum Ausdruck; vgl. dazu auch Maier, Vom Kultus zur Gnosis, S. 145 mit Anm. 196.

[57] SiphNu § 119 S. 143; BerR 68, 12; MidrTeh 78, 6; TanBu *wajjeṣe'* § 7.

[58] Text 6; 8.

[59] Text 44 ff.

Gerechten als einer besonderen „Gruppe" innerhalb des Volkes[60], den Hohenpriester[61] und Moses[62].

1. Die Erfüllung der Torah als Überwindung der Sünde

Zunächst ist die Frage nach dem Grund für diese Überlegenheit zu stellen. Die Antwort ist eindeutig und in fast allen Midraschim gleichlautend[63]. Die Überlegenheit des Menschen (Israels) resultiert aus der Torah. Die Torah befreit Israel von der Sünde und damit von der Folge der Sünde, dem Tod[64]. Diese Befreiung ist im Gegensatz zu den in Kapitel II behandelten Texten keine (einmalige) Befreiung von der Sündhaftigkeit, sondern das ständige Bemühen um die Überwindung der Sünde.

Die Torah ist einzig und allein für den sündigen Menschen bestimmt, nicht für die sündenlosen und vollkommenen Engel[65]. Die Sündhaftigkeit des Menschen ist demnach die Voraussetzung für die Gabe der Torah oder anders formuliert (im Blick auf das Verhältnis zwischen Menschen und Engeln): Die Überlegenheit des Menschen gründet in seiner Sündhaftigkeit. Die Sündhaftigkeit widerspricht also nicht, wie die Engel argumentieren, der Existenz des Menschen, sondern erweist sich letztlich geradezu als sein „Vorteil": Gott wendet sich dem Menschen zu, gibt ihm die Torah und nimmt bei ihm Wohnung.

Dieser (auf den ersten Blick paradoxe) Gedanke ist durch einen weiteren und entscheidenden Aspekt zu ergänzen: Wenn der sündige Mensch die Torah hält, erfüllt er die Gebote Gottes und erwirbt Verdienst *(zᵉkhût)* bzw. übt Gerechtigkeit *(ṣᵉdāqāh)*[66]. Genau dies aber ist den Engeln verwehrt. Da sie vollkommen und sündenlos sind, können sie kein Verdienst erwerben und keine Liebeswerke ausüben. Das vom Menschen (mit Mühe) erfüllte Gebot ist vor Gott wertvoller als die unverdiente und ungefährdete Heiligkeit und Vollkommenheit der Engel.

---

[60] Text 61 ff.

[61] Text 66; 67.

[62] Text 69 ff.; vgl. auch Text 32. – Von den genannten Texten abzugrenzen sind Text 4 und 5, in denen das ursprünglich gnostische Motiv von der Anbetung des Menschen (Adams) durch die Engel uminterpretiert und dazu benutzt wird, die Geschöpflichkeit des Menschen zu beweisen.

[63] Ausgenommen Text 6 und 8 (Adam ist weiser als die Engel). Es ist allerdings nicht ausgeschlossen, daß diese Weisheit nach dem Verständnis des Midraschs ebenfalls in der Torah gründet.

[64] Text 17; 39, I; 57, I?; 58–60; vgl. auch Text 73.

[65] Text 21; 26; 29; 30; 33.

[66] Oben S. 51 f. (WaR 24, 8); Text 45; 61–63.

2. Der Gerechte

Aus diesen grundsätzlichen Erwägungen ergibt sich, daß in ganz besonderer Weise der Gerechte den Engeln überlegen ist oder, wie ein häufig bezeugtes Dictum formuliert, „größer ist als die Engel“[67]; in der Endzeit wird sich diese „Größe“ offenbaren, und er wird den ihm zukommenden Platz vor den Engeln und in direkter Nähe Gottes einnehmen[68]. Der Gerechte appelliert durch sein Gebet, seine Fürsprache, sein Verdienst und sogar durch sein stellvertretendes Leiden und seinen Tod ständig an die Barmherzigkeit Gottes[69] und ermöglicht so – gegen die göttliche Strafgerechtigkeit – den Bestand der Welt. Das Verdienst des Gerechten bewahrt die gesamte Schöpfung (und darin sind die Engel eingeschlossen) vor dem Untergang: „R. Chijja b. Abba sagt i. N. R. Jochanans: Sogar um eines einzigen Gerechten willen besteht die Welt, wie es heißt: Der Gerechte ist der Grund der Welt (Spr 10, 25).“[70]

Der Gerechte par excellence ist Moses. Er ist der besondere Vertraute Gottes[71] und sogar über die Engel gesetzt[72]. Deswegen ist auch seine Fürsprache vor Gott wertvoller als die Fürsprache der Engel[73]. Dasselbe gilt schließlich auch für den Hohenpriester, der am Versöhnungstag für Israel bittet: Er ist sogar „größer“ als Michael, der Fürsprecherengel[74].

3. Israel

Der Gedanke von der Überlegenheit des Menschen über die Engel findet seine schärfste Zuspitzung schließlich in den Aussagen über Israel. Das Volk Israel ist das auserwählte Volk Gottes, und dies nicht nur in Bezug auf die anderen Völker, sondern auch im Blick auf das Verhältnis zwischen den Engeln und Israel[75]. Gott liebt Israel mehr als die Engel[76], denn die ganze Welt und alle Geschöpfe (einschließlich der Engel) wurden nur um Israels willen geschaffen; die Engel können niemals ein gleichwertiger Ersatz für Israel sein[77].

Die Bevorzugung Israels kommt besonders beim Lobpreis Gottes zum Ausdruck: Israel spricht den Gottesnamen (im Schma) bereits nach zwei Worten aus, während die Engel (in der Qeduschah) ihn erst nach drei Worten nennen

[67] Text 61–64; vgl. auch Text 45.
[68] Text 65.
[69] S. dazu die Belege bei Mach, Zaddik, S. 127 ff.
[70] b Jom 38 b; vgl. auch Mech S. 118; 146.
[71] Text 69 und 70.
[72] Text 70, III.
[73] Text 71.
[74] Text 67.
[75] Text 19.
[76] Text 44; 45; 46, II.
[77] Text 53 und 54; vgl. auch Text 30.

dürfen[78]; wenn Israel das Schma spricht, schweigen die Engel, und auch die Qeduschah dürfen sie erst nach Israel sagen[79]; obwohl von Gott räumlich entfernter als das Lied der Engel, ist der Lobpreis Israels Gott doch näher[80]; und schließlich ist das Loblied der Engel unerwünscht, wenn Israel in Gefahr ist oder bestraft wird[81].

Von diesen Stellen ist vor allem die Aussage bemerkenswert, daß die Engel auch die Qeduschah[82] erst nach Israel sprechen. Sie ist die genaue Umkehrung der weit verbreiteten und vermutlich sehr alten Vorstellung, daß die irdische Gemeinde mit dem Trishagion die Qeduschah der Engel nachahmt und sich sogar im Einklang mit der himmlischen Liturgie befindet, daß sich also irdische und himmlische Liturgie inhaltlich und zeitlich entsprechen[83]. Dieser Gedanke findet sich bis heute in der Einleitungsformel der Qeduschah des Achtzehn-Bitten-Gebets: „Wir wollen deinen Namen in der Welt heiligen, so wie man ihn in den Himmelshöhen heiligt, wie durch deinen Propheten geschrieben ist: ... (Jes 6, 3 und Ez 3, 12).“ Ähnlich in der Qeduschah des Musafgebets: „Wir wollen dich feiern und heiligen wie die Versammlung[84] der heiligen Seraphim, die die Heiligkeit deines Namens in Heiligkeit künden[85], wie durch deinen Propheten geschrieben ist ...“. Es folgen hier nun nicht nur, wie üblich, die Schriftverse Jes 6, 3 und Ez 3, 12, sondern auch noch Dt 6, 4 (also der erste Vers des Schma) als Bestandteil der Qeduschah. Damit ist das Schma (das Bekenntnis zum Gott I s r a e l s) als Antwort auf das Trishagion direkt in die himmlische Liturgie einbezogen; himmlische und irdische Liturgie gehören untrennbar zusammen[86].

Eine deutliche Parallele zur Qeduschah des Musafgebetes findet sich im Midrasch PRE (Kap. 4 Ende S. 11 af.). Auch hier ist die Qeduschah geradezu ein Wechselgesang zwischen den Seraphim, den heiligen Tieren und Israel: „Sie (die Seraphim) feiern und heiligen seinen großen Namen. Einer antwortet, ein anderer ruft, und sie sprechen [zusammen]: ... (Jes 6, 3). Und die [heiligen] Tiere stehen neben [dem Thron] seiner Herrlichkeit und sie kennen den Ort seiner Herrlichkeit nicht. Sie antworten und sprechen: Wo immer seine Herrlichkeit ist, dort: ... (Ez 3, 12). Und Israel, die die Einheit seines Namens jeden

[78] Text 44, I; 46, II.

[79] Text 48; vgl. auch Text 46, II und 49.

[80] Text 50.

[81] Text 51 und 52.

[82] Zur Qeduschah vgl. Elbogen, Gottesdienst, S. 61–67; 520–22; 586 f.

[83] Vgl. dazu oben S. 174 (C, 2) und zum Ganzen Flusser, Sanktus und Gloria, S. 135 ff.

[84] *sôd śîaḥ*, wörtl. „Versammlung des Sprechens“; gemeint ist wohl die „Kultgemeinschaft“ der Engel. Flusser, a. a. O. übersetzt: „andächtiger Kreis“; Munk, Gebete, S. 328 (nicht sehr zutreffend): „Spruchgeheimnis“.

[85] Wörtl.: die deinen Namen in Heiligkeit heiligen.

[86] Vgl. auch Constitutiones Apostolorum VII, 35, 3 f. und VIII, 12, 27 (dazu Flusser, a. a. O.; Heinemann, *Tephîllāh*, S. 145 ff. mit Anm. 33).

Tag immerdar verkünden, antworten und sprechen: ... (Dt 6, 4). Er aber antwortet seinem Volk Israel: Ich, der Herr, bin euer Gott (Nu 15, 41)[87], der euch aus allen Bedrängnissen errettet."

Ohne Zweifel ist der Gedanke der gemeinsamen Liturgie von Engeln und Menschen, wie er in der Qeduschah zum Ausdruck kommt, primär in der jüdischen Esoterik beheimatet[88]. So ist es nicht überraschend, daß auch die Hekhalot-Literatur den gleichzeitigen Lobgesang Israels und der Engel kennt: „... die Ophannim, ... die heiligen Tiere ... und die Kerubim, die ihren Mund öffnen, um zu sprechen: Heilig, heilig, heilig (Jes 6, 3), in derselben Stunde [preisen sie], da Israel vor ihm „heilig" spricht, wie es heißt: ... (Jes 6, 3)."[89]

Auf diesem Hintergrund gewinnt die Vorstellung von der Bevorzugung Israels beim Lobgesang (und insbesondere bei der Qeduschah, dem Lobgesang der Engel schlechthin) ihre eigentliche Bedeutung. Man wird sie weniger auf die „Eifersucht der Rabbinen der himmlischen Gemeinde gegenüber zurückführen müssen"[90], als vielmehr auf die sehr prononcierte (und im Blick auf die jüdische Esoterik zweifellos tendenziöse) Einstellung der Rabbinen gegenüber den Engeln: Weil Gott in erster Linie der Gott des Menschen und Israels ist, kann auch nur das Loblied Israels (und nicht das der Engel oder auch der Engel und Menschen) diesen Gott angemessen preisen und verherrlichen. Von daher wird es schließlich auch verständlich, daß nicht so sehr die kosmischen Engel – sie fehlen mit Ausnahme der Hekhalot-Texte in der rabbinischen Literatur fast völlig –, sondern vor allem die liturgischen Engel (der Gott unmittelbar umgebende Hofstaat, dessen wichtigste Funktion es ist, Gott zu preisen) in Konkurrenz zum Menschen treten. Wenn sogar beim Lobpreis Gottes, der „ureigenen" Aufgabe der Engel, der Preis des Menschen höher eingeschätzt wird als der der Engel, sind die Engel in der Tat entbehrlich.

Zusammenfassung

Die Vorstellung von der Überlegenheit des Menschen bzw. Israels über die Engel hat sich als ein zentraler Gedanke der rabbinischen Engel„lehre" erwiesen. Es zeigte sich, daß diese Vorstellung nur auf dem Hintergrund einer ausgeprägten Erwählungstheologie verständlich ist: Die Erwählung Israels

---

87 Der letzte Satz des Schma.

88 Zu verwandten Vorstellungen in Qumran s. oben S. 36 ff.

89 *Hêkhālôt-rabbātî*, BatMidr I, S. 72 (= BHM III, S. 85; Flusser, a. a. O., S. 136 Anm. 2 und S. 134 Anm. 2). Vgl. auch BatMidr I, S. 85 (= BHM III, S. 90 Kap. 8 Ende): „... die Stimme [der Ophannim und Seraphim] schwillt mächtig an und kommt heraus in lautem Getöse in der Qeduschah, zur selben Stunde, wenn Israel vor ihm spricht: ... (Jes 6, 3)." – Zur Qeduschah in der Hekhalot-Literatur vgl. A. Altmann, *„Šîrê qeduššāh besiphrût ha-hêkhālôt ha-qedûmāh"*, Melila 2, 1945/46, S. 1–24.

90 Flusser, a. a. O., S. 136 Anm. 3.

und das besondere Verhältnis zwischen Gott als dem Gott Israels und Israel als dem Volk Gottes stehen so sehr im Mittelpunkt der theologischen Reflexion, daß alle anderen „Glaubensinhalte“ hinter dieser Vorstellung zurücktreten bzw. darunter subsumiert werden. Dies gilt in ganz besonderer Weise auch für die Engelvorstellung. Die Engel als solche sind nicht oder nur sehr wenig Gegenstand der theologischen Überlegung und Diskussion. Die Rabbinen haben keine Angelologie entwickelt und waren daran auch nicht interessiert; deswegen wäre es völlig unangemessen, wollte man in der rabbinischen Literatur so etwas wie eine „Lehre von den Engeln“ suchen oder diese gar aus den verstreuten Bemerkungen der Rabbinen über die Engel rekonstruieren. Der einzig adäquate Kontext für die rabbinische Engelvorstellung ist das Bewußtsein von der Erwählung Israels und der Hinwendung Gottes zu seinem Volk.

Das den Aussagen über die Engel zugrundeliegende Weltbild ist deutlich anthropozentrisch ausgerichtet: Der Mensch ist Höhepunkt und Ziel der Schöpfung; die Engel sind für die Vollendung der Schöpfung in der Geschichte Gottes mit Israel nicht von Bedeutung und rücken an den Rand des Interesses. Vielleicht hat man darin auch einen – wenn nicht sogar den wesentlichen – Unterschied zur Engelvorstellung des Frühjudentums zu sehen, die, wie gezeigt wurde, in den Kontext einer an der Gesetzmäßigkeit und Harmonie des Kosmos orientierten, himmlische und irdische Welt umfassenden Weltordnung gehört. Ein Wandel des Weltbildes von der „Vorstellung einer ‚Sympateia‘ zwischen irdischem und himmlischem Geschehen“[91] im Frühjudentum zu einer betonten Anthropozentrik im rabbinischen Judentum wäre demnach der Grund für den Neuansatz in der Engel„lehre“. Der Mensch richtet sich nicht mehr nach der von den Engeln garantierten Harmonie des Kosmos aus, sondern die himmlische Ordnung ist von der irdischen Ordnung abhängig.

Es versteht sich von selbst, daß diese Vorstellung nicht repräsentativ ist für das rabbinische Judentum in seiner Gesamtheit, sondern nur für eine, wenn auch sehr wahrscheinlich dominierende Gruppe innerhalb des rabbinischen Judentums. Wir wissen heute, daß es auch im rabbinischen Judentum Ansätze zu einem kosmologisch orientierten Weltbild gegeben hat (die Arkandisziplinen des *maʿaśeh bereʾšît* und *maʿaśeh märkābāh* beweisen dies zu Genüge), doch entsprachen solche Vorstellungen und Versuche sicher nicht der von der Mehrheit der Rabbinen vertretenen Meinung. Wie sehr man gerade im Blick auf die Engelvorstellung von einem Wandel des Weltbildes sprechen kann, sei abschließend an einem weit verbreiteten Midrasch verdeutlicht:

„R. Hoschaja lehrt: Wenn der untere Gerichtshof einen Beschluß gefaßt hat und bestimmt: Heute ist Neujahr!, dann sagt der Heilige, er sei gepriesen, zu den Dienstengeln: Stellt die Tribüne auf, bestellt die Verteidiger, bestellt die Gerichtsschreiber[92], denn der untere Gerichtshof hat beschlossen und festgesetzt:

---

[91] Hengel, Judentum und Hellenismus, S. 424.

[92] Der Neujahrstag ist der Gerichtstag.

Heute und morgen ist Neujahr! Haben sich die Zeugen verspätet oder ist der Gerichtshof übereingekommen, Neujahr auf den nächsten Tag zu verschieben, sagt der Heilige, er sei gepriesen, zu den Dienstengeln: Bringt die Tribüne weg, und die Verteidiger und Gerichtsschreiber mögen fortgehen, denn der untere Gerichtshof hat bestimmt, daß morgen Neujahr sein soll. Und was ist der Beweis?: Denn ein Gesetz Israels ist auch eine Verpflichtung für den Gott Jakobs (Ps 81, 5)[93] – was für Israel kein Gesetz ist, ist auch, wenn man so sagen könnte, keine Verpflichtung für den Gott Jakobs!
R. Pinchas und R. Chilqija b. R. Simon sagen: Wenn sich alle Dienstengel beim Heiligen, er sei gepriesen, versammeln und ihn fragen: Herr der Welt, wann ist Neujahr?, dann antwortet er ihnen: Ihr fragt mich?! Ich und ihr, wir wollen den unteren Gerichtshof fragen. Und was ist der Beweis?: [Denn wer ist so nah] wie der Herr, unser Gott, wann immer wir ihm [die Festzeiten] bekannt geben[93] (Dt 4, 7).“[94]

IV. Überlieferung

In diesem abschließenden Kapitel seien einige Beobachtungen zur Überlieferung der in den Einzelinterpretationen behandelten Texte zusammenfassend dargestellt. Abgesehen von sprachlichen Kriterien, die beim heutigen Stand der Erforschung des Mittelhebräischen völlig unzuverlässig sind, und abgesehen von ebenso fragwürdigen Versuchen, aus einer (willkürlich konstruierten) relativen Chronologie der Texte Aufschlüsse über das Alter einer Tradition zu gewinnen[95], kann eine solche überlieferungsgeschichtliche Einordnung der erarbeiteten Traditionen vorläufig nur unter zwei Gesichtspunkten erfolgen. Einmal ist dies die Frage nach dem Urheber der Tradition, die Überlegung also, ob der Text unter dem Namen eines bestimmten Rabbi bzw. mehrerer Rabbinen oder anonym tradiert wird und zum anderen die Frage, wo die einzelnen Traditionen überliefert werden und ob bestimmte Traditionen vorwiegend oder sogar ausschließlich in bestimmten Quellen zu finden sind. Die erste Frage zielt auf eine historische Einordnung der verschiedenen Traditionen, die zweite

---

[93] So ist der Vers im Sinne des Midraschs zu verstehen.

[94] PesR S. 77 af. Parallelen: PRK S. 102 f.; j RoHasch K 1 H 3 S. 57 b; b RoHasch 8 a/b; SchemR 15, 2; DebR 2, 14; MidrTeh 4, 4; ebd. 81, 6; TanBu *bo'* § 13; Jalq *bo'* § 190 S. 122 bo; Jalq Ps § 831 S. 937 bm; MHG Ex S. 169; vgl. auch MHG Nu S. 500.

[95] So vor allem Neusner in seinen Büchern „Development of a Legend“, Leiden 1970 und „The Rabbinic Traditions about the Pharisees before 70“, Leiden 1971. Neusner versucht, rabbinische Traditionen anhand einer chronologischen Ordnung der Quellen in eine historische Abfolge zu bringen, nämlich: 1. Tannaitische Midraschim; 2. Mischna und Tosephta; 3. Tannaitisches Material im j und b Talmud; 4. ARN; 5. Amoräische Traditionen im j und b Talmud (im zweiten Buch ist die Reihenfolge von 4. und 5. vertauscht); 6. Späte Midraschim. Daß etwa Traditionen im Talmud grundsätzlich älter sein sollen als Überlieferungen in späten (!) Midraschim wie z. B. BerR, EchR, PRK etc., ist absolut willkürlich.

versucht aus dem Sondergut der einzelnen Texte auf bestimmte und ggf. unterschiedliche Konzeptionen in der Engelvorstellung zu schließen. Beides ist methodisch problematisch (insbesondere bei den Rabbinennamen ist immer damit zu rechnen, daß der Name fehlerhaft überliefert wird und vor allem, daß der betreffende Rabbi nicht der Autor der Tradition ist, sondern nur der erste Tradent, mit dessen Name die ursprünglich anonyme Überlieferung verbunden wurde); wenn im folgenden dennoch ein Versuch unternommen wird, so geschieht dies mit der Einschränkung, daß ein solcher Versuch nur vorläufig sein kann und daß wirklich sichere Kriterien für eine Überlieferungsgeschichte aggadischer Traditionen noch nicht entwickelt wurden.

Überlieferungsgeschichte

Für den Themenkreis vom Widerspruch der Engel gegen den Menschen läßt sich folgendes ermitteln: Die Auslegung zu Ps 8, 5, dem wichtigsten Schriftbeweis für die Opposition gegen die Erschaffung des Menschen, wird mit der einen Ausnahme Text 9, I (Rab, bA 1) nur anonym überliefert[96]; lediglich einige, zweifellos sekundäre, Ausgestaltungen des Midraschs nennen Rabbinennamen (Text 6, II: R. Acha; Text 7: Chanina b. Papa und R. Simon b. Passi). Man wird also davon ausgehen können, daß der (relativ alte) Midrasch ursprünglich anonym überliefert und erst später mit bestimmten Rabbinen verknüpft (der älteste uns bekannte Tradent wäre dann Rab, Anfang 3. Jh.) und weiter ausgestaltet wurde. Für diese Vermutung spricht auch die Tatsache, daß sogar im Zusammenhang mit der Gabe der Torah (Text 26, I, II und IV) und der Herabkunft der Schekhinah ins Heiligtum (Text 43, I), an Stellen also, wo die Auslegung von Ps 8, 5 sicher nicht ursprünglich ist, kein Tradent genannt wird.

Für den Widerspruch gegen die Gabe der Torah und gegen die Herabkunft der Schekhinah ins Heiligtum ist Ps 8, 2 der wichtigste Schriftbeweis. Die Auslegung des Verses wird sowohl anonym überliefert[97] als auch auf verschiedene Rabbinen – von R. Jehoschua b. Levi (pA 1)[98] bis R. Acha (pA 4)[99] bzw. R. Pinchas (pA 5)[100] – zurückgeführt. Dieser Befund macht es wahrscheinlich, daß der Midrasch ursprünglich anonym tradiert und später insbesondere mit R. Jehoschua b. Levi (um 250) und R. Acha (um 320) verbunden wurde.

Weitere Schriftbeweise im Zusammenhang mit der Gabe der Torah und der Herabkunft der Schekhinah sind Ps 68, 13 und Spr 21, 22. Auch die Aus-

---

[96] Text 6, I, III–VI; 7, letzter Abschnitt; 26, IV. Vgl. auch den Midrasch zu Ps 144, 3 f./Job 41, 25 (Text 8, ebenfalls anonym).

[97] Text 26, II; 29, I; 42; 43, I b.

[98] So wahrscheinlich Text 26, III (s. oben S. 122); 29, II.

[99] Text 26, I und III.

[100] Text 26, III.

legung von Ps 68, 13 findet sich sowohl im Namen R. Achas[101] als auch im Namen R. Aibos und Jehuda b. Simons (beide pA 4)[102], von denen mit Sicherheit R. Jehuda b. Simon zur Schule R. Jehoschua b. Levis gehört; daß sie die Autoren dieser Deutung waren, ist unwahrscheinlich. Der Midrasch zu Spr 21, 22 schließlich ist wieder anonym[103] und im Namen R. Jehuda b. Elais (T 3)[104] überliefert, wobei allerdings die Überlieferung im Namen R. Jehudas sehr wahrscheinlich schon sekundär ist[105].

Als Konsequenz aus dem Widerspruch der Engel ergab sich im einzelnen der Versuch, den Menschen zu verführen, damit zusammenhängend das Verlangen nach dem Menschen (Verfallen) und schließlich der Wunsch, ihn zu töten. Die Midraschim vom Versuch der Engel, den Menschen zu verführen, sind fast ausschließlich anonym überliefert[106], ebenso die Tradition vom Verlangen nach dem Menschen (der Frau)[107]. Anders steht es dagegen mit der Absicht der Engel, den Menschen zu töten. Auch hier sind die meisten Midraschim anonym[108], doch verbindet eine nicht unerhebliche Anzahl von Texten diese Tradition auch mit R. Jehoschua b. Levi bzw. mit Namen im Umkreis R. Jehoschuas[109].

Zusammenfassend hat die Vermutung einiges für sich, daß der gesamte Midraschkomplex vom Widerspruch und der Feindschaft der Engel gegen den Menschen – in den drei konkreten Ausformungen: Erschaffung des Menschen, Gabe der Torah und Herabkunft der Schekhinah ins Heiligtum – in relativ früher Zeit entstand (der erste sichere und anonyme Beleg ist t Sot 6, 5; Text 6, III) und später mit den Namen R. Jehoschua b. Levis (Mitte 3. Jh.) und seiner Schule und R. Achas (Anfang 4. Jh.) verbunden wurde. Ob dabei eine der drei

---

[101] Text 20.

[102] Text 43, I a.

[103] Text 33.

[104] Text 28, I.

[105] Vgl. S. 127. – Die übrigen Midraschim (vgl. vor allem Text 21 und 24) sind anonym. Die Anklage der Engel am Schilfmeer (Text 17 und 18) und gegen Manasse (Text 74) ist ebenfalls anonym überliefert.

[106] Text 8; 12; 13; 15. Text 40 ist – vermutlich sekundär – R. Jehoschua b. Levi genannt und Text 41 ein nicht zu identifizierender R. Jehuda.

[107] Text 12; 15; 16; mit der einen Ausnahme Text 14 (Rab Josef, bA 3, gest. 333), doch war Rab Josef mit Sicherheit nicht der Urheber der Tradition.

[108] Text 11 (Adam); 68, II (Jakob); 29, I (Moses); 30 (Moses; als Baraita gekennzeichnet); 34 (Moses); 69, II (Moses).

[109] Text 29, II; 35 (R. Jehoschua b. Levi); 36 (R. Jizchaq und R. Tanchum b. Chanilai? R. Tanchum b. Chanilai war ein Schüler R. Jehoschua b. Levis, und wenn mit R. Jizchaq nicht R. Jizchaq II., der Schüler R. Jochanans, gemeint ist, sondern R. Jizchaq b. Nachmani, hätten wir es ebenfalls mit einem Schüler R. Jehoschuas zu tun); 37 (R. Jonatan aus Bet Gubrin tradiert ebenfalls im Namen R. Jehoschua b. Levis, vgl. Bacher, pal. Amoräer III, S. 592 ff.); 38 (I a: R. Jehoschua b. Levi; II b: R. Jizchaq; I b jedoch R. Schmuel b. Nachmani).

Traditionen primär ist und der Midrasch sukzessive auch auf weitere Ereignisse in der Geschichte Israels ausgedehnt wurde – es spricht einiges dafür, daß zumindest der dritte Komplex (Herabkunft der Schekhinah ins Heiligtum) jünger ist[110], doch läßt sich auch dies nicht beweisen – muß offen bleiben; mit Sicherheit geschah dies jedoch, wenn überhaupt, noch im Stadium der mündlichen Überlieferung.

Zum Themenkreis Gleichheit von Engeln und Menschen ist nur sehr wenig festzustellen. Der einzige Name, der in diesem Zusammenhang genannt wird, ist Pappos (b. Jehuda?)[111], die übrigen Texte sind anonym[112]. Ausdrückliche Opponenten gegen die These von der (ursprünglichen) Gleichheit von Engeln und Menschen sind R. Aqiba[113] und Resch Laqisch (pA 2, um 250)[114]. Dies läßt auf ein relativ hohes Alter der Tradition schließen, die allerdings nur noch in Spuren nachzuweisen war und offenbar keinen großen Einfluß mehr ausgeübt hat.

Die für unseren Zusammenhang wichtigste Gruppe von Texten sind schließlich die Midraschim zum Thema Überlegenheit des Menschen über die Engel:

1. Die Tradition von der überragenden Weisheit Adams[115] ist sehr wahrscheinlich ursprünglich anonym und wurde erst später mit dem Namen R. Achas verknüpft (wenn nicht überhaupt die Überlieferung unter dem Namen R. Achas als sekundär zu gelten hat[116]).

2. Die meisten Aussagen finden sich über das Verhältnis zwischen Israel (in seiner Gesamtheit) und den Engeln. Das weitverbreitete Dictum, daß Israel vor Gott geliebter ist als die Dienstengel[117], wird mit einer Ausnahme[118] nur anonym überliefert und dürfte sehr alt sein. Dasselbe gilt für den umfangreichen Midraschkomplex von der Bevorzugung Israels beim Lobgesang. Hier ist allerdings zwischen den einzelnen Traditionen zu differenzieren: Anonym und mit Sicherheit tannaitisch ist die Tradition, daß die Engel beim Schma (bzw. beim ersten Satz des Schma) schweigen müssen[119]. Die Überlieferung dagegen, daß die Engel die Qeduschah erst nach Israel sprechen dürfen, ist in den verschiedenen Versionen mit R. Levi bzw. R. Simon[120], R. Elieser b. R. Jose ha-Glili[121],

[110] S. oben S. 220.
[111] Text 2.
[112] Text 1 (?); 39, II; 57, II.
[113] Text 2.
[114] b AbZa 5 a, oben S. 226.
[115] Text 6; 8.
[116] Vgl. oben S. 88.
[117] Text 44; 45; 46, II.
[118] Text 45 (R. Berekhja, pA 5, um 340); doch ist diese Tradition mit Sicherheit sekundär.
[119] Text 48, insbesondere Version V.
[120] Text 48, I (Auslegung zu Job 38, 7).
[121] Text 48, VI (Job 38, 7).

R. Schmuel b. Nachman[122] und R. Reuben[123] verknüpft; mit Ausnahme R. Eliesers, der als Autor kaum in Frage kommt, gehören die Tradenten alle zur 2./3. Generation der Amoräer (2. Hälfte des 3. Jh.s). Möglicherweise ist also die ursprünglich auf das Schma beschränkte Auslegung erst in der frühen amoräischen Zeit (durch den Einfluß der Merkabahmystik?) auf die Qeduschah erweitert worden.

Der Grundsatz, daß die Engel schweigen müssen, wenn Israel in Gefahr ist, wird sowohl anonym als auch im Namen R. Jochanans (pA 2), R. Schmuel b. Nachmanis (pA 3) und R. Jonatans (pA 1) überliefert[124]. Da Resch Laqisch (pA 2, um 250), der Zeitgenosse R. Jochanans, schon als Redaktor mehrerer Midraschim zu diesem Thema bekannt ist[125], muß die Tradition als solche älter sein als R. Jochanan und dürfte auf voramoräische Überlieferung zurückgehen. Die Erweiterung des Midraschs auf die Situation nach dem Durchzug Israels durch das Rote Meer (Ex 15, 1: auch das Danklied für die Errettung Israels dürfen die Engel erst nach Israel anstimmen) wurde ursprünglich sehr wahrscheinlich anonym überliefert[126]; von R. Abin ha-Levi (?) stammt, wenn überhaupt, nur das Gleichnis. Ob die in diesem Zusammenhang tradierte Auslegung zu Ps 68, 26[127] von R. Chijja b. Abba bzw. R. Levi (beide pA 3) stammt und somit in die 2. Hälfte des 3. Jh.s zu datieren ist, muß offen bleiben.

Die übrigen Midraschim zum Thema „Bevorzugung Israels beim Lobgesang" sind vermutlich relativ spät anzusetzen[128]. Insbesondere die im Namen R. Huna b. Abins (?), pA 4 (um 350), überlieferte Auslegung zu 1 Chr 29, 11 zeigt, daß man noch in später amoräischer Zeit die vorgegebene Tradition weiter entfaltete.

Die Traditionen, daß die Engel kein Ersatz für Israel sein können[129] und an ihrer Einstellung zu Israel gemessen werden[130], sind im Namen R. Ilphas (?), pA 2 (um 250), und R. Jehudas (T 4) überliefert; ob einer von beiden auch der Autor dieser Überlieferung ist, ist nicht mehr zu entscheiden

Ein weiterer Midraschkomplex schließlich behandelt das Verhältnis Israels zum Satan/Todesengel. Hier sind die meisten Traditionen anonym und nicht näher zu datieren[131], ausgenommen nur Text 55; 59, II/III und 60. Text 55 (der Satan rührt Israel nicht an) gehört mit Sicherheit in die tannaitische Zeit und geht wahrscheinlich auf Bar Qappara (T 5, um 210) zurück; die übrigen Midraschim sind eher legendarische Erzählungen zum Ruhme R. Chisdas,

---

[122] Text 48, I und II (Auslegung zu Ez 3, 12).
[123] Text 48, III (Ez 3, 12).
[124] Text 51.
[125] Text 52.
[126] Text 51, II; vgl. auch III.
[127] Text 51, I und II.
[128] Text 47; 50.
[129] Text 53.
[130] Text 54.
[131] Text 56; 57, I; 58; 59, I.

Rabba b. Nachmanis (beide b a b. Amoräer, um 300) und R. Schimon b. Chalaphtas (T 5, um 190), über deren Alter keine Aussage möglich ist.

3. Das Dictum, daß die Gerechten größer sind als die Engel[132], läßt sich eindeutig auf R. Meir, R. Jehuda (b. Elai) und R. Schimon (b. Jochai), alle Tannaiten der 3. Generation (um 150) und Schüler R. Aqibas, zurückführen; der Ausspruch ist also – ebenso wie die Tradition, daß Israel geliebter ist als die Engel – relativ alt und gehört in die Anfänge der aggadischen Überlieferung überhaupt. Sehr wahrscheinlich in amoräischer Zeit wurde das Dictum um die Auslegung zu Joel 2, 11 erweitert[133] und mit den Midraschim über Jesaja[134] und Chananja, Mischael und Asarja (Dan 3, 25)[135] verknüpft. Ebenfalls in die amoräische Zeit dürfte schließlich die Auslegung zu Nu 23, 23 (die Engel erfragen von den Gerechten die Lehren Gottes)[136] gehören.

4. Die Midraschim von der Überlegenheit des Hohenpriesters über die Engel[137] sind alle anonym und nicht zu datieren. Immerhin scheint die Tradition, daß auch die Engel nicht im Allerheiligsten sein dürfen, wenn der Hohepriester dort seinen Dienst verrichtet[138], relativ alt zu sein, älter jedenfalls als R. Abbahu (pA 3, um 300), in dessen Midraschim sie vorausgesetzt ist.

5. Im Zusammenhang mit Moses sind die meisten Traditionen anonym überliefert[139]. Eindeutig datierbar ist jedoch die Kontroverse über die Frage, ob der Mensch (Moses) Gott sehen kann[140]: Sie geht auf eine Auseinandersetzung zwischen R. Aqiba (bzw. den Aqiba nahestehenden R. Schimon b. Assai und R. Schimon ha-Timni) und R. Jischmael zurück. R. Aqiba vertrat, wenn die oben versuchte Interpretation zutrifft, gegen R. Jischmael die Auffassung, daß zwar die Engel und die heiligen Tiere Gott nicht sehen können, wohl aber die Menschen (Moses). Ebenfalls mit Sicherheit tannaitisch und vermutlich auf eine Kontroverse zwischen der Schule R. Aqibas und R. Jischmael zurückgehend ist das Dictum R. Jose (b. Chalaphtas?, T 3), daß Moses Gott vertrauter ist als die Dienstengel[141].

Zusammenfassend ergibt sich, daß der Midraschkomplex von der Überlegenheit des Menschen über die Engel in seinem Kern in die tannaitische Zeit zurückreicht. Wie einige besonders prägnante Formulierungen (Gerechte, Moses)

---

132 Text 61.

133 Text 62 (R. Tanchum b. Chanilai?, pA 2/3, um 280); 63 (R. Acha?, pA 4, um 320).

134 Text 63 (anonym).

135 Text 64 (anonym); 65, I (R. Levi b. Chaita?, pA 4); 65, II (R. Levi b. Chanina = Levi b. Chaita?).

136 Text 65 (R. Abba b. Kahana, pA 3, um 310 und R. Ahaba oder Achawa b. Seira, pA 4, um 350).

137 Text 66; 67.

138 Text 66, I a und b.

139 Text 32; 71; 72; 73.

140 Text 69.

141 Text 70.

darüber hinaus erkennen lassen, dürfte diese Tradition konkret aus der Schule R. Aqibas hervorgegangen und in Auseinandersetzung mit R. Jischmael entstanden sein.

Sondergut

Das meiste (und besonders charakteristisches) Sondergut findet sich im babylonischen Talmud. Dies gilt zunächst für die große Gruppe der unter dem Begriff „Naturengel" zusammengefaßten Engel: Die „Fürsten" der Welt, der Dunkelheit, des Meeres, des Hagels, der Hölle, der Habicht-„Engel", der Regenengel Ridja, der über das Reifen der Früchte und der über die Schwangerschaft gesetzte Engel (Laila) sowie Duma, der Engel des Totenreiches, begegnen z. T. ausschließlich und z. T. bevorzugt im b Talmud[142]. Ebenso sind die Traditionen, daß jeder Mensch zwei Engel hat (einen guten und einen bösen), die miteinander um ihn kämpfen[143] und daß man nur in hebräischer Sprache beten soll, weil die Dienstengel kein Aramäisch verstehen[144], ausschließlich im b Talmud bezeugt. Mit besonderer Vorliebe befaßt sich der Talmud jedoch mit den verderbenbringenden Engeln und dem Satan/Todesengel. Über die in der Arbeit angeführten Belege[145] hinaus wäre hier noch eine Fülle von Stellen zu nennen. Nur einige Beispiele:

Manche Rabbinen hatten Kontakt mit dem Todesengel/Satan: Bei Bebai b. Abaje (bA 5) pflegte der Todesengel zu verkehren[146]; R. Jehoschua b. Levi und R. Chanina b. Papa überlisteten den Todesengel[147]; der Vater Schmuels (= Abba b. Abba, bA 1) hat mit dem Todesengel gesprochen[148]; und R. Meir, R. Aqiba und Pelemo mußten sich des Satans in Gestalt einer schönen Frau erwehren[149]. Die Gegenwart des Todesengels läßt sich an bestimmten Anzeichen erkennen[150], und es empfiehlt sich, gewisse Vorsichtsmaßnahmen zu ergreifen, um sich vor ihm zu schützen[151]:

„R. Jehoschua b. Levi erzählte: Drei Dinge sagte mir der Todesengel: Du sollst morgens nicht dein Hemd aus der Hand des Dieners nehmen und anziehen; wasche deine Hände nicht mittels dessen, der seine Hände noch nicht gewaschen hat; und stehe nicht vor den Frauen, wenn sie von einem Leichenzug zurückkehren, weil ich mit dem Schwert in der Hand vor ihnen herspringe

---

[142] Oben S. 55 ff.

[143] Oben S. 61.

[144] Oben S. 64.

[145] Oben S. 65 ff.; Text 59 f.

[146] Chag 4 b Ende.

[147] Ket 77 b; vgl. auch unten Ber 51 a.

[148] AbZa 20 b.

[149] Qid 81 af.; vgl. auch Text 16, II *(Midrāš 'Abkir?)*.

[150] BQa 60 b (wenn die Hunde wimmern, ist der Todesengel in der Stadt eingetroffen); AbZa 28 a.

[151] Ber 51 a.

und die Erlaubnis habe zu verderben. Welches Mittel gibt es, wenn man ihnen begegnet? Man weiche vier Ellen von seiner Stelle zurück. Ist da ein Fluß, so überschreite man ihn[152]; ist da ein anderer Weg, so gehe man diesen; ist da eine Wand, so stelle man sich hinter diese. Wenn aber nichts da ist, so wende man das Gesicht ab und spreche: Und der Herr sprach zum Satan: Möge dich der Herr anfahren, Satan (Sach 3, 2), bis sie vorüber sind."

Volkstümliche Aussprüche und apotropäische Bräuche machen deutlich, wie real man die Anwesenheit des Satans empfand: „Niemals öffne der Mensch seinen Mund vor dem Satan"[153]; „in den Tagen des Nisan springt der Satan zwischen den Hörnern des schwarzen Ochsen"[154]; der Feststrauß ist ein „Pfeil in den Augen des Satans"[155]; ja sogar das Blasen am Neujahrstag geschieht, „um den Satan zu verwirren"[156].

Diese Belege zeigen zur Genüge, daß vor allem das babylonische Judentum eine sehr ausgeprägte und volkstümliche „Angelologie" entwickelt hat. Zum allergrößten Teil sind sie Sondergut des b Talmuds und finden sich nicht im Midrasch. Dies scheint – zusammen mit der Beobachtung, daß nur relativ wenige der Traditionen von der Überlegenheit des Menschen über die Engel Eingang in den b Talmud gefunden haben[157] – auf einen grundsätzlichen Unterschied in der Engelvorstellung des babylonischen und des palästinischen Judentums hinzuweisen.

Auch der Midrasch Pirqe d'R. Eliezer überliefert Traditionen zu unserem Thema, die sich nicht oder nur in Spuren in den übrigen Texten finden. So sind die Midraschim von der Verführung des Menschen durch die Engel fast ausschließlich in den PRE nachzuweisen[158]; nur ein Text findet sich im „klassischen" Midrasch[159]. Dasselbe gilt vom Motiv der sexuellen Anziehungskraft der Frau, durch die die Engel verführt werden[160] und vom Motiv der Anbetung Adams durch die Engel[161]. Dieser Befund ist kein Zufall, sondern auf die bekannte Tatsache zurückzuführen, daß sich vor allem im Midrasch PRE altes mythologisches Gut erhalten hat, das im „klassischen" Midrasch

[152] Vgl. Jom 77 b (der Todesengel darf nicht über einen Fluß gehen).

[153] Ber 19 a; 60 a Ende.

[154] Ber 33 a; Pes 112 b.

[155] Suk 38 a; Qid 30 a; 81 a; Men 62 a.

[156] RoHasch 16 a/b.

[157] Vgl. Text 46, II a; 47; 51, IV; 64; 65, III.

[158] Text 8; 12; 15?; 41 (zusammen mit TPsJ zu Ex 32, 1 und SchemR 43, 1); vgl. auch Text 13 (3 Henoch und PRE Kap. 7).

[159] Text 40.

[160] Text 12 (mit TPsJ); 14 *(Midrāš 'Abkir?)*; 15 (Ps-SEZ = PRE?); 16 (mit *Midrāš 'Abkir)*.

[161] Text 5, III.

unterdrückt wurde und nur am Rande Eingang in die rabbinische Literatur fand[162].

Sondergut läßt sich schließlich auch in den Midraschim Pesiqta Rabbati[163] und Schemot Rabba[164] nachweisen; die einzelnen Traditionen sind allerdings zu disparat, als daß man daraus auf eine bestimmte Konzeption des Midraschs schließen könnte.

---

[162] Weiteres Sondergut: Text 33 (Widerspruch der Engel gegen die zweiten Tafeln); 39, II d (Israel war am Sinai den Engeln gleich und verrichtete keine Notdurft; doch finden sich dazu auch Parallelen in b Jom 75 b und BamR 7, 4); 54? (Gott richtet die Engel an ihrem Verhalten zu Israel); 57, II (Israel gleicht am Versöhnungstag den Dienstengeln; vgl. aber auch DebRL S. 69; DebR 2, 36; MidrTeh 27, 4).

[163] Text 24; 25; 27; 30; 56; 66, II.

[164] Text 19; 32; 34; 36.

QUELLEN- UND LITERATURVERZEICHNIS

1. *Bibelausgaben*

Biblia Hebraica, ed. R. Kittel, editio decima, Stuttgart 1937.

Miqraot gedolot, Ed. Schocken 1936/37.

Septuaginta, id est Vetus Testamentum graece iuxta LXX interpretes, ed. A. Rahlfs, Stuttgart 1935.

Septuaginta, ed. A. Rahlfs, I: Genesis, Stuttgart 1926.

The Old Testament in Greek, Vol. I: The Octateuch, Part I: Genesis, Cambridge 1906.

2. *Apokryphen/Pseudepigraphen*

Black, M., Apocalypsis Henochi Graece, Leiden 1970 = Pseudepigrapha Veteris Testamenti Graece, 3. – Zitiert: Black, Apocalypsis Henochi Graece.

Bonwetsch, G. N., Die Bücher der Geheimnisse Henochs. Das sog. Slavische Henochbuch, Leipzig 1922 = Texte und Untersuchungen zur Geschichte der altchristlichen Literatur, 44, 2.

Charles, R. H., The Ethiopic Version of the Book of Enoch ..., Oxford 1906 = Anecdota Oxoniensia, 2, 11. – Zitiert: Charles, Ethiopic Enoch.

–, The Greek Versions of the Testaments of the Twelve Patriarchs ed. from Nine Mss. ..., Oxford 1908.

–, The Book of Enoch ..., Oxford 1912. – Zitiert: Charles, Enoch.

–, The Apocrypha and Pseudepigrapha of the Old Testament ..., Oxford 1913. – Zitiert: Charles II.

Jagić, V., Slavische Beiträge zu den biblischen Apocryphen, I: Die altkirchenslavischen Texte des Adambuches, Denkschriften der Kais. Akad. d. Wiss., Phil.-Hist. Classe, 42, 1, Wien 1893.

James, M. R., Apocrypha Anecdota II, Cambridge 1897, S. LI–LXXI; 84–94 (Übersetzung des slav. Textes von W. R. Morfill, S. 96–102). – Zitiert: James, Apocrypha Anecdota II.

de Jonge, M., Testamentum XII Patriarchum ed. acc. to Cambridge University Library MS Ff 1.24 ... with Short Notes, Leiden 1964 = Pseudepigrapha Veteris Testamenti Graece, 1.

Kautzsch, E., Die Apokryphen und Pseudepigraphen des Alten Testaments, Tübingen 1900. – Zitiert: Kautzsch.

Kmosko, M., Liber Apocalypseos Baruch Filii Neriae, in: Patrologia Syriaca I, 2, Paris 1907, Sp. 1068–1306.

Meyer, W., Vita Adae et Evae, Abhandlungen der Königl. Bayer. Akad. d. Wiss., philos.-philol. Classe, 14, 3, München 1878, S. 185–250.

Morfill siehe James

Picard, J. C., Apocalypsis Baruchi Graece, Leiden 1967 = Pseudepigrapha Veteris Testamenti Graece, 2.

Rießler, P., Altjüdisches Schrifttum außerhalb der Bibel, Augsburg 1928. – Zitiert: Rießler.

v. Tischendorf, K., Apocalypses Apocryphae, Leipzig 1866 (Neudruck Hildesheim 1966), S. 1–23: Apocalypsis Mosis.

Violet, B., Die Esra-Apokalypse (IV. Esra), I: Leipzig 1910.

3. *Qumran*

Benutzt wurden die in der Konkordanz bzw. in den Nachträgen zur Konkordanz von K. G. Kuhn (s. Nr. 7: Lexika und Konkordanzen) angegebenen Texte. Ferner:

Allegro, J. M., Some Unpublished Fragments of Pseudepigraphical Literature from Qumran's Fourth Cave, ALUOS 4, 1962/63, S. 3–5. – Zitiert: 4 QPseudLit.

Avigad, N. – Yadin, Y., A Genesis Apocryphon ..., Jerusalem 1956. – Zitiert: Gen. Apocr.

Milik, J. T., Dix ans de découvertes dans le désert de Juda, Paris 1957 = Ten Years of Discovery in the Wilderness of Judaea, London 1959, S. 114. – Zitiert 4 QD^{b}.

4. *Rabbinische Literatur und Targumim*

Die Abkürzungen folgen – bis auf einige geringfügige Änderungen – dem Verzeichnis in: The Hebrew University Bible Project, The Book of Isaiah, Sample Edition with Introduction by M. H. Goshen-Gottstein, Jerusalem 1965.

Sind unter einer Abkürzung mehrere Editionen aufgeführt, wird jeweils nach der ersten angegebenen Ausgabe zitiert; Abweichungen von dieser Regel sind besonders gekennzeichnet.

Hebräische Sekundärliteratur wird nicht im Originaltext, sondern in deutscher Übersetzung zitiert.

Albeck	Siehe unter BerR bzw. BerRabbati.
ARN	Aboth de Rabbi Nathan, ed. S. Schechter, New York 1967 (Neudruck) – Nach Version, Kapiteln und Seiten zitiert.
b	Der babylonische Talmud, ed. L. Goldschmidt, Leipzig-Berlin 1897 bis 1935. – Nach Traktaten und Blättern zitiert. Talmud babli, Wilna 1927.
BamR	Midrasch Bamidbar Rabbah, Ed. Wilna 1887. – Nach Kapiteln und Abschnitten zitiert.
BatMidr	Batei Midrashot. Twenty Five Midrashim ... with Introductions and Annotations by S. A. Wertheimer. Second Ed. ... by A. J. Wertheimer, Jerusalem 1954. – Nach Band und Seite zitiert.
BerR	Midrash Bereshit Rabba, ed. J. Theodor and Ch. Albeck, Introduction and Registers by Ch. Albeck, Second Printing with additional corrections by Ch. Albeck, Jerusalem 1965. – Nach Kapiteln und Abschnitten zitiert.

BHM	Bet ha-Midrasch. Sammlung kleiner Midraschim, ed. A. Jellinek, Jerusalem ^{2}1938. – Nach Band und Seite zitiert.
Buber	Siehe unter MidrTeh bzw. TanBu.
CN	Codex Neofiti (Targum Jeruschalmi; Photokopie der Vatikanischen Bibliothek). Neophyti 1, ed. A. Díez Macho, I: Génesis; II: Éxodo, Madrid-Barcelona 1968–70.
DebR	Midrasch Debarim Rabbah, Ed. Wilna 1887. – Nach Kapiteln und Abschnitten zitiert.
DebRL	Midrasch Debarim Rabbah, ed. S. Liebermann, Jerusalem ^{2}1964. – Nach Seiten zitiert.
EchR	Midrasch Echah Rabbah, Ed. Wilna 1887. – Nach Kapiteln und Abschnitten zitiert.
EchRBu	Midrasch Echa Rabbati, ed. S. Buber, Wilna 1899. – Nach Kapiteln und Seiten zitiert.
EstR	Midrasch Ester Rabbah, Ed. Wilna 1887. – Nach Kapiteln und Abschnitten zitiert.
Finkelstein	Siehe unter SiphDt.
FrgmT	Das Fragmententhargum (Thargum jeruschalmi zum Pentateuch), ed. M. Ginsburger, Berlin 1899.
Friedmann	Siehe unter PesR bzw. SER/SEZ/Ps-SEZ bzw. SiphDt.
Ginsburger	Siehe unter FrgmT bzw. TPsJ.
Goldschmidt	Siehe unter b.
3 Henoch	III Henoch, or the Hebrew Book of Enoch, ed. H. Odeberg, Cambridge 1928. – Nach Kap. bzw. Seiten zitiert.
Hoffmann	Siehe unter MidrTann.
Horovitz	Siehe unter SiphNu.
Horovitz-Rabin	Siehe unter Mech.
j	Talmud Jeruschalmi, Krotoschin 1865/66 (Neudruck Jerusalem 1959/60). – Nach Traktaten, Kapiteln, Halakhot und Blättern zitiert, z. B. j Ber K 1 H 1 S. 1 a = Talmud Jeruschalmi, Traktat Berakhot, Kapitel 1, Halakhah 1, Seite 1 a. Talmud Jeruschalmi, Montreal–New York–Tel Aviv 1948/49.
Jalq	Jalqut Schimoni, Jerusalem 1966/67 (Neudruck). – Nach Paraschot, §§ und Blättern zitiert. Der Buchstabe nach der Blattangabe bezeichnet die genaue Stelle, nämlich: o = oben; m = Mitte; u = unten.
JalqMa	Jalqut ha-Machiri: Jesaja, ed. S. K. Schapira, Berlin 1892/93 (Neudruck Jerusalem 1963/64). Mischle, ed. L. Grünhut, Jerusalem 1901/02 (Neudruck Jerusalem 1963/64). Psalmen, ed. S. Buber, Berdyczew 1899 (Neudruck Jerusalem 1963/64). – Nach Buch und Abschnitt zitiert.
Jellinek	Siehe unter BHM.
KohR	Midrasch Kohelet Rabbah, Ed. Wilna 1887. – Nach Kapiteln, Abschnitten und §§ zitiert.
KohZ	Midrasch Kohelet Zuta, ed. S. Buber, Berlin 1893/94 (Neudruck Tel Aviv, o. J.). – Nach Seiten zitiert.

Liebermann	Siehe unter DebRL.
m	Die sechs Ordnungen der Mischna, Hebr. Text ..., übersetzt und erklärt von E. Baneth, J. Cohn, A. Hoffmann, M. Petuchowski, A. Sammter u. a., Berlin–Leipzig–Wiesbaden 1924–33. – Nach Traktat, Kapitel und Mischna zitiert.
Mandelbaum	Siehe unter PRK.
Margulies	Siehe unter WaR bzw. MHG.
Mech	Mechilta d'Rabbi Ismael, ed. H. S. Horovitz-I. A. Rabin, Frankfurt a. M. 1931 (Neudruck Jerusalem 1960). – Nach Seiten zitiert.
MekhRS	Mekhilta d'Rabbi Šim'on b. Jochai, ed. J. N. Epstein-E. Z. Melamed, Hierosolymis 1955. – Nach Seiten zitiert.
	Mechilta deRabbi Simeon b. Joḥai, ed. D. Hoffmann, Frankfurt 1905.
MHG Gen	Midrasch Haggadol on the Pentateuch, Genesis, ed. M. Margulies, Jerusalem 1947. – Nach Seiten zitiert.
MHG Ex	Midrasch Haggadol on the Pentateuch, Exodus, ed. M. Margulies, Jerusalem 1956. – Nach Seiten zitiert.
MHG Lev	Midrasch Haggadol, Leviticus, ed. E. N. Rabinowitz, New York 1932. – Nach Seiten zitiert.
MHG Nu	Midrasch Haggadol on the Pentateuch, Numbers, ed. Z. M. Rabinowitz, Jerusalem 1967. – Nach Seiten zitiert.
MidrMisch	Midrasch Mischle, ed. S. Buber, Wilna 1893. – Nach Seiten zitiert.
MidrSam	Midrasch Samuel, ed. S. Buber, Krakau 1893. – Nach Kapiteln und Abschnitten zitiert.
MidrTann	Midrasch Tannaim zum Deuteronomium, ed. D. Hoffmann, Berlin 1908/09. – Nach Seiten zitiert.
MidrTeh	Midrasch Tehillim (Schocher Tob), ed. S. Buber, Wilna 1891. – Nach Kapiteln und Abschnitten zitiert.
Odeberg	Siehe 3 Henoch.
'Ôṣār	Ozar Midrashim, ed. J. D. Eisenstein, New York 1915 (Neudruck Israel, o. J.). – Nach Seiten zitiert.
PesR	Pesikta Rabbati, ed. M. Friedmann, Wien 1880. – Nach Seiten zitiert.
	Pesiqta Rabbati deRab Kahana, Warschau 1912/13.
PRE	Pirqe d'Rabbi Elieser, Warschau 1851/52 (Neudruck Jerusalem 1962/63). – Nach Kapiteln und Seiten zitiert.
PRK	Pesikta de Rav Kahana, ed. B. Mandelbaum, New York 1962. – Nach Seiten zitiert.
Ps-SEZFr	Pseudo-Seder Eliahu Zuta, ed. M. Friedmann, Jerusalem ^{2}1960. – Nach Seiten zitiert.
RutR	Midrasch Rut Rabbah, Ed. Wilna 1887.
Schechter	Siehe unter ARN.
SchemR	Midrasch Schemot Rabbah, Ed. Wilna 1887. – Nach Kapiteln und Abschnitten zitiert.
SchirR	Midrasch Schir ha-Schirim Rabbah, Ed. Wilna 1887. – Nach Kapiteln, Abschnitten und §§ zitiert.
SER	Sephär Tanna de be Elijahu, Ed. Jerusalem 1962/63 (Neudruck). – Nach Seiten zitiert.
SERFr	Seder Eliahu Rabba und Seder Eliahu Zuta (= Tanna d'be Eliahu), ed. M. Friedmann, Jerusalem ^{2}1960. – Nach Seiten zitiert.

SEZ	Siehe unter SER.
SEZFr	Siehe unter SERFr.
Siphra	Siphra de be Rab, ed. J. H. Weiss, Wien 1862. – Nach Seiten zitiert.
SiphNu	Siphre ad Numeros adjecto Siphre zutta, ed. H. S. Horovitz, Lipsiae 1917 (Neudruck Jerusalem 1966). – Nach § § und Seiten zitiert.
SiphDt	Siphre ad Deuteronomium, ed. L. Finkelstein, Berlin 1939 (Neudruck New York 1969). – Nach § § und Seiten zitiert.
	Siphre de be Rab, ed. M. Friedmann, Wien 1863/64.
SiphZ	Siehe unter SiphNu.
SOR	Seder Olam Rabba. Die große Weltchronik, ed. B. Ratner, Wilna 1897. – Nach Kapiteln zitiert.
t	Tosephta, based on the Erfurt and Vienna Codices, ed. M. S. Zuckermandel, Jerusalem ^{2}1937. – Nach Traktat, Kapitel und Abschnitt zitiert.
	The Tosefta, ... ed. S. Lieberman, The Order of Mo'ed, New York 1962.
Tan	Midrasch Tanchuma, Ed. Jerusalem 1961/62 (Neudruck). – Nach Paraschot und § § zitiert.
TanBu	Midrasch Tanchuma, ed. S. Buber, Wilna 1885. – Nach Paraschot und § § zitiert.
TJ	The Bible in Aramaic, II: Targum Jonathan, ed. A. Sperber, Leiden 1959–62.
TO	The Bible in Aramaic, I: Targum Onkelos, ed. A. Sperber, Leiden 1959.
TPsJ	Pseudo Jonathan (Thargum Jonathan ben Usiël zum Pentateuch), ed. M. Ginsburger, Berlin 1903.
	Targum Jeruschalmi I, Hs ADD. 27031, British Museum (Mikrofilm im Besitz des Institutum Judaicum der Universität Tübingen).
WaR	Midrasch Wayyikra Rabbah, ed. M. Margulies, Jerusalem 1953–58. – Nach Kapiteln und Abschnitten zitiert.

5. *Übersetzungen rabbinischer Quellen*

Braude, W. G., Pesikta Rabbati, New Haven–London 1968 = Yale Judaica Series, 18. – Zitiert: Braude.

Freedman, H., Midrash Rabbah, Genesis, London–Bournemouth 1951.

Friedlander, G., Pirkê de Rabbi Eliezer ..., London 1916. – Zitiert: Friedlander.

Horowitz, Ch., Jeruschalmi. Der palästinische Talmud. Sukkah. Die Festhütte, Selbstverlag des Verf., 1963. – Zitiert: Horowitz, Sukkah.

Kuhn, K. G., Der tannaitische Midrasch Sifre zu Numeri, Stuttgart 1959. – Zitiert: Kuhn, SiphNu.

Winter, J.-Wünsche, A., Mechiltha. Ein tannaitischer Midrasch zu Exodus. Mit Beiträgen von L. Blau, Leipzig 1909.

6. *Sonstige Quellen*

Adler, M., Philo von Alexandria, Bd. VI, Breslau 1938 (Photomechanischer Nachdruck Berlin 1962).

Funk, F. X., Didascalia et Constitutiones Apostolorum, Bd. I, Paderborn 1905.

Epstein, A., Eldad ha- Dani, Pressburg 1891. – Zitiert Eldad ha-Dani.
Gaster, M., The Chronicles of Jerahmeel ..., trans. ... from an unique MS in the Bodleian Library, ... London 1899 = Oriental Translation Fund, New Series, 4.
–, The Exempla of the Rabbis, 1924 (Neudruck New York 1968). – Zitiert: Gaster, *Sephär ham-ma'ᵃśijjôt*.
Giversen, S., Apocryphon Johannis. The Coptic Text ... with Trans., Introd. and Comm., Copenhagen 1963 = Acta Theologica Danica, 5. – Zitiert: Apocr. Joh.
Goldschmidt. E. D., The Passover Haggadah, Jerusalem 1960. – Zitiert: Pesach-Haggadah.
Haeuser, Ph., Justinus, Dialog mit dem Juden Tryphon, Kempten–München 1917 = Bibliothek der Kirchenväter.
Hennecke, E.-Schneemelcher, W., Neutestamentliche Apokryphen, I: Evangelien, Tübingen 1968.
Kisch, G., Pseudo-Philo's Liber Antiquitatum Biblicarum, Notre Dame, Indiana 1949 = Publ. in Mediaeval Studies, The Univ. of Notre Dame, 10. – Zitiert: Pseudo-Philo.
Margalioth, M., *Sephär hā-rāzîm*, Jerusalem 1966.
Margalioth, R., *Sephär haz-zohar*, Jerusalem 1940–46.
Martini, Raymundus, Pugio Fidei, Lipsiae 1687.
Michel, O.-Bauernfeind, O., Flavius Josephus, De Bello Judaico, Griech.-Deutsch, Bd. I, München ²1962. – Zitiert: Josephus, Bell.
Nestle, E.-Aland, K., Novum Testamentum Graece, Stuttgart ²⁴1960.
Paret, R., Der Koran, Stuttgart ... 1966.
Schmaus, M., Des hl. Kirchenvaters Aurelius Augustinus fünfzehn Bücher über die Dreieinigkeit, München 1935 = Bibliothek der Kirchenväter.
Thackeray, H. St. J.-Marcus, R.-Wikgren, A.-Feldman, L. H., Josephus, with an English Translation, Bd. IV–IX: Jewish Antiquities, London–Cambridge, Mass. 1950–65. – Zitiert: Josephus, Ant.
Wistinetzki, J., *Sephär ḥᵃsîdîm*, Frankfurt a. M. ²1924.
Zulay, M., Piyyute Yannai, Berlin 1938 = Publ. of the Research Institute for Hebrew Poetry, III, 2.

7. *Lexika und Konkordanzen*

Ben Yehuda, E., A Complete Dictionary of Ancient and Modern Hebrew, New York–London 1960 (Neudruck).
Dalman, G. H., Aramäisch-neuhebräisches Handwörterbuch zu Targum, Talmud und Midrasch, Göttingen ³1938.
Gesenius, W.-Buhl, F., Hebräisches und aramäisches Handwörterbuch, Göttingen 1954 (Nachdruck der 17. Auflage).
Jastrow, M., A Dictionary of the Targumim, the Talmud Babli and Yerushalmi, and the Midrashic Literature, New York 1950. – Zitiert: Jastrow.
Kassovsky, H. J., Concordantiae totius Mischnae, Frankfurt a. M. 1927.
–, Thesaurus Aquilae Versionis, Hierosolymis 1940.
–, Thesaurus Thosephtae, Hierosolymis 1932–61.
Koehler, L.-Baumgartner, W., Lexicon in Veteris Testamenti Libros, Leiden 1953.
Kuhn, K. G., (in Verbindung mit A.-M. Denis, R. Deichgräber, W. Eiss, G. Jeremias und H.-W. Kuhn), Konkordanz zu den Qumrantexten, Göttingen 1960.
– (unter Mitarbeit von U. Müller, W. Schmücker und H. Stegemann), Nachträge zur „Konkordanz zu den Qumrantexten“, RQ 4, 1963, S. 163–234.

Levy, J., Wörterbuch über die Talmudim und Midraschim ..., Darmstadt 1963 (Neudruck). – Zitiert: Levy.

Mandelkern, S., Veteris Testamenti Concordantiae ..., Hierosolymis–Tel Aviv 1964.

8. *Sekundärliteratur*

Alexander, P. S., „The Targumim and Early Exegesis of 'Sons of God' in Genesis 6", JJS 23, 1972, S. 60–71.

Altmann, A., „The Gnostic Background of the Rabbinic Adam Legends", JQR N. S. 35, 1944/45, S. 371–91. – Zitiert: Altmann, Gnostic Background.

–, „*Šîrê qedušsāh besiphrût ha-hêkhālôt ha-qedûmāh*", Melilah 2, 1945/46, S. 1–24.

Aptowitzer, V., „Sur la légende de la chute de Satan et des anges", RÉJ 54, 1907, S. 59–63.

–, Kain und Abel in der Agada, den Apokryphen, der hellenistischen, christlichen und muhammedanischen Literatur, Wien–Leipzig 1922.

Bacher, W., Die Agada der Tannaiten, I: Straßburg 1884. – Zitiert: Bacher, Tannaiten I.

–, Die Agada der Palästinischen Amoräer, Straßburg 1892–99. – Zitiert: Bacher, pal. Amoräer.

–, Die exegetische Terminologie der jüdischen Traditionsliteratur, I: Leipzig 1899. – Zitiert: Bacher, Terminologie I.

Bamberger, B. J., Fallen Angels, Philadelphia 1952.

–, „The Sadducees and the Belief in Angels", JBL 82, 1963, S. 433–35.

Barthélemy, D., „La sainteté selon la communauté de Qumrân et selon l'Évangile", in: La Secte de Qumrân et les Origines du Christianisme, Bruges 1959, S. 203–16 = Rech. Bibl., 4.

Becker, J., Untersuchungen zur Entstehungsgeschichte der Testamente der Zwölf Patriarchen, Leiden 1970 = AGAJU, 8.

Betz, O., „Le ministère cultuel dans la secte de Qumrân et dans le Christianisme primitif", in: La Secte de Qumrân et les Origines du Christianisme, Bruges 1959, S. 162–202 = Rech. Bibl., 4.

–, Der Paraklet. Fürsprecher im häretischen Spätjudentum, im Johannes-Evangelium und in neu gefundenen gnostischen Schriften, Leiden/Köln 1963 = AGSU, 2.

–, „The Eschatological Interpretation of the Sinai-Tradition in Qumran and in the New Testament", RQ 6, 1967, S. 89–107.

Bietenhard, H., Die himmlische Welt im Urchristentum und Spätjudentum, Tübingen 1951 = WUNT, 2. – Zitiert: Bietenhard, Himmlische Welt.

Billerbeck siehe Strack, H. L.-Billerbeck, P.

Blau, L., Das altjüdische Zauberwesen, Budapest 1898.

Bloch, R., Art. Midrash, Supplément au Dictionnaire de la Bible, Bd. V, Paris 1957, Sp. 1263–81.

Bousset, W.-Gressmann, H., Die Religion des Judentums im späthellenistischen Zeitalter, Tübingen [3]1926 (Neudruck [4]1966) = HNT, 21. – Zitiert: Bousset-Gressmann, Religion des Judentums.

Bowker, J., The Targums and Rabbinic Literature, Cambridge 1969.

Brekelmans, C., „The Saints of the Most High and their Kingdom", OTSt 14, 1965, S. 305–29.

Burchard, C., Bibliographie zu den Handschriften vom Toten Meer, Bd. I, Berlin 1957; Bd. II, Berlin 1965 = BZAW, 76 und 89.

Burchard, C.-Jervell, J.-Thomas, J., Studien zu den Testamenten der Zwölf Patriarchen, hrsg. v. W. Eltester, Berlin 1969 = BZNW, 36.

Davidson, G., A Dictionary of Angels, New York–London 1967.

Davies, W. D., „A Note on Josephus, Antiquities 15 : 136", HThR 47, 1954, S. 135–40.

De Jong, H. W. M., Demonische Ziekten in Babylon en Bijbel, Leiden 1959.

de Jonge, M., The Testaments of the Twelve Patriarchs. A Study of their Text, Composition and Origin, Assen 1953 = Van Gorcum's Theologische Bibliotheek, 25.

Denis, A.-M., Introduction aux Pseudépigraphes Grecs d'Ancien Testament, Leiden 1970 = SVTP, 1. – Zitiert: Denis, Introduction.

Dexinger, F., Sturz der Göttersöhne oder Engel vor der Sintflut? Versuch eines Neuverständnisses von Gen. 6, 2–4 unter Berücksichtigung der religionsvergleichenden und exegesegeschichtlichen Methode, Wien 1966 = Wiener Beiträge zur Theologie, 13.

Eissfeldt, O., Einleitung in das Alte Testament ..., Tübingen ³1964. – Zitiert: Eissfeldt, Einleitung.

Elbogen, I., Der jüdische Gottesdienst in seiner geschichtlichen Entwicklung, Frankfurt/Main 1931 (Reprografischer Nachdruck Hildesheim 1962). – Zitiert: Elbogen, Gottesdienst.

Finkelstein, E. (L.), *Mābô' lᵉmassäkhtôt 'ābôt wᵉ'ābôt dᵉRabbî Nātān,* New York 1950/51. – Zitiert: Finkelstein, *Mābô'*.

Fitzmyer, J. A., „A Feature of Qumrân Angelology and the Angels of I Cor. XI. 10", NTSt 4, 1957/58, S. 48–58. – Zitiert: Fitzmyer, Qumrân Angelology.

Flusser, D., „Sanktus und Gloria", in: Abraham unser Vater, Festschrift für O. Michel zum 60. Geburtstag, Leiden/Köln 1963, S. 129–52 = AGSU, 5. – Zitiert: Flusser, Sanktus und Gloria.

Foerster, W., Art. διάβολος C., ThWBNT, Bd. 2, Stuttgart 1935, S. 74–78.

Gärtner, B., The Temple and the Community in Qumran and the New Testament. A Comparative Study in the Temple Symbolism of the Qumran Texts and the New Testament, Cambridge 1965.

Geiger, A., Urschrift und Übersetzungen der Bibel ..., Frankfurt ²1928.

Ginzberg, L., Eine unbekannte jüdische Sekte, New York 1922. – Zitiert: Ginzberg, Eine unbekannte jüdische Sekte.

–, The Legends of the Jews, Philadelphia 1946–55. Zitiert: Ginzberg, Legends.

Goldberg, A. M., „Schöpfung und Geschichte", Judaica 24, 1968, S. 27–44.

–, Untersuchungen über die Vorstellung von der Schekhinah in der frühen rabbinischen Literatur, Berlin 1969 = Studia Judaica, 5. – Zitiert: Goldberg, Schekhinah.

–, „Kain: Sohn des Menschen oder Sohn der Schlange?", Judaica 25, 1969, S. 203–21.

Goldin, J., „Not by Means of an Angel and not by Means of a Messenger", in: Religions in Antiquity. Essays in Memory of E. R. Goodenough, ed. by J. Neusner, Leiden 1968, S. 412–24 = Studies in the History of Religions (Suppl. to Numen), 14.

Gross, M. D., *'Ôṣar hā-'aggādāh,* Jerusalem 1960/61. – Zitiert: Gross, *'Ôṣar hā-'aggādāh.*

Grünbaum, M., Neue Beiträge zur Semitischen Sagenkunde, Leiden 1893. – Zitiert: Grünbaum, Neue Beiträge.

Haacker, K.-Schäfer, P., „Nachbiblische Traditionen vom Tod des Mose", in: Festschrift O. Michel, Göttingen 1974, S. 147–74.

Haag, H. (in Verbindung mit A. v. d. Born u. a.), Bibel-Lexikon, Einsiedeln–Zürich–Köln ²1968.

Hanhart, R., „Die Heiligen des Höchsten", in: Festschrift W. Baumgartner zum 80. Geburtstag, Suppl. VT 16, 1967, S. 90–101.

Harnisch, W., Verhängnis und Verheißung der Geschichte. Untersuchungen zum Zeit- und Geschichtsverständnis im 4. Buch Esra und in der syr. Baruchapokalypse, Göttingen 1969 = FRLANT, 97. – Zitiert: Harnisch, Verhängnis und Verheißung.

Heidt, W. G., Angelology of the Old Testament, Washington 1949 = The Catholic University of America, Studies in Sacred Theology, II, 24.

Heinemann, J., *Hat-t^ephillāh bitqûphat hat-tannā'îm w^ehā-'^amôrā'îm,* Jerusalem 1964. – Zitiert: Heinemann, *T^ephillāh.*

Heller, B., „La chute des anges. Schemhazai, Ouzza et Azaël", RÉJ 60, 1910, S. 202–12.

Hengel, M., Judentum und Hellenismus. Studien zu ihrer Begegnung unter besonderer Berücksichtigung Palästinas bis zur Mitte des 2. Jh. v. Chr., Tübingen 1969 = WUNT, 10. – Zitiert: Hengel, Judentum und Hellenismus.

Heschel, A. J., *Tôrāh min haš-šāmajim b^e'aspāqlarjāh šäl had-dôrôt,* London–New York 1962–65. – Zitiert: Heschel, *Tôrāh.*

Hubaux, J.-Leroy, M., Le mythe du phénix dans les littératures greque et latine, 1939 = Bibliothèque de la Faculté de Philosophie et Lettres de l'Université de Liège, 82.

Hyman, A. B., *M^eqôrôt Jalqûṭ Šim'ônî,* Jerusalem 1965. – Zitiert: Hyman, *M^eqôrôt.*

Johansson, N., Parakletoi. Vorstellungen von Fürsprechern für die Menschen vor Gott in der alttestamentlichen Religion, im Spätjudentum und im Urchristentum, Lund 1940.

Jung, L., „Fallen Angels in Jewish, Christian and Mohammedan Literature", JQR N. S. 15, 1924/25, S. 467–502; 16, 1925/26, S. 45–88; 171–205; 287–336.
Unter demselben Titel als Buch Philadelphia 1926.

Kadushin, M., The Theology of Seder Eliahu, New York 1932.
–, The Rabbinic Mind, New York 1952.

Kaplan, C., „Angels in the Book of Enoch", Anglican Theological Review 12, 1929/30, S. 423–37. – Zitiert: Kaplan, Angels.

Kittel, G., Art. ἄγγελος: C. Die Engellehre des Judentums, ThWBNT, Bd. I, Stuttgart 1933, S. 79–81.

Klinzing, G., Die Umdeutung des Kultus in der Qumrangemeinde und im Neuen Testament, Göttingen 1971 = StUNT, 7. – Zitiert: Klinzing, Umdeutung des Kultus.

Koep, L., Das himmlische Buch in Antike und Christentum, Bonn 1952 = Theophaneia, 8. – Zitiert: Koep, Das himmlische Buch.

Kohut, A., Die jüdische Angelologie und Dämonologie in ihrer Abhängigkeit vom Parsismus, Leipzig 1866. – Zitiert: Kohut, Angelologie.

Kuhn, G., „Beiträge zur Erklärung des Buches Henoch", ZAW 39, 1921, S. 240–75. – Zitiert: Kuhn, Beiträge.

Kuhn, H.-W., Enderwartung und gegenwärtiges Heil, Göttingen 1966 = StUNT, 4. – Zitiert: Kuhn, Enderwartung.

Kuhn, P., Gottes Selbsterniedrigung in der Theologie der Rabbinen, München 1968 = StANT, 17. – Zitiert: Kuhn, Selbsterniedrigung.

Langton, E., The Ministries of the Angelic Powers according to the Old Testament and Later Jewish Literature, London 1936.

–, Good and Evil Spirits. A Study of the Jewish and Christian Doctrine, Its Origin and Development, London 1942.

le Déaut, R., „Aspects de l'intercession dans le Judaïsme ancien", JSJ 1, 1970, S. 35–57.

Limbeck, M., Die Ordnung des Heils. Untersuchungen zum Gesetzesverständnis des Frühjudentums, Düsseldorf 1971. – Zitiert: Limbeck, Ordnung des Heils.

Lods, A., „La chute des anges", RHPhR 7, 1927, S. 295–315.

Loewenstamm, S. E., *„Môt Mošäh"*, Tarbiz 27, 1958, S. 142–57.

Lohse, E., Die Texte aus Qumran, hebräisch und deutsch ..., Darmstadt ²1971. – Zitiert: Lohse, Texte aus Qumran.

Lueken, W., Michael. Eine Darstellung und Vergleichung der jüdischen und morgenländisch-christlichen Tradition vom Erzengel Michael, Göttingen 1898. – Zitiert: Lueken, Michael.

Mach, R., Der Zaddik in Talmud und Midrasch, Leiden 1957. – Zitiert: Mach, Zaddik.

Maier, J., Die Texte vom Toten Meer, I: Übersetzung; II: Anmerkungen, München-Basel 1960. – Zitiert: Maier, Texte vom Toten Meer.

–, „Zum Begriff *jaḥad* in den Texten von Qumran", ZAW 72 (N. F. 31), 1960, S. 148–66. – Zitiert: Maier, Zum Begriff *jaḥad*.

–, „Das Gefährdungsmotiv bei der Himmelsreise in der jüdischen Apokalyptik und ‚Gnosis'", Kairos 5, 1963, S. 18–40. – Zitiert: Maier, Gefährdungsmotiv.

–, Vom Kultus zur Gnosis. Studien zur Vor- und Frühgeschichte der „jüdischen Gnosis", Salzburg 1964 = Kairos, Religionswissenschaftliche Studien, 1. – Zitiert: Maier, Vom Kultus zur Gnosis.

Margalioth, M., Encyclopedia of Talmudic and Geonic Literature [Hebr.], Tel Aviv–Jerusalem 1958. – Zitiert: Margalioth, Encyclopedia.

Margalioth, R., *Mal'ᵃkhê 'äljôn* ..., Jerusalem 1964. – Zitiert: Margalioth, *Mal'ᵃkhê 'äljôn.*

Marmorstein, A., „Anges et hommes dans l'Agada", RÉJ 84, 1927, S. 37–50; 138–40.

–, The Old Rabbinic Doctrine of God, Oxford 1927–37. – Zitiert: Marmorstein, Doctrine.

–, *„Wikkûḥê ham-mal'ākhîm 'im hab-bôre'"*, Melila III–IV, 1950, S. 93–102. – Zitiert: Marmorstein, *Wikkûḥê ham-mal'ākhîm.*

Maybaum, S., Die Anthropomorphien und Anthropopathien bei Onkelos und den spätern Targumim ..., Breslau 1870.

Michl, J., „Duo Seraphim clamabant alter ad alterum", Theologie und Glaube 29, 1937, S. 440–46.

Michl, J., Engel II (jüdisch), RAC V, Stuttgart 1962, Sp. 60–97. – Zitiert: Michl, Art. Engel.

Mowinckel, S., „Die Vorstellungen des Spätjudentums vom heiligen Geist als Fürsprecher und der johanneische Paraklet", ZNW 32, 1933, S. 97–130. – Zitiert: Mowinckel, Hl. Geist als Fürsprecher.

Müller, C. D. G., Die Engellehre der koptischen Kirche, Wiesbaden 1959.

Munk, E., Die Welt der Gebete, Kommentar zu den Werktags- und Sabbat-Gebeten nebst Übersetzung, Basel 1962. – Zitiert: Munk, Gebete.

Neher, A., „Le voyage mystique des quatre", RHR 140, 1951, S. 59–82.

Nötscher, F., „Geist und Geister in den Texten von Qumran", in: Mélanges bibliques, Festschrift A. Robert (ICP, 4), Paris 1957, S. 305–15 = Vom Alten zum Neuen Testament, Gesammelte Aufsätze (BBB, 17), Bonn 1962, S. 175–87.

–, „Himmlische Bücher und Schicksalsglaube in Qumran", RQ 1, 1959, S. 405–11 = Vom Alten zum Neuen Testament (BBB, 17), Bonn 1962, S. 72–79.

–, „Heiligkeit in den Qumranschriften", RQ 2, 1960, S. 163–81 = Vom Alten zum Neuen Testament (BBB, 17), Bonn 1962, S. 126–74.

Noth, M., „Die Heiligen des Höchsten", in: Festschrift S. Mowinckel (Norsk teologisk tidsskrift 56, 1.–2. Hefte), Oslo 1955, S. 146–61 = Gesammelte Studien zum Alten Testament (ThB, 6), München 1957, S. 274–90.

von der Osten-Sacken, P., Gott und Belial. Traditionsgeschichtliche Untersuchungen zum Dualismus in den Texten aus Qumran, Göttingen 1969 = StUNT, 6. – Zitiert: v. d. Osten-Sacken, Gott und Belial.

Oswald, N., „Urmensch" und „Erster Mensch", Diss. Berlin 1970.

Pardo, D., Siphre debe Rab (Kommentar), Saloniki 1804.

Polotsky, H. J., „Suriel der Trompeter", Le Muséon 49, 1936, S. 231–43.

von Rad, G., Gesammelte Studien zum Alten Testament, München [3]1965 = ThB, 8. – Zitiert: v. Rad, Gesammelte Studien.

–, Theologie des Alten Testaments, München [4]1962–65. Zitiert: v. Rad, Theologie.

Reicke, B.-Rost, L., Biblisch-Historisches Handwörterbuch, Göttingen 1962–66.

Rofe, A., Israelite Belief in Angels in the Pre-exilic Period as Evidenced by Biblical Traditions [Hebr.], Masch. schriftl. Diss. Jerusalem 1969.

Rost, L., Einleitung in die alttestamentlichen Apokryphen und Pseudepigraphen einschließlich der großen Qumran-Handschriften, Heidelberg 1971. – Zitiert: Rost, Einleitung.

Schäfer, P., Die Vorstellung vom heiligen Geist in der rabbinischen Literatur, München 1972 = StANT, 28. – Zitiert: Schäfer, Hl. Geist.

Scheftelowitz, I., Die altpersische Religion und das Judentum, Gießen 1920.

–, Alt-Palästinischer Bauernglaube in religionsvergleichender Beleuchtung, Hannover 1925. – Zitiert: Scheftelowitz, Alt-Palästinischer Bauernglaube.

Schenke, H.-M., Der Gott „Mensch" in der Gnosis. Ein religionsgeschichtlicher Beitrag zur Diskussion über die paulinische Anschauung von der Kirche als Leib Christi, Göttingen 1962.

Schlier, H., Der Brief an die Galater, Göttingen [12]1962 = Krit.-Exeg. Kommentar über das Neue Testament, 7. Abt.

Scholem, G., Die jüdische Mystik in ihren Hauptströmungen, Frankfurt 1957. – Zitiert: Scholem, Jüdische Mystik.

–, Jewish Gnosticism, Merkabah Mysticism, and Talmudic Tradition, New York 1960. – Zitiert: Scholem, Jewish Gnosticism.

–, Art. Samael, EJ 14, Jerusalem 1971, Sp. 719–22.

Schürer, E., Geschichte des jüdischen Volkes im Zeitalter Jesu Christi, Leipzig [4]1901–09. – Zitiert: Schürer.

Schultz, J., „Angelic Opposition to the Ascension of Mosis and the Revelation of the Law", JQR 61, 1970/71, S. 282–307. – Zitiert: Schultz, Angelic Opposition.

Schwab, M., Vocabulaire de l'angélologie d'après les mss. hébreux de la Bibliothèque Nationale, Paris 1897; Suppl. 1899. – Zitiert: Schwab, Vocabulaire.

Seeligmann, I. L., „Voraussetzungen der Midraschexegese", Suppl. VT 1, 1953, S. 150–81.

Stier, F., Gott und sein Engel im Alten Testament, Münster 1934 = Alttestamentliche Abhandlungen, 12, 2.

Strack, H. L., Einleitung in Talmud und Midraš, München [5]1921. – Zitiert: Strack, Einleitung.

Strack, H. L.-Billerbeck, P., Kommentar zum Neuen Testament aus Talmud und Midrasch, München 1926–28. Bd. V (Rabb. Index) und Bd. VI (Verzeichnis der Schriftgelehrten, Geographisches Register) hrsg. v. J. Jeremias und K. Adolph, München 1956–61. – Zitiert: Billerbeck.

Strugnell, J., „The Angelic Liturgy at Qumrân – 4 Q Serek Šîrôt ʿOlat Haššabbāt", Suppl. VT 7, 1960, S. 318–45.

Torrey, C. C., „Alexander Jannaeus and the Archangel Michael", VT 4, 1954, S. 208–11.

Urbach, E. E., *„Ham-māsôrôt ʿal tôrat has-sôd bitqûphat hat-tannāʾîm"*, in: Studies in Mysticism and Religion, pres. to G. G. Scholem, Jerusalem 1967, S. 1–28.

–, *ḤZ"L. Pirqê ʾᵃmûnôt wᵉdeʿôt*, Jerusalem 1969. – Zitiert: Urbach, *ḤZ"L.*

Volz, P., Die Eschatologie der jüdischen Gemeinde im neutestamentlichen Zeitalter . . ., Tübingen [2]1934. – Zitiert: Volz, Eschatologie.

Weber, F., Jüdische Theologie auf Grund des Talmud und verwandter Schriften . . ., 2. verb. Auflage Leipzig 1897.

Weinberger, L. J., The Death of Moses in the Synagogue Liturgy, Phil. Diss. Brandeis University 1963 (Microfilm-Xerography by University Microfilms, Ann Arbor, Michigan, 1969).

–, *„Midrāš ʿal pᵉṭîrat Mošäh šän-näʾᵃbad"*, Tarbiz 38, 1969, S. 285–93.

Yadin, Y., *Mᵉgillat milḥämät bᵉnê ʾôr bibnê ḥôšäkh mimmᵉgillôt midbar jᵉhûdāh*, Jerusalem [2]1957. – Zitiert: Yadin, *Mᵉgillat ham-milḥāmāh.*

Zeitlin, S., „The Sadducees and the Belief in Angels", JBL 83, 1964, S. 67–71.

Ziegler, I., Die Königsgleichnisse des Midrasch beleuchtet durch die römische Kaiserzeit, Breslau 1903. – Zitiert: Ziegler, Königsgleichnisse.

REGISTER

1. Bibelstellen

Leviticus

Numeri

Deuteronomium

Sprüche

Job

Hohes Lied

Echa

K o h e l e t

Koh 1,6 57
Koh 2,12 41, 42
Koh 3,15 79
Koh 4,3 145, 146, 148
Koh 8,8 67
Koh 9,11 135
Koh 10,17 150

D a n i e l

Dan 3,25 197–200, 239
Dan 4,10 11
Dan 4,14 11, 52, 165
Dan 4,20 11
Dan 7,1ff. 10
Dan 7,10 10, 30, 51, 195
Dan 7,16 10
Dan 7,23ff. 10
Dan 8,1ff. 10
Dan 8,10 24
Dan 8,15 10, 20
Dan 8,16 10
Dan 9,21 10
Dan 9,22 10
Dan 10,1 42
Dan 10,5 10
Dan 10,13 22, 30
Dan 10,20 30
Dan 10,21 22, 30
Dan 12,1 11, 22, 30, 63, 203
Dan 12,3 33, 170

N e h e m i a

Neh 9,6 24

1. C h r o n i k

1 Chr 13,6 19
1 Chr 29,11 174, 175, 238

2. C h r o n i k

2 Chr 18,18 24
2 Chr 33,7 216
2 Chr 33,11 216
2 Chr 33,13 217
2 Chr 36,16 227

2. Rabbinische Literatur

M i s c h n a

Jom 7,5 201
Ab 2,21 94
Ab 3,7 191
Ab 3,15 80
Ab 4,8 42
Ab 4,21 93
Chul 2,8 68

T o s e p h t a

Schab 17 (18),2f. 60, 65
Chag 2,3f. 134
Sot 6,5 86, 102, 109, 236
Sot 13,8 201
AbZa 1,17f. 60
Chul 2,18 68

M e c h

S. 23 49
S. 43 49
S. 50 89
S. 111f. 108
S. 112 78, 154
S. 118 230
S. 120 46
S. 124f. 63
S. 142 46
S. 146 230
S. 183 210
S. 217 137
S. 223 103
S. 225 67
S. 237 154
S. 239 67
S. 340 48

MekhRS

S. 67f. 109
S. 68 78
S. 155 227
S. 219 227
S. 221 48
S. 247f. 128

Siphra

S. 4a f. 207

SiphNu

§ 42 S. 46 184
§ 102 S. 100 43
§ 103 S. 101 207, 210
§ 119 S. 143 228
§ 135 S. 182 210

SiphDt

§ 42 S. 88 49
§ 43 S. 97 103
§ 305 S. 326f. 213
§ 306 S. 328 227
§ 306 S. 337 140, 141
§ 306 S. 341 167
§ 306 S. 342 170
§ 306 S. 343 172
§ 325 S. 376 49
§ 343 S. 396 117
§ 343 S. 398 46
§ 357 S. 428 65, 210

SiphZ

S. 249 43, 65
S. 276 48, 210

MidrTann

S. 19 213
S. 35 49
S. 71 164, 168
S. 173 49
S. 180 227
S. 186 168
S. 187 172
S. 190f. 72
S. 201 49
S. 206 210
S. 210f. 46
S. 224 214
S. 224f. 214

ARN

Vers. A Kap. 1 93, 94, 98
Vers. A Kap. 2 128, 151
Vers. A Kap. 12 214
Vers. A Kap. 31 129
Vers. A Kap. 37 51
Vers. B Kap. 1 41, 48
Vers. B Kap. 8 86, 99
Vers. B Kap. 24 57
Vers. B Kap. 25 214
Vers. B Kap. 37 227
Vers. B Kap. 41 41
Vers. B Kap. 43 51, 52, 165

S. 151 94
S. 153 128

j Talmud

Ber K 9 H 1 70
Ber K 9 H 3 58
Ber K 9 H 6 62
Ber K 9 H 7 42
Schab K 6 Ende 197
Scheq K 2 H 2 103
Jom K 1 H 5 200
Jom K 5 H 3 201
Suk K 4 H 8 200
RoHasch K 1 H 2 56
RoHasch K 1 H 3 234
RoHasch K 2 H 4 51
Taan K 1 H 1 66
Taan K 1 H 3 58
Chag K 2 H 1 77, 134
Qid K 1 H 10 63
San K 1 H 1 42
San K 7 H 19 57
San K 10 H 2 216

MidrSam

MidrMisch

PesR

PRK

PRE

Kap. 12 S. 29b 78
Kap. 13 S. 31a f. 93
Kap. 21 S. 48a 93, 100
Kap. 22 S. 50b f. 107, 108
Kap. 22 S. 51a 51, 165
Kap. 27 S. 62a 55
Kap. 32 S. 72b f. 223
Kap. 35 S. 82a 205
Kap. 41 S. 98a 152
Kap. 42 S. 100a 46
Kap. 43 S. 101a f. 217
Kap. 45 S. 107b 145, 159
Kap. 45 S. 108b 147
Kap. 46 S. 110b 128, 130, 137
Kap. 46 S. 111a 187
Kap. 46 S. 111b f. 208
Kap. 47 S. 112a f. 152

SER

S. 64 61
S. 68 212
S. 173 61
S. 234 61
S. 243 87
S. 245 208

SERFr.

S. 9 130
S. 61 130
S. 100 61
S. 107f. 65
S. 130 130
S. 155 61
S. 162 87
S. 163 208

SEZ

S. 16 151
S. 28 182
S. 77 183
S. 81 59
S. 113 172

SEZFr.

S. 176 61
S. 188f. 182

Ps-SEZFr.

S. 30f. 183
S. 47 172
S. 49 106

SOR

Kap. 20 227

DEZ

Kap. 9 184

3 Henoch

S. 7f. 98
S. 8 103
S. 9f. 101
Kap. 30 55
Kap. 38 55

Jalq

Gen § 4 76
Gen § 5 53
Gen § 12 96
Gen § 13 91
Gen § 20 84
Gen § 23 82
Gen § 34 78
Gen § 35 100
Gen § 44 105, 158
Noah § 62 184
tôl^edôt § 115 170
wajjeṣe' § 119 205
wajjišlaḥ § 133 54, 193, 194
waj^eḥî § 161 107, 223
bo' § 190 234
b^ešallaḥ § 233 179
b^ešallaḥ § 238 109
b^ešallaḥ § 241 171, 177
Jitro § 284 128
Jitro § 286 47
mišpāṭîm § 359 71
Lev § 431 207
'aḥ^arê § 571 201
b^eḥuqqotaj § 671 190

J a l q M a

B a t M i d r

B H M

I, S. 156f. 59
II, S. 26f. 96
II, S. 48–51 122
II, S. 52f. 122
III, S. 59f. 83
III, S. 85 232
III, S. 90 232
IV, S. 127f. 105, 158
V, S. 172 102
VI, S. 37 168
VI, S. 71–78 136
VI, S. 72 135, 136
VI, S. 75ff. 214
VI, S. 77 136
VI, S. 87 203

'Ôṣār

S. 379b 210
S. 382f. 214

TO

Gen 3,5 155
Gen 6,2 108
Dt 33,2 43

TPsJ

Gen 1,26 53, 89
Gen 3,1 93
Gen 3,5 155
Gen 3,22 78, 79
Gen 4,1 100
Gen 5,3 101
Gen 6,2 108
Gen 6,4 107
Gen 28,12 204, 205
Gen 31,24 155
Gen 32,29 155
Ex 12,23 65
Ex 20,20 68
Ex 32,1 159, 241
Dt 32,3 168
Dt 33,2 43
Dt 34,1–4 210
Dt 34,6 22

CN

Gen 1,1 113
Gen 6,2 108
Ex 12,23 65
Dt 32,3 168
Dt 33,2 43

FrgmT

Gen 1,1 113
Dt 32,3 168
Dt 34,1–4 210

TJ

2 Sa 24,16 65
Ps 82,6 155
Job 38,7 155, 170
1 Chr 21,15 65
2 Chr 33,13 217

3. *Rabbinen*

Abaje 62, 69
Abba 64, 198
Abba b. Abba 240
Abba b. Aibo 142, 143
Abba b. Kahana 44, 113, 198, 239
Abbahu 72, 75, 124, 125, 200–202, 239
Abdimi aus Haifa 43, 47
Abin 51, 170, 172
Abin ha-Levi 177, 238
Acha 52, 86, 88, 112, 113, 115, 119, 121, 122, 126, 196, 235–37, 239
Acha b. Abba 181
Acha b. Seira 197
Achawa b. Seira 197, 239
Achi 86
Ahaba b. Seira 197, 198, 239
Aibo 91, 144, 161, 236

4. *Namen und Sachen*

5. *Autoren*

Studia Judaica

Forschungen zur Wissenschaft des Judentums
Herausgegeben von Ernst Ludwig Ehrlich
Groß-Oktav. Ganzleinen

Paul Winter

On the Trial of Jesus

2nd edition,
revised and enlarged by T. A. Burkill and Geza Vermes
XXIV, 225 pages. 1974. DM 48,–
ISBN 3 11 002283 4 (Band 1)

Michael Avi-Yonah

Geschichte der Juden im Zeitalter des Talmud

In den Tagen von Rom und Byzanz
XVI, 290 Seiten. 1962. DM 38,–
ISBN 3 11 001344 4 (Band 2)

Gershom Scholem

Ursprünge und Anfänge der Kabbala

XI, 434 Seiten. 1962. DM 48,–
ISBN 3 11 001345 2 (Band 3)

Abraham Schalit

König Herodes

Der Mann und sein Werk
XVI, 890 Seiten. Mit 1 Frontispiz, 8 Bildtafeln, 4 Karten und 1 Stammtafel in Tasche. 1969. DM 148,–
ISBN 3 11 001346 0 (Band 4)

Arnold M. Goldberg

Untersuchungen über die Vorstellung von der Schekhinah in der frühen rabbinischen Literatur

– Talmund und Midrasch –
XII, 564 Seiten. 1969. DM 72,–
ISBN 3 11 001347 9 (Band 5)

Chanoch Albeck

Einführung in die Mischna

Aus dem Hebräischen übersetzt von Tamor und Pessach Galewski.
Enthält ein neuartiges Lexikon von 192 Seiten.
VIII, 493 Seiten. 1971. DM 68,–
ISBN 3 11 006429 4 (Band 6)

Hermann Greive

Studien zum jüdischen Neuplatonismus

Die Religionsphilosophie des Abraham Ibn Ezra
X, 225 Seiten. 1973. DM 72,–
ISBN 3 11 004116 2 (Band 7)

Preisänderungen vorbehalten